中国百村调查丛书

国家社会科学基金重点项目（滚动资助，批号：98ASH001）

“十二五”国家重点图书出版规划项目

“十三五”国家重点图书出版规划项目

中国百村调查

中国百村调查

中国百村调查丛书 · 联增村

城乡互动与农村家户现代化

RURAL-URBAN INTERACTION AND HOUSEHOLD MODERNIZATION

张　建　宗世法
陈　斌　雷　勇　等 / 著

社会科学文献出版社
SOCIAL SCIENCES ACADEMIC PRESS (CHINA)

章节目录

以下图片除特别说明外，其余均为课题组成员拍摄。

七篾坝子及七篾1~3组
（图片由联增村原村支书王斌提供）

“凉亭”之一

北盘江古渡口

放牛的村民

“三月三”活动分肉（图片由联增村村民罗光健提供）

黑山羊养殖

百香果种植

传统民居

联增村小学校园
（图片由联增村原村支书王斌提供）

经济条件较好的一户村民的住房

幼儿园新大楼
（图片由联增村原村支书王斌提供）

村卫生室及村医

百德集镇

课题组部分成员与村镇干部座谈

中国百村调查丛书总编辑委员会

资助单位

课题研究资助单位：

贵州民族大学“候鸟型学者”陆学艺基金

贵州省民族地区社会建设与反贫困2011协同创新中心

出版资助单位：

《中国百村经济社会调查》课题组

中国百村调查丛书·贵州课题组
组委会

主　　任：孙兆霞　王春光

成　　员：曹端波　张定贵　陈志永　张　建　曾　芸

中国百村调查丛书·联增村
课题组成员

课题负责人：张　建　怀化学院副教授

课题组成员：孙兆霞　贵州民族大学教授　贵州省文史研究馆馆员

曹端波　怀化学院教授

宗世法　贵州民族大学副教授

雷　勇　贵州民族大学副教授

陈　斌　安顺学院讲师

卯　丹　贵州民族大学助理研究员

周恩宇　贵州大学副教授

田野调查：孙兆霞　王春光　曹端波　张　建　宗世法　雷　勇　陈　斌　卯　丹　周恩宇　李　平　刘丽萍　吴　彪　阮运彬　王　淞

资源图制作：梁　坤

访谈及座谈会录音录入整理： 徐国江　翟　静　刘丽萍　王　淞
吴　彪　石玉荣　黄　玲　谢武江
蒋湘黔　吴明翠　张桂花　韦乾梨
文彩艳　石本莲　马情芳　张阿兰
周启梦　吴　杰　宋大群　张　燕
熊　俊　吴德雄　李　艳　郭　露
李　奇

本书著者： 导　论　张　建
第一章　陈　斌
第二章　陈　斌
第三章　张　建
第四章　宗世法
第五章　宗世法
第六章　张　建
第七章　雷　勇
结　语　张　建

总　　序

中国百村调查，是继全国百县市经济社会调查之后又一项经国家社科基金立项，由中国社会科学院组织协调的大型调查研究项目，其目的是加深对中国国情的认识和研究，特别是加深对中国农村社会的认识和研究。

在改革开放的大潮中，中国农村经历了空前的变化。早在 20 世纪 90 年代中期，在完成百县市调查研究后，中国社会科学院百县市调查课题组发现，县市调查属于中观层次，需要村落调查给予充实和完善。当时农村人口依然占中国总人口的多数，尤其是改革开放以后，农村基层社会变化最深刻，这是决定中国社会主义现代化命运的基础，是弄清国情必不可少的。在百县市调查的基础上，继续开展对村庄的大型调查，可以对县市村形成系统的、全面的认识。百村调查是百县市经济社会调查的姊妹篇，两者结合起来研究，将相得益彰，让我们更加完整地理解我国的基本国情。

因此，总课题组当时做了两件工作：一是组织一个课题组，到河北省三河市行仁庄进行试点调查，形成村的调查提纲、调查问卷和写作方案，为开展此项调查做了准备；二是在 1997 年 7 月写出了《中国国情丛书——百村经济社会调查》的课题报告，向全国哲学社会科学规划办申请立项，但因当时国家社科基金“九五”重点课题都已在 1996 年评审结束，立项时间已过，不好再单独立项。后来总课题组同全国哲学社会科学规划办反复协商，全国哲学社会科学规划办考虑到百县市经济社会调查课题组很好地完成了任务，考虑到再做一次百村调查是百县市国情调查的继续，很有必要，所以于1998年10月特别批准了将百村经济社会调查补列为国家社会科学基金“九五”重点项目，并专门下批文确认，批文为98ASH001号。

“百村经济社会调查”课题立项后，就受到各地社会科学界，特别是原先参与过百县市调研的单位和学者的欢迎，迄今已经有几十个单位组织课题组，陆续进行了选村、进村工作并开展调研。从1998年到现在的19年时间，百村调查在参与者的通力合作下，已先后出版了23本有影响力的专著，其他村庄的调查研究还在进行之中。

村庄的数量之多、差异之大，非县市所能比。究竟选择什么样的村庄，用什么样的视角，采用什么样的研究方法，形成什么样的成果，都不是用一个模式能解决的。但是，总课题组有一个宗旨是很明确的，那就是希望研究者对村庄进行长期的、深入的调查，不追求速度，要追求质量，通过对一个村的系统研究，获得新的知识和理论创新。由于课题重大、内容丰富、追求质量、工程艰巨，每个村的调研写作和出版的周期都比较长，可用研究经费筹措困难，加上我们课题组主观努力不够，此项调查进行的时间拖长了。为了确保百村研究延续下去，2012年总课题组向全国哲学社会科学规划办提出顺延申请。规划办组织相关领域的专家对项目的研究工作进行了评估，评审专家充分肯定了已有的研究成果，并一致认为该项目具有较高的学术研究价值和史料价值，意义重大，而且工程浩大，很难在短期内完成。基于此，全国哲学社会科学规划领导小组批准，将本课题定为滚动项目，并予以资金资助，这为项目的下一步研究提供了重要的支持。

在过去的19年时间中，总课题组与各地课题组建立了一套有效的研究合作机制，对推进百村调查起到了重要的作用，这样的合作机制对其他长期的大型课题研究有一定的参考价值。首先，总课题组建立了课题协调、子课题论证、研究指导和监督、成果审定的机制，有专人负责。其次，总课题组开展定期的学术研讨和交流活动。迄今为止，先后在北京、河北徐水、安徽黄山、浙江温州、贵州贵阳、浙江杭州和德清、辽宁沈阳等地召开了多次学术研讨会，会议的内容一般分两部分：一部分是参会者将研究成果拿来交流，另一部分就是安排下一步的百村研究。最后，形成了一个开放的发展机制，即不定期地吸纳新的研究者参与到百村调查和研究中，不断挖掘和培养新的研究人才。

百村调查课题自启动以来，不仅出版了一批高质量的学术著作，推进了中国农村研究，而且培养了一批中青年研究骨干，产生了良好的社会效益，深受学术界重视。现已出版的百村研究成果都是在研究者深入的田野调查基础上写就的，内含大量的第一手实证资料，既涉及中西部贫困村庄，又研究了沿海发达村庄；既涉及纯农业村落，又选择了工业发达村庄；既对传统村庄进行研究，又对正在进入城市化进程的城中村、城郊村等进行调查，对如此多不同类型的村庄进行的深入调查和研究，可以形成对中国农村发展新的认识图像，改变过去那种对中国农村单一的认知印象。

在现有开展的村庄研究基础上，我们已经进行一些概念提炼和理论概括，渐渐地显现出对促进中国社会科学理论创新发挥作用的迹象。在《内发的村庄》一书中，作者们强调了行仁庄具有内发发展的性质，分析了地方政府、村组织和村民三个行动主体之间的关系。认为行仁庄内发发展的性质的形成主要与人民公社时期历史的延续和主要政治精英的观念意识相关。这一认识实际上说明了中国农村发展有其很强的内在动力和相应的资源条件，如果忽视了这一点，会在政策上产生很大的偏误，反过来不利于农村的发展。由贵州民族大学教授孙兆霞同志主持的《屯堡乡民社会》一书，系统、深入地研究了贵州省安顺地区的屯堡社会及屯堡文化的形成、构建及基本特征，对屯堡社会提出了不同于以前研究的理论解读，尤其是提出了“乡民社会”这一概念，认为“乡民社会”与费孝通先生曾概括的中国农村宗族血缘社会即“乡土社会”“差序格局”的社会结构有所不同，屯堡社区的社会结构不是单纯以血缘、地缘为基础，而是发生学意义上的地缘关系与后来族群内通婚形成的血缘关系二者结合的产物。我们相信，后续其他村庄调查和研究的开展，会进一步深化和丰富对中国发展现状的认识，为中国的社会科学研究创新提供更加坚实的经验和理论基础，能让我们的学者更有力地参与到与世界其他国家的社会科学学术交流中，丰富世界社会科学的研究经验和理论视角。

百村调查项目不仅进一步凝聚了百县市调查项目的科研人员，而且还吸引了一批新的科研人员加入。通过现有的二十多个项目的调查研究以及专著出版，培养和锤炼了一批科研人员，使他们成为当地社会科学院、高校、党校乃至政府政策研究部门的科研骨干，促进了各地的社会科学研究。百村调查之所以能培养和锤炼科研人才，首先是因为其要求科研人员在中国最基层进行长时间的实地调查，没有这样的调查，是写不出专著和论文来的；其次与总课题组的科研指导有着直接的关系，总课题组对所有各地负责百村调研的人进行定期的培训和指导，还专门派人到现场对各地的科研人员进行指导，这种合作模式有效地整合了各方的科研资源，产生了倍增的科研效力。

此外，百村调查和研究还引起了一些地方政府对村落保护性发展的重视，尤其推动了它们积极去保护一些地方的传统文化，更好地实现经济发展、旅游开发与文化保护相互促进的作用。

总之，百村经济社会调查的目的，同百县市调查一样，也是为了加深对我国基本国情的认识，特别是对我国农村、农民、农业的现状和发展有一个科学的认识。通过调查，“摸准、摸清”1949 年以来，特别是改革开放以来这上百个村在政治、经济、社会、文化和生态的变化过程、变化状况；经过综合分析，通过文字、数据、图表把这些村庄过去和现在的状况如实地加以描述，既能通过这个村的发展展示农村几十年来发展的一般规律，也能展示这个村特有的发展轨迹。

《中国国情丛书——百村经济社会调查》编辑委员会遵循实事求是、严肃认真的科学态度，坚持贯彻“真实、准确、全面、深刻”的方针，要求社会科学工作者深入农村，同当地的干部、群众相结合，采用长期蹲点调查、问卷调查、个案访谈等多种调查方法，力求掌握真实全面的第一手资料，通过“去粗取精、去伪存真、由此及彼、由表及里”的科学分析，如实全面地反映客观状况，杜绝弄虚作假的恶劣做法。社会科学成果，只有真实的才是有生命力的，也才有存在的价值。

《中国国情丛书——百村经济社会调查》是一项集体创作的成果。参加这项大型国情社会调查的，有国家和各省、市、自治区的社会科学院、大学、党校以及党政研究机构的社会科学工作者，他们与被调查地区的党政领导干部相结合，并得到他们的支持和帮助，还得到了被调查行政村的干部和群众的积极配合。专业工作者、党政部门的实际工作者和农民群众三结合，才能共同完成这项科学系统的调查任务。百村调查和研究不仅是一项研究课题，还是一个研究者与实际工作者共同合作、携手参与我国农村社会经济发展的实践平台。因此它是一项长期的、具有非常重要价值的工作。我们将在新的起点上凝聚各方力量，提升调查和研究水平，更好地为认识中国农村、推进理论创新、服务农村发展和振兴做出持续不断的努力和贡献。

《中国国情丛书——百村经济社会调查》
编辑委员会
2017 年 11 月 23 日

序

贵州百村调查课题的缘起、演进与组织创新的探索

在远离中心城市位于西南腹地的少数民族村寨，一方面，出于生计与发展的需要，早在30多年前人们就走出寨门，翻越大山，以外出打工者的身份，参与中国改革开放东部沿海地区的经济发展；另一方面，在东西部之间、城乡之间，三代人经历了长达30多年跨越城乡的流动之后，已开始出现返乡安居、创业、就业的新一轮选择。然而，如果30多年前他们的外出，是为了化解在地生计资源匮乏与人口增长的张力，30多年后的今天，如何看待和利用家乡“拥有”的“资源”，在城乡互动中建立更为丰富多元的互动纽带的选择，却已经内蕴着中国现代化道路实践中城乡之间、工农之间、民族多元文化之间、人与自然之间结构性变革的深层改变的新意。本研究正是以贵州黔西南布依族苗族自治州一个布依族与汉族大杂居、小聚居的典型村庄联增村为例，进行基于历史、立足当下又面向未来的村庄变迁研究。

联增村案例研究，是“中国百村经济社会调查”国家重大项目的立项课题之一。2017年修订的中国百村经济社会调查总序指出：中国百村调查，是继全国百县市经济社会调查之后又一项经国家社科基金立项，由中国社会科学院组织协调的大型调查研究项目，其目的是加深对中国国情的认识和研究，特别是改革开放以来这上百个村在政治、经济、社会、文化和生态上的

变化过程、变化状况；经过综合分析，通过文字、数据、图表把这些村庄过去和现在的状况如实地加以描述，既能通过这个村的发展展示农村几十年来发展的一般规律，也能展示这个村特有的发展轨迹。

一 贵州“中国百村调查”课题的缘起

中国百村调查项目在贵州实施，缘起于2000年7月至9月由陆学艺先生主持、王春光博士负责的项目“中国当代社会结构变迁·贵州镇宁县”分课题的实地调查，第一次调查结束后，王春光对当时贵州省社会科学院、贵州民族学院、安顺师范高等专科学校（以下简称安顺师专）参与调查研究人员所做的申报进行宣传鼓动。2000年12月，总课题组批准了贵州三项课题申报，安顺师专申报的由孙兆霞作为负责人的“中国百村调查·九溪村”项目，是被批准立项的其中之一。作为国家重大课题子课题的承接单位，当时的安顺师专已经具备了前期经验：早在1984～1988年就承担并完成了由中国农村发展问题研究组委托的国家“六五”重大课题子课题“山区经济发展战略研究”，课题负责人之一是孙兆霞；而当时参与课题研究的罗布龙、杜应国等人，也积极支持和参与这次九溪村课题的申报；特别是钱理群先生，对课题申报给予了极大鼓励①。

学术进展必须依赖学术组织这个载体，以学术追求作为推动的内生动力，以学术开放性支撑源源不断的学术活力。与百县市经济社会调查不同的是，百村调查作为国情调查更基础的对象域，扎根性是应有之义。因此在总课题全国启动后第一次工作会上（2002年3月），陆学艺先生便对百村调查的学术性做了这样的定位，将“学术性的资料专著”改为“资料性的学术专著”。以“资料性”为基础，归纳其学术观点，从村庄特征提炼其学术意义，开辟一条21世纪中国百村调查村庄研究求实求真的学术路径。

课题被批准立项后，安顺师专举全校之力，组建了由9位研究人员组成的课题组，利用2001年暑假之机，选取了35名多专业学生作为学生调查员，随同课题组自带背包，入驻九溪小学教室，开启了23天的九溪村问卷

① 参见孙兆霞等《屯堡乡民社会》“后记”，社会科学文献出版社，2005。

调查。之后，又进行了三次大型入村调查，共计驻村 50 余天。直至 2003 年底，近三年半时间，课题组出入九溪 20 余次，三次集中写作两月有余，于 2005 年由社会科学文献出版社出版了结题成果《屯堡乡民社会》，成为百村调查继试调查成果“行仁庄”之后，第一本正式调查结题报告。总课题组对“九溪村”结题报告评价不错。陆学艺先生为此报告亲自写序，动用总课题组经费资助出书。在 2017 年修订的总序中，专门提出以《内发的村庄》《屯堡乡民社会》为代表的结题报告的贡献：“在现有开展的村庄研究基础上，我们已经进行了一些概念提炼和理论概括，渐渐地显现出对促进中国社会科学理论创新发挥作用的迹象”。

在“组织创新”机制中，中国百村调查总课题组设置了三个主要机制：第一，设置总课题组指导各子课题组的工作会平台与指派研究人员在课题立项后跟进实地考察，指导课题组确定研究主题的机制；第二，总课题组提供调查基础问卷，各子课题组根据项目村特点加以修订的机制；第三，定期召开全国性课题交流研讨和工作会议的机制。有了这三个基础制度安排，使百村调查的“有机性”及团队整合能力建立在新的科研组织平台之上，各课题组之间可互相学习，优势互补，更重要的是有一个超越性的科研评价、综合指导组织的运行机制，可实现“中央”和“地方”纵向科研联动与“地方”之间在“超越性”观照下，开放性与扎根性的内在整合。

“中国百村调查 · 九溪村”课题的实施，也从“地方性”团队组织特征的定格上，凸显了“中央”与“地方”有机结合的共同背景及研究组织机理的相通性。[①]

二　省域研究团队组织平台的基础建构

沿着这条思路，2012 年底，当“中国百村调查”被国家社科基金办批准为“十二五滚动国家重大课题”之后，创新性地产生了以省域为二级科

---

① 参见孙兆霞《陆学艺老师与我所经历的贵州研究》，载《继往开来——陆学艺先生纪念文集》，社会科学文献出版社，2014；孙兆霞、张建、曾芸、王春光等《贵州党建扶贫 30 年——基于 X 县的调查研究》后记，社会科学文献出版社，2016。

研平台，协调、贯通省域内区域性历史、自然、文化、民族、经济、社会多维度要素整合的结构性课题群的构想，在总课题组王春光老师的直接指导下，便在贵州落地实施。

也是早在2009年11月，“中国农村发展模式研讨会暨百村调查第三次工作会”，在黄山脚下的休宁召开时，陆学艺先生便召集“九溪村”课题负责人孙兆霞及多年来一直担任总课题组指定的贵州研究指导专家的王春光，商谈在贵州开展县域社会建设研究计划。[①] 为落实陆学艺先生的研究构想，贵州民族大学（当时为贵州民族学院）结合学校科研定位，迅速组建了贵州民族学院“中国西部社会建设调查研究暨实验中心”，聘请王春光为业务主任，并以此中心为平台，于2011年、2012年，连续并分别在贵州省委统战部、贵州省人大农业农村专业委员会立项，实施了武陵山区（贵州）扶贫开发调查研究，将县域研究聚焦到以扶贫政策研究为突破口，又立足村庄扶贫实践一线作扎根性调查的路径之上；2012年贵州省教育厅批准了贵州民族学院申报的“陆学艺候鸟基金项目”，陆学艺先生表示，他不能以个人身份享受这份贫困省份的专家待遇，基金要一分不少地用于贵州研究。2012年底，在张乐天先生推荐、王春光老师指导下，此基地又承接了世界银行贷款项目“贵州省文化与自然遗产保护和发展项目（中期）社区参与工作评估以及重点社区基线调查”，对10余个县15个村实施了定量与定性相结合的调查。此项目的学术团队由中国社会科学院社会学所王春光领导的团队及贵州民族大学、贵州大学、贵州师范学院，孙兆霞负责的省内团队20余人构成，其学科领域包括农村社会学、历史人类学、经济人类学、政治人类学、旅游管理学、文化产业、人文地理学、社会人类学、教育社会学等。三年多来，借助于中国社科院和贵州民族大学等研究平台，共计对贵州黔东南、铜仁、遵义、安顺、黔西南等5个地州、市的20余个县50余个村进行调研，由此形成即将尝试的中国百村调查省域平台组织创新探索的综合性、结构性基础。

---

① 参见孙兆霞《陆学艺老师与我所经历的贵州研究》，载《继往开来——陆学艺先生纪念文集》，社会科学文献出版社，2014，第408页。

2012 年 6 月，在温州市委党校召开了中国百村调查第四次工作会，会议公布了一个信息，即总课题组将向国家社科基金委员会申请百村调查项目，以滚动项目的方式进入“十二五”期间的国家重大课题。会议期间，王春光代表总课题组告知贵州团队：一是写一份“中国百村调查 · 九溪村”课题实施的学术总结报告，供总课题组作为支撑材料上报；二是待百村总课题十二五延展课题批文下来后，贵州可否考虑做一个省域支持、统筹平台下的课题群，将之前总课题组直辖各子课题组的方式拓展为增加省级平台方式，这样在省域平台组织方式创新前提下，探索做成一批要求一致、目标一致、水平相当的结题成果。回到贵阳后，贵州团队热烈讨论总课题组的安排及建立省域平台的倡议，深刻认识到实现结构性、整体性、内蕴性基础上共性－特殊性关联凸显的村庄研究模式创新，应该是中国百村调查的新使命、新路径；而依照贵州团队已有的前期基础，其实已经具备了在贵州尝试在省域研究平台上实施结构性、同时段子课题群性研究的探索，以拓展和夯实百村调查在全国视野下，共性预设与个案特色嵌构机理的省域基础，使个案的动态与学理的沉淀获得结构性、系统性、整体性维度的加持之后，产生更有解释力的分析框架和具备普适性品质的观察切入进路。

因此，在 2012 年底，总课题组通知我们准备申报“子课题群”的意向后，贵州百村调查省域课题研究组便应运而生了。

三　贵州省域第二轮百村调查立项的考量

（一）确立研究组织内部机制

于新的研究组织来说，创新性、内生性、主体性尤为重要。在根据三年内可完成课题的人力资源情况下，贵州省域平台申报了 5 个村的项目。研究负责人均是团队中对相应研究村庄具有前期研究基础的成员，在学科互补方面又有多维度的优势，涉及历史人类学、社会人类学、旅游管理学、经济人类学、文化产业学等学科。当然，能主持国家课题的实际资质以已有团队研究工作的资历为凭，他（她）们加入团队最早的一位是 2001 年的张定贵，2011 年有三位，即曹端波、曾芸、张建，2013 年有一位，即陈志永，可以说五位子课题负责人都是与团队一起成长的重要成员。明确五位子课题负责人仅是一种相对的责任和权利，5个村的课题仍是省域平台上的一个整体。因此，要求无论是子课题负责人还是其他成员，事实上5个村的调研对贵州课题组团队所有成员而言，都是开放性的，他们都可以参与，即以"结构性"为"宽基础"，以"专题性"为"产出载体"，实现共性与个性的对话、贯通与互补。由此，5个个案村共同实施平台的建立，即以此为前提。

（二）确立从"中央"到"省域"到5个课题组的网络组织体系

在总课题组之下，成立了贵州省域5个子课题之上的"贵州课题组"。其支持平台是贵州民族大学"中国西部社会建设调查研究暨实验中心"（2013年经贵州省编委批准为"社会建设与反贫困研究院"），迄2013年时止，此研究院经省教委备案，成为"陆学艺候鸟基金"专项使用于中国百村调查贵州5村项目的执行机构，并以5村项目为支撑，成功申报了贵州省2011项目，使5村项目的资金支持有了两笔专项财务来源。贵州省域百村课题组（5村）由贵州民族大学孙兆霞教授具体负责，中国社会科学院王春光研究员作为总课题组下派负责人负责业务指导、现场考察、督导等工作；并由5个子课题负责人一起组成组委会，组委会对5个课题总协调、总负责。此研究组织创新探索的核心在于，将5个村结构性、同步性、互补性、典型性的选点策略，从组织构架上，注入柔性贯通的预设，从而克服各课题组各自为政、力量单薄、学科覆盖面窄、碎片化而非总体性的不足。将村庄研究纳入区域中观背景"行政区划与社会历史、自然环境诸因素影响的边际"的廓清，在此基础上汇入全国总课题宏观布局的大结构分析框架所呈现的"国情"，从而深化村庄研究在国情研究中的区域特点及对话基础。

（三）5村选点的学术与政策观照

在2004年结题的"中国百村调查 · 九溪村"课题结项成果《屯堡乡民社会》中，我们对九溪村研究是按照总课题组"资料性学术著作"来定位的，在扎实的实地调查与预设的学术观照互嵌的基础之上，逐渐形成了三个核心指向。其一，将"家户"——村庄共同体结构形成的发生学和变迁论放置到不同自然生态环境、不同民族文化传统、不同村庄共同体行动逻辑的多样性中进行比较研究。以农户与村庄共同体及"屯堡区域"的社会结构之发生学考察为基础，关注其600年的社会变迁，从而提出了“屯堡乡民社会”的概念。我们认为“屯堡乡民社会”与费孝通先生曾论述的中国农村宗族血缘社会，即“乡土社会”“差序格局”的社会结构有所不同，屯堡乡民社会的社会结构，不是单纯以血缘式地缘为基础的，而是由发生学意义上的“国家”定义的。“军户”家庭——村庄共同体结构的地缘关系与后来制度创生的族群内通婚，形成国家主位且区域性的地缘与血缘双重关系嵌构的村落社会结构。在与西方社会公共空间理论对话的基础上，《屯堡乡民社会》力图揭示九溪村社会公共空间的社会基础和文化网络的特征对村落发展内在资源的认知，从而提出“乡村重建的内源性资源”命题，认为九溪村有一套完整的自组织机制，即在“国家”意识形态挖掘下，村庄治理呈现的自我生产、自我服务、自我管理、自我教育、自我提高。

虽然九溪村地处屯堡区腹地，具有600年前“贵州”建省发生学蕴含的“国家－地方”构建机理下形塑的村落社会结构典型标识，但其在社会学、人类学意义上的普适性如何？特别是在贵州非屯堡区更为多样的自然、社会、文化类型不同发生学意义上的少数民族聚居区，其“家庭－村落”社区结构的异同点如何？在同样经历中国与世界开放、发展过程中，聚焦其变与不变的社会机理及类型对话，显然具有极强的研究价值。中国百村经济社会调查的“国情”认识，还需要这一方法路径的“落地”。

其二，将村庄研究放置到不同民族区域间、城乡间，微观、中观、宏观背景关联的结构平台上加以研究。《屯堡乡民社会》从类型学上将贵州农村分为城郊型农村、边远山区农村和居于二者之间的中间过渡地带的农村，深入阐述将农村进行类型化区分对当下农村发展的重要现实意义；提出要挖掘农村的内源性资源，为在城乡二元格局背景下进行的乡村重建和“家园”重振提供智力支持。[①] 而从2004年到2012年，这8年间中国城乡关系的变化已经大大突破了当年的格局，特别是课题组组建3年来，对全国范围的10余个县共40余个村所进行的扶贫调查，使课题组清晰地意识到，省域内城乡分类的范式，已经难以表征农户家庭跨区域、跨城乡流动给家庭、

① 陈斌、张定贵、吕燕平等：《屯堡村社教育》，社会科学文献出版社，2019，第4页。

社区、县域，甚至省域带来的多方位深刻影响，城乡二元结构理论解释也将面临来自实践一线结构性形态变迁的冲击。自然，关注省域腹地与边缘、关注农户跨省区代际打工对家庭生计方式的影响、关注村庄空壳化前提下三农政策及扶贫政策的类型化效能等问题，均转化为选择研究村庄的重要考量。

其三，更加注重多学科结合的整体性研究，并夯实实地调查基础上的理论研究与政策研究互相嵌构的国情认知基础。《屯堡乡民社会》在研究方法上，除了有问卷、定量调查与深度访谈、参与观察的质性研究工具的互构性推进外，还以"学术介入者"的身份，支持了中央电视台两套节目拍摄、国家重大研究项目"晚明社会变迁"的实地调研，并且在获得九溪村民的极大信任后，应他们自发产生的村庄发展组织——九溪旅游协会的请求，为九溪村"社区发展行动"提供智力支持、为九溪村村际公路提质修建寻求政策支持的机会、为九溪村民间自发发展组织精英与村支两委共同参与公益性的村庄治理现代化培训提供参与条件等。①

作为社会学本土化研究向政策研究、行动参与等维度拓展的探索，九溪村课题实施过程的诸项探索，在开了贵州团队在减贫发展领域应用研究的先河之后，随之跟进的贵州百村调查选题及立项的定位，研究者对政策研究、发展研究的关注，更应成为一种自觉的学术担当。因此，在贵州百村调查村庄选点布局策略中，发展资源类型的差异以及与这些差异相对应的政策支持类型研究、应用研究、比较研究，也将成为"结构性"安排的题中之义。

由此，单独一个村庄的研究，难以满足以上多维度、整体性、结构性、长时段研究的诉求，特别是长时段研究与类型比较研究的基础，理应以几个村庄研究的"同时性"为保障。陆老在《屯堡乡民社会》序言中的期待，也是关注二三十年的持续研究方向，而将基础理论研究、实证研究、参与式研究与政策研究相嵌构的适时跟进研究，从发展类型上深化其对话，在研究

① 参见孙兆霞等《屯堡乡民社会》，社会科学文献出版社，2005；李立《在学者与村民之间的文化遗产》，第四章，人民出版社，2010。

方法上应具有对应性更强的现实意义和价值。[①]

四　中国百村调查贵州省域 5 村课题的立项及开启

在以上选点考量基础上，2013 年初，贵州百村调查（5 村）课题筹备组 10 余名成员研讨成熟后，向总课题组申报了黔东南苗族侗族自治州黎平县堂安（侗族）村、雷山县郎德（苗族）村、安顺市普定县号营（屯堡人）村、黔西南布依族苗族自治州兴仁县（市）联增（布依族）村、毕节市威宁县卯官（回族、汉族）村。[卯官村 2014 年调定，之前是安顺市西秀区鲍屯（屯堡人）村。] 总课题组于 2013 年 4 月召开了课题立项评审会，5 村申报书全数通过，并决定由贵州民族大学社会建设与反贫困研究院为省域 5 村课题群运行的责任平台，也即百村调查省域组织创新的一种探索。会议一结束，百村调查总课题组秘书长高鸽老师就通过电话向孙兆霞转达了陆学艺先生的嘱咐：告诉孙兆霞，他们破例了，一下子给她们批了 5 个村，这在全国是没有的，之前没有，之后也不会再有了。课题审批会还建议在这一批课题基础上加上《屯堡乡民社会》，可以做一个贵州省域层面的农村社会转型的整体性研究。[②]

而从全国视域上看，贵州省域研究的意义回到总课题组的“初心”，正如 2005 年 4 月陆学艺先生在为《屯堡乡民社会》写的序中所言，“从已经出版的《内发的村庄》和《屯堡乡民社会》这两本书中，我更进一步地认识到中国百村经济社会调查这个课题的重要性。这两本书都提出了一些很深刻、很吸引人的观点，也给我们展示了我国各地在实现由传统社会向现代社会转变发展的丰富多样性。我想，如果每个调查点都能扎实地去深入调查研究，收集资料，综合分析，撰写出有理论、有观点、有事实根据的著作，我相信，每一本书都会有它的研究深度和特点，这样汇集起来，会大大地丰富

① 事实上，从 2001 年开始的中国百村调查至当下仍处于持续的脱贫攻坚与乡村振兴相衔接的实证研究之中，贵州课题组为基础的研究团队，除在贵州之外，还实施了当时的国务院扶贫办等机构委托的 10 余个重大项目，在山东、云南、宁夏、青海、贵州等地开展了自然环境、历史文化、经济社会等有较大差异的村庄在减贫发展中政策干预效果的学术性总结工作，这自然也成为近期完成的贵州百村调查课题的政策研究的“前期”基础。

② 参见孙兆霞《陆学艺老师与我所经历的贵州研究》，载《继往开来——陆学艺先生纪念文集》，社会科学文献出版社，2014，第 408 ~ 418 页。

我国的农村研究，会大大地促进我国社会学研究，当然更主要的是会促进我国农村发展和现代化事业建设……真理往往是富于最基层、最前沿的实践之中。”①

联增村课题，即在以上背景下开始了长达6年的研究过程。

孙兆霞

① 陆学艺：《屯堡乡民社会》序言，载孙兆霞等《屯堡乡民社会》，社会科学文献出版社，2005，第2~3页。

目　录

目 录

目　录

导　论

第一节　研究缘起及过程

一　研究点的确定

（一）“贵州党建扶贫研究”项目

本书作者及相关研究者所在的研究团队长期致力于贵州农村发展研究。从 2011 年起，团队敏锐地注意到了反贫困研究的理论价值与实践价值，决定将研究的重点转向这一领域。2011 年，在充分地研讨和沟通的基础上，团队承接了贵州省委统战部“武陵山区（贵州）扶贫开发与社会建设协调发展研究”课题，提出了“扶贫开发应与社会建设协调发展”的学术观点。此后，团队又先后在贵州省人大、贵州省扶贫办等单位的领导与支持下，由贵州民族大学“社会建设与反贫困研究院”牵头，中国社会科学院、复旦大学、中山大学、贵州民族大学、贵州大学、贵州师范学院等省内外科研机构及高校组成的研究团队，相继开展了一系列的贵州扶贫研究，完成《武陵山扶贫开发与社会建设协调发展研究》《武陵山扶贫开发与社会建设模式创新研究》《贵州扶贫开发面临的重大问题与腐败风险》《世界银行贷款贵州省文化与自然遗产保护和发展项目评估》等政策、咨询研究。

在前期调查研究的基础上，2014 年，团队承接了贵州省人大的扶贫调研课题，课题组决定以兴仁县为研究对象。一是兴仁县集贫困地区、民族地区和石漠化区于一体，是生态脆弱、少数民族聚集、贫困人口分布广泛的连片特困地区，是国家率先启动区域发展与扶贫攻坚工作的试点区，也是重要的石漠化综合治理试点县。二是贵州省人大定点帮扶兴仁县持续了二十年，这是国家扶贫战略具体实施的二十年，也是国家主导的扶贫工作在县域层面的一个缩影，具有极其可贵的研究样本意义。我们希望通过此次调研，在县域中观层面上，以国家扶贫历程为宏观背景，对贵州省人大二十年在兴仁县的扶贫工作进行全面的总结与梳理，提炼其中有价值的经验。在这项调研课题的基础上，我们出版了《贵州党建扶贫 30 年——基于 X 县的调查研究》一书，首次对“党建扶贫”这一概念进行了学术申发。

在贵州省人大课题的预调研阶段以及正式调研期间，我们发现了诸多可以继续深入研究的理论和实践问题，不能为《贵州党建扶贫 30 年——基于 X 县的调查研究》这一本书全部覆盖。于是当即决定另外寻找课题载体来继续推进对兴仁县扶贫的研究。

（二）中国百村经济社会调查·贵州项目

由于团队长期与中国社会科学院社会学所合作开展课题调研，所以在得知“中国百村经济社会调查”课题继续滚动实施，而且需要在全国开展更多村庄的研究，在贵州民族大学孙兆霞教授的协调下（并作为总负责人），以贵州民族大学作为实施责任单位，申报了贵州省的 5 个不同类型的村落作为百村课题的研究子课题，联增村就包括在其中，这 5 个课题都经总课题组批准立项。从 2015 年起，联增村课题组正式开展调查工作，课题组成员对联增村展开了多次深入系统的调查研究。

联增村位于贵州省黔西南州兴仁市马马崖镇[①]。该村位于较为典型的喀斯特峰丛地貌的河谷盆地。距离镇政府所在地 16 公里，距离县政府所在地 62 公里，因其位于黔西南州与安顺市两地的交界处，是马马崖镇境域内距离镇政府最远的一个行政村。北盘江自村北流过，成为与安顺市关岭县的分界线，长期以来，联增村也因北盘江天然阻隔，加之喀斯特峰丛切割度大，与外界的交流较为困难。在公路没有修通之前，村民主要依靠步行和马匹与县内邻近乡镇进行人员与物资的交流，自 20 世纪 70 年代起，通往村外的公

① 原为新马场乡，2015 年改设为马马崖镇。

路陆续修通，与外界的联系也逐渐方便起来。此外，与联增村相邻且同样位于北盘江边的九盘村，有一处清朝康熙年间形成的渡口，可以从此渡口过江，与关岭县进行物资交换，根据课题组的调查，20 世纪 50 年代，联增村的黄果就经由这一路线，运往关岭县贩卖，然后村民买回食盐、农具等物资。2017 年，在联增村附近的北盘江上新建了一座水电站，两岸的公路也因此得以连通，这大大改善了联增村与外部交往的条件。如今，联增村的村民驾车前往省会城市贵阳，所费时间也只需 3 个多小时。

联增村于 2007 年由原联增村与乜篾村合并而成。全村辖 12 个村民组，582 户，计 2455 人（见表 1）。

表 1　联增村家户数与人口数统计

单位：户，人

组别	家户数	人口数
莲花（一组）	68	286
莲花（二组）	67	274
对门寨（三组）	66	215
对门寨（四组）	32	115
口安（五组）	22	86
无音坪（六组）	48	162
烂坝（七组）	48	220
拢谷（八组）	56	264
乜篾一组	47	211
乜篾二组	43	206
乜篾三组	37	155
乜篾四组	48	261
总数	582	2455

资料来源：2021 年村提供数据。

全村人口以布依族为主，占比为 63% 左右。12 个村民组中有 8 个组的村民全部为布依族，只有 1 个村民组的村民全部为汉族，另外 3 个村民组为汉族与布依族混居（见表 2）。

表 2　联增村民族构成统计

组别	民族构成	组别	民族构成
莲花（一组）	汉族人多布依族人少	烂坝（七组）	布依族
莲花（二组）	汉族人多布依族人少	拢谷（八组）	汉族
对门（三组）	布依族	乜簆一组	布依族
对门（四组）	布依族	乜簆二组	布依族
口安（五组）	布依族人多汉族人少	乜簆三组	布依族
无音坪（六组）	布依族	乜簆四组	布依族

村中布依族文化保存较为完好，有“三月三”“六月六”等布依族的传统节日，以及织布等传统技艺。且村落自然景观较好，有山有河流，还有坝子，村中有数十棵参天古榕树，最长的树龄上千年。榕树是布依族寨子的“神树”。2020 年 9 月，联增村入选贵州省委统战部、贵州省民族宗教事务委员会、贵州省文化和旅游厅命名的第五批“贵州省少数民族特色村寨”。

2008 年，该村被贵州省人大列为“万个支部结对、万名党员帮扶”活动结对帮扶对象。进入精准扶贫时期，联增村被识别为贫困村，2014 年全村贫困发生率为 44.1%，由州农委包保帮扶，兴仁县①妇联派出第一书记驻村帮扶。到 2020 年，联增村脱贫出列。

二　研究过程

（一）联增村预调查

在实施 2014 年贵州省人大委托课题时，我们即对兴仁县级层面的 20 余个机构、7 个乡镇的 12 个村进行过 2 次共计 12 天的实地调查。联增村被确定为百村调查子课题田野点后，2015 年 3 月 28 日，课题组成员孙兆霞、张建、曹端波等赴联增村开展了为期一天的预调查。由于之前已经在对贵州省人大帮扶兴仁县的干部访谈的基础上对联增村有所了解，这次调查主要是赴实地摸清近期的新变化，为后面的正式调查做准备。

这次预调查我们与当时的新马场乡党委书记等乡政府领导座谈，开展了

① 现为兴仁市。

深入的交流，对新马场乡和联增村新的情况有了初步的掌握。随后，在乡党委书记和党政办主任等的陪同下，课题组来到联增村，与村支书、村主任以及其他村干部一起，在莲花和乜篾两地一边实地考察，一边与乡干部及村干部交流，进一步确认联增村作为中国百村调查贵州 5 村结构性定位，也即选题主题定位的吻合度。

在这次预调查的基础上，课题组明确了联增村调查的基本方向。

（二）联增村第一次正式调查

在经过了 20 多天的准备工作后，课题组成员孙兆霞、张建、曹端波、周恩宇、卯丹等一行 7 人于 2015 年 4 月 23 日至 30 日进驻联增村，开展了为期 8 天的田野调查工作。

在此期间，课题组共访谈村干部、普通村民、村学校及幼儿园教师、村医、外来老板等各类对象共 55 人次，召开集体座谈会 2 次，课题组成员内部讨论会议 5 次，并分 2 次对全村各个组进行实地考察。经过这一次扎实的驻村调查，课题组对联增村的社会、历史、文化、经济等各方面都有了丰富的了解。

2015 年 6 月底，总课题组负责人王春光研究员在率队赴兴仁县进行一周实地调查时，联增村课题组成员对课题调查进展情况做了汇报。7 月 1 日，在课题组成员的带领下，王春光研究员来到联增村，开展实地调查，与村干部和村民进行了交流，调查结束后，王春光研究员肯定了联增村研究的价值，并对课题的下一步调查研究提出了指导意见，希望课题组能够高质量地推进研究工作。

（三）联增村第二次正式调查

2015 年的第一次调查，一方面，由于选取的时间是农历二月，联增村的大多数年轻人外出打工，所以这使我们的调查内容相对于联增村的实际情况来说有较大的缺失。另一方面，从 2015 年起，脱贫工作也进入了攻坚期，农村扶贫与以往相比有了非常大的变化。在这期间，我们在贵州的扶贫调研也同时在多个地区进行，从其他地方了解到的情况使我们意识到需要对联增村的扶贫情况掌握更多，才能显现这一案例的价值。

因此，在我们的其他研究工作暂时告一段落后，2017 年 2 月 2 日至 6

日，即农历正月初六至初十，课题组成员还没等过完年，就再次来到联增村开展调查工作。目的是趁着外出打工的年轻人回乡过年，我们可以有机会对他们进行访谈，以便弥补之前调查的不足。

参与这次调查的课题组成员有孙兆霞、张建、卯丹、陈斌等 7 人，其中还吸纳了一位“特殊”的成员——新华社贵州分社记者李平。李平到贵州工作没多久，就了解到我们团队的研究成果和研究方法，多次与团队交流，撰写了不少有关扶贫的稿件，早就提出希望能和我们一起开展实地调查。听说我们要驻村调查，他便积极要求参加。

这一次的实地调查，课题组主要是围绕联增村的脱贫攻坚工作以及外出农民工两个专题展开。在调查对象上，除了村干部和村民，增加的主要就是打工者。除此之外，这次课题组还与马马崖镇的党委书记、镇长以及分管扶贫的副镇长等领导进行了深入交流，从镇党委政府的层面调查联增村的脱贫攻坚工作。

（四）“跟进调查”的说明

2017 年以后，中国的脱贫攻坚不断向纵深推进。由于前期积淀深厚，我们团队被赋予了更多的责任，我们的反贫困研究也从贵州走向了山东、云南、青海、宁夏等多个省份，先后承担和完成多项国务院扶贫办委托、招标的脱贫攻坚专项研究任务、项目。于是，联增村的研究不得不暂时被“搁置”。但是当我们站在全国反贫困的视角再来回看联增村时，就对联增村的研究有了更高的期待，希望通过联增村能实现我们更高的研究目标。我们认为，把联增村作为百村调查在 2021 年的关键时间点上，进行脱贫攻坚与乡村振兴相衔接的实地调研村庄，会具有更深的理论和现实意义，同时也更能体现我们团队研究的一贯性和继起性。

2021 年 5 月 1 日至 5 日，课题组成员孙兆霞、张建、宗世法、雷勇、陈斌 5 人赴联增村开展第三次调查工作。此次调查，我们对联增村 2017 年以后的脱贫攻坚工作进行了全面的了解。并重点结合联增村的乡村振兴开展调查。

三　调查方法和工具

从 2014 年至 2021 年的多次调查，我们在联增村获得了非常丰富的调查资料，其中访谈的录音文本达 200 万字，课题组制作的各类村庄调查表格 50 多份。

（一）半结构深度访谈

按照事先制定的调查方案，我们进行了大量的个案深度访谈，形成了大约 200 万字的访谈录音整理资料。调查期间，我们通过对村干部、村民、乡村教师、村医等人进行深入访谈，共计访谈村干部 46 人次、乡村教师 15 人次、村民 107 人次，对村庄历史、社会文化、社会福利、村庄公共设施、经济结构、生活状况、教育医疗现状、村民互助与合作、扶贫项目的实施过程等内容进行了深入的剖析。同时，我们还深度访谈了乡镇干部、驻村干部、承接扶贫项目资源的老板等人，共计访谈乡镇干部 12 人次、驻村干部 3 人次、老板 3 人次，了解了联增村的脱贫攻坚过程以及具体的扶贫行动等重要内容。

（二）入户问卷调查以及填制相关统计表格

在村两委班子成员的大力支持下，根据调查内容的需要，以及在调查中发现的新情况，我们还填写了大量的统计表格，包括外出务工人员统计表、留守儿童统计表、村两委班子成员统计表、村庄党员统计表、在外工作人员统计表、打工人员统计表、家庭生计统计表等 50 多份。这些都为我们的调查研究提供了客观、翔实的材料支撑，为开展村庄的结构性分析提供了数据基础。

（三）村庄资源图绘制

村庄资源图绘制是在我们研究团队多年来不断探索并逐渐完善的基础上形成的一种高效的村庄研究方法。主要是在课题组成员的问询和启发下，由村庄中熟悉全村整体情况的村干部或者其他村民与课题组成员合作，将村庄中的自然、文化、历史、经济等各类资源绘制在一张图上。

绘制村庄资源图，不仅可以以最快的速度掌握被调查村庄所具有的重要资源，让课题组成员很快掌握村庄的整体情况，而且在课题组成员与配合绘图的村干部或村民在不断的交流中，发现许多重要的问题线索，这些都为绘图之后的深度调查提供了非常有效的信息，大大提高了调查工作的针对性和有效性。

第二节　研究主题界定

一　家庭与家户

国内外学者在对中国农村与农民的研究中都指出了“家”对于中国农民的重要性。有些学者将中国家庭这种特殊性逻辑概括为“家庭主义”。[①] 丹尼斯·舍曼等人在《世界文明史》一书中所言，中国文化的核心方面是家庭，进而扩展到祖先。[②] 如费正清认为中国社会的基石是由家庭单位构成的农村。并区别于西方家庭，将中国农村的这种家庭概括为中国式家庭。每个农民家庭既是经济单位，又是社会单位，更是一个政治单位。在他看来，中国农村社会的单元不是个人，而是家庭。[③] 日本学者尾形勇从中国的家族以及中国的家与国的关系的角度来认识中国农村社会，强调国家家族的同构。[④] 莫里斯·弗里德曼提出家户（Household）的概念，强调家户是一个经济单位，家户的规模可以包括一个家庭，也可以包括多个没有分家的但不在同一房屋居住的家庭。[⑤]即家庭是包含于家户内部的。费孝通、梁漱溟等中国学者都认为中国农村社会是“家本位”的社会。费孝通认为中国农村社会最基本的社群就是“家”，而这个“家”是相对不同于西方人类学以及社会学意义上的家庭，它是个扩大了的家庭，它有时包括成年或者已婚的子女。[⑥]

---

① 参见盛洪《论家庭主义》，《新政治经济学评论》2008 年第 2 期；陈辉：《“过日子”：农民的生活哲学——关于黄炎村日常生活中的家庭主义》，博士学位论文，华东理工大学，2013。

② 丹尼斯·舍曼、A·汤姆·格伦费尔德、杰拉尔德·马科维茨、戴维·罗斯纳、琳达·海伍德：《世界文明史》，李义天、黄慧、阮淑俊、王娜译，中国人民大学出版社，2012，第 68 页。

③ 费正清：《美国与中国》，张理京译，世界知识出版社，1999，第 22 页。

④ 尾形勇：《中国古代的“家”与国》，张鹤泉译，中华书局，2010。

⑤ 莫里斯·弗里德曼：《中国东南的宗族组织》，刘晓春译，上海人民出版社，2000。

⑥ 费孝通：《江村经济》，上海世纪出版集团，2011，第 33 页。

梁漱溟认为西方社会是个人本位，而中国社会是家庭本位。中国社会是“举整个社会各种关系而一概家庭之”。[①] 林耀华认为，中国农村的家庭是以灶为单位，无论是夫妇、子女、叔侄、姑媳，凡是衣食共同就是一个家庭。在具体意义上，家是一个经济单位，指共灶合炊的父系亲属，以男子的辈数与年龄最长者为家长。家庭会因子孙的逐渐长大，人口渐渐增加而分家。在林氏看来，家是以灶记，户是以屋计。[②]

中国农村的基本单位是家或者家庭抑或家户，而不是个人。但是家庭的概念相对来说是一个富有弹性，其边界并不明确的社会实体，我们在具体运用中往往无法具体界定。在学理层面，西方社会学中的家庭概念是相对明确的，而中国农村社会中的家庭概念则具有模糊性，因为它没有具体的边界。它可以指扩大了的家庭，又可以指家族。在费孝通看来，家庭这个名词，是人类学家普遍使用的，一般指包括父母及未成年子女的生育单位。而中国农村的家，则是一个扩大的家庭，因为在没有分家的前提下，中国农民的家可以包括若干个这样的家庭。[③]

家庭对于中国农民具有特殊的意义。而这种特殊性无法通过“家庭”这样一个概念进行表述，因为家庭在中国的具体运用中是一个相对弹性，且内涵不明确的实体。中国的家庭结构在整体上应该是来源于一家一户的家户制传统，家户的概念而非家庭的概念才是中国农村社会特质的本质表达。[④] 徐勇将中国农村社会的本源性制度总结为家户制，“以强大的习俗为支撑的完整的家庭制度和以强大的国家行政为支撑的完整的户籍制度共同构成的家户制，是中国农村社会的基础性制度或本源型传统”。[⑤] 中国的家户制源于“一家一户”的封建户籍制度的推行。初步形成于商鞅变法实行的“民有二男以上不分异者，倍其赋”的析户政策，正式形成于秦统一之后实行的“编户齐民”政策，家户制由此形成。费孝通在《论中国家庭结构的变动》

---

① 梁漱溟：《中国文化要义》，上海人民出版社，2005，第 72 ~ 73 页。
② 林耀华：《义序的宗族研究》，生活 · 读书 · 新知三联书店，2000 ，第 73 页。
③ 费孝通：《江村经济》，上海世纪出版集团，2011，第 33 页。
④ 陈明：《家户主义的行为逻辑及其公共治理》，中国社会科学出版社，2018，第 22 页。
⑤ 徐勇：《中国家户制传统与农村发展道路——以俄国、印度的村社传统为参照》，《中国社会科学》2013 年第 8 期。

一文中就提出，对于传统中国以“大家庭”为主要家庭形态的认识是一种普遍的误解。[①] 中国古代完整的家庭制度和户籍制度共同构成和孕育出了中国农村社会的基础性制度或本源性制度——家户制。徐勇认为中国农民的家庭本位思想实质上指“家户本位”的思想，是对一家一户的家户制传统的延续。[②] 家庭是一个界定模糊的概念，家户则是一个相对具体的概念。在今天的中国农村，由于大量人口外出打工，产生了“跨地域家庭”[③] 这样的全新形态，其家庭形态很难用经典意义上的“共同居住”等特征来进行概括。同时，家户本身包含的“户”又具有政治学的意义。因为，传统国家通过编户齐民的户籍政策，在中国的历史长河中孕育出农民的小农家庭经济的基本结构，才有了中国农民家庭在社会学意义上的独特性。家户概念既突出生活、经济、文化以及消费的单位特征，又更为突出它的政治功能特征。

所谓的家户，在生活层面是指没有分家的同食共财的家庭结构，具有独立身份、对外交往资格、文化单元以及政治功能，且得到国家户籍制度承认的农民家庭组织。家户可以是一个人的家户，也可以是由多个家庭构成，它产生的标志是分家析产并获得独立的利益单位与身份资格。[④]

当代中国农民的行动单位是家户，农民的行为逻辑是家户主义。日常中国农民行为遵循家户理性，其动机来源于对家户利益损益的衡量，追求家户利益的增益。强调一切以家户利益为重，个人价值通过家户这一单位来实现。中国农民日常行为中的家户利益动机，形成了同生存小农、理性小农、商品小农以及社会化小农的对话。我们可以将中国农民概括为家户小农，小农遵循的是家户理性，追求的是家户利益。个人活着的意义是为了家户生存与延续。同样，中国农民是理性的，这种理性不是个人理性，也不是集体理性，而是家户理性。同样，农民行为的商品性、货币性以及消费性都是农民追求家户利益的表现。这是中国农民本质的根本的价值追求。农村存在以

① 费孝通：《论中国家庭结构的变动》，《天津社会科学》1982 年第 3 期。

② 徐勇：《中国家户制传统与农村发展道路——以俄国、印度的村社传统为参照》，《中国社会科学》2013 年第 8 期。

③ 罗小锋：《流动农民工的婚姻维系》，社会科学文献出版社，2021。

④ 陈明：《家户主义的行为逻辑及其公共治理》，中国社会科学出版社，2018，第 26 页。

"家户利益"为导向的价值观、公平观以及政治观。农民的行为与观念都是以家户为基本单位，并以家户利益的损益程度作为衡量标准。其本质的利益与权利单位不是个人或者个体，也不是集体、村落，而集中表现为家户。作者将农民这种遵循家户理性，奉行家户利益至上的行为逻辑概括为家户主义。[①]

本研究采用家户这一概念，作为基本研究单位，来阐述现代化进程中的村庄生活。以"家户"作为本研究的概念工具，有三方面考量：①是想呈现该村已形成一套完整的有助于拓展社会关系、传递代际资源和传承代际精神的家户自律和规约体系；②是想在国家框架下，彰显村民在对自身生存环境和生计方式有充分认知的基础上，如何充分发挥家户的自律和规约体系，以抓住现代化城乡融合过程中的契机，并应对其挑战；③期望地方政府以及村外的社会力量，能以"家户"为单位，综合衡量和决策治理或帮扶农村的手段、方式、载体以及进度、力度等。

二 现代化与家户

现代化理论是研究社会变迁与发展的主流理论。在过去60年里，世界现代化研究出现了三次高潮，有学者将其概括为十种理论：经典现代化理论、依附理论、世界体系理论、后现代化理论、生态现代化理论、反思性现代化理论、多元现代性理论、全球化理论、第二次现代化理论和综合现代化理论。[②]

现代化作为一个过程，其主体可以分为不同的层次，如世界现代化、国际现代化、国家现代化、地区现代化、机构现代化、个人现代化等。[③] 而从根本上讲，现代化的落脚点应该是人的现代化。人既是现代化的主体，又是现代化的目标。人的现代化可以区分为广义（即人类的现代化）与狭义（即个体的现代化）两个层次。个体的现代化，是指个人状况的现代化，是

① 陈明：《家户主义的行为逻辑及其公共治理》，中国社会科学出版社，2018，第225页。
② 何传启主编《中国现代化报告2011——现代化科学概论》，北京大学出版社，2011。
③ 何传启主编《中国现代化报告2011——现代化科学概论》，北京大学出版社，2011。

人的狭义现代化，主要包括个人生存方式与发展方式的现代化。个人生存方式现代化表现为个体在现代社会条件下，思维方式、工作方式、活动方式及生活方式的适应性，即与现代社会条件相协调，表明生存方式具有现代性。个人发展方式现代化表现为个体在开放、市场体制和科学技术迅速发展的条件下，价值观念、情感欲求、主体精神、知识体系、能力结构、心理状况的超越性，即能伴随并推动现代社会的发展，具有竞争性。[①]

人的现代化，就是指人的现代特性发生、发展的现实活动，包括人的价值观念、思想道德、知识结构、工作和生活方式由传统性向现代性的转变。[②] 20世纪60年代，以美国心理行为学派英克尔斯为代表，以社会系统中的普通个体为主要研究对象，明确提出了人的现代化概念，在微观层面将有关现代人格特征的研究具体化。英克尔斯和史密斯从三个角度、二十四个维度测量人的综合现代性。英克尔斯和史密斯在此基础上概括了现代人的四个特点：他是一个见闻广博的、积极参与的公民；他有明显的个人效能感；在同传统的影响来源的关系中，他有高度的独立性和自立性，特别是在他决定如何处理个人的事务时尤为如此；他乐意接受新经验以及新的观念，也就是说，他是相当开放的，在认识上是灵活的。[③] 英克尔斯和史密斯围绕现代人的特点，进而列出了人的现代化素质清单，即人的现代化指标体系。①乐于接受新事物的品质，包括新经验、新观念、新的行为方式。②准备接受社会的改革和变化。③思路广阔，头脑开放，尊重并愿意考虑各方面的不同意见、看法。④注重现在与未来，守时惜时。⑤强烈的个人效能感，对人和社会的能力充满信心，办事讲求效率。⑥计划。⑦知识。⑧可依赖性和信任感。⑨重视专门技术，有愿意根据技术水平高低来领取不同报酬的心理基础。⑩乐于让自己和他的后代离开传统所尊敬的职业。对教育的内容和传统智慧敢于提出挑战。⑪相互了解、尊重和自尊。⑫了解生产及过程。[④]

---

① 郑永廷等：《人的现代化理论与实践》，人民出版社，2006，第4页。

② 郑永廷等：《人的现代化理论与实践》，人民出版社，2006，第11页。

③ 阿列克斯·英克尔斯、戴维·H. 史密斯：《从传统人到现代人——六个发展中国家中的个人变化》，顾昕译，中国人民大学出版社，1992，第424页。

④ 殷陆君编译《人的现代化——心理·思想·态度·行为》，四川人民出版社，1985，第22～36页。

在面向现代化的发展问题上，我国的社会背景与西方国家实现现代化的状况是不同的，我国不会走西方工业化的老路，而是要在借鉴与创新、继承与发展、传统与现代的复杂张力中，探索符合我国实际的现代化道路。[①] 英克尔斯和史密斯采取超越政治形态、超越国家和超越文化的态度，对人的现代化特征进行概括并提出人的现代化指标体系，看到了不同社会制度、不同文化背景下人性共同的一面，但是，他们回避现实的政治关系、法律关系、道德关系以及民族、国家的传统文化。每个国家人的现代化，都会因每个国家的政治、经济、文化状况和传统不同，现代化的内容、重点、方式而存在差异。[②] 在此方面，就中国与西方的差异而言，正如前文所指出的，社会的基本单元存在差异：即家庭本位和个体本位的差异。西方现代化的基本单位为个体，英克尔斯和史密斯关于人的现代化理论同样是以个体的现代化为出发点的。即使讨论家庭，也是为了个体的现代化。如英克尔斯将家庭中的现代主义概括为：婚姻和职业的自主选择、培养后代的独立意识、节育与限制家庭人口、妇女的平等权利。[③] 要理解中国现代化的特殊性，离不开家户这一基本单位。

本研究将立足于家户讨论现代化问题。认为中国农村农民的现代化是以家户为单位而进行。但是又区别于家庭现代化的理论研究，[④] 这类研究的重点在于现代化进程中家庭的变迁问题。

三 城乡融合与家户

习近平总书记指出，在现代化进程中，如何处理好工农关系、城乡关系，在一定程度上决定着现代化的成败。

长期以来，城镇化/城市化被看作城市对农村的否定。城市－农村成为价值对立的矛盾体。因此，城市被视为发达/先进的存在，农村资源单向流

---

① 郑永廷等：《人的现代化理论与实践》，人民出版社，2006，第8页。

② 参见郑永廷等《人的现代化理论与实践》，人民出版社，2006，第55页。

③ 殷陆君编译《人的现代化——心理·思想·态度·行为》，四川人民出版社，1985，第77～89页。

④ 参见唐灿《家庭现代化理论及其发展的回顾与评述》，《社会学研究》2010年第3期。

入城镇。在中国，长期的二元体制更强化了人们的这一认知。即便是进入城镇的农业转移人口也处于城镇社会结构中的最低位置,[①] 并形成了“城市中的城乡二元结构”。[②] 农民在城乡之间的流动，形成了以代际分工为基础的半工半耕的生计模式。[③] 虽然有大量的农民以打工的方式进入城镇，但是他们大多数人无法实现市民化，因此只能处于“半城市化”状态,[④] 农民工也只能是“半商品”。[⑤] 而无论是政策制定者还是学者，都逐渐意识到在中国完全依赖城镇化无法解决农业农村的全部问题，无论城镇化水平达到什么程度，中国始终都会有几亿人生活在农村。

20 世纪 90 年代以来，随着经济发展的不断推进，中国社会也在发生着巨大变化，从乡土中国进入城乡中国。[⑥] 这一局面对加快城乡关系的变革提出了新的要求。经过多年的探索，城乡融合的理念被提了出来。城乡融合是中国实现农业农村现代化的重要战略，是城乡关系的一个新阶段。从内涵上看，城乡融合强调城乡平等互动和共建共享，城市与乡村是一个相互依存、相互融合、互促共荣的生命共同体。在这个共同体中，城市与乡村作为两个平等的主体，必须赋予其平等的地位、平等的发展机会和权利以及平等甚至乡村优先的待遇。[⑦] 在现代化的过程中，城市和乡村两个文明应该共存，互为需要，各有特点。城乡融合是一个多层次、多领域、全方位的全面融合的概念，主要包括以下内容：城乡要素流动自由化、城乡基本公共服务均等化、城乡基础设施一体化、城乡产业融合、城乡观念融合。

而中国的家户在城乡关系中同样有着特殊地位。一些学者从历史的视野研究指出了中国的家户在工业发展中的独特作用。农民家庭经济体是生物、社会与经济细胞的统一单元，是一种最坚固、最持久、最富于生命力的利益

---

① 李强：《当前我国社会分层结构变化的新趋势》，《江苏社会科学》2004 年第 6 期。

② 王建民：《社会转型中的象征二元结构——以农民工群体为中心的微观权力分析》，《社会》2008 年第 2 期。

③ 夏柱智、贺雪峰：《半工半耕与中国渐进城镇化模式》，《中国社会科学》2017 年第 12 期。

④ 王春光：《农村流动人口的“半城市化”问题研究》，《社会学研究》2006 年第 5 期。

⑤ 周振：《迁徙与回流：城镇化进程中的农民工》，社会科学文献出版社，2020。

⑥ 相关研究参见周其仁《城乡中国》（上、下），中信出版社，2013；刘守英、王一鸽《从乡土中国到城乡中国——中国转型的乡村变迁视角》，《管理世界》2018 年第 10 期。

⑦ 魏后凯：《深刻把握城乡融合发展的本质内涵》，《中国农村经济》2020 年第 6 期。

共同体。

中国现代化一开始就在客观环境上决定了工农城乡关系的良性互动而绝不能互损。在现代化过程中，城乡 - 工农双方保持自身优势和特点，良性互动、相互补充而非一方“化”掉另一方，是符合中国国情的现代化。

赵冈、陈钟毅认为，中国手工纺织业的坚强生存力实导源于家庭生产制的特性。手工纺织业在过去有效地排斥了手工业工场，后来又靠这种特性对新式纺织工厂进行了顽强的抵抗。[①] 林刚的研究也指出，洋纱取代土纱，并非意味着小农家庭纺织业被破坏的第一步，而是经过改进的、将传统优势与现代工业优势相结合的新式农家纺织业，在商品市场上局部取代旧式纺织业的结果与体现。它表明的不是农民家庭纺织业不可避免的解体趋势，而是相反，体现了农民家庭手工业完全可能与新生产方式融合，迸发出新的强大生命力。[②] 付伟的研究则以一个镇的家纺业为切入点，详细呈现了家庭工业的韧性与优势。家庭工业之所以能够在与集体经济、乡镇企业、大型公司的竞争中胜出，是因为其始终保持着与乡土社会的“混融”状态。首先，家庭织布的生产过程与工厂制生产有着截然不同的逻辑；其次，家纺业以既有的乡土社会纽带为依托，呈现不断分化的逻辑，最后形成了一个柔性生产网络，并最终形成了独特的工业生产体系——“小生产、大网络”的柔性生产格局。[③]

今天，在我们考虑城乡融合发展时，同样需要认真对待家户这一独特因素。农民家户是城乡资源互补关系的社会基础和载体，农户可以根据年龄、体力、技能等的不同选择务农或打工，打工者的住房在农村，农村、农业为其提供了基本生活保障，在家的老人也可以照顾年轻打工者的下一代。家户的决策过程是城镇化的微观基础，其决策综合考虑了收入水平、成员的未来预期，更为重要的是与关键成员的生命阶段紧密相关。[④]

① 赵冈、陈钟毅：《中国棉纺织史》，中国农业出版社，1997，第 190 ~ 191 页。

② 林刚：《国情、传统与现代化：以农户经济为中心》，社会科学文献出版社，2020。

③ 付伟：《城乡融合进程中的乡村产业：历史、实践与思考》，社会科学文献出版社，2021。

④ 付伟：《城镇化进程中的乡村产业与家庭经营——以 S 市域调研为例》，《社会发展研究》2018 年第 1 期。

第一章　村庄的人地适应系统与再造

人地适应系统，主要有人地关系和适应性两方面理论旨归。人地关系，指“人类社会及其活动与自然地理环境的关系”。[①] 纵观人类社会发展过程，从早期的地理环境决定论，到当前的人地协调论，中间还经历过二元论、人地相关论（或然论、可能论）、适应论、人类生态理论、景观论、生产关系决定论、唯意志论等。[②] 简言之，是从“对应到适应”[③] 的过程。由此看来，人类与自然地理环境之间如何适应，是人地关系研究的主要范式。有研究指出，这种适应性研究，“旨在通过主体对外部环境变化的调整，以削减其负面影响并改善适应能力，是实现人地关系可持续发展的重要途径”。[④]

第一节　区域性的地貌特征与气候条件

地貌特征、气候条件是自然地理系统的两种重要组成因素。它们是人类生存的资源基础，在传统农耕社会尤其如此。在一定程度上制约着人类的社会活动。当然，人类活动也会对其产生一定的影响和作用。这两者之间的关系，被地理学研究概括为“人地关系”。这一分析性概念，不仅在地理学研究中产生重要作用，对社会史研究的作用也异常明显。正如黄宗智所言：

① 杨青山、梅林：《人地关系、人地关系系统与人地关系地域系统》，《经济地理》2001 年第 5 期。

② 方创琳：《中国人地关系研究的新进展与展望》，《地理学报》2004 年第 S1 期。

③ 朱国宏：《人地关系论》，《人口与经济》1995 年第 1 期。

④ 尹莎、杨新军、陈佳：《人地系统适应性研究进展：概念、理论框架与方法》，《地理科学进展》2021 年第 2 期。

“研究朝廷政治、士绅意识形态或城市发展的史学家，不一定要考察气候、地形、水利等因素。研究农村人民的史学家，却不可忽略这些因素，因为农民生活是受自然环境支配的。”①

一 喀斯特地貌区

1. 分布概述

联增村所处区域，是典型的喀斯特地貌区。喀斯特地貌是以碳酸盐为物质基础，在大气－水－岩－生物相互作用下所形成的一种具有特殊物质、能量、结构和功能的生态系统。② 作为一种地貌类型，喀斯特面积占全球陆地总面积的1/4以上，集中连片分布在地中海沿岸、东亚和拉丁美洲三大片区。东亚地区的中国，喀斯特面积约130万 km^2，约占全国土地面积的1/7。主要分布在贵州、云南、广西、四川、重庆、湖南、湖北等南方省（市、区）中。2007年、2014年，“中国南方喀斯特”分两期被列入《世界自然遗产名录》。

贵州正处于喀斯特密集分布6省区的核心位置，在全省17.6万 km^2 的土地上，喀斯特地貌出露面积占61.9%。③ 而在云南省，虽有闻名遐迩的路南石林，但其喀斯特总面积才11.1万 km^2，占全省总面积的28%。在广西，喀斯特景观虽是其主要旅游吸引物，“桂林山水甲天下”就位于典型的喀斯特地貌区中。但全区喀斯特面积仅为8万 km^2，占全区面积的33.67%。放眼国外，在以喀斯特地貌著称的前南斯拉夫，喀斯特面积也才7万 km^2，占其国土总面积的33%。由此看来，贵州不仅是我国喀斯特分布面积最大的省区，更是发育最强烈的高原山区，甚或是西南地区喀斯特系统的中心。

2. 基本特征

由于自身的二元结构体系和物质基础，喀斯特与黄土、沙漠、寒漠并列为我国四大生态环境脆弱区。④ 地理学、生态学等学科的研究，惯于将“石

---

① 黄宗智：《华北的小农经济与社会变迁》，中华书局，2000，第51页。

② 袁道先主编《中国岩溶学》，地质出版社，1994，第1～30页。

③ 贵州省区域地理信息项目领导小组编《贵州省地理信息数据集》，贵州人民出版社，1996。

④ 龙健、江新荣、邓启琼、刘方：《贵州喀斯特地区土壤石漠化的本质特征研究》，《土壤学报》2005年第3期。

漠化”（Karst Rocky Desertification）作为分析喀斯特系统脆弱性的概念工具。所谓石漠化，“是喀斯特土地系统在人为干扰作用下生产力退化的连续性时间进程”。[①] 土壤流失是石漠化的主要特征，直接结果是土地生产力下降。

联增村所在的黔西南州，“所处的长江珠江上游分水岭地带属于强烈土壤流失区，严重性仅次于黄土高原剧烈流失区”。[②] 主要有两方面表征：“一方面表现为地表植被覆盖率降低，有机质来源减少，矿化分解作用强烈，不利于土壤有机碳的积累；另一方面土壤有机质随着细粒物质的侵蚀而流出生态系统，降低了土壤有机碳的含量……伴随着石漠化程度的加剧，土壤有机碳含量显著下降，各土层的降幅达60%～75%。”[③] 具体而言，“极度退化土壤的有机碳含量只有0.52kg m^{-2}”。[④]

土壤有机碳含量急剧下降，导致土地生产力降低。同时，还潜藏着加速地表水向下渗漏、为土壤岩溶的丢失和受降水、地表水和地下水的侵蚀流失提供了充分的空隙场所和空间通道。[⑤] 这种岩溶“地上－地下”双层结构的存在，容易导致“旬日无雨地干裂，一场大雨遭水淹”“地表水贵如油，地下水滚滚流”等与生计有关的自然景观。

喀斯特地貌区的脆弱性，还表现为可溶性碳酸盐岩石中所含的可溶性物质太多，约占其化学成分的90%以上。这些物质都能溶解于水，并被带走，能够存留下来变成土壤的部分非常少。意味着喀斯特系统的成土速度非常慢。根据专家的计算，靠碳酸盐岩石中不溶物堆积并发育形成1cm厚的土壤需2500～8500年，这还不考虑其他因素造成的堆积物流失和散落。正是由于喀斯特环境中自然力的作用，致使土壤的生成与流失呈反比关系。如果将

① 王德炉、朱守谦、黄宝龙：《喀斯特石漠化的形成过程及阶段划分》，《南京林业大学学报》（自然科学版）2005年第3期。

② 刘国华、傅伯杰、陈利顶、郭旭东：《中国生态退化的主要类型、特征及分布》，《生态学报》2000年第1期。

③ 闫俊华、周传艳、文安邦、刘兴诏、褚国伟、李坤：《贵州喀斯特石漠化过程中的土壤有机碳与容重关系》，《热带亚热带植物学报》2011年第3期。

④ 闫俊华、周传艳、文安邦、刘兴诏、褚国伟、李坤：《贵州喀斯特石漠化过程中的土壤有机碳与容重关系》，《热带亚热带植物学报》2011年第3期。

⑤ 张冬青、林昌虎、何腾兵：《贵州喀斯特环境特征与石漠化的形成》，《水土保持研究》2006年第1期。

人为因素考虑进来，这种反比关系则会加速演化，导致石漠化程度加剧。人少地多，水土流失更多取决于自然力的作用；人多地少，人类活动的力量将加速石漠化进程。

在地理学研究中，不同区域喀斯特地貌的脆弱程度是可测度的。就联增村所在的黔西南州而言，“轻度以上石漠化土地总面积的 27.63%，高出全省平均数（20.89%）6.74 个百分点，仅次于六盘水市（36.43%）、安顺市（35.13%）、黔南州（28.13%），居全省第四位。其中，中度石漠化土地 1619.49km^2，强度石漠化土地达 886.9km^2”。① 如果将黔西南州视为考察整体，联增村所在兴仁县的石漠化程度，位居黔西南州第三位。“轻度石漠化以上所占面积百分比依次为：兴义 42.6%、安龙 40.4%、兴仁 40.3%、晴隆 36.7%、普安 32.9%、贞丰 30.5%、望谟 6.48%、册亨 6.42%。”② 轻度石漠化，是指人地关系尚未完全恶化，或者经过人为的正向努力，土地仍可用于农业生产。与之相对应的强度石漠化，主要指已基本丧失利用价值的土地。就这一指标而言，兴仁县位居黔西南州第一位。“已基本丧失了利用价值的强度石漠化土地，超过 5% 的有兴仁 8.8%、安龙 8.0%、兴义 7.21%、晴隆 5.96%、普安 6.3%、贞丰 5.1%。”③

鉴于联增村是兴仁县“边缘中的边缘”，如将以县域为单位所得出的石漠化等级指标，视为考察一个村庄石漠化程度的依据，可能有失偏颇。为此，借鉴现代地理学研究的区域性特征，将考察视野聚焦到区域层面，这种考察结果可能更契合该村实际情况。如前所述，联增村位于兴仁、晴隆、贞丰、关岭“四县（市）交界”地带，是其显著区域性特征。根据地理学、生态学的研究结果，联增村所在区域集极度脆弱区和强度脆弱区于一体。④

① 兰安军、张百平、熊康宁、安裕伦：《黔西南脆弱喀斯特生态环境空间格局分析》，《地理研究》2003 年第 6 期。

② 兰安军、张百平、熊康宁、安裕伦：《黔西南脆弱喀斯特生态环境空间格局分析》，《地理研究》2003 年第 6 期。

③ 兰安军、张百平、熊康宁、安裕伦：《黔西南脆弱喀斯特生态环境空间格局分析》，《地理研究》2003 年第 6 期。

④ 兰安军、张百平、熊康宁、安裕伦：《黔西南脆弱喀斯特生态环境空间格局分析》，《地理研究》2003 年第 6 期；王言荣、刘洁、屠玉麟：《贵州典型喀斯特县域生态环境脆弱度等级划分》，《中国岩溶》2002 年第 3 期。

就极度脆弱区而言，“石漠化面积达31.64%，土壤溶蚀面积为43.08%，严重的石漠化和土壤侵蚀在空间上相互叠加，林地稀少，林地覆盖率仅为10.95%，生态脆弱度最高，为64，治理难度大，是生态环境治理的重点区”。[①] 强度脆弱区则表现为：“石漠化……发生面积占总面积的47.52%，土壤侵蚀面积达25.74%……生态脆弱度51，是全区生态退化较严重区，最主要是石漠化问题。”[②] 如此看来，联增村及其周边区域，不仅喀斯特地貌显著，且石漠化程度非常高。

3. 联增村地貌形态

根据王世杰等人的研究结果，联增村地貌形态组合类型可表述为：“黔－桂斜坡带漏斗形峰丛洼地亚区”和“北盘江高原峡谷亚区”的综合体。具体的现实表征有：绝大部分坡地岩层裸露，坡麓土层覆盖；河流深切峡谷，高陡的谷坡和夷平面相间，夷平面上有锥峰峰丛分布；高陡的谷坡岩层裸露，夷平面上锥峰坡麓土层覆盖。[③] 这些现实表征，为更进一步认知喀斯特地貌构筑出立体的地形体系：“负向地形”和“正向地形”。盆地、洼地、谷地属“负向地形”，峰丛、峰林等属于“正向地形。”[④]

田野调查发现，盆地、洼地、谷地是喀斯特地貌区中民众的主要生计基础。在联增村，位于乜篾片区的乜篾坝子和位于莲花片区的联增坝子，是典型的“负向地形”；而无音坪、烂坝、拢谷等散布在村庄边缘的村寨，则以“正向地形”为主。“负向地形”是周围地区物质、水分的集聚场所或迁移通道，因而农业生产条件相对较好，是该村水田或农耕地的主要分布区。而“正向地形”中多为生态环境恶劣的石山、半石山，在传统农业生产过程中，表现为旱地、可开荒地和荒山草坡等。

“正向地形”内部存在显著差异，如陡坡型峰丛山地，通常被定义为

① 兰安军、张百平、熊康宁、安裕伦：《黔西南脆弱喀斯特生态环境空间格局分析》，《地理研究》2003年第6期。

② 兰安军、张百平、熊康宁、安裕伦：《黔西南脆弱喀斯特生态环境空间格局分析》，《地理研究》2003年第6期。

③ 王世杰、张信宝、白晓永：《中国南方喀斯特地貌分区纲要》，《山地学报》2015年第6期。

④ 安裕伦：《喀斯特人地关系地域系统的结构与功能刍议——以贵州民族地区为例》，《中国岩溶》1994年第2期。

“裸露型”喀斯特，“是最为恶劣的典型的喀斯特环境，因为土层薄（多小于 10～30cm）且土壤覆盖率低（常小于 10%～50%），表现为湿润气候下的‘半干旱地区’，发育的代表土壤是石灰土；其绿色植物生长量通常很低，仅为非喀斯特景观的几十分之一到几分之一，整个活质产量也相差数倍”。[①] 总之，石漠化程度的高低，是区分“负向地形”与“正向地形”的显著指标。因为，“坡地石漠化远远强于平地，低洼地一般不出现石漠化”。[②]

综上所述，在喀斯特地貌区内，成土面积小。通俗地说，喀斯特地貌区可耕地少，或山多地少，人口承载能力差。“即使把陡坡耕地包括在内，这种景观可耕地的比例也少得可怜……而且多是亩产低于 50～150kg 的低产田土。”[③] 基于此，联增村的绝大部分田土里有石块，土层较薄，土地肥力有限，仅有莲花与乜篾坝子靠近河谷的土地较为肥沃。2017 年 2 月，时任马马崖镇党委书记 LHBB 介绍道，土地资源一直是限制地方发展的重要因素。

> 马马崖镇的国土总面积 103 平方公里，大概有 2 万多亩土地的土层很薄，就像你们在联增村山上看到的那种草皮，土层薄到连灌木都长不出来，其他的东西更种不出来。现在林业部给我们的项目就是种植车桑子做绿化。在这种情况下，我们的耕地就更加有限了，又不连片，都是零星的，所以我们在做农业产业化这一块，客观上（土地资源限制）是一个很大的问题。（20170206，孙兆霞、陈斌、卯丹访马马崖镇党委书记 LHBB）

二　亚热带气候区

联增村所处区域，是典型的亚热带气候区。“亚热带或副热带原是气象

① 安裕伦：《喀斯特人地关系地域系统的结构与功能刍议——以贵州民族地区为例》，《中国岩溶》1994 年第 2 期。

② 周国富：《贵州喀斯特石漠化分布的空间差异与防治区划探讨》，《中国岩溶》2006 年第 1 期。

③ 安裕伦：《喀斯特人地关系地域系统的结构与功能刍议——以贵州民族地区为例》，《中国岩溶》1994 年第 2 期。

学上的一个名词，它的地位介于热带与温带之间，是一个过渡地带。”① 竺可桢认为：“亚热带的气候可以这样规定，即冬月微寒，是使喜温的热带植物不能良好生长。其另一特点为每年冬季虽有冰雪，但无霜期在 8 个月以上，使农作物一年可以有两造的收获。”②

气象学研究对亚热带气候区热能特征有明确规定：“我们定副热带的指标为 10℃以上，积温为 4500～8000℃，最冷月的气温为 2～18℃，无霜期在 240～365 天。”③ 联增村所在区域，“气候类型主要为亚热带季风湿润气候，光热资源丰富，年均温 18.4℃，年均极端最高气温为 32.4℃，年均极端最低气温为 6.6℃……年总积温达 6542.9℃，年日照时数 2500h 以上……全年无霜期在 337 天以上，地处温热河谷，河谷低地终年无霜”。④ 总之，亚热带气候区内热能资源比较丰富。

毗邻联增村的九盘河谷，“光热条件好，基本无凝冻，有亚热带林果如柑橘、芭蕉、甘蔗等作物生长”。⑤ 在与之毗邻且类似的东北部河谷地带，热能条件同样如此。“东北部的梭江、波秧河、麻沙河、岔普河等海拔 1000 米以下的河谷地带年均温在 16℃以上，6 至 8 月平均温度高于 22℃，其中 7 月份在 24℃以上。”⑥

亚热带气候区的水能条件，大致有两方面特征，一是降水量比较丰富，“本区年降水量在 900～2000 毫米之间。”⑦ 具体到东经 110°以西的高原盆地中，“年降水量在 1300～1800 毫米”⑧。联增村所在区域，“年均降雨量 1100mm”。⑨

---

① 竺可桢：《中国的亚热带》，《科学通报》1958 年第 17 期。

② 竺可桢：《中国的亚热带》，《科学通报》1958 年第 17 期。

③ 竺可桢：《中国的亚热带》，《科学通报》1958 年第 17 期。

④ 李安定、喻理飞、韦小丽：《花江喀斯特典型峡谷区顶坛花椒林地生态需水量的初步估算》，《土壤》2008 年第 3 期。

⑤ 贵州省兴仁县编史修志委员会编《兴仁县志》，贵州人民出版社，1991，第 82 页。

⑥ 贵州省兴仁县编史修志委员会编《兴仁县志》，贵州人民出版社，1991，第 68 页。

⑦ 张养才、李伟光：《北半球亚热带地区农业气候资源特征及其评价》，《自然资源》1985 年第 3 期。

⑧ 张养才、李伟光：《北半球亚热带地区农业气候资源特征及其评价》，《自然资源》1985 年第 3 期。

⑨ 李安定、喻理飞、韦小丽：《花江喀斯特典型峡谷区顶坛花椒林地生态需水量的初步估算》，《土壤》2008 年第 3 期。

二是雨热同期，且 80% 集中在作物生长期内[①]。有研究发现，地处内陆高原的亚热带气候区，降水量的峰值出现在每年 7 ~ 8 月。此时正值农作物生长发育的关键时期，不仅为农作物生长发育提供较好的气候环境，而且为农作物复种、轮作奠定气候资源基础。

联增村所在区域的气候特征可简要概括为：冬无严寒、夏无酷暑，有效积温高，光照时间长。年降水量比较丰富，且雨热同期。尤为关键的是，这种气候条件与该区域的山脉相遇时，可营造出适宜多种农作物生长的区域性农业生态环境。因为，“山脉不仅对冬夏季风有一定的阻滞作用，且因山岭之间有大小盆地、河川地以及海拔高度和不同坡向等非地带性影响，在短距离内出现了多种多样的农业生态环境”。[②] 即便是同一作物品种，纬度偏南区域的作物成熟时间会比较早。田野调查发现，联增村的气候条件，与九盘河谷、梭江等地大致相似，但由于其纬度更加偏南，所以该区种植的早熟蔬菜，大致比此区域内非河谷地带高山地区的早 15 ~ 20 天上市。

三　区域性的地貌与气候悖反

二律悖反（Antinomies）是 20 世纪德国古典哲学家康德（Immanuel Kant）提出的哲学基本概念，主要用以分析在秉持共同原则下所建立且被公认的两个命题之间的矛盾冲突。简言之，二律悖反，就是我们常说的矛盾。众所周知，地貌特征和气候条件，是农业生产中非常重要且必备的两方面因素。当它们同时与农业生产实际需求匹配时，该区域的农业生产条件才比较优良；否则，就可能较差。

如前所述，联增村所处区域，冬无严寒、夏无酷暑，有效积温高，光照时间长。年降水量比较丰富，且雨热同期。更关键的是，这种气候条件与该区域的山脉相遇时，可营造出适宜多种农作物生长的区域性农业生态环境。由此可知，该区域具有农作物生长的优良气候条件。课题组在田野调查中了

① 张养才、李伟光：《北半球亚热带地区农业气候资源特征及其评价》，《自然资源》1985 年第 3 期。

② 张养才、李伟光：《北半球亚热带地区农业气候资源特征及其评价》，《自然资源》1985 年第 3 期。

解到，该区域可种植早熟蔬菜和多种早熟经济作物，就很好地证明了这一点。

但喀斯特地貌将在很大程度上消弭气候条件产生的优良农业生产条件。首先，喀斯特地貌在长时段演变过程中，历史遗留下的成土面积小，从根本上决定了区域内田土资源的基本构成和整体规模；而且后续的生成速度也非常缓慢，从而使得已有格局难以在短时间内得到根本改变。最终造就了村内田土资源的基本格局。其次，喀斯特地貌的结构特性在与人类活动遭遇之后，出现石漠化，不仅使土壤中有机碳储量急剧降低，而且可能导致“地上—地下”双层结构，土地保水能力降低。降低田土资源的生产能力和人口承载能力。

2015 年 3 月，课题组在联增村田野调查时，村民明确表示，由于水源缺乏，且缺乏提灌设施，导致早熟蔬菜没法大规模种植。

> 我们这个坝子主要是靠望天水，雨过就基本没有水了，即使河道中有些水，也只能满足一半面积的灌溉用水。实质上，从气候条件的角度来说，这个坝子是比较适合种植早熟蔬菜的，但是由于水源不好，最终没有大规模种植。（20150425，孙兆霞访联增村村民 LYP）

从这个角度来看，地貌特征、气候条件没有同时与联增村农业生产的实际需求相匹配，从而导致该村及其所在区域的农业生产条件并不优良。如将由喀斯特地貌导致的地形封闭等因素考虑进来，则可在一定程度上认为，联增村及其所在区域的自然生境也并不优良。

总体而言，两个不同层面的“并不优良”，不是由地貌特征或气候条件中某种单一因素造成的，而是两方面因素不相匹配导致的。在自然地理系统的整体性框架中观之，联增村所处区域的地貌特征和气候条件呈现的悖反关系，不仅为理解该村田土资源与生计方式提供整体的自然生境，而且是认知该村家户社会生活和文化实践的重要载体。

第二节　群山与河流型构的村庄

囿于喀斯特地貌，联增村是一个被群山与河流共同型构而成的村庄。群山环绕，不仅将其与外界阻隔开来，而且潜隐着与外界沟通的可能。河流主要指北盘江，它之于联增村的影响，同样如此。它们不仅是型构联增村村民生计方式的重要因素，而且为外界认识联增村构建出一幅由群山、河流共同构成的立体图景。从历史的角度来看，联增村村民及地方社会基于生计资源因素的考虑，因地制宜地构建出多种突围路径。在当前的社会形势下，这些突围路径有一定局限性。在城乡融合发展、乡村振兴战略背景下，该村的突围路径可以有更多的选择。

一　群山环绕

无论是田野调查，还是翻阅《兴仁县志》等地方文史资料，当地社会都惯于将联增村所在区域称为“大山区”。就该村及其所处区域的具体情况而言，“大山区”有两层含义：第一，行政区划层面；第二，地理层面。

“大山区”作为行政区划的称号，大致存在于20世纪50年代至90年代末期，前后持续40余年。《兴仁县志》详细记录了这方面情况。

> 1956年4月……省人民政府批准建立鹧鸪园、陈家沟、九盘、鲤鱼坝民族乡，将原64个乡（镇）合并为34个乡（镇）。其中三区辖大山、启白、马场、新元、百德、新寨、田湾、九盘8乡。①
>
> 1958年9月，全县共建14个公社。其中大山公社辖大山、启白、白坟、营上、马场、安庆、百德、新元、东坪、新寨、田湾11管理区。②
>
> 1963－1984年行政建置，大山区辖9个公社，分别为百德公社、大

① 贵州省兴仁县编史修志委员会编《兴仁县志》，贵州人民出版社，1991，第38页。

② 贵州省兴仁县编史修志委员会编《兴仁县志》，贵州人民出版社，1991，第39页。

山公社、新元公社、新寨公社、田湾公社、启白公社、营上公社、马场公社、九盘公社。其中九盘公社驻崩当，辖先锋、九盘、集中、团结、民族、联增6大队。①

1985年……大山区位于县境东北部……设大山、启白、营上、马场、九盘、百德、新元、新寨、田湾9乡，辖73个村委会……九盘乡，乡政府驻田坝村……设九盘、米粮、崩当、补郎、联增、乜篾6个村委会，辖33个村民组、25个自然村。②

上述四条记录，虽是从行政区划角度对“大山区”进行界定，实质彰显的却是“大山区”的地理空间范畴。

考兴仁县地图，行政区划意义上的“大山区”覆盖的范围，皆位于该县东北部的岩溶峰丛峰林地貌区。该区海拔在1200~1600米。其中，最高峰为姚家大坡1726.5米；最低者为九盘河谷，海拔仅493米。区域内以最高峰姚家大坡为中心向四周呈伞状逐渐散开降低，并以峰丛峰林洼地、谷地地貌为主。③ 因此，为北盘江畔的“大山区”赋予立体三维意象。课题组在联增村田野调查期间，村民用“高山地区－低山地区”的连续统来呈现这种立体三维意象。“高山地区”（简称“高山”）主要涉及今百德镇、马马崖镇，具体包含有新元、营上、大山等村。而“低山地区”（简称“低地”）主要是指联增村及其周边的九盘、米粮等低海拔河谷中的村庄。

若将视野扩大，联增村常被定义为黔西南州境内兴仁市、晴隆县、贞丰县以及安顺市关岭县的交界地带。在地理学研究中，发现该交界地带的地层属于三叠纪中统的上部，“分布于贞丰至龙场及九盘至顶坛（北盘江沿岸）一带”。④ 这一地层构成特征，为四县（市）连为一体提供了地理学依据。在现实中，地层特征与行政区划虽然没有完全同构，但是区域内诸多乡镇或村庄彼此接壤或相邻。考现代地图，除兴仁市外，其余三县与联增村邻近或

① 贵州省兴仁县编史修志委员会编《兴仁县志》，贵州人民出版社，1991，第41页。

② 贵州省兴仁县编史修志委员会编《兴仁县志》，贵州人民出版社，1991，第46~47页。

③ 贵州省兴仁县编史修志委员会编《兴仁县志》，贵州人民出版社，1991，第66页。

④ 贞丰县史志征集编纂委员会编《贞丰县志》，贵州人民出版社，1994，第105页。

接近的乡镇分别为：晴隆县（安谷乡、紫马乡）、贞丰县（平街乡）、关岭县（花江镇、新铺镇和普利乡）。这些乡镇的共同特征：沿北盘江或北盘江支流分布，均为县境内海拔较低之处。如晴隆县，“最高点为县境西南隅与普安县交界处地久乡的五月朝天以北约1公里处，海拔2025米，最低点为麻沙河与北盘江汇合处，海拔543米，海拔高差1482米”。[①] 另如贞丰县，位于县城北部的平街乡，“东与顶坛乡，南与牛场、大长田乡，西与兴仁县，北与关岭县隔江相望。总面积82.59平方公里，海拔在488~1356米之间”。[②] 再如关岭县，“花江镇，地势西北高东南低，中部较平坦，大部分为丘陵，最高海拔1170米，最低海拔650米”。[③]“新铺乡，地势自东北向西南倾斜，构成半山谷半丘陵地带。上半山山峦之间多呈小坝子，下半山则在连绵群山脚下多有小槽谷。平均海拔1035.5米。普利乡呈斜坡地形，东北高，西南低，最高海拔1821米”。[④]

为更好地表征群山环绕的地理意象，此处以“九盘”为例说明。“九盘”，因山高而得名。据当地民众讲述，从山脚至山顶，共有9道拐。清朝陈政有诗曰：“九曲盘空天地头，鸟飞不过人何游。虚教名利穷途客，一度峰回一度愁。”[⑤] 清朝方孝标亦有诗曰：“斗绝黔山奔，峭壁盘江凿”。[⑥] 山虽高耸陡峭，但仍是当时盘江流域[⑦]民众与外界进行社会交往的重要通道。所以，清朝乾隆二十年（1755），地方官员吴元吉在此“组织修石衢半公里，于半山和山下建一茶亭，共计9盘，均宽2~3米。”[⑧] 因而得名九盘山。经

---

① 贵州省晴隆县志编纂委员会编《晴隆县志》，贵州人民出版社，1993，第51页。

② 贞丰县史志征集编纂委员会编《贞丰县志》，贵州人民出版社，1994，第80页。

③ 关岭布依族苗族自治县志编纂委员会编《关岭布依族苗族自治县志》，贵州人民出版社，2002，第98页。

④ 关岭布依族苗族自治县地方志编纂委员会编《关岭布依族苗族自治县志》，贵州人民出版社，2002，第111~112页。

⑤ 关岭布依族苗族自治县地方志编纂委员会编《关岭布依族苗族自治县志》，贵州人民出版社，2002，第504页。

⑥（清）黄培杰编纂，（清）沈毓兰重刊《永宁州志》（未刊），政协关岭自治县委员会校勘，2009，第187页。

⑦ 盘江流域是指南盘江、北盘江流域的合称。

⑧ 关岭布依族苗族自治县地方志编纂委员会编《关岭布依族苗族自治县志》，贵州人民出版社，2002，第348页。

考证，“石衢半公里”，是自永宁（今关岭）至兴仁邮路驿道中的一段，经“西关坡、啊康寨、萝卜寨、上瓜达九盘山官道过九盘渡口上马场、巴铃、兴仁……”[①] 根据顾炎武在《天下郡国利病书》中的记载，此条邮路驿道中“西关坡”及其周边区域，“山幽箐邃，吐雾弥天，不分咫尺，行者前后相呼”。[②]

位于九盘山下的村庄，名九盘村，与联增村毗邻。20 世纪 60 ~ 80 年代，先后经历过九盘公社、九盘乡建制。20 世纪 80 年代，乜篾村与原联增村皆隶属九盘乡。“九盘乡，乡政府驻田坝村。东及东北面与关岭、贞丰两县相邻，南与营上、百德乡接界，西及西北抵新元乡。面积约 61.33 平方公里，人口 4675 人。设九盘、米粮、崩当、补郎、联增、乜篾 6 个村委会，辖 33 个村民组、25 个自然村。”[③]

在行政区划方面，九盘乡是兴仁县东北部大山区的重要组成部分。在地理方面，该乡正处于强切峡谷岩溶地貌区内。“西起花坝岔普河、麻沙河、北盘江右岸、东至九盘的梭江河边，包括营上、马场、新元、新寨、田湾、大山、启白、公德等 9 乡的 23 个村，总面积 166.9 平方公里，占全县总面积的 9.34%。”[④] 此区域内，营上村海拔最高，1720 米；梭江村最低，仅 493 米。两村海拔高差 1000 米以上。地理学研究中，将该区域定位为典型的峰丛洼地，且正处于“493 ~ 1200 米的峡谷地区”。[⑤] 此种地形有两方面显著特征，一是“洼地多呈封闭状，单个洼地面积小，并常见落水洞，地下暗河水埋藏深，一般大于 50 米。可见少量干谷、溶沟。漏斗、落水洞密布、峰丛林立，以硅铁质黄壤和黄色石灰土为主”。[⑥] 二是喀斯特地貌发育完整、岩石裸露度高，山高坡陡，河流切割度大，谷深水急，谷呈 V 字形，是典型的峡谷地区。

“九盘河谷黄壤、黄泥土、石灰土区，位于县境东北部，沿岔普河、新

---

① 关岭布依族苗族自治县地方志编纂委员会编《关岭布依族苗族自治县志》，贵州人民出版社，2002，第 348、362 页。

② （清）顾炎武：《天下郡国利病书》第三十一册《旅途志》。

③ 贵州省兴仁县编史修志委员会编《兴仁县志》，贵州人民出版社，1991，第 47 页。

④ 贵州省兴仁县编史修志委员会编《兴仁县志》，贵州人民出版社，1991，第 66 页。

⑤ 贵州省兴仁县编史修志委员会编《兴仁县志》，贵州人民出版社，1991，第 63 页。

⑥ 贵州省兴仁县编史修志委员会编《兴仁县志》，贵州人民出版社，1991，第 65 页。

寨河、波秧河、麻沙河、北盘江的右侧，占全县总面积的4.1%，农耕地占本区面积的4.7%，零星分散于河谷缓坡地带……出露的岩石主要是石灰岩和第四纪黏土。主要土壤为大眼泥、小土泥，农耕地为相应的大眼泥田、小土泥土等。”①

据测量，岔普河、麻沙河、波秧河，其海拔均在1000米以下。联增村乜篾片区海拔550米左右，莲花片区的拢谷、烂坝等处，稍微高一点，但仍在1200米以下。如此看来，联增村所辖自然寨的整体海拔，均在493～1200米的区间内。因而，该村整体地形属于典型的峡谷地区。对比分析发现：①联增村的地形地貌基本类似于九盘河谷；②低海拔峡谷与高海拔山峰，形塑出该村被群山环绕的地理意象；③联增村与周边区域在群山环绕中形成“高山－低地”的自然地理连续统。

二　河流围困

北盘江，古称牂牁江。“界滇黔于西南，源自威宁州西界山，入滇沾益、宣威二州界，仍流自黔。东经普安厅、普安县、安南县、郎岱厅、永宁州，而由三江口东合于红水河。”② 按当前行政区划，兴仁县正是北盘江的流经区域。联增村被流经于此的北盘江呈环形团团围住。据村民讲述，从乜篾片区有山间小道直通北盘江边，仅4公里左右。

逻辑地看，北盘江毗邻村庄，可在水利灌溉和水上运输两方面惠及村庄。翻阅史料和田野调查材料得知，北盘江之于联增村及其农业生产的影响并非如此。

首先，就水利灌溉而言，北盘江对于联增村来说毫无益处。“北盘江河床深切，岸陡坡峭、江畔农田稀少，且与水位相差100～500米，虽有丰富的水源，但利用困难。”③ 这一记录明确告知，当农田与北盘江水位相差高

① 贵州省兴仁县编史修志委员会编《兴仁县志》，贵州人民出版社，1991，第82页。

② （清）爱必达：《南北二盘江考》，载（清）张锳纂修《兴义府志》，贵州省安龙县史志办公室校注，贵州人民出版社，2009，第286页。

③ 关岭布依族苗族自治县地方志编纂委员会编《关岭布依族苗族自治县志》，贵州人民出版社，2002，第69页。

100~500米时，北盘江的水利资源就很难被利用。更何况联增村的农田距离北盘江4公里左右。

其次，水上运输。前文论述内容彰显了联增村及其所在的马马崖镇，西走兴仁、西北走晴隆、南通贞丰，皆被群山环抱；北通关岭，有花江及两岸深沟横亘其间。花江作为北盘江的一段，不仅是其重要组成部分，而且是区分北盘江不同区段通航能力的重要界点。（贞丰白层老渡口）“渡口以上至花江段，江面窄，礁石多，水流湍急，不利于航行；花江以上，纯属水浅、滩多、浪急、不通舟楫；白层渡口以下，江面开阔，水势缓慢，适宜通航。渡口两岸，高山峡谷，径悬蹬仄，山环水复，地势险要。”① 九盘渡口位于花江与白层渡口之间，“花江铁索桥未建之前，九盘渡口是盘八交通要道之一。渡口建有驿站，有渡船数只，兴仁、兴义、贞丰等县部分群众到省城必经此摆渡”。②

总之，位于北盘江南域的联增村，不仅未能享受北盘江的水利灌溉之便，农业生产主要依靠自然降雨和村庄周围山上的自流井。③ 更重要的是，鉴于北盘江呈环形将联增村团团围住，客观上在一定程度上将该村与外界社会阻隔开来。在群山环绕的基础上，为联增村更添几分封闭的地理意象。

三　突围路径：回顾与展望

改造自然地形地貌，以满足自身的生活需求，人类的努力一直没有停歇。但力量非常渺小，产生的影响也微不可言。“自从北京人以来，中国所发生的最重要的地貌变化却并非因人而起，人类力量同塑造棋盘地文格局的构造性力量完全不可同日而语……至今为止人力只是影响了地质变化的速度，而不是变化的方向。只有在小片地区和有限的时间中，人类的努力可以说阻止或者逆转了自然进程。”④

---

① 中国人民政治协商会议贞丰县委员会文史资料研究委员会编《贞丰文史资料选辑》（第五辑），第86页。

② 贵州省兴仁县编史修志委员会编《兴仁县志》，贵州人民出版社，1991，第308页。

③ 关于村庄内部之于农业生产的水资源，本章第三节有详细介绍，兹不赘述。

④ 段义孚：《神州——历史眼光下的中国地理》，赵世玲译，北京大学出版社，2019，第34页。

“群山 - 远水”“峭壁 - 深沟”为联增村构建的以“封闭”为主要内涵的窘迫自然生境，的确给该村民众的社会生活和文化实践带来很大影响。在笔者所掌握的文献史料中，尚未见到有当地民众“阻止或者逆转”窘迫自然生境的明确记录。但这些文献史料中所记载的内容，明显地表征出，当地民众并非束手无策，而是通过各种努力或方式，构建出与自身生活需求相适的突围路径。

1. 渡口 - 渡船系统

北盘江支流众多，上下游河段多处适于建设规模不一的渡口，便利当地民众出行。20 世纪 50 年代，关岭县对北盘江上下游水域进行普查，发现有大小渡口 13 个。“北盘江流域渡口主要有：半坡、光照、茅草坪、小盘江、大盘江、猫猫冲、九盘、三家寨、板东、板江、付家寨、大平、许娥等渡口。”①

课题组在联增村田野调查期间，了解到九盘渡口曾经是村民出行的主要渡口。九盘渡口，位于九盘河上，作为北盘江的重要支流，“河面宽为 50 米，水深 2 至 15 米”。② 适于渡船通行，因而，河岸建有多个渡口。典型者有九盘渡口，“位于县城东北九盘乡，距县城 60 公里……九盘渡口是盘八交通要道之一。渡口建有驿站，有渡船数只，兴仁、兴义、贞丰等县部分群众到省城必经此摆渡”。③ 除九盘渡口外，“还有流水寨、毛草坪、补郎、崩当、石笙等渡口通往北岸邻县”。④

花江同样是北盘江支流，具备一定通航条件。早在清朝初年，建有花江渡口。“在州属南界，大船通永丰。”⑤ 一方面，可自此与北盘江沿岸的渡口相连接。关岭三岔河古渡是其中典型且重要的一个，“上可接唐蒙开的南中五尺道的下道”，⑥“下流至打罕，联泗城州界，舟楫始通”。⑦ 另一方面，可自此经白层渡口往南通航。该渡口建于清朝末年，位于时贞丰州境。“东迳

① 关岭布依族苗族自治县地方志编纂委员会编《关岭布依族苗族自治县志》，贵州人民出版社，2002，第 355 页。

② 贵州省兴仁县编史修志委员会编《兴仁县志》，贵州人民出版社，1991，第 308 页。

③ 贵州省兴仁县编史修志委员会编《兴仁县志》，贵州人民出版社，1991，第 308 页。

④ 贵州省兴仁县编史修志委员会编《兴仁县志》，贵州人民出版社，1991，第 307 页。

⑤（清）黄培杰编纂，（清）沈毓兰重刊《永宁州志》（未刊），政协关岭自治县委员会校勘，2009，第 56 页。

⑥ 政协关岭自治县委员会、文史资料研究委员会编《关岭文史资料》（第 1 辑），1988，第 81 页。

⑦ 夏鹤鸣：《贵州古代远航考》，《贵州文史丛刊》1983 年第 1 期。

普安厅、普安县、安南县、郎岱厅、永宁州，而由三江口东合于红水河”。[①]最后在望谟县蔗香双江口与南盘江汇合，“划粤黔之界……入粤达于海”。[②]与珠江水系相联通，构建起一条出海通道。花江“渡口两岸，高山峡谷，径悬蹬仄，山环水复，地势险要。东拒黔南，北扼黔西南，南通广西，西接云南，为兵家必争之地”。[③]

总之，历史上，联增村民经九盘渡口，跨过九盘河，进入北岸的关岭县。再借助花江渡口，突破“山河阻隔”，融入更大的社会系统。

2. 铁索桥系统

渡口－渡船系统的确便利了当地民众的出行，但也存在一定风险，“湍急迅悍，舟济者多陷溺”。[④]明朝天启二年（1622），贵阳知府朱家民“仿澜沧桥制，冶铁为絙，三十有六，长数百丈，贯两崖之石而悬之，复以板，类于蜀之栈道而道始通”。[⑤]地方社会将之称为“铁索桥”。一桥飞架在北盘江的南北两岸，两岸可通行程度大大提升，地方民众之间的社会交往频率也逐渐提高。即便是明清易代之后，“虽驿道[⑥]改设，不由此桥，而各郡县行旅仍所必经，遂六岁一修著为例”。[⑦]遗憾的是，“迨咸丰军兴，浸淫二十载，蛇豕塞路，荆榛蔽空，断絙朽株，或毁于冠，或没于波涛，无复有过而问之者矣”。[⑧]于是，清朝同治十二年（1873）正月，时任贵州巡抚曾璧光组织重修铁索桥，耗时一年半，于同治十三年（1874）六月修迄。并专门撰写

① （清）爱必达：《南北二盘江考》，载（清）张锳纂修《兴义府志》，贵州省安龙县史志办公室校注，贵州人民出版社，2009，第286页。

② （清）爱必达：《南北二盘江考》载（清）张锳纂修《兴义府志》，贵州省安龙县史志办公室校注，贵州人民出版社，2009，第286页。

③ 刘灿文：《北盘江下游航运的回顾》，载中国人民政治协商会议黔西南州委员会、文史资料研究委员会编《黔西南州文史资料选辑》（第5辑），1985，第171页。

④ （清）黄培杰编纂，（清）沈毓兰重刊《永宁州志》（未刊），政协关岭自治县委员会校勘，2009，第306页。

⑤ （清）黄培杰编纂，（清）沈毓兰重刊《永宁州志》（未刊），政协关岭自治县委员会校勘，2009，第306页。

⑥ 滇黔驿道。

⑦ （清）黄培杰编纂，（清）沈毓兰重刊《永宁州志》（未刊），政协关岭自治县委员会校勘，2009，第322页。

⑧ （清）黄培杰编纂，（清）沈毓兰重刊《永宁州志》（未刊），政协关岭自治县委员会校勘，2009，第322页。

《重修铁索桥碑记》。近 20 年之后，光绪十八年（1892），安义镇总兵蒋宗汉等地方官员再次组织重修。时任贵州巡抚与永宁州训导杨楲林分别撰写《重修盘江铁索桥碑记》《重修盘江桥碑记》。

铁索桥的修建以及历次重修，将“两岸壁立，一水中奔”的北盘江南北两岸连为一体，大大便利了两岸民众的出行和社会交往。在这种大的通行格局下，联增村村民自然是较大的受益者。他们在九盘渡口，可到达关岭境内的西南分道，[①] 然后由西道，[②] 到达北盘江铁索桥，出安南大道。西道的具体行程为：由州至西关坡、梅子关、黄土塘、新铺、北极观，至盘江铁索桥（出安南大道），计程四十里。[③] 另外，还可由南道至花江河过渡，出贞丰大路，计程九十里。[④]

3. 现代交通系统

自 1949 年之后，联增村所在区域的交通条件有明显改善，县境内的多条公路都与联增村有一定关联。至 1964 年，全县畜力车道如下：……大山—田湾 8 公里；百德—马场 7 公里；百德—新元 3 公里；[⑤] 到 20 世纪 80 年代时，与联增村有关的公路，主要有“巴百线”：地方管养公里，巴铃至百德全长 33.3 公里，途经紫冲、启白、大山，属等外中级线。1958 年群众出力，县筹部分资金修筑，1959 年通货车至大山，1962 年起修筑大山至百德段，1966 年通车至百德，1979 年养护工区接养，1980 年改修小山坪段，1982 年对雾冲槽子段改道。另外还有几条基本为“等外公路”，分别为新元—田湾（8 公里）、田湾—平寨（8 公里）、田湾—新寨（5 公里）、九盘—马场（10 公里）。[⑥] 1985 年 10 月 25 日，县政府决定以工

---

① （清）黄培杰编纂，（清）沈毓兰重刊《永宁州志》（未刊），政协关岭自治县委员会校勘，2009，第 61 页。

② （清）黄培杰编纂，（清）沈毓兰重刊《永宁州志》（未刊），政协关岭自治县委员会校勘，2009，第 61 页。

③ （清）黄培杰编纂，（清）沈毓兰重刊《永宁州志》（未刊），政协关岭自治县委员会校勘，2009，第 61 页。

④ （清）黄培杰编纂，（清）沈毓兰重刊《永宁州志》（未刊），政协关岭自治县委员会校勘，2009，第 61 页。

⑤ 贵州省兴仁县编史修志委员会编《兴仁县志》，贵州人民出版社，1991，第 307 页。

⑥ 贵州省兴仁县编史修志委员会编《兴仁县志》，贵州人民出版社，1991，第 309 ~ 310 页。

代赈修筑百德至计屯、坉脚至巴铃、滥田湾至百卡、雨樟至青底、兰家湾至九盘公路。[①] 尤为重要的是，1966 年，花江公路大桥建成通车，在很大程度上接替九盘渡口，成为联增村及其周边民众出行的重要通道。

4. 未来如何突围

历史上，若将其置于更大的视野中，联增村及其地方社会可借助渡口－渡船系统和铁索桥系统，接入滇黔驿道。西南方向经普安进入云南昆明，东北方向经安南（今晴隆）、安庄（今镇宁）、安顺等地可抵达贵阳。至于当前的形势，则可借助关（岭）－兴（仁）公路，连通沪昆高速公路、高速铁路，在安顺、贵阳、昆明等更大的社会空间中自由进出。但是，“自然环境本身与时俱变，自然进程造成的变化缓慢，而人类行为引起的变化迅速。所以不同时期的人们并不面对相同的现实环境。人们的态度当然也发生变化，所以对同样的事实在不同的时期有不同的看法，需要不同的应对方式”。[②]

自 1978 年改革开放始，联增村村民的社会生活和文化实践场域，逐渐超越固有的自然生境和人文生境，与外界交流接触的机会增多。进入 2000 年之后，外界“他者”进入联增村，村民也逐渐离村进城打工或经商，并且人数逐渐增多。与之同时，扶贫行动相继实施。一方面，该村家户经济收入水平提高和生活条件有明显改善，村庄内的基础设施也有显著改善；另一方面，村民的生产生活理念、行动能力和生计方式[③]也发生翻天覆地的变化。

与这些变化以及城市化、工业化进程相适应，大国制度下以城乡融合发展、乡村振兴战略为核心内涵的乡村社会治理向区域的转移，进一步凸显了区域在当前社会形势下的地位和作用。为此，如何将区域内的自然资源禀赋优势，以及生态、文化多样性，与城乡融合发展、乡村振兴等国家战略结合起来。在“一带一路”倡议的国际空间格局中拓展地方经济的地方发展

① 贵州省兴仁县编史修志委员会编《兴仁县志》，贵州人民出版社，1991，第 34 页。
② 段义孚：《神州——历史眼光下的中国地理》序言，赵世玲译，北京大学出版社，2019，第 7 页。
③ 关于这方面，本书第六章有详细论述，兹不赘述。

空间，加快构建新发展格局，是联增村这一类西南边疆少数民族村庄构建未来新的突围路径需要秉持的理念。它既是对传统突围路径的传承性发展，也是在城乡融合发展、乡村振兴战略背景下的一种与时代形势相适的展望性思考。

第三节 田土资源型构生计方式

囿于以喀斯特地貌为核心的自然生境，联增村的田土资源主要由水田、旱地、可开荒林地及荒山草地构成。在村域范围内，它们的空间分布，呈现显著的结构性特征。水田作为村民主要的生计资源基础，面积较小，主要分布在乜篾、联增两个山间田坝中。整体看来，该村田土资源整体规模有限，且建立在分布不均衡、分散且细碎基础上的生产条件，在一定程度上型构了多元化的农业生计。

一 田土资源概况

田土，又称为田地。“田”，指用于种植农作物的土地；“土”，则是指土地上的泥沙混合物。对于田土的属性和功能，前人早有论述。《后汉书·马援传》中曰：“其田土肥壤，灌溉流通……不可弃也。”唐朝杜甫亦有诗言：“桃源人家易制度，橘洲田土仍膏腴。”元朝《冻苏秦》言：“家中颇有资财，郭外多增田土。”由此看来，田土自古就被认为是一种重要的财产，是人类赖以生存的重要资源基础。就联增村实际情况而言，田土资源主要包含水田、旱地、可开荒林地和荒山草地四种类型。

表 1－1 中，主要列出该村水田、旱地、可开荒林地三种田土资源的基本情况，共 3320 亩。其中：水田 1130 亩，旱地 1670 亩，可开荒林地 520 亩。人均水田 0.46 亩、旱地 0.68 亩、可开荒林地 0.21 亩。据不完全统计，该村的荒山草坡有 16000 余亩。

表 1－1 联增村田土资源情况

单位：亩

自然寨	水田	旱地	可开荒林地
莲花 对门寨	500	500	200
口安	90	100	30
无音坪	70	120	30
烂坝	160	250	30
拢谷	10	200	30
乜篾	300	500	200

资料来源：根据课题组 2021 年 5 月在联增村的田野调查资料整理。

2019 年，经土地确权后，除可开荒林地、荒山草地外，该村水田和旱地面积有一定程度变动。2020 年，全村水田 950 亩，旱地 5145 亩，耕地总面积 6095 亩。[①] 两相比较，水田面积有所减少，旱地面积则大大增加。

二 田土资源结构特征

1. 非均衡分布

旱地是联增村耕地中面积最大的一种田土资源。土地确权前，为 1670 亩；土地确权后，达到 5145 亩。水田是该村家户最重要的一种田土资源，面积次于旱地。土地确权前，为 1130 亩；土地确权后，则变为 950 亩。可开荒林地面积最少，始终为 520 亩。此乃非均衡分布的第一重内涵。

非均衡分布的第二重内涵，主要指各种田土资源空间分布的结构特征。首先，水田主要分布在莲花寨、对门寨、口安寨和乜篾寨。位于村庄边缘的无音坪寨、烂坝寨和拢谷寨，水田很少。最少者如拢谷寨，水田仅 10 亩，且水源较差。田野实地考察发现，水田集中分布区域，均为乜篾田坝和联增田坝所在地。或者说，联增村的水田主要分布在这两个山间田坝中。当然，虽同为山间田坝，但它们在面积、水源、排水能力等方面仍存在明显区别。[②] 其次，水田、旱地占比以及分布地点，呈现显著的结构性特征。就联增田坝

① 马马崖镇联增村十三五工作总结。

② 本节第三个问题将对此展开专门论述。

涉及的村寨而言，莲花水田较少，旱地较多；对门寨水田较多，旱地较少。水田一般位于村寨门口，与村内家户连为一体；旱地、可开荒林地则远离村寨。

2. 分散且细碎

分散且细碎，是该村田土资源的又一显著特征。喀斯特地貌显著、山高沟深，以及村内姓氏众多、来源广泛及迁入时间不一等因素，且经历长时段的生产生活过程，导致全村家户的土地分散且地块狭小细碎。联增村 HH 如此说道：

> 我们组（莲花二组）没有种二三十亩土地的（农户），大概最多也就十三四亩。主要因为土地不成片，基本都是零散分布的。为追求人均面积平衡，在分配田土的过程中，有时需要将整块水田或旱地划分给多户人家。就好比这块地是这家的，那块地就是别人家的。同一家户内的田土，很少有连起来的，有些甚至距离很远。它不像政府规划那样一整片一整片的。（20210502，宗世法访联增村 HH）

从表 1－2 可知，联增村乜篾一组家户所承包的田土，确实相当分散且细碎。如 YXJ 的田土总面积共 2.1 亩。其中，水田 1.1 亩，由 4 块构成，块均面积 0.275 亩；旱地 1 亩，由 6 块构成，块均面积 0.167 亩。另外，如 WTX 的田土总面积最多，计 10 亩。其中，水田 5 亩，由 8 块构成，块均面积 0.625 亩；旱地 5 亩，由 11 块构成，块均面积 0.455 亩。总之，乜篾一组家户中的田土，均由多块构成，块均面积，最少仅“分把”①，多者基本不超过 1 亩。

表 1－2　联增村乜篾一组家户承包田土情况统计

单位：亩，块

户主姓名	水田		旱地		户主姓名	水田		旱地	
	面积	块数	面积	块数		面积	块数	面积	块数
WZF	1.5	4	1.9	3	LSQ	2.8	9	2.8	11
WZL	1.3	3	1.1	4	WTL	1.5	6	2.3	6

① 联增村民的口头语，意为一分多。

续表

户主姓名	水田		旱地		户主姓名	水田		旱地	
	面积	块数	面积	块数		面积	块数	面积	块数
LYH	4	12	4.6	8	WTW	1.8	6	1.8	4
WCW	2.3	5	2.6	6	WTH	2.5	10	2	7
YXJ	1.1	4	1	6	WTG	2	4	1.8	6
YXH	1.3	6	1.3	4	WZB	1.1	4	1.1	3
YXF	1.3	5	1.2	5	LKH	1.3	4	1.1	4
WTF	1.3	5	1.2	6	WZJ	2.3	9	2.8	8
WTJ	1.7	5	1.5	5	LYJ	2.2	4	2	3
WCM	1.4	2	1.4	4	LYG	2.4	5	2.8	9
WTG	1.2	5	1.1	5	XWM	1.5	3	1.8	8
ZHX	1.1	6	1	6	WZL	1.3	4	1.4	4
WTX	5	8	5	11	WZX	1.3	2	1.4	7
WCX	1.6	4	1.3	3	WS	1.2	5	1.1	3
WCG	1.6	7	1.4	6	WM	1.1	3	1.3	5
WCP	3.3	10	3.8	9	WTW	1	2	1	3
ZYC	3	5	2.8	5	WP	1.2	2	1.2	5
WTM	1.3	3	1.4	2					

资料来源：根据课题组2015年4月在联增村的田野调查资料整理。

村民ZHQ，家住乜篾三组，属于乜篾田坝的范畴。全家有4.3亩水田和6.5亩旱地，分别由4块水田和4块旱地构成。

我家水田有4块，总共4.3亩。第一块坐落在纳棵幺，这是100多年前老人留下来的地名，共1.5亩，离家仅600米，这块田很好。第二块坐落在机种，只有0.8亩，离家有500米。第三块坐落在纳棵告，只有0.8亩，离家大约500米，这块田最好。第四块坐落在抖妈，有1.2亩，离家最近，才250米。地也有4块，总共6.5亩。第一块坐落在汪由，大概有1.3亩。第二块坐落在纳满墓，有1.2亩。第三块坐落在板湾，大概有2亩。第四块坐落在汪河曹家，这个名字很早很早以前就这样叫了，听老人说这块地以前是曹家的，可能有2亩吧。（20150428，

曹端波访联增村 ZHQ）

位于联增田坝的家户的情况同样如此。如村民 MSM，家住莲花一组，属于联增田坝的范畴。全家有近 3 亩水田和 16 亩多旱地，总体面积较为可观，却是由 6 块（水田）和 9 块（旱地）构成。

我家共有 16 亩多地、近 3 亩水田。其中，地有 9 块。第一块地在长环，因为那边有一块地特别长，环是一环地的意思，这块地离家 2 公里，面积有 2 亩多。第二块地在菜垱，新中国成立前，那个地方原来是杨姓在住，他们用这块地种菜，因而现在就叫菜垱。有 1.5 亩左右，离家 2 公里。第三块地在白杨林，因为那边有一大片白杨树，离家 1 里左右，面积 1.2 亩多。第四块地在和尚地，原来莲花村一、二组大寨修了一个庙，里面住的有和尚，地主家拿地给他种，就叫和尚地，4 亩左右。第五块地叫牛滚趟，原来是荒地，开荒开成地就喊牛滚趟，面积 1 亩多。第六块地叫筲箕湾，因为地形像我们农村煮饭用的筲箕，面积 1 亩多。第七块叫公地，以前就这样喊，我去开的荒，面积有 5 亩多。第八块叫坡折，只有五六分地，这块地开荒很早，土地没有下放的时候就开荒了，这是以前开的生荒地，不属于承包地。第九块叫狼牛湾，属于旮旮地，石头多得很，是生荒地。

水田有 6 块。第一块在龙井前面，面积仅 1 分多。第二块叫四角田，离家只有 300 多米，面积有 5 分多。第三块叫小垱，面积 5 分。第四块叫槽田，这块田矮点，三面高，所以叫槽田，面积 6 分，是块好田。第五块叫大丘，面积比较大，有 6 分，所以叫大丘，这块田最好。第六块叫半截大田，原来是一块大田，把沟冲断了，把一块大田隔成两半，上面半截就喊半截大田，下面半截继续叫原来的名字大田，面积 4 分，这块田也比较好。（20150426，孙兆霞访联增村 MSM）

如果上述以具体家户为分析单位得出的田土特征，是以“分散”为基本内涵的话。质言之，每一家户家中的田土分布在多个地点。那么，若将该村田土分布地点作为分析单位，可得出位于同一地点田土被划分成的地块数量。可更好地彰显该村田土“细碎”的特征。

在表1-3中，就水田而言，纳老杨是面积较大且相对集中的地点，总面积15.8亩，被划分成44块，块均面积0.359亩；其次是门口，总面积13.1亩，被划分成37块，块均面积0.354亩。纳棵幺面积最小，仅0.3亩，却被划分成3块，块均面积0.1亩。由此可知，乜篾一组的水田，单块面积基本处于0.1~0.5亩的区间内。

表1-3 联增村乜篾一组家户田土分布地点统计

单位：亩，块

地点	类型	面积	块数	地点	类型	面积	块数
纳老杨	水田	15.8	44	纳巴伦	旱地	21.0	62
门口	水田	13.1	37	纳乱	旱地	3.2	10
巴梭	水田	3.4	8	长篾	旱地	21.1	61
纳拜	水田	10.7	27	水捻	旱地	0.8	5
纳墓蒙	水田	3.2	12	纳墓好	旱地	1.5	3
纳棵幺	水田	0.3	3	纳满墓	旱地	2.6	4
洞料	水田	7.8	17	坡巴那	旱地	0.8	2
纳洞秧	水田	2.1	6	墓料	旱地	4.3	9
抖妈	水田	0.8	5	纳棵篾	旱地	1.0	7
纳歪	水田	3.5	9	纳料	旱地	0.9	4
纳洞	水田	0.8	3	弄旧	旱地	4.7	16
纳依	水田	0.6	2	纳弄	旱地	1.2	7
纳由	水田	2.3	7	篾老杨	旱地	0.7	4
纳耶	水田	0.3	1	纳锅篾	旱地	1.0	2
高歪	水田	0.8	2	纳板墓	旱地	0.6	1
纳旁	水田	0.9	2	纳岩	旱地	0.2	1
巴球	水田	0.3	1				

资料来源：根据课题组2015年4月在联增村的田野调查资料整理。

就旱地而言，面积最大的地点是长篾，总面积21.1亩，被划分成61块，块均面积0.346亩；面积最小的地点是纳岩，总面积仅0.2亩。另外，纳棵篾也颇具代表性，总面积1亩，但被划分成7块，块均面积0.143亩。

由此看来，乜篾一组的旱地，单块面积基本处于0.1～0.5亩的区间内。

总之，该村田土资源分散在村内各个角落，客观上增加了村民农业生产的工作量，也在一定程度上相应地降低了农业生产收益。

三　乜篾、联增田坝比较分析

联增村水田主要分布在乜篾田坝、联增田坝中，是该村田土资源的主要构成部分。生活在联增村的布依族和汉族都是以水稻为主要粮食作物，在一定程度上看，这两个田坝不仅是位于此地农户的主要生计来源，更是该村田土资源品质的典型代表。因而，从面积、水源、排水能力等角度，对它们进行比较分析，很有必要。一方面，可表征联增村田土资源内部的结构性差异；另一方面，可进一步彰显全村田土资源的品质。

乜篾田坝，总面积300余亩。水源较好，乜篾二、三组后的山坡上，有山泉水流出，可用于农业生产灌溉。村民将出水量比较稳定的水源点命名为“龙井”，共有两处。其中，出水量较大的被称为“大龙井”，出水量较小的被称为“小龙井”。另外，还有一处无名水源点。这三股水源，基本可满足乜篾田坝农业生产的灌溉需求。正如联增村村民所言：“乜篾田坝，想要水的时候，就有水流进来。即使一两个月不下雨，也不会影响农业生产。”①

受自然水源流向和流量影响，该田坝中自然形成“上窄下宽”形的排洪渠。不仅与水田融为一体，毫无违和感，而且基本能满足丰水期的排洪需求，不致淹没田坝中的农作物。由于下游无自然屏障，即使是丰水季节，自然降水和顺山而下的泉水，皆能顺畅地、悠悠地流入北盘江。

联增田坝，总面积500余亩，四周皆为大山。这些大山对该田坝的农业生产的影响，主要有两方面，一是不能为其农业生产提供丰富的水源。联增村民在接受课题组访谈时提到：“联增田坝周边的山上没有水流下来，只能靠下雨，干得很。农业生产需要水的时候，可能根本就没有水。”② 二是丰水季节存在排水不畅的情况，导致农作物被淹。尤其是田坝下方大山的存

① 2021年5月3日，宗世法访联增村村民WZJ。

② 2021年5月3日，宗世法访联增村村民WZJ。

在，大大降低了丰水季节的排水能力。现任村党支部书记对此有深刻认识："如果下雨导致洪水太多，水出不去，从而使得田坝被淹。要是能在下方的山中打一个隧洞，将水排到北盘江中，这样就不会影响水稻生长了。"① 水排不出去，从而导致水稻被淹，产量降低，甚至绝收。

> 联增田坝每年都会被淹，不同年份被淹的时长不一。有些年份淹的时间长，水稻基本被淹死。即使水退之后补种，也没有多少收成。有些年份淹的时间短，水退之后水稻可能慢慢会再长出来，但收成会降低。（20210503，孙兆霞、宗世法访联增村村民 WZK）

近年来，地方政府在这两个田坝中均修建了排洪沟，但雨季田坝被淹的问题并没有得到根本解决。除此之外，旱灾同样会使水稻减产，甚或绝收。联增村民 MSM 如此说道：

> 我们坝子（联增田坝）最严重的就是干旱。一旦遇到干旱，即使种下去，也是什么都没有了。比如前年，刚开始时，稻子长得非常好。但是突然间就干旱了，每天都是 30 多度，持续了半个多月。这样稻子就报废了。水稻的生长规律：水源充足时，长得很好；但缺水时，缩得也很快。这就是联增田坝水稻产量不稳定的道理。（20150426，孙兆霞访联增村村民 MSM）

总体而言，忽略面积、土质两方面因素不计，水源条件的差异，是乜篾、联增两个田坝的显著区别。一是乜篾田坝有固定水源。特殊干旱年份除外，可基本满足农业生产的需要；而联增田坝则缺乏固定水源，主要靠"望天水"，抗干旱能力较弱。二是乜篾田坝的排水能力强，很少出现洪水导致农作物减产的情况；联增田坝的排水能力较弱，因而频繁导致农作物减产。

① 2021 年 5 月 3 日，孙兆霞访联增村村党支部书记 QTL。

四 多元农业生计

农作物对生长环境有严格要求，如耐旱、喜阳作物，比较适宜种植在水源缺乏且日照时间长的环境中。农作物与生长环境的这种适配规律，是传统农业社会中必须遵循的基本原则。具体到村庄，整体性的地形地貌、气候条件基本恒定，但村庄内部不同区位，土质、水源等方面的差异，不仅导致田土类型的结构差异，而且可能使得它们的生产力和适宜品种也存在显著差异。当地村民为在有限的田土资源中获取更多生计资源，会在对农作物属性和田土资源特征有充分了解的基础上，有针对性地在不同区位、类型的田土中种植不同作物。

1. 历史基础

明代以前，斯威顿耕作（Swidden Cultivation）是贵州境内不少地区民众的主要生计方式。明朝诗人江进之的诗句“耕山到处皆凭火，出户无人不佩刀”，很好地描述了这种生计方式，“以旱地为基础，有豆类、麦类、荞子、红稗、小米等数十种作物”。[①] 除此之外，部分低山河谷地区，已较早地开始种植水稻。据相关研究发现，北盘江沿岸的诸多村庄也已较早地开始种植水稻。

> “夜郎”国是贵州稻作文化传播的第二站，由湖南迁来的苗族与贵州西部的古越族共同创建，“夜郎”（yelang）为“yina”之音，本义即“神圣稻国”……“夜郎”国都邑位于望谟县城所在的望谟坝子，蔗香河是其门户，直通北盘江、南盘江与红水河汇合处。“夜郎”国控制着水路交通要道，是西南地区稻作文化的中转站。[②]

实地考察发现，联增村地近北盘江，具备较早种植水稻的历史基础。同

① 陈斌：《人文多样性内生活力与社会治理共生秩序研究——云贵高原盘江流域案例及其意义阐释》，博士学位论文，中央民族大学，2021，第 48 页。

② 李国栋：《稻作文化在贵州——基于传播途径的实证研究》，《贵州师范学院学报》2013 年第 10 期。

时，鉴于其处于低热河谷的地理因素，也具有种植水稻的田土资源基础。至于具体从何时开始种植水稻，史无确载。但是，可从宏观历史背景和当地民众记忆两个层面进行逻辑推理。首先，明朝洪武年间在贵州实施的卫所制度和屯军制度，在一定程度上，起到了正面推动水稻在贵州境内大规模种植的作用。“一方面，带来江南地区的稻作文化；另一方面，卫所军余及其屯军家属，主动开垦荒地，增加耕地面积，扩大稻作规模。”① 水稻种植的纵深拓展路径，为从发生学角度理解联增村多个姓氏从“高山地区”迁来赋予了生计因子。其次，联增村民众的历史记忆，也是判断该村及其所处区域水稻种植开始时间的重要素材。

> 我是在民国时期出生的，自有记忆以来，就看到联增村村民种植水稻。有些村寨的水田多一些，就多种一点水稻。否则，就少种一些。民国时期，也篾主要种植一种名为“小红橘”的水稻。稻秆比较矮，不易倒伏，长势好，但产量低。我家有四五亩田，但每年总共才能收20多挑谷子，根本不够吃。（20150425，孙兆霞访联增村村民ZHG）

根据文献史料记载，联增村所在区域，除水稻外，还种植玉米。如乾隆《普安州志》“虽山岭可植，不滋水而生”；乾隆《黔南识略》“山坡硗确之地，宜包谷”，兴义府“高山陡岩宜种包谷”②。总之，“不论高山峻岭及岩石之中，均可种植，功省收倍，而且粘谷一石得米五斗，包谷一石竟可抵食米八斗，味甘养人，略亚于稻谷”③。“包谷是次于大米的主食，亦有籼、糯之分，营养素含量丰富。籼包谷脱粒后，可与大米混合，做成‘两造饭’，特别清甜可口。包谷用以酿酒，出酒率高，酒的质量好。糯包谷多用来做粑粑，嫩包谷棒子可烧吃，煮吃或者脱粒炒作菜吃，都很可口。”④ 正是由于

① 陈斌：《人文多样性内生活力与社会治理共生秩序研究——云贵高原盘江流域案例及其意义阐释》，博士学位论文，中央民族大学，2021，第48~49页。

② （清）爱必达：《黔南识略》，载杜文铎等点校《黔南识略·黔南职方纪略》卷二十七《兴义府》，贵州人民出版社，1992。

③ （清）刘祖宪修，（清）何思贵等纂《（道光）安平县志》卷四，贵州人民出版社，2019。

④ 罗甸县史志编纂委员会编《罗甸县志·民族志》，贵州民族出版社，1989，第47页。

玉米的这些属性，清朝乾隆年间，玉米在贵州大规模种植。“山地遍种，民咸赖之以济食”①，兴义府“全郡皆产，全郡多山，包谷宜山，故种之者较稻谷为多，贫民多以代谷”。②

棉花也是北盘江流域一种重要的作物品种。《兴仁县志》记载：“清乾隆七年（1742）‘立法劝民纺织’，植棉技术由川、湘、滇、桂传入，兴仁县为全省植棉规模最大的五地之一。”③ 与植棉相配套的棉纺织业，在县境内得到较大规模发展。“嘉庆年间……县城千余户中有弹弓 500 张。道光年间，鄂粤商人进入县境销售棉纱、湖棉等，纺棉业大减……光绪年间恢复发展，县城有织布机 3000 多架，从业者五六千人，直至民国时期县境内纺织业仍发达。民国 24 年（1935）有弹弓千余张，民国 38 年（1949）统计，有 3500 多家织布，织布机 4600 多架，从业者六七千人。”④ 实质上，布依族民众棉纺工艺的历史可能更加悠久，《布依族摩经文学》中的一段内容，可窥见一斑。“我们上天来到第七层，七姊妹在织绫罗。穿梭像射箭，织布像闪电。那织布机声咔咔响，好像弹月琴，那穿梭的声音呀，好像仙女在唱歌。花布晒满三十九条街，花绸晾满九十八条街。”⑤

在联增村村民 ZHG 的记忆中，民国时期，该村仍有民众种植棉花。2015～2021 年，课题组先后四次到联增村田野调查，每次都能在村民家中看到织布机，家庭主妇们在农闲时，会用来纺纱织布。

毗邻兴仁的兴义县（今兴义市），不仅盛产棉花，而且形成规模大、覆盖范围广的棉花交易市场。为避免棉农被“无知小民各挟私称相互欺诈”，时任兴义县主官专门“置造公秤一杆”。“缘邑三江出产棉花，赴城售卖，并无一定行市，以致无知小民各挟私称互相欺诈。而远方忠朴肩挑贸易者，种种受害琐屑细故，欲鸣公而无所哭泣……照库平砝码，置造公秤一杆，举

① （清）常恩总纂，邹汉勋、吴寅邦总修《（咸丰）安顺府志》卷一七《地理志》，贵州人民出版社，2007。

② （清）张锳纂修《兴义府志》，贵州省安龙县史志办公室校注，贵州人民出版社，2009，第 624 页。

③ 贵州省兴仁县编史修志委员会编《兴仁县志》，贵州人民出版社，1991，第 225 页。

④ 贵州省兴仁县编史修志委员会编《兴仁县志》，贵州人民出版社，1991，第 225 页。

⑤ 钱理群、戴明贤、封孝伦主编《贵州读本》，贵州教育出版社，2003，第 143 页。

公正首事一人。”①

2. 现实表征

截至当前，种植水稻仍是联增村重要的生计方式，但主要集中在乜篾和联增两个山间田坝中。那些位于村庄边缘的自然寨，则很少种植水稻。如拢谷寨，由于水田面积少、水源条件差，导致村民很少种植水稻。正如村民ZDL所言：“我们不种水稻，因为水源差。”② 另外，如烂坝，虽有一定面积的水田，但都是“冷脚田”，难以满足水稻生长的基本要求。因而，村民也未能大面积地种植水稻。

从全村整体情况来看，不是所有村寨都适宜种植水稻。这是因水田的非均衡分布特征，导致部分村寨没有水田。因而，一些种植在旱地中的作物，是家户的重要生计来源。典型者有玉米、甘蔗和小麦。

鉴于玉米根系发达、耐旱性强，且喜沙质土壤等生物属性，导致“虽山巅可植，不滋水而生”。③ 从这个角度来看，在旱地中种植玉米，是联增村民另一种重要的生计方式。如乜篾三组的ZHQ家，有旱地6.5亩，分散在4个不同区域，主要用来种玉米。甚至有些耕作条件不好的水田，也用来种玉米。

> 我家的地共有4块，6.5亩。第一块坐落在在汪由，大概有1.3亩，小季种小麦、大季种玉米，因为离家很远，这几年都改为种油菜。第二块坐落在纳满墓，有1.2亩，主要是大季种玉米，小季没有种。第三块坐落在板湾，大概有2亩，水土流失严重，现在没有种了。第四块坐落在汪河曹家，这个名字很早很早以前就这样叫了，听老人说这块地以前是曹家的，可能有2亩吧。离家很远，土质也不好，并且一遇大雨，就水土流失，把土冲走了，只剩下石头，所以现在是丢荒的。另外，我家的田坐落在机种，有0.8亩，离家有500米，但是只要上面的大龙井发水，就水土流失严重，冲得只剩下不到一半了，现在拿来种玉米。

① 贵州省兴义县史志编纂委员会编《兴义县志》，贵州人民出版社，1988，第576页。

② 2017年2月5日，陈斌访联增村拢谷寨村民ZDL。

③ （清）王粤麟修，曹维祺纂《普安直隶厅志》卷二四《物产志》，成文出版社，1974。

（20150428，曹端波访联增村村民 ZHQ）

另外，如联增一组的 MSM 家，旱地面积达 14 亩之多，分散在 9 个不同区域，玉米是最主要的作物品种。

> 我家第一块地在长环，一直用来种玉米。近年来，地方政府倡导栽核桃树，这块地在政府所划定的核桃种植范围内，因而也栽有一部分核桃树。第二块地在菜垱，也是一直种玉米。第三块在白杨林，一直种玉米。第四块地在和尚地，共有 4 亩左右。其中，2 亩多种桐子树，另外 2 亩用来种玉米。种桐子树已经有十多年了。当时这块地种玉米收成不好，我心想拿桐子树来栽，弄点桐子卖，每年可以卖到 1000 多块钱。后来，桐子树长势不好，不结果。于是，现在又栽了刺梨在里面。第五块地在牛滚趟，一直种玉米。第六块地在箮箕湾，一直种玉米。第七块地在公地，种玉米。第八块地，是我在土地下放前开的生荒地，不是承包地，也是种玉米。第九块在狼牛湾，属于旮旮地，石头多得很，是生荒地，现在主要用来种椿树，椿树可以用作木材，也可以拿来烧。（20150426，孙兆霞访联增村村民 MSM）

从村民 ZHQ、MSM 的论述中，可以知道，除玉米外，村民还会根据旱地产出和市场收益等因素，适时改种其他作物，如小麦、油菜、核桃、桐子、椿树等。总之，只要能在有限的旱地中，获取相应的生计资源即可。

田野调查中课题组还了解到，当水稻遭遇自然灾害而减产或绝收时，改种或多种玉米是联增村村民获取足量生计资源的重要举动。

> 由于比较干旱，有时即使有水，但水渠不畅，无法将水引过来。因而，一些村民就开始改种玉米。有些年份天气太干旱了，玉米也不会太成熟，最终可能只有一半收成。（20150424，孙兆霞访联增村村民 LYH）

即便如此，村民仍坚持种植。主要原因在于，玉米不仅是一种重要的粮食作物，而且在某些方面具有与水稻同样的功能，甚或更佳。“硙以作米，可作饭，并堪作酒，其糜作饴比米制更佳。”[①] 时至今日，玉米仍是该村的一种重要农作物。2021年5月，课题组在该村田野调查期间，正值农耕时节，笔者在村内走访时，诸多留守老人正在因农业产业化而荒废的旱地中播种玉米。

1958年，联增村开始种植甘蔗。“集体化时期，政府组织我们种甘蔗。甘蔗种子是从贞丰拉郎引进来的。”[②] 甘蔗适于生长在炎热地带，因而是北盘江流域民众日常生活中的一种重要经济作物。通过市场销售，甘蔗可为村民带来可观的经济收益，以贴补家用或购买粮食。田野调查中课题组了解到，当时该村共种植6亩甘蔗，成熟后售卖，共获得数万元收入。遗憾的是，种植甘蔗作为一种农业生计，并没有延续下来，而仅成为村民房前屋后一种“小吃”般的作物种植。

1967年前后，村民开始种植小麦。小麦的引进颇具戏剧性。联增村位于低海拔河谷地带，被峻峭高山围困，山间河谷切割度大。联增村村民虽遵循多元农业生计方式，但很少种植蔬菜，也从未种小麦。因而，该村民众当时所吃蔬菜，多是用稻米、玉米等粮食作物跟“高山地区”（如百德、新元、马场等地）民众交换而得。据联增村村民回忆，在一次用粮食换辣椒时，偶然发现“高山地区”民众还种植有小麦。“小麦套玉米，分布于大山区等高寒山区，约占10%。”[③] 回来之后他们就开始慢慢自己种小麦。

> 他们说我们不种小麦，就到高山拿粮食和人家换，后来看到这样回来就种，慢慢种的人就多了，一直到20世纪80年代时，种的人就更多了。我们自己种，不需要跟人家换，就方便多了。（20150425，孙兆霞访联增村村民ZHG）

至此，从联增村村民所种植的多种农作物品种来看，基本还是以满足生

① （清）俞渭修，陈瑜纂《（光绪）黎平府志》卷三下《食货志》，光绪十八年黎平府志局刻本。
② 2015年4月25日，孙兆霞访联增村村民ZHG。
③ 贵州省兴仁县编史修志委员会编《兴仁县志》，贵州人民出版社，1991，第152页。

存需求的粮食作物为主，如水稻、玉米和小麦。

进入 20 世纪 90 年代，联增村村民的多元农业生计，有了更丰富的内涵。逐渐从以种植粮食作物为主，转变成兼具粮食作物和经济作物两类品种。典型案例有：1992 年，蔬菜逐渐成为联增村村民重要的种植作物。在此之前，联增村村民除拿粮食跟“高山地区”民众换蔬菜吃之外，还购买产自毗邻的关岭县断桥镇的蔬菜。

据村民 ZYS 讲述，关岭县断桥镇很早就开始种植蔬菜，由于毗邻关岭县断桥镇，联增村村民以往都是买断桥镇的蔬菜吃。多年之后，就自己种植蔬菜。刚开始时，主要种植辣椒、西红柿、棒豆、黄瓜、小瓜等品种。种植蔬菜有两方面好处：一不耽误大季种水稻，以西红柿为例，“农历的四五月份就成熟了，马上接着插秧，两不误”；[①] 二经济收益可观。蔬菜成熟后，基本拿到百德、田湾、大山、新马场（今马马崖）等集市售卖。由于种的人比较少，西红柿能卖到 1 元/斤，而当时吃一碗饭或一碗粉才几角钱。有时一天卖蔬菜能有 200 元的收入。

> 1994 年，我们还坐车去田湾集市那边卖，虽然那里人少，但生意特别好。端午节前后，辣椒正好上市，我们挑三百斤辣椒去卖，不到三个小时就卖完了。（20150427，张建访联增村村民 ZHQ）

此后，九盘乡[②]政府意识到种植蔬菜对提升村民经济收入有重要推动作用，于是开始组织蔬菜种植培训班。

> 1992 年，九盘乡政府组织举办了一个种植蔬菜培训班，年轻聪明的人去学习，这些人学会之后就开始小面积地种植，然后慢慢地扩展为全体村民都会种植。1994 年，兴仁县组织种植砂仁的培训。

---

① 2015 年 4 月 27 日，张建访联增村村民 ZHQ。

② 根据《兴仁县志》记载，20 世纪 90 年代，原联增村、乜篾村均隶属九盘乡。在后来的行政区划调整中，撤销九盘乡建制，建立九盘村。原联增村、乜篾村转隶属新马场乡（今马马崖镇）。

(20150427，张建访联增村村民 LCH)

种植蔬菜使村民经济收入明显增加。并村前，乜篾片区的村民就因为会种植蔬菜，每年经济总收入起码比莲花片区的村民多一倍以上。

> 原联增村的区域，主要种植玉米和水稻。除此之外，乜篾片区的村民还会种植早熟蔬菜。因而，他们的经济收入比联增起码多一倍以上。每年的早熟蔬菜就可卖几千元钱，而联增区域每家所有农作物拿去卖，也只能卖几千元钱。(20150427，张建访联增村村民 QTL、LCH)

> 我家第四块田坐落在抖妈，有 1.2 亩，离家很近，才 250 米。正月间就开始栽早熟蔬菜，到六月间把蔬菜卖完了，马上就打田栽水稻。都是自己种。(20150428，曹端波访联增村村民 ZHQ)

总之，自古以来，联增村农户始终遵循以多元农业为主要内涵的生计方式。它的源起、发展和延续，始终与该村田土资源的整体规模和以分布特征为基础的生产条件紧密相关。因而，联增村村民根据自身日常生活需求，在与外界不断交流交往的过程中逐渐拓展、增加农作物的品类。首先，他们选择的农作物品种均与联增村的地形地貌、自然生态、气候环境相匹配；其次，新增加的农作物品种，不仅与原有水稻种植的时间不冲突，而且可充分利用成熟时间差，更加充分地利用田地，提高其产出率；最后，多元农业生计逐渐由以粮食作物为主，转向粮食作物和经济作物兼具的格局。不仅满足了联增村民“吃饭”的需求，而且在一定程度上满足了他们“花钱”的需求。

通过对联增村地貌特征与气候条件、群山与河流、田土资源与生计方式的讨论，隐藏在自然地理中以人地关系为基本内涵的人地适应系统得以彰显。联增村的人地适应系统具有三方面特征。

第一，喀斯特地貌型构村庄的内外格局。联增村位于珠江流域的南盘江、北盘江分水岭上，地处云南高原向广西丘陵过渡的斜坡地带，是典型的喀斯特地貌区。群山高耸、河谷深切的地形地貌特征，对外，使村庄自成一体；对内，型构出田土资源整体规模有限，且分布不均衡、分散且细碎等特征。

第二，内生动力促发人－地相适的生存系统。在较长时段的历史发展过程中，联增村的家户，在对村庄内外格局有充分认知的基础上，塑造出一种具有高度地方性的人地适应系统。在家户的社会生活和文化实践中，被演绎为两个方面：通过渡口－渡船系统、铁索桥系统和现代交通系统，与村庄之外的社会建立关联；在村庄内部，型构出多元化的农业生计方式，以获取足够满足所有家户内成员日常生活需求的生计资源。

第三，区域间共享是人地适应系统的新内涵。在传统农业社会中，联增村家户的生存环境，虽因地形地貌和气候因素受到一定限制，但基本可以生存。该村的物质实体、村庄内部的社会空间，以及家户在其中所发生的社会生活和文化实践能延续至今，就是最好的例证。但是在以工业化、城市化为主要标志的现代化进程中，当村庄面临城乡融合发展的趋势时，可能面临诸多阻力，需要在原有人地适应系统外寻找新的突破口。但在对联增村及其周边地方社会的自然生境和人文生境有充分认知和把握后，仍可从中发现新的发展条件和发展空间。或者说，可在这种前提下构建新的人地适应系统，使之实现“大国制度下区域间比较优势的发挥与共享”①。这是联增村人地适应系统的新内涵，也是再造过程中应该秉持的基本原则和主要诉求。

① 此观点源于孙兆霞在中国社会学会农村社会学专业委员会2021年学术年会暨学术工作坊“乡村全面振兴与区域社会发展”上的主题发言。发言题目：《西部农村产业振兴与共同富裕的社会文化基础》。

第二章 “家户 - 区域”连续统的社会文化基础

地方（Place），作为地理学研究中的重要范畴，不同阶段有不同表述。早期一般将其视为一个可绘制的自然空间，是“人类活动的容器”。对人类生理机能、心理状态、社会组织和经济收入、迁徙动机和分布格局等有显著影响。[①] 20 世纪 70 年代，索尔（Sauer）、鲁克曼（Lukerman）与段义孚（Yi - Fu Tuan）等人文地理学家，从主观体验的角度出发，认为地方是当地民众对世界的一种态度。[②] 地理学研究的这种转向，不仅彰显了人类对自然环境认知能力和生存能力的提升，而且将地方中的社会结构，以及支撑这种结构的社会文化给凸显出来。

第一节 “家户 - 区域”连续统

联增村所在区域以喀斯特为主要内涵的地形地貌，一方面，从发生学上规定了该村家户的构成、规模和空间布局；另一方面，田土资源和生计方式的差异，导致分布在不同村寨中家户的社会生活和文化实践存在明显差异。同时，分布在村庄周边的群山、河流，将该村与外界社会区隔开来，客观上

① 李旭旦主编《人文地理学论丛》，人民教育出版社，1985，第 210 页；普雷斯顿·詹姆斯、杰弗雷·马丁：《地理学思想史》，李旭旦译，商务印书馆，1989，第 210 ~ 214 页；阿尔夫雷德·赫特纳：《地理学——它的历史、性质和方法》，王兰生译，商务印书馆，1983，第 89 ~ 92 页。

② 段义孚：《空间与地方：经验的视角》，王志标译，中国人民大学出版社，2017。

限制了村内家户与外界交往的频次和范围。即便如此，联增村不仅是一个村庄共同体，而且其家户在村庄之外的区域社会中，亦能自由进退伸缩。凉亭、通婚圈、市场圈，是该村家户在村寨、村庄、区域层面与外界交往互动的社会文化基础。为从家户视角理解联增村村民的日常生活、生计基础、社会交往、乡村教育等方面问题，提供整体性的社会文化背景。

一　家户结构

1. 家户规模及变迁

课题组在对联增村进行田野调查时，对全村所有自然寨的家户和人口分别进行统计。以便对全村家户数及其规模有整体性认知。

表2－1中的户均人口数，表征了联增村家户成员数量，位于3～5人的区间内。为进一步证实这一观点，笔者将以乜篾片区4个村民小组的家户成员数为依据，进行深入分析。

从表2－2中统计数据看，乜篾片区家户中成员为3人、4人、5人的占比，分别为25.00%、27.36%、18.39%，占全片区总户数的70.75%。由此看来，经过6年的发展，联增村家户的成员数量变化不大，仍主要集中在3～5人的区间内。与现代农村的家户成员数量大致相同。

表2－1　联增村分村寨家户均人口

单位：人

村寨名称	民族构成	户均人口	村寨名称	民族构成	户均人口
莲花	汉族人多布依族人少	4.15	烂坝	布依族	4.58
对门寨	布依族	3.37	拢谷	汉族	4.71
口安	布依族人多汉族人少	3.91	乜篾	布依族	4.76
无音坪	布依族	3.38			

资料来源：根据课题组2021年5月在联增村的田野调查资料整理。

表2－2　联增村乜篾片区家户成员数量

人口数（人）	家户数（户）	百分比（%）	人口数（人）	户数家（户）	百分比（%）
1	7	3.30	6	28	13.21

续表

人口数（人）	家户数（户）	百分比（%）	人口数（人）	户数家（户）	百分比（%）
2	11	5.19	7	3	1.42
3	53	25.00	8	1	0.47
4	58	27.36	缺失	11	5.66
5	39	18.39			

资料来源：根据课题组2015年4月在联增村的田野调查资料整理。

据乜篾片区王姓村民讲述，王姓先祖较早来此居住。系谱图①的信息显示，第二房人丁兴旺，规模较大。其中，“朝”字辈村民已全部成为“爷爷”辈，甚至部分已是“太爷爷”辈。质言之，他们结婚成家的时间，距今应该在50年前左右。为彰显家户规模的历史连续性，笔者以该系谱图中“朝”字辈成员为对象，统计分析该片区大约50年前的家户规模。

表2-3中信息显示，乜篾片区王姓第二房中“朝”字辈共有31户，计141人，户均4.55人。这个数据不仅在3~5人的区间内，并且与表2-1中统计的乜篾片区家户户均4.76人相差不大。

表2-3 联增村乜篾片区王姓第二房中“朝”字辈家户成员数量

单位：人

户主姓名	人口数	户主姓名	人口数	户主姓名	人口数
王朝L	4	王朝K	5	王朝Z	4
王朝B	7	王朝M	5	王朝L	4
王朝B	5	王朝M	4	王朝F	3
王朝W	7	王朝G	5	王朝X	4
王朝Y	5	王朝X	5	王朝X	4
王朝J	1	王朝P	5	王朝X	3

① 2017年2月，课题组在联增村田野调查，试图绘制乜篾寨王姓系谱图。请来的所有王姓田野报道人，都表示没有族谱，也皆未能清晰地记得祖先谱系。历经周折，最终在另一王姓田野报道人的配合下，借助该寨户籍登记册中的信息，终于绘成一幅“不完整”的系谱图。第一，对于无法清晰呈现的纵向关系，只能以“世系不明”或“世系不清”字样标记，据统计，系谱图中共有42个此类字样；第二，系谱图仅最近四、五代成员的信息非常清晰。绘制人员：卯丹、陈斌、吴彪、王淞、阮运彬。

续表

户主姓名	人口数	户主姓名	人口数	户主姓名	人口数
王朝 P	6	王朝 F	5	王朝 X	5
王朝 Y	4	王朝 Z	3	王朝 X	4
王朝 J	6	王朝 L	5	王朝 H	3
王朝 W	5	王朝 L	7		
王朝 X	4	王朝 H	4		

资料来源：根据课题组 2017 年 2 月在联增村绘制的乜篾王姓系谱图整理。

总体看来，联增村的家户规模较小，成员较少。并且，具有历史连续性，尤其是历史以来户均人口数变化不大。

2. 分家与家户结构

在联增村，家户中最小的儿子结婚后，一般都会分家。按照常规理解，分家意味着新婚夫妻从父母的家庭①中分离出来。麻国庆认为，分家的实质，表现为次生家庭对原生家庭的“继”，主要有继承财产、“继人”和“继宗祧”② 三个方面。通俗地说，次生家庭可从原生家庭中分得相应的生产、生活资料，以确保能顺利运行，从而成为独立的经济、文化和教育单位。若原生家庭中有多个儿子，生产、生活资料则需要均分给次生家庭。意味着 1 个原生家庭，裂变为 2 个或多个次生家庭。并且，对哪个次生家庭能“继人”和“继宗祧”有明确规定。总之，原生家庭与次生家庭并存，且次生家庭基本是由一对夫妻及其所生子女构成的核心家庭。

田野调查发现，联增村的分家原则与实践，与此不同。在一定程度上塑造了该村特有的家户结构。

> 我们这里的分家，兄弟之间可能仍住在同一个屋檐下，但是两边都是新开火塘，打灶头分家，各吃各的。(20150425，曹端波访联增村村民 LYH)

① 为便于表述，此处将“父母的家庭”称为原生家庭，将新婚夫妻经分家而形成的新家称为次生家庭。

② 麻国庆：《家与中国社会结构》，文物出版社，1999，第 51 页。

联增村民 LYH 的这种叙说，表征该村分家一般在兄弟之间发生。简言之，家户中的所有兄弟都结婚后，共同“瓜分”原生家庭，“各打灶头，各立家户”。这种分家实践，不仅将原生家庭中的财产均分殆尽，甚至连父母也是他们“瓜分”的对象。或者说，次生家庭不仅可从原生家庭中分得相应的生产、生活资料，而且可分得父母，原生家庭从此“消亡”。联增村的分家原则和实践，意味着原生家庭与次生家庭不能共存。除却财产、文化等方面因素不计，仅就家户人员构成而言，联增村的分家原则和实践，导致该村的家户，基本是指由一对夫妻和所生子女，外加父亲或母亲构成的“三代同堂”式生活单元。夫妻轴是这一生活单元中的主轴。

3. 家户特质

联增村的分家原则和实践，不仅奠定了该村家户规模和结构的底色，而且在一定程度上规定了家户的特质。

首先，青年人结婚后新建家户，不仅能从父母处分得相应财产，而且可将“父母”随之继承过来。一方面，由于自然生境的局限，导致新建家户需要应对生存风险。此时，“父母”被分属到新家户中，其自身作为一种劳动力或财产，能与新家户共同应对田土非均衡分布、分散且细碎导致的生存难题和挑战。同时，还可在社会交往、维持亲属关系网络方面，给予新建家户一定的经验指导和提供资源基础。另一方面，这是农村规避养老压力和风险的一种现实选择。在“父亲”或“母亲”的帮助下，新建家户逐渐成长、拓展。当他们有足够能力应对自然生境和人文生境的挑战时，“父亲”或“母亲”也逐渐老去。此时，新建家户必须承担所继承“父亲”或“母亲”的养老责任。质言之，赡养父母的责任，在分家时就明确到人。这样可在很大程度上避免养老导致的兄弟纠纷和争执。课题组在联增村田野调查时，了解到该村几乎没有不赡养父母的情况存在。

其次，分家之后，“父亲”或“母亲”的身份发生明显转变，他们不再是家户中的主导角色，仅仅是新建家户中的普通成员。他们的儿子才是户主，需要承担起维持家户正常运转的所有与之相关事项的谋划、践行和后果等。从这个角度看，分家的过程，不仅是财产、劳动力的转移过程，而且是家户中角色的转换和生产过程。与此紧密相关的是责任和权利的转移。或者说，在分家过程中，父母将与家户相关的生产、生活主导权随之让渡给新建家户的户主。[①] 一方面，充分彰显新建家户主体性地位和户主的主导权；另一方面，也将确保家户正常运转的责任大旗转交给新建家户中的户主。不仅有助于家户在刚建立时有充分的活力和能动性，能自由选择或决定生活状态。而且明确地强化新建家户中户主的责任和权利意识，促使他们为了确保家户整体生活水平和物质条件而任劳任怨。

最后，当这些特质被投射到现代化背景下农村人口流向城市的场景中时，家户中的户主及其配偶缺位，或者说家户中的中坚人员缺位，留下“一老一少”式的“隔代家庭”或“一老”式的“空巢家庭”。一方面，家户中所继承的“父亲”或“母亲”，不仅是家户参与村庄社会生活的重要力量，而且是维持家户社会交往空间和亲属关系网络的重要载体。如扫寨，不会出现因没人在家而未能被“扫”的窘境。另一方面，这种家户结构，要求地方政府在治理乡村社会的过程中，不仅需要考虑留守孩子情感缺失而导致的诸多问题，如厌学、犯罪等，而且需要考虑留守老人的养老和照护问题。更为重要的是，在农业结构调整、农村产业革命初期，应在对留守老人、儿童的劳动力水平和生计来源等多方面因素进行综合考虑之后，再在“工业化规模农业”与“多元化生计农业”的天平上进行慎重衡量和决策。

二　散点居住与村庄共同体

1. 多姓混融

联增村当前共有 7 个村寨，“有序”地分布在 15.6 平方公里[②]的村域范围内。

从表 2－4 中的数据看，该村家户主要集中在联增和乜篾田坝中，具体涉及莲花、对门、口安和乜篾四个村寨，占全村总家户数的 75.29%。村委会驻地为口安寨。无音坪、烂坝、拢谷 3 个村寨分散在村庄边缘区域。不仅

① 阎云翔：《私人生活的变革：一个中国村庄里的爱情、家庭与亲密关系（1949－1999）》，龚小夏译，上海书店出版社，2009。

② 2020 年 12 月 24 日马马崖镇联增村十三五工作总结中的数据。

远离田坝，而且距村委会驻地较远。如拢谷寨，作为全村唯一一个全部为汉族民众居住的村寨，距村委会驻地口安寨达 7 公里之远。

表 2-4　联增村分村寨家户数统计

单位：户

村寨名	民族构成	家户数	村寨名	民族构成	家户数
莲花	汉族人多布依族人少	158	烂坝	布依族	62
对门	布依族	109	拢谷	汉族	54
口安	布依族人多汉族人少	35	乜篾	布依族	210
无音坪	布依族	52			

资料来源：根据课题组 2021 年 5 月在联增村的田野调查资料整理。

表 2-5 中信息显示，联增村的主要姓氏共有 17 个。实质上，田野调查了解到，该村还有徐、莫、谭、覃、杜等家户数较少的姓氏。若将这些姓氏考虑进来，全村共有 39 个姓氏。联增村是典型的由多个姓氏共同构成的村庄。

表 2-5　联增村分村寨主要姓氏统计

村寨名称	主要姓氏	村寨名称	主要姓氏
莲花	刘、张、陈、周、钟	烂坝	王、余、卢
对门	梁、王、韦、伍、罗	拢谷	兰、朱
口安	李、杨	乜篾	王、罗、周
无音坪	罗、岑		

资料来源：根据课题组 2021 年 5 月在联增村的田野调查资料整理。

表 2-6 中的信息显示，王姓是联增村第一大姓，有 187 户，占全村总家户数 27.50%。第二、三大姓分别是罗、周，家户数分别为 102 户、41 户，占比分别为 15.00% 和 6.02%。在这三大姓氏中，既有布依族，也有汉族。田野调查了解到，这些姓氏先祖迁入联增村，在原因、时间等方面存在显著差异。如王姓，乜篾寨和对门寨皆有王姓，但他们先祖迁入的原因和时间完全不同。

表 2－6 联增村分姓氏家户统计

单位：户，%

姓氏	家户数	占比	姓氏	家户数	占比
王	187	27.50	成	8	1.17
罗	102	15.00	谭	7	1.02
周	41	6.02	吴	7	1.02
梁	31	4.55	骆	7	1.02
兰	24	3.52	黄	6	0.87
韦	24	3.52	曹	5	0.73
张	21	3.08	徐	5	0.73
刘	19	2.79	唐	4	0.59
余	17	2.50	马	4	0.59
钟	17	2.50	尤	3	0.44
杨	16	2.35	邓	3	0.44
岑	16	2.35	敖	3	0.44
李	15	2.20	毛	3	0.44
卢	14	2.05	莫	2	0.29
陈	13	1.91	秦	2	0.29
伍	13	1.91	杜	1	0.15
朱	12	1.76	彭	1	0.15
蒋	9	1.32	付	1	0.15
车	9	1.32	侯	1	0.15
覃	8	1.17			

资料来源：根据课题组 2017 年 2 月在联增村的田野调查资料整理。

（对门寨王姓）对门寨的王姓村民，是汉族，现在将近有 20 户。比我们梁姓晚来，他们是跟着大地主王确明从六枝郎岱迁过来的。（20150425，曹端波访联增村村民 LYH；20210502，陈斌访联增村村民 LYH）

（乜篾寨王姓）王姓是最早到乜篾居住的。明朝“调北征南”时，我们王姓始祖兄弟 3 人，从江西迁来贵州。据乜篾王 CQ 讲述，王姓始祖在迁入乜篾之前，居住在兴义市黄草坝①。另外，该寨王 CW 说道，始祖兄弟三人中，大哥定居在新元大罗，二弟、三弟进入乜篾，分别定

① 据《兴义县志》记载，该地因出产中药黄草而得名。“天启三年（1623），今县城因产中药黄草（即金钗石斛）始称黄草坝。”

居在今大龙井和小龙井。还有，骆姓村民讲述，乜箴王姓以前居住在新元那边，王家先祖去上粮时，遭遇黄姓胥吏霸占土地。被迫迁移到乜箴寨居住，他们来的时候，这里根本就没有人住。（20150425，曹端波访联增村村民 LYP；20170204，陈斌访联增村村民 WZF；20210503，陈斌访联增村村民 WCQ）

共同居住在乜箴的周姓，皆是汉族，却分为两支，且在迁入联增村之前，几乎毫无关联。

（乜箴寨周姓）乜箴寨周姓共有两支，分别从不同地方迁来。一支因被韦家招赘上门，从而在这里居住至今；另一支原来居住在田湾，后到莲花村教书，原配老婆死亡后，娶乜箴王姓姑娘为妻。因乜箴的生活条件比田湾好，于是就在这里定居了。（20150425，曹端波访联增村村民 LYP）

当然，村内部分姓氏的先祖，在迁入联增村之前就相互认识，并结成各种关系。如现居口安寨的骆姓先祖，原居补郎，后因与无音坪的罗姓先祖“打老庚”而迁入。20 多年后，其子认口安寨汉族李姓村民为“干爹”，再次迁入口安寨，并一直居住于此。

（口安寨骆姓）当前口安寨只有 5 户骆姓村民，全部是布依族。他们原来居住在邻近的补郎。后来，骆姓先祖与联增村无音坪的罗姓先祖“打老庚”[①]，当时无音坪人口很少，罗姓先祖同意他们迁来居住。在无音坪居住 20 多年后，骆家的儿子认口安寨一汉族李姓村民为“干爹”，因此迁移到口安寨来居住。（20150425，曹端波访联增村村民 LYP）

对门寨中的梁姓，原居毗邻的九盘村崩当寨，娶对门寨中吴姓姑娘为妻，后因逃难而迁居于此。

① 老庚为男性结拜兄弟或结交同年出生的朋友，其对象一般为非本村且没有亲戚关系的男性。

（对门寨梁姓）当前对门寨有20多户姓梁。听说老祖公当时7兄弟从江西迁来贵州，长房定居在今关岭县花江渡口；三房在今兴仁马马崖镇九盘村崩当寨居住；四房在今兴仁巴铃镇居住；五房定居在今贞丰县。其他的记不清楚了。我们属于第三房，大概20世纪40年代时，我太爷爷LGD从崩当寨逃难到对门寨，挨着外家吴姓居住。因为老祖太是对门寨的人，姓吴。但都是各自居住，不是上门（女婿），也不是来“奉养他家”的。现在对门寨还有吴姓村民，人数较少，只有6户，我们两个姓氏的关系很好。（20150425，曹端波访联增村村民LYH；20210502，陈斌访联增村村民LYH）

总之，经过长时段历史涤荡后，联增村39个姓氏村民的先祖，在不同阶段，采用不同方式，从不同地方迁居于此，并居住至今，有序地居住在村域范围内7个村寨中。时间整合空间，从而形成多姓混融的村庄格局。

2. 凉亭

凉亭，又称官亭。《兴仁县志》记载：“官亭，县内布依族聚居村寨一般都有一木结构青瓦亭式建筑。”① 一般建于村寨边缘，由四根立柱、一个圆形或四边形顶棚组合而成。据不完全统计，当前联增村共有7个凉亭（见表2－7）。

表2－7　联增村凉亭分村寨统计

单位：个

村寨名称	凉亭数	村寨名称	凉亭数
莲花	0	烂坝	1
对门	1	拢谷	0
口安	1	乜簸	3
无音坪	1		

资料来源：根据课题组2015年4月在联增村的田野调查资料整理。

① 贵州省兴仁县编史修志委员会编《兴仁县志》，贵州人民出版社，1991，第102页。

在中国古代历史上，“亭”是一种地方行政单位，又称为官亭，“意官修之亭、公家之亭或官宿之处，”[①]“官，吏事君者也”，[②]“官，由公也，谓不私也”[③]，“亭，民所安定也”，[④]“亭，亦平也；民有讼诤，吏留辨处，勿失其正也”，[⑤]“亭，留也。盖行旅宿会之所。”[⑥] 由此看来，官亭其实就是一个公共空间。或者说，官亭是地方官吏与民众接触交流的一种重要场域。在不同历史阶段，它有不同的文化意蕴。“秦汉时在地方邮驿系统中占据主导地位。魏晋时，随着亭里制度消亡，官亭数量大减，名称与职能也发生变化……元明后，官亭与官厅逐渐混用。”[⑦]

北盘江流域布依族社会中官亭的缘起与内涵，与土司制度在此地大规模施行有关。有研究发现，低等级土司到其辖域内的布依族村寨“公干”时，如收取田租税赋等，一般不进到村民家中，仅在官亭中进行。因而，这种低等级土司又被称为亭目，或者加上姓氏，称“×姓亭目”。甚至将其驻地称为××亭。如：“王姓亭目是由桑郎土司管辖的罗暮亭分支到这里设亭统治的。”[⑧] 由此，更加印证了官亭的公共属性。

随着历史流转，自土司制度从北盘江流域布依族社会中退出后，此种亭子式建筑依然存在，但其名称从“官亭”转变为“凉亭”。其社会职能和文化意蕴也随之发生变化。主要表现在世俗和神圣两个层面。

在世俗层面，凉亭主要是当地民众休闲、娱乐、聚集和乘凉的重要场所。正如曾敬孚在《民国三十一年壬午初秋敬孚识贞丰竹枝词》中所言：“乡村正月闹纷纷，男女争妍牛肚争。若是月明天气好，箫声吹彻坐凉亭。”[⑨]《兴仁县

① 蔡宛平：《官亭名称与职能初探》，《山西档案》2018年第3期。
② （汉）许慎撰，（清）段玉裁注《说文解字注》，上海古籍出版社，1988，第730页。
③ （汉）司马贞：《史记索隐》，载（汉）司马迁《史记》，中华书局，1963，第415页。
④ （汉）许慎撰，（清）段玉裁注《说文解字注》，上海古籍出版社，1988，第227页。
⑤ 李诫撰《营造法式》，邹其昌点校，人民出版社，2006，第5页。
⑥ 方回：《续古今考》，载《景印文渊阁四库全书》（第853册），台北：商务印书馆，1986，第294页。
⑦ 蔡宛平：《官亭名称与职能初探》，《山西档案》2018年第3期。
⑧ 贵州省编辑组、《中国少数民族社会历史调查资料丛刊》修订编辑委员会编《布依族社会历史调查》，民族出版社，2009，第18页。
⑨ 曾敬孚：《民国三十一年壬午初秋敬孚识贞丰竹枝词》，载中国人民政治协商会议贞丰县委员会、文史资料研究委员会编《贞丰文史资料选辑》（第6辑），1994，第42页。

志》亦有记载：“每年正月初，寨中男性聚于亭前拜年，寨老亭中议事。”[①] 对于凉亭的世俗功能，联增村村民有如下论述：

> 以前凉亭都是木制，后来逐渐改成砖混结构。我们布依族，每个村寨中都有凉亭。农闲时，我们一般聚集在凉亭中“摆白”[②]。夏天，我们就是在里面歇凉，有时晚上都在里面睡觉。（20210504，张建访联增村村民 WTG）

在神圣层面，凉亭是部分布依族村寨祭“山神”之地。“三月三”[③] 是布依族民众共同的重要节日，联增村亦是如此。该村“三月三”以村寨为单位进行，各村寨皆有“山神”。

> 各寨有各寨的山神，一些村寨有山神就供山神，一些村寨没有山神就供凉亭。（20210504，陈斌访联增村村民 YJL）
>
> 凉亭相当于全寨子的祠堂，每年的三月三，烂坝的村民就来这里祭供。（20210504，陈斌访联增村村民 YJL）

另外，口安、对门、无音坪三个村寨也将凉亭视为“山神”。每年“三月三”，全寨民众皆在亭前祭祀。

对于布依族村寨来说，凉亭不仅是一种标志性建筑，而且具有超越姓氏和家族的社会属性。正如该村一 W 姓村民所言：“凉亭不按家族划分。”[④] 具体而言，布依族村寨中的所有家户，分别在世俗（日常休闲娱乐、聚集“摆白”）和神圣（“三月三”祭拜山神）层面共享凉亭。从这个角度来看，凉亭是布依族村寨的公共空间，具有公共意蕴。凉亭作为布依族村寨社会连接的介质，是空间聚合的物质载体和象征空间。总之，凉亭是布依族民众共

① 贵州省兴仁县编史修志委员会编《兴仁县志》，贵州人民出版社，1991，第 102 页。

② “摆白”，西南地区的一种地方性表述，类同普通话中的“聊天”。

③ 关于“三月三”的具体内容，在本章第二节中将详细论述，兹不赘述。

④ 2015 年 4 月 27 日，曹端波访联增村村民 WB。

同的生活空间和精神空间，具有共同体性质。

3. 盆地婚姻

所谓“盆地”，是该村对联增和乜篾田坝的泛称。盆地婚姻，是联增村村民常用的一个词，意指该村民众的结婚对象，多在盆地内。狭义的盆地婚姻，是联增和乜篾田坝所涉的乜篾、莲花、对门和口安四个村寨内部或相互间通婚的情况。广义的盆地婚姻，指联增村内 7 个村寨相互通婚的情况。本书采用广义的盆地婚姻概念。

表 2－8 中数据显示，联增村内盆地婚姻发生率确实不低。最高者如莲花，占比 47.62%。意味着过去 80 年来，该寨结婚成家的人员中（包括婚入和婚出），有将近一半的人在盆地范围内选择结婚对象。另外，与莲花同属联增和乜篾田坝的乜篾、对门、口安，盆地婚姻发生率分别为 37.60%、30.35%、28.79%。质言之，两个田坝内部或相互间的通婚率均较高。从广义盆地婚姻的角度来看，无音坪虽不在联增和乜篾田坝的辐射范围内，但其盆地婚姻发生率为 38.55%，均高于乜篾、对门和口安，成为联增村内盆地婚姻发生率仅次于莲花的村寨。

表 2－8　联增村内近 80 年来盆地婚姻情况统计

村寨名	民族构成	总婚姻数（例）	盆地婚姻数（例）	年龄区间（岁）	盆地婚姻率（%）
莲花	汉族人多布依族人少	273	130	19～82	47.62
对门	布依族	201	61	20～102	30.35
口安	布依族人多汉族人少	66	19	19～86	28.79
无音坪	布依族	83	32	21～106	38.55
烂坝	布依族	116	26	21～72	22.41
拢谷	汉族	102	14	22～72	13.73
乜篾	布依族	359	135	18～99	37.6

资料来源：根据课题组 2015 年 4 月在联增村的田野调查资料整理。

盆地婚姻的发生，除民族文化、生计资源等因素外，与由共同社会生活和文化实践空间导致的“背带亲”紧密相关。

所谓“背带亲”，是指男女双方尚在背带上时，父母就已为他们定下娃娃亲。主要由男孩父母提出，如果女孩父母同意，双方就可结为背带亲。否则，背带亲就不能发生。质言之，因双方年龄尚幼，背带亲的对象选择完全以父母意志为准。田野调查了解到，背带亲所涉及的空间范畴，主要在村庄内部，并且双方父母的关系亲密：或“老庚”“同姻”，或母亲是亲姊妹。

> 在我很小的时候，父母曾为我找了一个背带亲，女方是无音坪的，姓罗。她和我同一年出生。我们的父亲年轻时随时一起出去坐表[①]，关系很好。各自结婚成家生子后，就说干脆我们开个背带亲，管他们大了同不同意。双方父母同意后，请了我嫁在无音坪罗家的姑妈当媒人。(20150425，曹端波访联增村村民 LYH)
>
> 我的背带亲是乜篾一组的，姓王，小名叫小转。她妈妈和我妈妈是亲姊妹，也就是说，她是我表妹，我们是姨表关系。10 岁时，我们就盘酒了。我和她的关系很好，那时我非常贪玩，到处去玩，但每次从外面玩回来之后，都要到她家去玩一两个小时，说说话，反正就是有说不完的话。(20150428，曹端波访联增村村民 ZHQ)
>
> 我 10 岁时就结婚了，她比我大 5 岁，姓王，是乜篾三组的，我们是背带亲。她是我姨妈家的女儿，也就是说，岳母和我妈妈是亲姊妹。结婚时已经办酒了的。结婚后，我们没有住在一起，等了 13 年之后，她 28 岁，我 23 岁，我们都成年了，才住在一起。(20210504，陈斌访联增村村民 YJL)

盆地婚姻是一种典型的族内婚或村内婚制度，不仅实现了从家户间的“分”到家户间的“合”，而且实现了从村寨间的“分”到村寨间的“合”。建构起一种超越姓氏、家户、村寨的社会统合机制，为盆地内超越姓氏、家户、村寨的互帮互助、社会交往奠定人文基础。在应对由自然生境和人文生境导致的生存挑战时，弥补了多姓混融、散点居住结构中小规模家户的不足。总之，盆地婚姻，实质就是盆地内部建构婚姻联盟的一种文化机制，相互参与到对方姓氏、家户、村寨的社会生活和文化实践中。

---

① 布依族青年男女以歌唱形式结识朋友或表达爱情的社交活动，也称“赶表”。

三 区域社会结构

1. 周边区域

联增村及其周边区域的自然地理状况，可简要概括为：无论是宏观层面，还是微观层面，联增村与周边区域的乡镇或村庄，存在一种自然地理意义上的“高山-低地”连续统[①]。具体涉及晴隆县安谷乡、紫马乡；贞丰县平街乡；关岭县花江镇、新铺镇和普利乡，以及兴仁市百德镇、马马崖镇等。其中，百德镇内的村庄主要有大山村、新元村和营上村。

洪武十五年（1382），明朝在今晴隆县城南门外置尾洒[②]驿。洪武十七年（1384），置尾洒卫于今县城。同年，废尾洒卫置尾洒驿站，辖三营五寨，分别为：马乃营（今兴仁高武马乃屯一带）、阿计营（今贞丰狮子山一带）、安逸营（今兴仁大山区一带）；必黑寨（今碧痕乡）、南俄寨（今达南乡部分）、大定寨（今地久乡一带）、上达寨（今上达布寨）、下达寨（今下达布寨）。洪武二十三年（1390），置安南卫，并节制阿计营、安逸营。清朝康熙元年（1662），析安南卫之阿计营、安逸营、兴仁里、兴让里置普安县，隶普安州。康熙二十六年（1687），云贵总督范承勋上疏云：“安南卫在大道，管理驿站，应改为县。”[③] 安南卫自此为县，仍隶安顺府。鉴于此，明清两代，晴隆县成为由黔入滇的重要通道。

主要有两条：一条置于县南境，一条置于县北境。南境驿道由贵阳经安顺、关岭，过北盘江入县之东地，经半坡塘、燕窝寨、灵官箐、哈马庄、哈马哨达县城，继而从县城往西延伸，经鸦关、乌鸣铺、沙子岭、保驾楼，抵江西坡桥，出县境至江西坡腰站，达普安、九峰、泥蜡铺、盘县、亦资孔入滇。北境驿道则从安顺到郎岱，过打铁关、毛口，进入县境西陵渡（河塘）、五里牌、都田、母者（纳

① 关于联增村所处区域“高山-低地”连续统的自然地理状况，本书第一章第二节已详细论述。

② 尾洒，系苗语，犹汉语水下之意。

③ （清）卫既齐、薛载德纂修《（康熙）贵州通志》卷3。

屯）、黄厂，翻过老鹰岩出县境，达普安之白沙、罐子窑，转由盘水镇会大道入滇。[①]

贞丰县位于黔西南州东部，西与兴仁县毗邻，北与关岭县仅一水之隔。明朝洪武十五年（1382），“总兵吴复，开今普安、安南、贞丰箐道入广西（即今关索岭取道普安、晴隆、兴仁、贞丰渡红水河入广西之道）”。[②] 正因如此，毗邻联增村的平街乡，“曾是贵阳、安顺逾关岭南行经兴义入滇之要道。建有长街，成为商贾过往的驿道站”。[③]

洪武四年（1371），明朝在今关岭县境内置顶营长官司。洪武十四年（1381），置沙营长官司。洪武十九年（1386），置募役长官司。洪武二十一年（1388），置关索岭、鸡公背二堡。洪武二十五年（1392）鸡公背并入关索岭，设关索岭守御所，属安庄卫，隶四川都司。同年，募役长官司、顶营长官司由安顺州转隶普定卫。明王朝如此重视关岭，与地理区位之于王朝国家治理西南的重要性紧密相关。正如谢庭薰所言：“就全黔而论，惟亦资孔居上游上，昔滇黔以盘江为界，驿站地形，镇远其足，贵阳其腹，永宁固顶也。昔明代干戈之际，秉政者料州城势难独守，必资邻镇互为犄角，故虽有专城，而与安南卫同城之制，未遽更张。”[④]

总体来看，自明朝洪武年间开始，王朝国家就在联增村周边的晴隆、贞丰、关岭三县设治，并建设发达且畅通的驿道系统，使之成为贵州连接云南、广西的重要通道。若将视野降维到兴仁县境内，该村周边区域亦是王朝国家卫所辖下土司驻地，或是连接宏观通道的重要节点。

原大山乡，明朝洪武年间即为阿计营土司辖地。“明洪武十七年（1384），于今县城南门外始置尾洒驿。民国《安南县志》载：城南有尾洒驿。碑称：设管驿千户1名，所用驿费，则由普百营（今属普安县）、必黑

① 贵州省晴隆县志编纂委员会编《晴隆县志》，贵州人民出版社，1993，第360~361页。

② 贞丰县史志征集编纂委员会编《贞丰县志》，贵州人民出版社，1994，第8页。

③ 贞丰县史志征集编纂委员会编《贞丰县志》，贵州人民出版社，1994，第80页。

④ 谢庭薰：《永宁州考》，载（清）黄培杰编纂，（清）沈毓兰重刊《永宁州志》（未刊），政协关岭自治县委员会校勘，2009，第155页。

营（今碧痕营）、马乃营（今兴仁高武一带）、阿计营（今兴仁大山区波秧河一带），4 营轮供。”①

原营上乡，清代时曾为彝族土司庄园所在地。“营上土司庄园，营上乡所在地，建于清代，系彝族土司龙氏庄园。面积 1356 平方米，由四座四合院组成，各院相通，周有墙垣，墙上设有枪眼，原貌尚存。”②

原新元乡，明朝天启年间，王朝国家即在此筑城，名奏肤城。“位于今县城东北新元乡，距乡政府所在地 1 公里左右，明天启六年（1626）普安监军副使朱家民征集民工所筑。城呈圆形，城前有 2.5 米宽护城河，现尚存 20 余米城墙一段。”③ 此处现已成为古遗址。

无论是宏观层面，还是微观层面，联增村的周边区域，在明清王朝国家制度体系中皆具有较为重要的地位，不仅有助于王朝国家治理西南边疆诉求的实现，而且为自然地理意义上的“高山 - 低地”连续统赋予一定的历史人文意蕴。成为当前理解认知联增村家户与周边区域社会交往的重要背景。

2. 通婚圈

联增村有严格的通婚圈，大致可分为两个层面：一为村庄内部不同村寨、姓氏间的通婚，即盆地婚姻；一为与村庄外部社会的通婚，这是该村家户与周边区域社会交往的重要载体。

在表 2 - 9 所统计的 582 个样本中，来自本镇邻村的最多，达 245 例，占比 42.10%；其次是本县邻镇，有 203 例，占比 34.88%；最少的是外省，仅 30 例，占比 5.15%。若以兴仁县为区分界限，来自县内的达 448 例，占比 76.98%。如此看来，联增村男青年所娶妻子，除本村的外，另有 76.98% 来自县内。

表 2 - 9　联增村婚入区域统计

单位：例，%

婚入区域	本镇邻村	本县邻镇	本州邻县	本省邻市	外省
数量	245	203	36	68	30

① 贵州省晴隆县志编纂委员会编《晴隆县志》，贵州人民出版社，1993，第 393 页。

② 贵州省兴仁县编史修志委员会编《兴仁县志》，贵州人民出版社，1991，第 516 页。

③ 贵州省兴仁县编史修志委员会编《兴仁县志》，贵州人民出版社，1991，第 497 页。

续表

婚入区域	本镇邻村	本县邻镇	本州邻县	本省邻市	外省
占比	42.10	34.88	6.19	11.68	5.15

资料来源：根据课题组 2015 年 4 月在联增村的田野调查资料整理。

表 2 - 10 更进一步彰显了联增村的具体婚入地点。根据表中信息，发现在“本镇邻村”栏中，婚入人数最多的是九盘村，达 160 人，占总样本的 27.49%。在“本县邻镇”栏中，婚入人数最多的是百德镇，达 180 人，占总样本的 30.93%。在“本州邻县”栏中，婚入人数最多的是贞丰县，达 20 人，占总样本的 3.44%。在“本省邻市”栏中，婚入人数最多的是关岭县，达 43 人，占总样本的 7.39%。忽略行政层级不计，这四个婚入地点皆与联增村接壤，且都属于“高山 - 低地”连续统的范畴。

表 2 - 10　联增村婚入地点统计

单位：人

区域	地名	数量	区域	地名	数量
本镇邻村（245）	九盘村	160	本州邻县（36）	普安县	2
	米粮村	28		兴义市	1
	田边村	21		安龙县	1
	哪鲁村	12	本省邻市（68）	关岭县[①]	43
	阿藏村	12		毕节市	6
	镇区	12		黔东南州	5
本县邻镇（203）	百德镇	180		贵阳市	4
	巴铃镇	10		铜仁市	4
	回龙镇	6		遵义市	2
	县城	6		六盘水市	2
	下山镇	1		黔南州	1
本州邻县	贞丰县	20		安顺市	1
	晴隆县	9	外省（30）	外省	30
	册亨县	3			

资料来源：根据课题组 2015 年 4 月在联增村的田野调查资料整理。

① 关岭县本隶属安顺市，但与联增村接壤，且皆为布依族聚居区。为凸显共同自然生境和人文生境中的通婚特征，故将其单列。

在联增村民 LCH 的记忆中，自己太奶奶、奶奶的外家，与当前统计的该村主要婚入地点同构。

> 爷爷的父亲叫 LDG，他的妻子姓甘，那个年代的女性没有名字，都是嫁来后被称呼为 L 甘氏。甘氏是大山独拐的，他们是怎么认识的，我就不知道了。爷爷有三兄弟，他是最大的，叫 LYC，奶奶姓周，外家是百德镇马老田的。马老田主要姓周、易，周姓是最多的。奶奶 13 岁时，通过媒人介绍嫁给爷爷。（20150424，曹端波访联增村村民 LCH）

在表 2－11 所统计的 183 个样本中，嫁到本镇邻村的最多，达 64 例，占比 34.97%；其次是本县邻镇，有 42 例，占比 22.95%；最少的是本州邻县，仅 15 例，占比 8.20%。若以兴仁县为区分界限，来自县内的达 106 例，占比 57.92%。如此看来，联增村的女青年，除嫁在本村外，其余有 57.92% 是嫁在县内。

表 2－11 联增村婚出区域统计

单位：例，%

婚出区域	本镇邻村	本县邻镇	本州邻县	本省邻市	外省
数量	64	42	15	22	40
占比	34.97	22.95	8.20	12.02	21.86

资料来源：根据课题组 2015 年 4 月在联增村的田野调查资料整理。

从表 2－12 信息中发现，“本镇邻村”栏中，婚出人数最多的是九盘村，达 31 人，占总样本的 16.94%。在“本县邻镇”栏中，婚出人数最多的是百德镇，达 36 人，占总样本的 19.67%。在“本州邻县”栏中，婚出人数最多的是贞丰县，达 8 人，占总样本的 4.37%。在“本省邻市”栏中，婚出人数最多的是关岭县，达 14 人，占总样本的 7.65%。忽略行政层级不计，这四个婚出地点皆与联增村接壤，且都属于“高山－低地”连续统的范畴。

表 2－12　联增村婚出地点统计

单位：人

区域	地名	数量	区域	地名	数量
本镇邻村（64）	九盘村	31	本州邻县（15）	贞丰县	8
	镇区	14		晴隆县	5
	米粮村	7		兴义市	2
	阿藏村	6	本省邻市（22）	关岭县①	14
	田边村	4		毕节市	3
	哪鲁村	2		黔南州	2
本县邻镇（42）	百德镇	36		贵阳市	1
	县城	3		铜仁市	1
	回龙镇	2		安顺市	1
	巴铃镇	1	外省（40）	外省	40

资料来源：根据课题组 2015 年 4 月在联增村的田野调查资料整理。

表 2－13 中的统计数据显示，联增村内各村寨的通婚民族与其民族构成同构。通俗地说，若布依族是某一村寨的主体民族，那么其主要的通婚民族亦是布依族，如对门、无音坪、烂坝、乜篾等村寨。若汉族是某一村寨的主体民族，那么其主要的通婚民族亦是汉族，如莲花、拢谷。若某一村寨是汉族布依族混合居住的，那么其通婚民族则是以汉族和布依族为主。由此看来，联增村的通婚圈具有显著的族内婚特征。

表 2－13　联增村各村寨通婚民族统计

单位：例，%

村寨名称	民族构成	通婚民族	通婚例数	占比
莲花	汉族人多布依族人少	汉族	263	96.34
		布依族	9	3.29
		苗族	1	0.37

① 关岭县本隶属安顺市，但与联增村接壤，且皆为布依族聚居区。为凸显共同自然生境和人文生境中的通婚特征，故将其单列。

续表

村寨名称	民族构成	通婚民族	通婚例数	占比
对门	布依族	布依族	183	91.04
		汉族	16	7.96
		苗族	1	0.50
		土家族	1	0.50
口安	布依族人多汉族人少	布依族	23	34.84
		汉族	41	62.12
		回族	1	1.52
		珞巴族	1	1.52
无音坪	布依族	布依族	79	95.18
		汉族	3	3.61
		苗族	1	1.20
烂坝	布依族	布依族	99	85.34
		汉族	17	14.66
拢谷	汉族	汉族	91	89.22
		布依族	5	4.90
		土家族	3	2.94
		苗族	2	1.96
		黎族	1	0.98
乜篾	布依族	布依族	351	97.77
		汉族	7	1.95
		苗族	1	0.28

资料来源：根据课题组 2015 年 4 月在联增村的田野调查资料整理。

联增村的通婚圈，从自然空间的角度来看，主要分布在“高山－低地”连续统所辖区域内。如该区内九盘村、百德镇、贞丰县、关岭县是重要的通婚之地，它们皆与联增村接壤。从民族构成的角度而言，呈现显著的族内婚特征。由此观之，较小的空间距离、共同的民族成分，赋予他们共同的人文氛围、生活理念和生计方式，最终发酵成为相互通婚的动力机制。

3. 市场圈

据《兴仁县志》记载：1949 年以前，县境内有乡镇集市 21 个。[①] 其中，马场、新元、大山等集市分布在联增村周边区域。

马场集市，即今马马崖镇集市，位于县境边缘，是贞丰、关岭、晴隆等县与县境百姓交易商品之地。[②] 1992 年，兴仁县“撤区并镇”，将大山区调整为百德镇，原新元乡、大山乡建制皆成为行政村建制。百德镇政府驻地随之发展出百德集市。原新元集市关闭，大山集市延续至今。加上与之邻近的关岭县花江集市，联增村市场圈基本形成（见表 2－14）。

表 2－14　联增村市场圈统计[③]

集市名称	建成时间	集市面积（m^2）	场期	备注
马场集市	1949 年前	4000	星期日	
新元集市	1949 年前	1800	星期五	
大山集市	1949 年前	488	星期日	
营上集市	1984 年	580	不定期	以前为粮站所在地，现已取消
百德集市	1992 年	/	星期六	
花江集市	1644 年	/	星期日	

注：在 20 世纪 80 年代以前，当地赶生肖场，即用十二生肖计算赶集日期，这在贵州农村是非常普遍的做法。

资料来源：根据《兴仁县志》和课题组 2021 年 5 月在联增村的田野调查资料整理。

市场圈之于联增村家户及其成员的社会影响，主要表现在如下四个方面。

第一，购买生活物资、售卖农副产品的交易场所。百德镇建制未出现之前，该村民众主要在大山集市赶集。

① 贵州省兴仁县编史修志委员会编《兴仁县志》，贵州人民出版社，1991，第 244 页。

② 贵州省兴仁县编史修志委员会编《兴仁县志》，贵州人民出版社，1991，第 246 页。

③ 因地理位置关系，目前联增村村民赶集多在百德集市。而花江集市则是马马崖、百德这一区域交通线未形成之前，联增村村民渡过北盘江所能到达的最大的区域中心市场。其他几个集市主要是联增村当时发展早熟蔬菜时赶“转转场”卖菜去的地方，现在少有人赶。

自20世纪60年代初期，一直到1992年，我们都是在大山赶集，当时那里出产的小猪品种很好，我们都是到那里买猪来喂。但是大山集市离村比较远，我们一般都是有事必须去的时候才去。百德集市发展起来后，离村比较近，我们就主要在百德赶集。（20210505，陈斌、孙兆霞、宗世法访联增村村民 LYH）

花江集市，位于关岭县花江镇，联增村与之毗邻。建于清朝顺治元年（1644），后发展为“贵州八大农贸集市”之一。“采购者除本地人外，另有河南、云南、湖南等省的商贩采购牛马，安顺、镇宁、贞丰、兴仁、兴义等地的商贩贩运仔猪、土布、蛋、禽和部分土特产品。”① 因而，曾经在很长一段时间内，该集市是联增村村民经济活动的重要场所。

我们这里以前出产黄果，橘子也特别出名。每年黄果、橘子成熟时，村民都是用马驮着到安顺去卖。主要是从九盘渡口，借助渡船到达花江，然后通过关岭到安顺。小时候，常听老人们说，我们这里的人都喜欢到安顺去。每次将黄果、橘子卖完后，再买一些食盐、铁桶等日常生活用品回来。当时铺的石板路，现在还可以看到。（20170205，张建访马马崖镇纪委书记 LY）

第二，男性老人闲暇消遣、年轻人享受现代生活之地。经过20多年的发展，百德集市的规模已扩大两三倍，并建有专门的农贸市场，取代大山集市，成为联增村周边区域新的中心集市。

对于联增村的男性老人来说，百德集市是他们每隔六天闲暇消遣的重要去处。

百德镇离村近，且公路已通。现在每逢赶集日，都有面包车来村接

① 关岭布依族苗族自治县地方志编纂委员会编《关岭布依族苗族自治县志》，贵州人民出版社，2002，第479页。

赶集的村民，往返10元/人。基本家家户户都会去，有些种了蔬菜的老人，就用背篼背去集市上卖。那些不卖东西的，就专门去集市看看、玩玩，因为平时在家里闷得很。他们去到集市后，都要在那里花10元钱吃一顿地摊火锅，有榨菜、酸菜、豆腐、豆芽等。遇到熟人、朋友的话，大家就坐下来一起喝点酒，摆谈摆谈，然后买点水果带回来给孙孙们吃。(20210505，陈斌、孙兆霞、宗世法访联增村村民 LYH)

对于村内年轻人来说，集市则成为他们践行现代生活理念、享受现代生活方式的重要场域。田野调查了解到，百德集市已有KTV、网吧、宾馆、影楼等现代化生活设施，备受村内年轻人的青睐。①

第三，联增村“留乡人”“返乡人”非农就业的重要场域。联增村内有很多村民在百德集市进行非农就业。而马场、大山、花江集市，因是重要的牲畜交易场所，也已成为该村养牛、养羊农户以及村内“牛（羊）经纪”经常出入之地。

第四，进行社会交往、拓展社会关系的重要平台。集市成为周边区域中不同村庄、不同民族民众进行社会交往的重要场所。

我十七八岁时，每次去花江赶集都需要坐渡船，经常遇到一个和我年龄相当的年轻人。相互熟悉之后，就说“干脆我们打老庚吧”。到现在已经40多年了，我们的关系还很好。到花江赶集时，大家就会打听集市周边哪个寨子姑娘多，然后就跟那个寨子的年轻人“打老庚”。这样便于我们认识这些姑娘，一起玩表。以前我们赶大山时，每次都会坐下来喝点酒才回家。有时遇到性格合得来的人，就会坐在一起喝，甚至会“打老庚”。(20210505，陈斌、孙兆霞、宗世法访联增村村民 LYH)

据LYH讲述，他以前赶集时，先后与7人“打老庚”，分别为：大山集

① 详见本书第六章论述。

市1人、新元集市2人、百德集市2人、花江集市2人。其中，大山集市的那个老庚，是彝族。老庚关系从30多年前开始，现在双方都已经60多岁，老庚关系仍在延续，两家人像亲戚一样走动。甚至，有些老庚会发展成儿女亲家，使双方关系更近一层。

第二节　民俗节日、社会统合与秩序维持

在经历较长历史时间和占有一定自然空间后，联增村已是一个多姓混融、散点居住的西南边疆布依族村庄。布依族社会中超越家户构造和机能的某些统合原理，已弥散在村民个体日常生活和他们所依存家户的运行过程中。世俗/神圣、实践/理论、观念/物质层面，已形成将村庄内所有家户及其成员关联起来的社会统合机制。在村寨共同体的基础上，有助于村民个体和家户自律的规约机制也已经实现。以便于在现代化的进程中，实现“对秩序的追求”① 和维持。

一　布依族民俗节日

布依族，又称“仲家”。“在地理分布上看，仲家是在贵州的西南部。”②结合地图及现代行政区划设置，当前生活在贵州境内的布依族民众，其聚居区域可细分为一个中心区和两个重要分布区。中心区是“靠近广西的边境，册亨、望谟”。③ 两个重要分布区，“一为黔南州罗甸、长顺、惠水、平塘等县；一为自贵阳、安顺至贞丰一带沿线，如安顺市镇宁、关岭、紫云，以及黔西南州兴仁等县”。④

（一）节日概述

分散居住在不同区域的布依族民众，一年中所过节日有一定区别（见

① 齐格蒙·鲍曼：《对秩序的追求》，《南京大学学报》（哲学·人文科学·社会科学版）1999年第3期。

② 费孝通：《兄弟民族在贵州》，生活·读书·新知三联书店，1951，第40页。

③ 费孝通：《兄弟民族在贵州》，生活·读书·新知三联书店，1951，第39页。

④ 陈斌：《人文多样性内生活力与社会治理共生秩序研究——云贵高原盘江流域案例及其意义阐释》，博士学位论文，中央民族大学，2021，第34页。

表 2－15）。

表 2－15 贵州省布依族传统节日分区域统计

中心区	重要分布区		
册亨县	贵阳市	罗甸县	兴仁县
春节	春节	春节	春节
元宵节	元宵节	了年节	了年节
三月三	祭春节	三月三	二月二
端午节	清明节	牛王节	三月三
六月六	三月三	七月半	四月八
七月半	四月八	尝新节	端阳节
中秋节	端午节	除夕	六月六
开秧节	六月六		七月半
吃新节	七月半		重阳节
灶王节	重阳节		牛王节

资料来源：根据《册亨风物志》《中国 · 贵阳布依族文化》《罗甸县志 · 民族志》《贵州“六山六水”民族调查资料汇编》（布依族卷）中相关内容整理。

整体来看，贵州省境内不同区域的布依族民众，每年所过节日大同小异。但有些节日是任何区域的布依族民众都会过的。如中心区的册亨县，有“中华布依第一县”之称，“最为隆重的是春节、三月三、七月半三个节日”。[①] 贵阳市作为布依族民众的重要聚居区，常过的节日有“春节、三月三、清明节、四月八、六月六、七月半、重阳节”。[②] 罗甸县是布依族民众的另一个重要聚居区，最注重的节日是“春节、三月三和七月半”[③]。田野调查中了解到，联增村所在的兴仁县，一般主要过春节、三月三和六月六。由此可知，春节、三月三，受到贵州省境内布依族民众的高度重视，具有较高普适性。结合相关文史资料，通过比较分析，可将这两个节日大致分成两类：一是伴随布依族地方信仰并经历长时间沉淀积累而成的节日，如“三月

① 政协册亨县委员会编《册亨风物志》，贵州民族出版社，2016，第 230 页。
② 贵阳市布依学会编，罗大林主编《中国 · 贵阳布依族文化》，贵州民族出版社，2017，第 12 页。
③ 罗甸县史志编纂委员会编《罗甸县志 · 民族志》，贵州民族出版社，1989，第 49 页。

三”；二是在与外界或“他者”频繁交往互动过程中逐渐形成的节日，如春节。

（二）节日内容与实践

“三月三”，因其未受外界影响或受外界影响较小，且以集体性扫寨和祭山为主要内容，不仅成为布依族文化的重要组成部分，而且是可证明其族别身份的标志性节日。更为关键的是，它是布依族文化整体和特性的具体文化现象的典型代表，具有“统领式”[①] 功能。因而，笔者将其称为民俗节日，也是本节重点论述的内容。而后一类节日，如春节，因不具备这些特征，兹不赘述。

扫寨，是一种在特定场合或节期中，以扫除鬼神和火星为主要内涵的仪式活动，一般由布摩（老摩）主持。

> 扫寨前，每家需要在堂屋大门上点一根香、装一碗水、放置纸钱，并烧一盆炭火。扫寨时，每家每户都要走到。只有老摩、卜卦者、拿草船者三人进入主家。老摩和卜卦者站在堂屋里，拿草船者则是站在厨房。另外那些负责敲锣打鼓的，都是站在门外。进去堂屋后，老摩口念摩经并卜卦。两扇扑地为阴卦，表示邪魔已经驱尽；一扇仰天、一扇扑地则为顺卦，表示主家顺利，六畜兴旺；若两扇都仰为阳卦，表示主家有不祥之兆。若得阳卦，老摩需反复念咒语，再把木卦甩出，直到得到阴卦或顺卦为止。若主家过去一年发生过不吉利或不顺利的事，那么可能需要卜卦六七次才能出现阴卦或阳卦。而那些顺利的人家，则只需卜卦一次就可以。卜卦结束后，负责拿草船者，则在主家厨房转一圈，意即通过灶神菩萨将鬼神扫出。
>
> 整个过程中，主人必须在家里的一个暗处躲避，如门背后。待老摩、卜卦者、拿船者都出去后，马上关门。此时，卜卦者将早已准备好的一张符箓贴在大门中央，再将主人之前准备好的一碗水倒在大门口的

① 刘铁梁：《“标志性文化统领式”民俗志的理论与实践》，《北京师范大学学报》（社会科学版）2005 年第 6 期。

炭火中，将其灭掉，表示用水把家中的火星都灭掉，然后就将香和纸钱收走。

寨子里每家每户都扫完后，老摩要到凉亭处，把收来的香和纸钱，送到寨子的出口，并在出口处拴一根草绳，把出口的路拦起来，然后就把香和钱纸在这里烧掉，意思是把村寨里所有的牛鬼蛇神都赶出去。（2015040270，曹端波访联增村村民 WB）

祭山，多在扫寨结束后举行，由寨老主持。“分为祭山神、祭寨神、祭家神三个部分……先祭供山神，再祭供寨神，最后祭供家神；祭供山神只需派代表，祭供寨神则需全寨家家户户都要有人参加，而祭供家神只是家人进行。”[①]关于祭山，本节第三个问题中，有详细论述，兹不赘述。

（三）民俗节日功能

布依族民俗节日有两方面功能。一是家户连接的社会活动载体，可将同一村寨内所有家户勾连起来。一方面，激发起村民对村寨秩序认同和维护的热情；另一方面，构建村落共同体的精神表征和文化意义。“正是这些公共活动使村民接受了族群和区域的民俗文化教育，人们收获的是一种意义习得，村落社区价值观和社区精神也得到优化提升，进一步展示出民俗教育的文化襁褓作用。”[②] 二是具体仪式过程，是为整个村寨以及所有家户祈福的过程。这种“祈福”具有两个层面的意义，第一，村寨层面的集体祈福，祈求村寨民众在农业生产中风调雨顺，不遭受火灾、旱灾等。实质上，这就是一种村寨福利的生产机制，即相互之间借助对方的异质性资源共同应对均质性的生存危机。第二，家户层面的祈福，家户是参与这些仪式活动的主要单位，家户参与之后所获得的“福利”，最终惠及家户中的所有成员。或者说，家户成员是承接这种“福利”的主要载体。由此看来，布依族民众，是“活”在家户之中的。

---

① 黔西南州民族和宗教委员会、黔西南州布依学会编《黔西南布依学研究》（第三集），华夏文化出版社，2010，第 105～106 页。

② 陈斌、张定贵、吕燕平等：《屯堡村社教育》，社会科学文献出版社，2019，第 191 页。

正因如此，若村寨中的家户不参与到民俗节日中，意味着一自动脱离村寨共同体，或者自动断绝与村寨中其他家户的关联；二不能享受仪式活动过程中生产出来的“福利”。从这个角度来看，布依族地方社会中的民俗节日，实质是具体村寨中的一种公共活动，它不仅将单一的家户连接起来，而且通过精神象征和文化意义表征社会秩序。或者说，节律性的仪式活动，是克服家户生产生活脆弱性、建立村寨认同、维持村寨秩序的主要精神载体，具有显著的公共属性。

二 “三月三”源起传说与“福利”生产

“三月三”，布依语称为“gen jin san”，“gen”意为“吃”，“jin”意为“过节”，“san”意为“三”。整体来看，“三月三”是指在特定日子，当地村民聚集在一起吃饭。实质上，并非这么简单。从文献史料或布依族民众口耳相传的诸多源起传说故事中可窥见一斑。

传说故事一：据王、杨、贺、曹等姓氏的传说，很久以前，某年三月初三，寨中青年人上山砍柴。进到山林后，很多猛虎和大蛇向他们扑来，青年们吓得目瞪口呆。猛虎和大蛇们突然开口说：“小伙们，你们到山林中来了，我们要把你们吃掉，有话快说。”青年们一听，立即下跪求情，说道：“山神老爷，求你们不要吃掉我们，我们打到柴后，要拿回家煮饭给老父老母吃。你们把我们吃了，我们的老父老母怎么办？望山神老爷放我们回去，我们叫寨中的群众给你们备办好吃的东西来。”猛虎和大蛇们听到青年们叫自己为山神，非常高兴。再加上“好吃的东西”诱惑，同意让他们下山回家。

青年们返回后，将此事的来龙去脉翔实地告诉寨老们，请他们想法解决问题。寨老们商量之后，决定送牛给猛虎和大蛇们吃。寨中男性全部出动，将牛送到山林中，并杀好煮熟，请“山神老爷”们食用，猛虎和大蛇们果然如约而至。饱餐一顿后，说道：“以后还要给我们送好吃的来。”众人道：“照办就是了。”

此后，寨中民众进山砍柴，再也没有受到猛虎和大蛇们威胁。所以，每年农历三月初三日，寨中人都要杀牛祭山。斗转星移，岁月流逝，农历三月的第一个虎日或蛇日，逐渐成为祭山之日。世代相传，三月三就成了布依族的重要节日。[①]

传说故事二：王姓是乜篾大姓，他们的祖先以前住在今百德镇水厂附近，当时那里没有田土，依靠打猎为生，每天都背着猎枪去山上打猎。有一天，打猎时偶然来到乜篾，发现这里不仅有山有水，而且有田地。更为关键的是，该地只有一户苗族民众居住。于是，他们就跟苗族民众商量，希望能搬来居住，但被拒绝。后来，王姓祖先仗着人多势众，将苗族民众长时间围困在山上，直至将其饿死在山上。从而顺利实现在乜篾居住的愿望，并且将田土占为己有，但总感到愧疚。于是，商量确定，每年农历三月初三日，全寨人出钱买一头猪上山祭供，以求自己心安。并且，也希望村寨每年都能平安丰收。自此之后，逐渐形成节日。（20210504，陈斌访联增村村民 YJL）

当然，除此之外，可能还有多种版本的“三月三”源起的民间传说故事。在布依族地方社会中，不同村寨或不同地区，皆有自己的“三月三”源起传说故事。总体而言，呈现多元化的叙事格局，但都揭示了两方面内容。

首先，皆是历史过程中将祖先“遗训”与日常生活所需密切融合的结果。既传承祖先灵魂，又增添时代因素。“祖先的灵魂是现在的氏族过去的部分。有趣的是，这些灵魂经常以某种方式将它们自己与活着的氏族成员联系在一起，给每个人一种双重灵魂：‘一个在我们内部，或者毋宁说就是我们本身；另一个（以祖先灵魂的形式）则在我们之上，其职责就是控制和帮助前者’履行它对氏族的义务。”[②] 其次，在彰显当地民众与自然生境关系的同时，表征他们的人文生境和心态观念。他们希望通过这种方式，祈求

① 贵州省民族事务委员会、贵州省民族研究所编《贵州“六山六水”民族调查资料选编》（布依族卷），贵州民族出版社，2008，第 83～84 页。按：摘录时，对语言、用词等稍有改动，内容和主旨未变。

② 包尔丹：《宗教的七种理论》，陶飞亚、刘义、钮圣妮译，上海古籍出版社，2005，第 131 页。

“自然”给予村寨庇佑，使村寨全体民众能在接下来的一年中都平安顺利。在传说故事一中，当地民众通过给猛虎和大蛇们送“好吃的”，祈求它们不要伤害寨中家户及其成员。传说故事二同样如此，当地民众通过“杀猪上山祭供”的方式，在表达“愧疚”的同时，祈求被“饿死者”不要“作祟”，希望村寨每年都能平安丰收。

理论映射到现实，每年“三月三”，正值春季农忙时节，且逐渐天干物燥。“一年之计在于春”，对于传统农业社会中的民众来说，这是一年中最关键的季节。因而，布依族民众通过这种方式祭供山神，还赋予其祈求风调雨顺的意蕴。从这个角度来看，关于“三月三”的民间传说，虽有多种版本，但皆彰显了地方民众的共同诉求：祈求福报和风调雨顺。对于村寨中以农业生产为主要生计来源的家户而言，“福报”和“风调雨顺”，就是一种典型的“福利”。“三月三”的祭山过程，实质就是“福利”生产的过程。

三　“三月三”践行过程与秩序维持

（一）神圣仪式与礼制秩序

祭山神是联增村“三月三”的一项重要内容。这一仪式，主要由村寨中的“仪式专家”——老摩主持完成。首先将煮熟的猪肉等食品摆放在山神面前，然后老摩念咒语，持续半个小时左右。咒语念毕，就开始“封路”。先将用茅草编成的绳子拦在山神所在地的路口，然后将老摩手写的“路上断火烟”符箓贴在绳子上。

> 以前我们这里容易发生火灾，村民就拿这个方式来祭奠山神，让我们这里不要起火，这样就不轻易发生火灾了。（20210502，陈斌访联增村村民 LYH）

“封路”虽是一种象征性仪式，但联增村村民在两个层面赋予其实质性意义。一意味着“不许外面的人进来”；[①] 二与他们所居房屋材质及季节气

① 2021 年 5 月 2 日，陈斌访联增村村民 LYH。

候有关。当地布依族民众以往居住在茅草棚中，三月三，正值天干物燥时，容易遭火灾。村民认为，如此可将“火烟”拦截在村寨之外，村民的房屋在未来一年中就可不遭受火灾。实质上，这种仪式还有昭告村民或外来者不要在山上生火之意。

这种情况一般延续三天。据村民说，如有违反者，或者不参与“三月三”的家户，可能会遭受火灾。课题组在联增村田野调查时，村民专门讲述了一个案例来补充说明，曾经有农户未出钱参加“三月三”，后来他家在那一年中遭受火灾。如遇这种情况，需要请老摩到家中举行“打焚火”仪式，将“火神”送出去。仪式过程中，需杀一只狗祭山神，求山神保护其家庭不遭受火灾。并且，需要将整个村寨的村民都请来帮忙，然后共享食物。当然，这是没有科学依据的。

> 有就叫先生来给他“打焚火”，就搞一只狗来，将用茅草编成的绳子挂在门上，先生在屋里边敲锣打鼓边念咒语，这样就将火神送出去了。(20210502，陈斌访联增村村民 LYH)

在祭山神仪式中，村寨内所有家户只需一个人参加即可。一般是成年男性，女性不能去。“以前供饭时，女性都隔得远远的。”① 田野调查中了解到，2000 年前后，地方社会允许女性去祭祀现场，但正有身孕的女性除外。

> 改革开放以后，由于外出的村民增多，大家就不再在乎那么多了。逐渐形成一种允许女性去到祭祀现场的惯例。但当时正怀孕的，一律不准去。(20210502，陈斌访联增村村民 LYH)

祭山神仪式结束后，参加仪式的村民分食祭品。一般 8 个人一桌，可自由组合。食用完毕，将剩下的肉均分给所有参加的家户。即便是那些外出打工者，只要出钱了，就有分肉的资格。他所分得的肉，可以由别人替他带回

① 2021 年 5 月 2 日，陈斌访联增村村民 LYH。

去。对于那些不允许到祭祀现场的怀孕女性，她家所分得的肉，也由别人帮忙带回去。每家每户所分得的肉，可以在途中食用，但必须留一部分，到家后用于祭供自家的祖先。“有的是小孩边走边吃，但是不能吃完，多少你都要留一点拿回来供老祖公。”[①] 分肉过程中，已经形成一套完整的程序和规则体系，一般是肥肉和瘦肉搭配。

> 经历过无数次分肉后，村民都有经验了：肥搭瘦。并且必须肥和瘦搭配在一起。[②]
>
> 我们在祭祀的地方分肉。一头猪全部煮在锅里。分肉是非常公平的，把所有的肥肉、瘦肉都称好，除以户数，这样就得出每家每户该分的肉量。包括汤都要分。（20150427，曹端波访联增村村民 WB）

秉持如此分配原则，每家每户所得的肉肥瘦比例相当，村民之间也就不会相互“扯皮”。

经由布依族“仪式专家”——老摩完成的祭山神仪式，由于“山神”的不确定性、多样性，以及“仪式专家”的神圣性，从而使得这一仪式也具有神圣性。从表面看，这一仪式由诸多步骤组成，每个环节中均有不同意蕴。但这些意蕴均是以村寨共同体的形式实现和表征，它对家户及其成员的日常言行举止有显著约束功能，“共同体通过其成员直接惩罚‘反社会’行为的人，克服“搭便车”问题”。[③] 总之，神圣性的祭山神仪式，不仅通过仪式的规训作用，维护村寨共同体的礼制秩序，而且是在结合形势变迁不断塑造和建构可维持礼制秩序的文化机制。

（二）世俗交往的秩序维持

田野调查中了解到，凡是不参加“三月三”的家户，可能面临被同村寨中其他家户孤立的局面。

---

① 2015 年 4 月 27 日，曹端波访联增村村民 WB。

② 2021 年 5 月 3 日，张建访联增村村民 LJ。

③ 赫伯特 · 金迪斯等：《人类的趋社会性及其研究：一个超越经济学的经济分析》，浙江大学跨学科社会科学研究中心译，上海人民出版社，2006，第 75 页。

> 凡是不出钱参加“三月三”的家户，我们就叫他家为烂布鬼①。他家有任何大事小情的，我们都不会去帮忙，也不会和你啰唆。如果他不参加，以后回来就不行了，没有谁理他了，没人跟他一堆了。只要有一年不参加，以后就都不能参加了。布依族的这种风俗嘛，大家控制不准他参与。（20210502，陈斌访联增村村民 LYH）

对于生活在传统乡村社会中的民众来说，这是非常致命的。意味着自家被排斥在村寨互帮互助的圈子外。兴仁县布依族有谚曰：“一块青瓦难盖房，一根甘蔗难熬糖。”② 正因如此，一些外出打工常年不在家的村民，在以前的时候，还可能亲自回来参加“三月三”。后来由于打工地距离家乡太远，往返一趟的经济成本太高，所以就不回来了。

> 现在虽然交通方便了，但是从经济的角度考虑，我们来回一趟，可能需要花一两千元路费。对于我们这种经济条件不是很好的人来说，这是一笔不小的开支。（20170203，陈斌访联增村村民 WZB）

因而，他们就委托他人代交钱，在形式上参与“三月三”。因为只有这样，以后自己家中有任何大事小情时，村寨中的民众才可能帮忙。

田野调查中了解到，即便是已经被视为“烂布鬼”的 XWM 家，仍然每年都积极地参加“三月三”，意味着他家的确是想努力地融入村庄社会。正因如此，他家在村寨的社会地位以及与其他家户的关系均有一定程度的改变。

> 以前我们不仅在结亲方面不和他家啰唆，而且洗脸、睡觉、吃饭都不跟他一起。最近这些年来，我们可以和他在一起吃饭，也会有红白喜事方面的人情往来，但仍然不会和他家开亲。（20210502，陈斌访联增村村民 LYH）

---

① “烂布鬼”是联增村所处布依族地方社会中的一种文化禁忌，在本章第三节中会有详细论述。

② 贵州省兴仁县编史修志委员会编《兴仁县志》，贵州人民出版社，1991，第 571 页。

"三月三"是联增村及其周边村庄布依族民众相互走动、进行社会交往的重要时机。如果将这一因素考虑进来，因不参与"三月三"而"被孤立"的家户，不仅其自身承受的后果更加严重，而且对村寨共同体或地方社会的秩序，可能会在更广层面上产生更大负面影响。

首先，外嫁女须在"三月三"回娘家，父母指导其从事农业生产。

> "三月三"正是农忙时节，我们布依族外嫁的女孩子，在这一天都要回娘家来，目的是和父母交流农业生产的经验，如怎么耕种、怎么选种等方面的问题。"六月六"就是女儿来向父母汇报农业生产情况的日子，如自己今年种了多少农作物，或者提出自己这样安排是否正确等问题。(20210503，张建访联增村村民 LJ)

如此看来，"三月三"是父母向刚成家立业的年轻女儿传授农业生产经验的节日，帮助她们更好地获取更多生计资源。并且，地方社会中规定，外嫁女儿回娘家时，一般要带酒。

其次，亲戚朋友间相互走动。过"三月三"，同属布依族的四面八方的亲戚都要相互走动。此时，主人要准备充足的粑粑，当亲戚到来之后，就送给他们粑粑。甚至主人家的叔伯兄弟，也会送粑粑给客人，彰显布依族民众的热情好客。

> 粑粑用布依语称为"hao zei"，一般用糯米、高粱制成。条件好的家庭，就用糯米，否则就用高粱打粑粑。(20150427，曹端波访联增村村民 WB)

在亲戚朋友相互走动的过程中，对唱山歌是一项重要的内容。客人到达时，主人村寨的人要唱山歌欢迎他们。

> 对山歌的时候，到门口就开始唱。一般都是本寨子的人找客人唱，而不能客人找本寨子的人唱。客人必须是被动的。如果来的客人是男

> 性，一般是本寨的女性找他对唱山歌。如果客人是女性，一般是本寨的男性找她对唱山歌。（20150427，曹端波访联增村村民 WB）

近年来，随着外出打工村民数量的增加，越来越多的村民无法亲自参加每年的“三月三”。但他们在打工地，与同村或邻近村寨的打工者，会聚集在一起，共同过“三月三”。

> 虽然我们不一定每年的“三月三”都回家去。但在打工地，不管厂里忙不忙，这一天，我们几个老乡之间都要相互走动，你来我这里玩，我去你那里玩。家里吃什么东西，我们在这里也弄那些东西吃。尽量过得跟家里是一样的。（20170203，陈斌访联增村村民 WZB）

最后，年轻人之间的相互走动，是为见心爱的女友，或为寻找“玩表”对象。不同村寨亲戚朋友之间的相互走动，除能加深相互之间的感情和社会关联外，还有一个非常重要的衍生产品，即有助于青年男女之间的认识和相互交流。这为青年男女在双方父母辈的感情基础上拓展出更深层次、更加紧密的关系提供了社会空间。质言之，“三月三”，能为不同村寨中的青年男女构建婚姻关系奠定空间基础，因为，在亲戚朋友之间的对唱山歌，一般在异性之间发生。当客人到来之后，第一天晚上就会对唱山歌，在这个过程中，未婚的青年男女，可能就会产生感情基础，甚至双方从未见过面，也照样可能产生感情。

> 以前不流行打工，每次对唱山歌时，都会有很多人围着观看。当他们对唱山歌后，男方就会从女方的表情，以及对唱山歌的投入程度，判断她对自己的感觉。如果自己也很喜欢她，那么第二天就可以单独约她出来“玩表”。假如我跟某村寨中的一个女孩有了一定的感情基础，每到“三月三”，我都想借着走亲戚的名义，去她的村寨中相会。然后我自己村寨中过“三月三”时，她也会来我这里。通过这样来交流感情。（20150425，曹端波访联增村村民 LYH）

总之，在世俗层面，对于那些不参加“三月三”的家户来说，是“自绝于”村寨共同体或地方社会的社会交往空间，表征为从互帮互助的村寨共同体中脱离出来，也在一定程度上压缩社会交往圈，或者挤压家户中子女缔结婚姻的机会和社会空间。

以“三月三”为典型代表的布依族民俗节日，是布依族地方社会在实现自身建构时对社会构成要素选择和认定的结果。这类节日在与地方社会、村寨中家户及其成员的关系方面，昭示出一般性的意义：在神圣/世俗、实践/理念、观念/物质的多维度上，通过“参加”与“不参加”的极限边界，将村寨共同体内的互帮互助、家户间相互依赖以及超越村寨交往的社会本质进行仪式性表达。不仅赋予了民俗节日“福利”生产的功能，而且在熟人社会的前提下，使其具备了对“不参加”者惩戒的功能。

民俗节日可维持村寨共同体的社会秩序，并在与社会形势同步变迁的节奏中，不断塑造和建构有助于社会秩序延续运行的文化机制。即使在城市化、工业化的影响下，人们远离家乡，不能每年回家来参加“三月三”，仍会通过各种方式在形式上“参加”。这不仅是联增村家户及其成员对民俗节日所蕴含的“对秩序的追求”和对维持功能的坚守，更是在城－乡间对能促发这些功能的文化机制的坚守。

第三节　文化禁忌、社会区隔与关系固守

在布依族社会中，民众的社会生活和文化实践过程，跟诸多禁忌事项紧密相关。不同类型、不同区域中的禁忌，其叙说方式和表现形式虽有显著差异，但皆是布依族文化在民众日常生活中的生动彰显。无论哪种类型的禁忌，都具有将人与自然、人与神以及人与人区隔开来的功能。此种区隔之于地方社会的价值和意义，我们需要将其置于具体文化语境中考察和分析。以便更好地理解禁忌在源起、发展、传播和延续过程中，如何借助社会性区隔的方式，对社会秩序产生影响。

一 禁忌与社会区隔

《现代汉语词典》将禁忌区分为两类：一是犯忌讳的话与行动；二是医药方面应注意的事项。在《牛津高阶英汉双解词典》（第四版增补本）中，将其解释为：某些文化中，因宗教或其他原因，禁止或不允许做、接触或应用的事物。[①] 实质上，早在汉朝时，古人就对禁忌做出了自己的解释和理解。西汉时期，戴圣在《礼记·典礼》中曰：“入竟（境）而问禁，入国而问俗，入门而问讳。”东汉班固在《汉书》中曰：“阴阳家者……敬顺昊天历象日月星辰，敬授民时，此其所长也。及拘者为之，则牵于禁忌，泥于小数，舍人事而任鬼神。”

从上述古今中外关于禁忌的诸多定义和解释中发现，禁忌是“禁止”和“忌讳”的合称。从字面意义看，这两个词是同义词，即不允许人去做某些事或不与某些人、东西接近。具体而言，“指禁止同‘神圣’的东西或‘不洁’的人们、事物等接近”。[②] 对于这一观点，可将其转述为三方面内容：一是将东西区分为神圣和世俗两类；二是将人或事物划分为“洁净”与“不洁”两种；三是在前两个基础上，“明确地将人的行为划分为应当做的和不应当做的两类”。[③] 由此看来，区分或划分的过程，实质就是将“神圣”/“世俗”、“洁净”/“不洁”、“应当做”/“不应当做”区隔开来的过程。总之，文化禁忌的源起、传播、传承和延续过程，实质就是一种社会性区隔的过程。

二 联增村的禁忌

根据相关文献史料记载，贵州境内的布依族社会，的确有非常多的禁忌，覆盖其日常生活的方方面面。不同区域或不同村寨中的禁忌，存在显著差异。鉴于内容繁多且庞杂，已有的研究多在类型学层面，试图对本区域布

---

① 霍恩比：《牛津高阶英汉双解词典》（第四版），商务印书馆，1997，第 1585 页。

② 秋浦：《论禁忌》，《思想战线》1987 年第 1 期。

③ 张晓辉：《论傣族原始禁忌的起源及社会功能》，《云南民族学院学报》（哲学社会科学版）1994 年第 1 期。

依族禁忌进行整体意义上的描述性呈现。将布依族核心区册亨县的禁忌，区分为日常生活禁忌、婚姻生育禁忌、丧葬禁忌和节日禁忌四类。[①] 贵阳市作为布依族的重要聚居区，具体包含年节、婚娶、丧葬、非正常死亡、饮食、服饰、社交、生产、村寨九方面禁忌。[②] 田野调查中了解到，联增村村民的日常生活中，同样有许多种禁忌。

（一）与自然神灵有关的禁忌

受地形地貌和气候条件影响，联增村内生长有数量众多的榕树，有些甚至树龄达 1000 年之久。因而，该村村民将榕树视为布依族的象征，将其称为“神树”，并赋予性别。“榕树是布依族的象征，如果你到某一个村寨去，看到有榕树，那么这个村寨居住的一定是布依族。对于布依族来说，古榕树一般被称为神树。”[③] 对门寨中有两棵古榕树。“那两棵大树分为公母。挂红布的是母树，在凉亭里的是公树。每一年母树发芽早一点。每年春耕时，只要下雨，母树就开始发芽。待母树发的芽结果时，公树才开始发芽。”[④]

据联增村 LYH 讲述，自己村寨的山神就是榕树。祖先流传下多项与榕树相关的禁忌。如每年除夕夜至大年初三，村寨中不仅需要派头人[⑤]到榕树下供饭，而且大年初三需请老摩到榕树下举行开路仪式。只有这样，村民才可以离开村寨走亲访友，或离开家到田土中干农活。[⑥]

“三月三”在榕树下举行祭山神仪式时，禁止女性在场。祭山神期间，要扫寨，此时村外的人不能进寨。若有外人闯入，须购买一头猪来祭祀。村民认为外人此时闯入，会惊动神灵，原来的祭祀仪式已不灵验。当然，随着时代变迁，此种禁忌已发生明显变化。2021 年 5 月，课题组在联增村田野调查时，村民说当前外来人员也可以参与到祭山神仪式中。

---

① 政协册亨县委员会编《册亨风物志》，贵州民族出版社，2016，第 238～240 页。

② 贵阳市布依学会编，罗大林主编《中国·贵阳布依族文化》，贵州民族出版社，2017，第 12 页。

③ 2021 年 5 月 1 日，宗世法、孙兆霞等访联增村村民 WTX、WB。

④ 2015 年 4 月 27 日，曹端波访联增村村民 WB。

⑤ 头人一般为村寨中威望较高的老人。

⑥ 2021 年 5 月 2 日，陈斌访联增村村民 LYH。

像你们这样从外面来的人，如果正赶上“三月三”，那么你们就可以参加，也不需要出钱，祭山结束后和我们一起吃饭，吃完就走。(20210502，陈斌访联增村村民 LYH)

（二）与祖先崇拜有关的禁忌

该村乜篾寨的王姓村民，忌吃牛、羊。“明朝调北征南时期，我们王姓祖先三兄弟在从江西外迁之前，杀一头牛来吃。为便于以后相认，于是将牛角砍成三截，每人拿一截。这三截只要能结合成一只完整的牛角，就说明大家是亲兄弟。否则，就不是亲兄弟。十二生肖中，只有牛和羊有角，所以说要忌吃牛羊。”①

凡是同一个祖宗的后人，无论多么喜欢，都不能开亲结成夫妻。但因入赘而未达“三代还宗”标准的，若遇到这种情况，则可提前“还宗”。据村民 WB 讲述，他大姐和大姐夫就因为这样才结成夫妻的，并导致民谚“豌豆开花，王家跟王家”在乜篾寨至今还很流行。

WCC，原姓 Y，跟随姑妈到乜篾寨生活，并改姓 W。生有三男三女，六个孩子，皆姓 W。其中一个女儿成年后，喜欢寨子中一个与之同姓叫 WZG 的男子，非他不嫁。按照我们这里传统的开亲原则，同姓不能结婚。但因为她父亲原姓 Y，为了成全他们，通过和族人商量后，决定在第二代就“还宗”，提前由 W 姓改回 Y 姓。这样就规避了“同宗不婚”的禁忌。WCC 因此改名为 YJC，长子 WTL 也改名为 YXF。后来，我大姐嫁给了 YXF。②（20150427，曹端波访联增村村民 WB）

（三）与生产生活有关的禁忌

据村民说，村民建新房时，路要走房屋的两侧，不能直接对着房屋正

① 2017 年 2 月 4 日，陈斌访联增村村民 WZF。

② 2015 年 4 月 27 日，曹端波访联增村村民 WB。

门；如果要从房前走，路要拐弯；屋后不能有很显眼的洞，“洞”意味着钱财要流出；此外，修建一座大的房屋，旁边不能修建小的房屋，否则就是两人“抬丧”，不吉利；房前不能有烂树枝或旧房子；如果前面有树，树枝必须茂盛。

据村民说，未出嫁的姑娘不能在娘家生孩子。若违反，姑娘本人、小孩以及她的家人，都会被地方社会视为“烂布鬼”①。即使难产，这一家人也都会变成“烂布鬼”。②

以上简要概述了课题组在联增村了解到的各种禁忌，虽挂一漏万，但仍揭示了三方面内容：一是存在于联增村内的各种禁忌，不仅是该村村寨文化的组成部分，更是布依族文化的组成部分；二是禁忌并非一成不变，也不是随意“编造”出来的，既有对历史禁忌传承的成分，也有因时因势及时做出调整而形成的因子，更有随社会分工和人际交往发展调整变动形成的元素；三是禁忌的源起、传播和发展，实质是联增村村民在对自然生境和人文生境有充分认知基础上，对日常生活经验进行总结概括的结果。假以时日，将成为村庄内部的社会规范，并借助“深不可测的超自然力量”来生产其神圣性和权威性，使之成为一种公共品。指导村内所有家户及其成员的生产生活、言行举止，并且这种“指导”是以“禁止”的形式表现出来。总之，联增村村民在彰显禁忌区隔功能的同时，不仅维持传统的社会秩序，而且适时建立新的社会秩序。

三　“烂布鬼”概述

烂布鬼（gao yin），又称烂木鬼、烂母鬼、烂不归，意为像烂布一样的鬼，人一旦与之靠近或接触，它身上的布就会烂掉，沾染到对方身上，并且再也无法将其清除。在联增村的社会语境中，凡是非婚生子的人，和与之同属于由血缘、姻缘构成的亲属关系网络的所有人，皆会被认为是“烂布鬼”。从这个角度来看，“烂布鬼”是联增村“文化整体和特性的具体文化

① “烂布鬼”是布依族地方社会中一种典型的禁忌，本节第三个问题将专门论述。

② 2015 年 4 月 24 日，曹端波访联增村村民 LCH。

现象”的典型代表，具有“统领式”[①] 功能。这是笔者在多种禁忌中将“烂布鬼”作为重点论述对象的主要原因。

贵州境内其他地区的布依族也有诸多类似民间传说。

> 在布依族中，将那些乱搞两性关系而生孩子的男女称作“毒奢”，即认为他们是一种邪恶，身上有“私儿鬼”。而“私儿鬼”发生在某寨、某家，人们就认为此寨、此家将因它而衰败。乱搞不正当关系的人将被当作“私儿鬼”而遭到惩罚。[②]

上述案例揭示了三方面内容：一是非婚生子导致“烂布鬼”，或者说，孩子不在婚姻中出生，才产生“烂布鬼”；二是孩子身上附着一种“不洁”或污秽的东西，会给同村寨内的其他家户带来“灾难”；三是村寨内其他家户基于安全考虑，“耻于与之为伍”。整体看来，非婚生子是“烂布鬼”的基本源头。

非婚生子，超越了布依族传统婚姻文化“背带亲”的基本内涵。不仅无法给新生儿确立明晰的亲子关系，而且难以将其纳入清晰、被认可且先于其存在的社会结构中。正如费孝通所言：“婚姻关系是一种复杂的社会联系，这种关系的复杂性在于，它并不是男女私情上的二人结合，而是男女双方及其亲属团体构建联盟并确认抚育制度的一种关系。”[③] 家户是构建联盟的基本社会单位，婚姻是载体。在布依族社会中，联盟中的任何一人，只要违反相应规范，不仅当事人会被视为“烂布鬼”，其所属家户或与之有婚姻关系的所有家户的成员，也会被视为“烂布鬼”。因而，布依族社会基于维护传

---

① 刘铁梁：《“标志性文化统领式”民俗志的理论与实践》，《北京师范大学学报》（社会科学版）2005 年第 6 期。

② 马启忠：《布依族的婚俗调查》，《中央民族大学学报》（哲学社会科学版）1983 年第 1 期。同类型的研究还见杨昌儒：《论布依族“浪哨”文化的演进》，《贵州民族学院学报》（哲学社会科学版）1997 年第 A1 期；曹端波、杨元丽、刘倩倩：《布依族的亲属制度与社会组织》，中国社会科学出版社，2019，第 71 页。

③ 转引自张亚辉、赵希言《功能与法权：论费孝通的亲属制度研究》，《西北民族研究》2020 年第 4 期。

统婚姻文化与亲属关系网络的需要，针对青年男女在婚姻阶段的违规行为，以社会集体意识建构出“烂布鬼”，并赋予其鬼神化形象。

四 “烂布鬼”与社会区隔

布依族民众赋予“烂布鬼”鬼神形象，并认为他们会给当地民众带来灾难。原因在于布依族认为他们身上附着一种“不洁”或污秽的东西，“污秽即危险”。[①] 联增村村民在日常生活中，结合自身经历或口耳相传的方式，将危险进行具象化表述。

> 我很小的时候，有两个三四岁的孩子在玩泥巴，有一个人从他们旁边经过，然后这两个孩子就口吐白沫、脸色苍白。他们说是“着”“烂布鬼”了。有经验的妇女就用尿来淋，并用桃树枝条打，之后就活过来了。这是我亲眼看见的。
>
> 我三哥也经历过一次，有一次他生病，突然大喊一声就昏倒了。从现代医学的角度来看，是发高烧。当时的处理方式是用尿来淋、用桃树枝条打，然后才活过来。后来，我三哥说当时有东西把他控制住了，看到很长的手指甲，从树上把他拖下来。十年前，村里的牛马都遭遇过这样的事情，比如走着走着就倒下了，眼珠翻白。村民都说这是“烂布鬼”害的。（20150427，张建访联增村村民 LCH）

田野调查中，联增村民在讲述这些案例时，都会说：“你说不信，但是的确发生了；要是相信的话，又没有什么科学依据。”[②]并且，在回答为什么会有这个东西时？都表示：“我说不清楚，开天辟地时就有的。”[③] 此类说法，充分表征出“烂布鬼”虽存在于布依族民众的日常生活中，但他们对其源起缺乏一个合适的系统解释。即便如此，他们在日常生活中将其降维为

① 玛丽·道格拉斯：《洁净与危险》，黄剑波、卢忱、柳博赟译，民族出版社，2008。
② 2015 年 4 月 24 日，曹端波访联增村村民 LCH。
③ 2015 年 4 月 24 日，曹端波访联增村村民 LYP。

一些“灵异”事件，以强化“烂布鬼”的鬼神形象。并将老摩、桃符、尿等具有辟邪功能的神圣性元素引入，使之成为彰显“烂布鬼”危险属性的重要路径。由此看来，“烂布鬼”的鬼神形象，既来源于当地民众的日常生活，但又具有超越性和高度不确定性。最终可能产生危险性，如“使人口吐白沫、脸色苍白”“突然昏倒”等。按照玛丽·道格拉斯在《洁净与危险》中的思想，“烂布鬼”的鬼神形象，实质就是一种“不干净”或“肮脏”，具有高度危险性。地方社会之所以乐此不疲地通过带有神秘色彩的方式反复叙说其鬼神形象，实质就是为了将神圣（背带亲/婚生子/洁净）与世俗（乱搞两性关系/非婚生子/不洁）区隔开来。

五 在区隔中维持秩序

在田野调查中了解到，联增村已建立一整套将“烂布鬼”人群区隔开来的社会性途径。

不与之通婚、断绝血亲关系，是联增村及其地方社会对“烂布鬼”人群进行社会性区隔的两种主要途径。无论哪一种途径，其理论旨归皆指向亲属关系。也就是说，在社会层面，人为斩断“烂布鬼”与非“烂布鬼”的姻亲和血亲网络。实质上，这是在“分离主体中的相同实体”。但因为“亲人是属于彼此的人，都是相互的一部分，存在于相互之中，他们的生命是合在一起的，是交互依赖的”。[①] 所以，“烂布鬼”在“被”区隔后，不得不在内部重新构建一套新的姻亲和血亲网络。从这个角度来看，联增村及其地方社会，实质存在两套亲属关系网络。重建亲属关系网络，其目的是维持地方社会中固有的继嗣理论和联姻理论支撑下的婚姻秩序。

案例1：崩当的LMJ本来不是“烂布鬼”，与LYQ结婚后，随之变成“烂布鬼”。他们是自己“赶表”认识的，当时LMJ不了解LYQ家的情况，结婚后才知道她家祖祖辈辈都是“烂布鬼”。当时他想过离

① 司马少林（马歇尔·萨林斯）：《亲属关系是什么，不是什么》，陈波译，商务印书馆，2018，第19页。

婚，但无奈 LYQ 家人多势大，压着他不允许离婚。

LMJ 虽是三兄弟，但是当 LYQ 家压着他不允许离婚时，他的另外两个兄弟 LMH 和 LML 压根不会来帮他。因为，一旦他们帮助 LMJ，意味着自己及其家人都变成“烂布鬼”了。不仅如此，他们为避免自己家变成“烂布鬼”，甚至还与 LMJ 家断绝关系。兄弟三人虽然住得很近，但不管大事小事，都不往来。所以，LMH 和 LML 两家是干净的，各自娶的媳妇也都不是“烂布鬼”。

清明节给老祖先挂青时，兄弟三人也不会同时去挂。“你今天挂青，那我就明天再去。兄弟不一路挂青。”他的两个亲姐姐出嫁后，也不会走他家来，只走干净的这两家，甚至连姐姐家的小孩也都不去他家吃饭。如果他们与 LMJ 家走动，也都会变成“烂布鬼”。

LMJ“惹”到 LYQ 后，也就意味着“惹”到了下一代。他们结婚后生育两个儿子、两个女儿。儿女们长大成年后，也都只能与“烂布鬼”家开亲。大儿媳妇是我们本寨子的，姓 Z，是“烂布鬼”。他们生育的两个小孩，一出生就是“烂布鬼”。二儿媳妇是大山木果的，姓 W，也是“烂布鬼”。LMJ 家的两个女儿，长得很漂亮，但是在我们当地没有对象，大家都不敢娶“烂布鬼”家的女儿。所以，她们只能嫁到关岭，因为那边的“烂布鬼”人家比较多。（20150425，曹端波访联增村村民 LYH）

案例 2：大树脚的“烂布鬼”很多，WDW 家是其中之一，因为他家祖祖辈辈都是“烂布鬼”。他父亲叫 WJA，他妈妈是贞丰县牛场的，原来姓 W，后来改姓 Z，那边“烂布鬼”比较多。他们结婚后，共生育 WDW 和 WDQ 兄弟俩，都是“烂布鬼”。WDW 结婚成家后，共生育六个儿子，一个女儿，也都是“烂布鬼”。

WDW 家最大的是女儿，叫 WM，嫁在大山乡，男方在教书。大儿子叫 WWX，老婆是关岭的，姓 Z，比他大十多岁，是“烂布鬼”。二儿子叫 WWC，老婆也是关岭的，姓 Y，两人是“赶表”认识的。Y 家是“烂布鬼”。三儿子叫 WWZ，老婆是我们本寨的，姓 Y，是 YDG 家的大

> 姑娘，Y家也是“烂布鬼”。四儿子叫WWZ，老婆是关岭的，姓Y。五儿子叫WWB，老婆是百德镇新元的，姓W，他们是赶场时自己认识的，老婆家里也是那种人家。六儿子叫WWH，他结过两次婚，两个老婆都是“烂布鬼”。第一个老婆是田湾乡水牛寨的，姓C。他们是自己认识的，生育三个孩子，后来因病去世。第二个老婆姓L，是米粮村的，这个村都是布依族，只有L家是“烂布鬼”。所以他们一般都是和晴隆那边开亲，在我们这边很少有亲戚。（20150425，曹端波访联增村村民LYH）

联姻与继嗣，皆须以家户为载体。这两者融合之后形成的婚姻秩序，却在家户之外。并且，是以村庄或地方社会中的社会性文化为基本原则。否则，就是一种乱伦禁忌。“烂布鬼”即如此。有研究者指出，“乱伦禁忌的产生是为了维护社会稳定，同时加强社会团结。对于费孝通而言，乱伦禁忌不再是一个法的问题，而变成了一整套的社会控制中的一个，它可以约束危险的性，避免社会因此破碎”。①

在城乡融合发展的时代背景下，乱伦禁忌已经超出“危险的性”的范畴，不仅被泛化到日常生活的诸多方面，而且已成为禁忌文化的重要组成部分。但无论如何泛化或发展，其社会功能始终被固定在通过建构和区分亲属关系的层面上表征社会秩序。或者说，“烂布鬼”既是婚姻秩序的边界，又是维系亲属关系的关键所在。它既彰显亲属关系的分类系统，又能表征社会秩序。正如玛丽·道格拉斯在《洁净与危险》中所言：“它挺起了那摇摆不定的确定性。它能减少知识上和社会上的混乱。”②

在对联增村的内外结构、民俗节日、禁忌文化进行系统的讨论后，不仅将该村民众在历史发展过程中对地方社会的态度彰显出来，而且为将家户置于区域社会的框架下进行分析提供了社会文化基础。

第一，“家户－区域”连续统是联增村主要的内外结构。这种结构的形

① 张亚辉、赵希言：《功能与法权：论费孝通的亲属制度研究》，《西北民族研究》2020年第4期。

② 玛丽·道格拉斯：《洁净与危险》，黄剑波、卢忱、柳博赟译，民族出版社，2008，第2页。

成，与村庄的形成或源起有关。在村庄形成之前，此地为自然地理空间，后来逐渐有人进入时，家户、村寨、姓氏、村庄之间的边界开始出现，随着人口越来越多而逐渐清晰。此时，资源分配的问题凸显。在家户社会生活和文化实践过程中，在血缘关系外，逐渐形成的拟制血缘、姻缘等社会性关系，不仅在一定程度上消弭了因争夺生计资源而引起的冲突，而且造就了该村“多姓混融”的居住格局。

纵向上，发达的拟制血缘、姻缘关系，淡化了家族的血缘关系和祖先记忆，挤压了家族的历史空间，更在心理上降低了宗族认同。从而导致他们需要建立更大、更广泛的横向社会关联。使得联增村成为纯粹自然地理空间、社会交往空间和经济活动空间重叠的结果。并且，这种重叠决定了区域内社会秩序与经济秩序的统一。

第二，综合性的社会统合机制，是“家户－区域”连续统的主要支撑。总体来看，综合性的社会统合机制主要包含三对关系：村内/村外、神圣/世俗、历史时间/经验空间。

历史上遗留下来的凉亭，是村庄内同一村寨中家户间关联的物质载体。在世俗和神圣层面，皆能将村内布依族村寨中所有家户统合起来。盆地婚姻具有超越姓氏、超越村寨的属性，可将不同姓氏、不同村寨、不同民族的家户勾连起来。以“三月三”为主要内涵的民俗文化、以“烂布鬼”为核心内容的文化禁忌，在神圣层面巩固和强化了这些社会统合机制。不仅将整个村庄构建成一个共同体，而且将分布在不同村寨中家户的成员塑造成具有规范性的人。尤其是“烂布鬼”，促使家户成员必须遵循规范，不能越轨。

超出村庄的通婚圈和市场圈，是在更大层面上使村内家户融入社会与外界进行沟通的文化设置。在拓展村民经济生活空间和渠道的同时，还在文化层面彰显了拉近村民与“他者”关系方面的正面功能和积极意义。

在这三对关系之外，村庄内血缘关系、祖先记忆、分家机制和家户结构，从根本上形塑了家户及其成员的言行举止和生活规范。尤其是祖先记忆短暂而断裂的特征，使得村内所有家户、村寨、村庄以及区域社会，虽然边界明显，但是在实践过程中具有共时性特征。

第三，“家户－区域”连续统具有历史传递性。20 世纪 90 年代初期，僻居于西南边疆喀斯特地貌中的一部分联增村村民，在现代化、工业化的裹挟下，涌入“打工潮”。对于他们本人或家户而言，生计来源、生活环境、生活空间和社会交往空间有了质的改变。但是他们并未完全中断与村庄的联系，总是想方设法地参加或践行村庄的社会生活。不仅将城市理念和物质资源输入村庄，而且将村庄中的社会规范延伸到打工地。在这种社会背景下，村庄中的部分“留乡人”和“返乡人”，将“家户-区域”连续统中的部分中心集市作为拓展非农就业、获取非农生计的重要场域。随着外出打工人员数量的增多，村庄内家户与外界的社会关联机会也不断增多，“家户-区域”连续统外的通婚例数明显增多。即便如此，整体的社会结构，以及支撑这种结构的社会文化机制仍未发生本质变化。

总之，联增村的“家户-区域”连续统勾连的社会文化机制，不仅彰显了该村所有家户相互关联成为整体的基础，而且是其拓展社会交往和经济活动空间的重要载体。不仅具有传承历史的功效，而且具有与时俱进的能力。历史上如此，当前如此，未来也应该在遵循社会文化基础的前提下，适时适势地丰富其内涵。

第三章　城乡关系下的打工与家户发展

20 世纪 90 年代初，在全国“民工潮”的背景下，联增村开始出现自发的外出打工，虽然其发生带有一定的偶然性从中国社会发展变迁的角度看，却是历史的必然，所表现的是中国社会尤其是城市发展的浪潮波及了联增这样的边缘/边远的村庄。经过若干轮的自发带动，以及脱贫攻坚期间政府把劳务输出作为联增村脱贫的最主要途径，联增村的部分劳动力将到沿海发达城市打工作为主要的生计方式。打工对劳动力个人、家庭以及整个村庄都产生了深远的影响。至此，联增村的发展发生了重大的变化。通过一批又一批外出务工者，城乡关系以一种直观的方式在联增村体现出来。同时，通过打工，一批又一批的联增村村民进入城市，受到城市化、工业化的熏陶，成为最早集中受到现代性因素快速影响的群体，并随着他们在城乡间的流动，越来越多的现代性因素被带入村庄。在此过程中，现代性因素不断渗透进这个民族村寨，并导致其生产生活方式发生剧烈变迁。因此可以说，打工是联增村村民受城市活动现代性因素影响最直接的渠道。

第一节　进城：打工的历程

联增村的村民外出打工始于 20 世纪 90 年代，其历程与国家政策的变化密切相关。在外部经济不断发展，与当地的差距越来越大的背景下，尤其是到了脱贫攻坚时期，联增村由于本身没有可以大力培育的产业，于是把外出打工作为贫困户脱贫的主要途径，地方政府投入了许多精力鼓励村庄中的劳动力外出打工，因此也推动了打工进入一个新的阶段。

一 “带”、“滚”和“闯”：打工的阶段性特征

农民工的外出需要一定的社会关系网络支持，表现为一个相互“带”的过程。李培林在对济南市农民工的调查研究中提出，血缘、地缘等关系网络仍是农民进入城市获得职业信息和找到工作的主要渠道，流动的农民对血缘、地缘关系的依赖并非仅是习惯所致，而是在一定结构安排下的理性选择。[①] 陆益龙指出，在既没有体制安排也没有体制制约的情况下，农民的非农化转移和发展在较大程度上取决于农民自身“闯”的精神。虽然在市场中农民既无人力资本优势，亦无资产资本优势，但在体制外闯荡，有着低成本和灵活机动的优势。[②]

联增村农民的外出打工是在血缘、地缘关系作用下，由先期外出的农民带着后来的人分批外出，在此过程中，外出的规模越“滚”越大，地域范围也越“滚”越宽，全村外出打工的人分布于全国好几个不同的地区。同时，随着农民工能力的不断提升，一些人从流水线工人中逐渐分化出来，从事加工、贸易等需要更多资本和经营能力，有更高风险也有更高收入的职业，这部分农民开始了“闯”市场的过程。

（一）“带”：东部与西部的结缘

联增村的村民外出打工是从 1993 年开始的。20 世纪 90 年代初，离联增村很近的百德镇政府所在地修建房屋，工程由一些广东人承包。当时的乜篾寨一个青年女性在工地上做饭，和其中一个湛江小伙子相识并谈恋爱，后来嫁到了湛江。百德镇的工程结束后，他们回到广东，并且从联增村带了十几个年轻人去广东做建筑。这个湛江小伙子人品不好，喜欢赌博，虽然联增村跟他外出的人当时收入还算不错，一个月赚几百块钱。但是工资一发下来，他就想方设法把联增村打工的这些年轻人拉拢起来赌博，而且他经常“出老千”，结果十几个年轻人的工资最终大多被他用这种方式骗走，没有一个赚

① 李培林：《流动民工的社会网络和社会地位》，《社会学研究》1996 年第 4 期。

② 陆益龙：《制度、市场与中国农村发展》，中国人民大学出版社，2013，第 174 页。

到钱。联增村的打工青年最终认清了他的面目，并纷纷离开了他。但是这些被他带出去的人视野也被打开了，他们成了最早的一批“种子”，逐渐在沿海地区生根发芽。靠着血缘和地缘的纽带，一批又一批的亲戚朋友被连续带了出去，联增村打工的队伍也不断壮大。

但是我们在调查中也发现了一个现象，这种“带”基本上是利用村庄中的熟人关系，先去的人对打工地情况熟悉后把后去的人带去，也有带到同一个工厂一起打工的。随着部分打工者的身份转换为老板后，却难以将本村人带到自己的工厂打工。问及原因，村民们的解释是都是乡里乡亲的，不好谈工资。这是因为“带”的逻辑是村庄中的社会文化关系网络，而同样是因为这种关系网络的作用，使得大家相互之间还不习惯于使完全建立在经济理性基础上的货币关系渗入这种网络。

除了最先出去的这十几个人，还有一部分人是被外地人带出去的。在访谈中得知，一位周姓村民，1995 年时初中毕业，与安顺市关岭县的一位与联增村有亲戚关系的女青年相识并谈恋爱，女青年去浙江打工，写信邀他同去打工，他便应邀前往。

联增村的村民外出打工看似由非常偶然的机会触发，但是将其置于当时中国经济的大环境下，就会有不同的结论。1984 年，中央一号文件首次明确，允许务工、经商、办服务业的农民自理口粮到集镇落户；1985 年，国务院进一步放开“农民进城”的限制，允许农民进城打工；与此同时，随着中国对外开放步伐不断加快，中国成为外资产业转移的主要目的地，特别是广东、福建等沿海地区，劳动密集型企业快速扩张，催生出越来越庞大的劳动力需求，于是大批农民开始纷纷奔赴这一带寻求就业机会。20 世纪 80 年代末，中国就已经出现了“民工潮”。由于联增村的地理位置相对偏僻，这股浪潮席卷到这里已经是相对比较晚的时候了。联增村的村民外出打工，一开始就表现出通过具体的人或通过婚姻而实现的东部与西部地区的结缘，进而将联增村带进了东西部之间、城乡之间经济联系的空间。

（二）“滚”：规模扩大与范围扩大

从 20 世纪末到 21 世纪初，联增村外出打工的人逐渐增多，到 2008 年形成了第一个高峰，具体情况如图 3－1 所示。

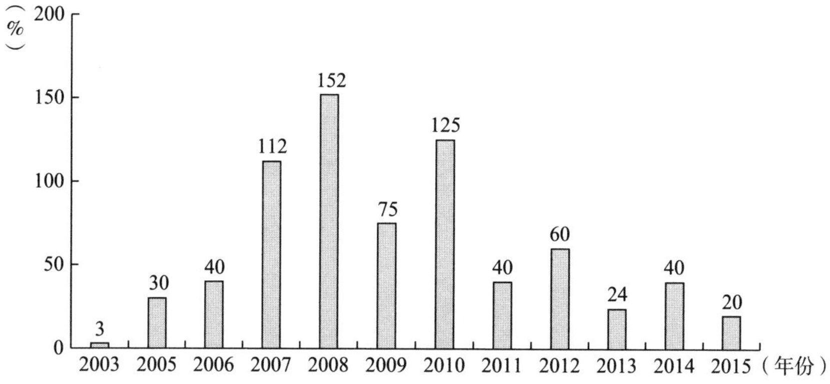

图 3－1 联增村年度新增外出打工人数

说明：2004 年数据缺失。

资料来源：2015 年在联增村访谈获得。

图 3－1 数据由课题组成员在 2015 年田野调查时，以联增村村委会提供的户口本为依据，在 12 位村民组组长及部分村民的协助下统计完成。根据统计，2015 年，联增村外出打工的总人数为 721 人，其中最早外出的时间为 2003 年，人数为 3 人，随后新增外出人员逐渐增多，2005 年为 30 人，2006 年为 40 人，2007 年为 112 人，2008 年为 152 人。随着 2008 年世界金融危机引发的“返乡潮”出现，2009 年新增外出打工人数显著下降，为 75 人，此后在 2010 年有所回升后，连续几年新增外出人数都保持低位。在这些外出打工人员中，也有部分选择返回。根据当时的统计，2015 年返回村里的打工者为 102 人，而其中选择回乡务农的仅为 26 人，其他多数是家中有事临时返回，如建房或者家人生病、孩子上学需要照顾等，这些人大部分将返回打工地继续打工。

2015 年，精准扶贫政策开始实施。联增村也是贫困村，全村建档立卡贫困户共 245 户 1131 人，贫困发生率达 44.1%。为了实现脱贫目标，地方政府在联增村实施了多个种植、养殖项目，但是重点是以外出打工为主的就业扶贫。特别是进入脱贫攻坚期以来，联增村扶贫的大部分精力是放在动员劳动力人口外出打工上。尤其是 2020 年新冠肺炎疫情突袭而至后，面对严峻的形势，贵州省采取了一系列措施，保证打工农民就业的稳定性，联增村也以此项工作为重点。根据村委会的数据统计，2020 年，全村 1418 名 18 岁至 59 岁劳动力人口中，有 841 人在省外或者省内打工，还有 102 人在省内或者省外自主创业

（见图3－2）。与2015年相比，表面上新增外出打工人数不多，但是2015年自主创业人数为64人，这表明有部分打工者在近几年进入了自主创业的行列。而留在本地务农的450人中，有105人计划外出打工。因此，真正留在村中从事种植、养殖业的劳动力人口仅为300多人，而且其中还有部分是早年外出打过工，现在因为年龄或其他原因退出打工行列的。

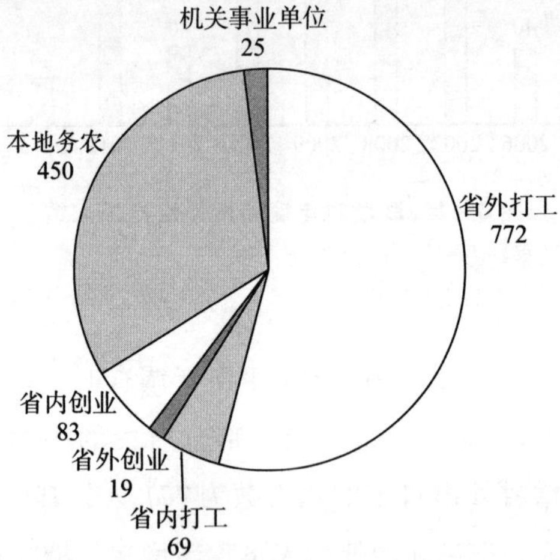

图3－2　2020年联增村劳动力就业结构

资料来源：根据村委会提供的资料统计。

在打工地点的选择上，2020年，联增村的打工人员分布在全国14个省（区、市）。其中以浙江和广东为绝对主体（见图3－3），在这两地打工的人

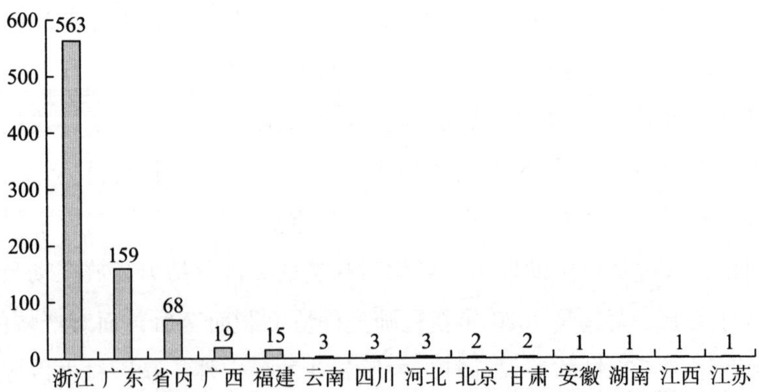

图3－3　联增村打工人员分布地及人数统计

资料来源：根据村委会提供的资料统计。

数占联增村外出打工总人数的85.9%。可以看到，联增村的打工者无论是人数还是分布的范围，都在不断发展。

（三）“闯”：在市场中拼搏的农民工

联增村的年轻人在外打工的经历不但提高了他们的收入，而且开阔了他们的眼界，提升了他们的能力。部分打工者不再满足于流水线工人的简单工作，开始在市场中闯荡。

> 我是1984年初中毕业的，结了婚之后就在附近打一点零工。到1994年下半年出去了一两个月，1995年又出去了两三个月，到1998年才出远门到浙江了。当时是跟八组的一个人去的，他们先去的，做插板。我是普通工人，450元一个月。1998年去，2000年回来，2001年到2003年又去城里面的职中煮饭。2003年的下半年又去东莞开了餐馆……根本就赚不到钱，所以就回家了。回来两个月，2004年又去浙江义乌，在厂里面打了三个月的普工就当上了组长，当了一年组长就被提升为主任，当了两年，2006年因为厂要整改，我就换了一个厂，在里面就干了六年。因为做同样的工作又有经验，所以去了就当了组长。在厂里你做什么，老板都是看得见的，所以只要自己一步一步地努力，就会有收获的。2004年我当组长的时候工资是960元一个月，后来到1200元，2008年的时候就有2000元，2009年又加了300元，2010年2500元，2011年2800元，2012年3500元。但是这个时候我女儿要出嫁，儿子也在城里读书，要高考，关键的时候你不可能不回来，于是就在城里租了套房子，守着他读完高中，2013年就回来了，为了挣钱，还开了两年的服装店。（20150427，张建访谈联增村村民LCH）

这是一个在联增村有一定代表性的案例。LCH初中毕业后就开始在附近做一些零工，也曾在这期间短暂到河北省做过几个月非常艰辛的水泥搬运工。LCH两次去浙江打工，又两次返回，先后做过6份工作。在工厂打工期间，他从普工做到主任，到2012年返回前工资已经达到3500元每月，这在当时已经算是比较高的收入水平了。这说明像他这样的打工农村人，虽然受教育程度并不高，但是在城市是有成长空间的。因为家庭，他不得不放弃原本比较好的发展前途。但是在城市的工作经历已经改变了他的思维方式，即使回到家乡，他也没有回到土地上。2017 年当我们再次到联增村调查时，他已经开始办养猪场了，2021 年我们去联增村时，他的养殖规模已经达到 100 多头。恰好赶上 2020 年以来猪价上涨的好行情，他也赚到了一笔钱。

> 我们一二组有五个当老板的。第一个姓陈，叫陈子洪，现在在义乌，开礼品盒厂，有四台机子。他有四年在外打工，之后就办工厂，也有四年了。一年有十多万，如果生意好的话，也可以挣到二十来万。有两个姓杨的，都是做服装生意。第一个在义乌，第二个在东阳。第四个姓蒋，在义乌做袜子生意。还有一个以前是做皮带的，姓张，也是在义乌。第一个开的厂是最大的，其他的都是开小厂。还有我知道的三组有一个姓罗的，在广州搞箱包生意。(20150427，张建访谈联增村村民 LCH)

联增村“闯”市场的打工者，都是像 LCH 这样先在工厂中积累了一定的经验和货币资本，或者对所从事行业的市场有了一定的了解，并建立起了一定客户渠道的人。他们在外省由打工者向创业者的身份转换，也与当地发达的市场体系和分工体系密不可分。他们虽然开了厂，做了老板，但是一般规模都较小，最多几台机器，一年盈利二三十万元已经算是比较高的收入了。如开厂做袜子的，他们自己租一间房子，购置几台机器，每台成本一万多元，然后从针织厂把袜子的半成品拿来，用自己的机器把袜子的末端缝上。他们最大的成本就是购置机器以及房租，劳动力往往是自己的家人，所采用的是类似于家庭工厂的模式。所以这类高度嵌入沿海地区发达的分工体系的小型家庭工厂，虽然门槛低，但是无法单独转移到这些打工者的家乡。当他们返回家乡时，往往只能从事其他职业。

二 家庭生命历程中的打工与返乡

农民的外出打工行为由于大多数只是职业的暂时转换，而不是身份的完全转变，不能在其所工作的城市长期生活下去，所以就必须在某一个时间点上回到自己的家乡。因此，形成了外出-回流的流动机制。而这种流动，并不是受农民工个人意愿的支配，而是受家庭需要的支配。在家庭生命的不同阶段，农民工对于外出或回流有不同选择。

农民工形成了特殊的“生命周期”（Life Cycle）。农民工的生命周期模式可简化为两个阶段：年轻时候外出打工挣钱，年龄大了以后回家乡务农、务工或经商。[①] 在中西部地区农村劳动力“异地”打工的背景下，乡村依然延续了“农工相辅”的家庭经营模式。一方面，家庭普遍占有并经营土地；另一方面，非农收入尤其是外出打工收入在家庭收入中所占的比重越来越大，形成“以代际分工为基础的半工半耕”，大约有80%的农民家庭都是“年轻子女外出务工以获取务工收入、年龄比较大的父母留守在家务农以获取务农收入”。[②] 在“半工半耕”的家庭经营模式下，家庭在兼顾农业生产的同时，在本地非农就业与外出务工之间灵活选择，形成了一个基于家庭生命周期的“外出-回流”机制。[③] 由于家庭这个纽带，外出打工并非单向迁移，实际上外出劳动力总是在农村与打工地之间“往返流动”。人口的“往返流动”明显与家庭生命周期相关：结婚前以远程的单向流动为主，结婚生子后以往返流动为主，孩子长大后以频繁的返乡流动为主。[④]

基于家庭利益而行动的打工者，其外出打工的行为与家庭生命周期直接相关。家庭生命周期主要表现为家庭的重大事件，如生育、上学、建房、子女结婚、父母过世，另外就是家户主要成员的年龄及身体状态。

在联增村，外出打工的村民的生命轨迹基本上都是成年后外出打工一段时间后回家生小孩，然后由妻子在家抚育，丈夫则继续在外打工以维持家庭开支。从联增村村委会提供的劳动力就业信息统计表上可以看到，全村有7名妇女为全职妈妈，其中年龄最小的出生于2000年。等到孩子一岁左右，妻子再和丈夫一同外出。此时，孩子一般由家中老人负责照顾。因为如果带

---

① 李强：《农民工与中国社会分层》，社会科学文献出版社，2012，第51页。

② 贺雪峰：《关于“中国式小农经济”的几点认识》，《南京农业大学学报》（社会科学版）2013年第6期。

③ 付伟：《城乡融合进程中的乡村产业——历史、实践与思考》，社会科学文献出版社，2021。

④ 王绍琛、周飞舟：《打工家庭与城镇化——一项内蒙古赤峰市的实地研究》，《学术研究》2016年第1期。

出去，则因孩子太小无法送至托幼机构，妻子必须全职照顾，将面临较大的经济压力。当然也有个别家庭在这种情况下将孩子带出的。我们在调查中了解到的一户，家中已有一个孩子在家由老人照顾，妻子在二孩出生几个月时，就坚持要和丈夫一起外出，并且将两个孩子一起带出。这样一个人的收入要供在外的一家四口生活，入不敷出，不得已，在家的老人只能把通过养牛养猪所挣的钱，按时寄给在城市打工的儿子。

孩子上学是家庭生命周期中的又一件大事。绝大多数外出打工的年轻人，希望自己的子女不要重复自己的命运，因此对子女的教育抱有相当高的期望。在访谈中，很多打工者提到，自己由于没有文化，在外面打工只能做最基础的工作，挣的钱不多但是很累，后悔当初没有多读书。子女的未来是他们奋斗的最大的精神动力，希望他们读的书越多越好，再苦也不能苦孩子的教育，所以他们会想方设法地把孩子送到教育质量好的学校。于是，村中小孩的上学环境也出现了分化，一些条件相对差的留在村小，一些条件相对较好的送到私立寄宿制学校，条件再好一些的则想办法让孩子到县城或者州府所在地就读，并且由家人陪读。但是家庭经济情况不足以代表儿童发展所需要的全部资源，并不能确保儿童的良性发展，养育质量比经济投入更重要。具有经济优势的家庭如果为孩子提供的是低质量的养育，则其效果还比不上经济处于劣势的家庭能为孩子提供的高质量的养育。[①] 一部分打工者正是抱着类似的想法，最迟在孩子升初中时便会返回村里，一边陪伴孩子，一边从事一些乡村产业。

案例：联增村村民 LJ，早年一直在浙江打工，后来利用自己的积蓄，开了一家做袜子加工的小工厂，每年能挣到十多万元。孩子出生后在家由老人照顾，到上学年龄后入读了村小，由于孩子成绩不错，LJ 放弃了浙江的工作，回到村里，从事种地、养羊、建筑等，收入虽然比在浙江少了很多，但是他觉得守着孩子成长是一件值得的事情。2021 年，LJ 的孩子考上了县城的一所质量好的中学，他每周都要去接送孩子。

① 刘保中：《家庭教育投入：期望、投资与参与》，社会科学文献出版社，2021，第 5 页。

由于打工和返乡围绕着家庭生命周期的不同阶段，所以村民的职业也随之出现分化：40 岁以下的青年劳动力多以城市工作为主；40 岁以后在城乡间的往返增多，职业也更有可能兼业化和多样化；50 岁以上逐渐回村，从事农业的也相对较多，此时，子女结婚后分家立户，家庭产生分化，以老一代为主轴的家庭开始走向衰落，新一代的家庭生命周期开始形成。

此外，建房、家中老人过世也是家庭生命周期中的大事件，也是影响农民工外出与回流的重要节点，这两部分的讨论留待后文。

> 有些在外打工的，他们觉得家里面的父母年岁偏高了，他们要回来照顾。还有的他们在外面打工有些年头了，经济生活有所改善，就打算回来找些事情来做，也不需要大进大出的事，他们就选择回来了。有一些他们在外面打拼，房子修好了，经济状况也有所改善了，他们回来种些土地，种些枣树，他们也能维持生活，他们还是愿意在家里面。他们在外面还是有些艰苦的。（20150427，孙兆霞访谈联增村村民 CYB）

三 打工与家庭分工

中国劳动力从农业向非农产业转移是“半城市化”的过程，[①] 在劳动力跨区域向城市大量流动的同时，其家庭成员留在农村从事农业生产，形成一种新的“半工半耕”的家庭分工模式，[②] 外出打工只能是家庭中主要劳动力的行为选择，因此，围绕家庭生命周期的不同家庭成员就会采取不同的生计策略，由此导致农村家庭生计普遍的兼业化。[③] 范芝芬认为，“性别和家庭劳动力的分工，使迁移人口能灵活地游走于城乡之间，从城乡两地获得最大收益”。[④] 围绕家庭的发展需求，形成代际、夫妻间的分工。而打工者是家

① 王春光：《农村流动人口的“半城市化”问题研究》，《社会学研究》2006 年第 5 期。

② 夏柱智、贺雪峰：《半工半耕与中国渐进城镇化模式》，《中国社会科学》2017 年第 12 期。

③ 王春光、赵玉峰、王玉琪：《当代中国农民社会分层的新动向》，《社会学研究》2018 年第 1 期。

④ 范芝芬：《流动中国：迁移、国家和家庭》，邱幼云、黄河译，社会科学文献出版社，2013，第 21 页。

庭生计的主力。

（一）联增村的生计方式

在“半工半耕”的基本分工下，联增村的家户形成了多样化的生计方式。从全村劳动力人口的生计方式看，以种植、养殖、外出打工、自主创业、本地打零工、就职于机关事业单位 6 种基本生计方式为基础，采取一种或者多种方式组合，联增村的家户生计方式细分可达 33 种。其中纯打工家户 251 户，占全村家户数的 42.8%，[①] 打工的兼业家户 187 户，两者合计占全村家户数的 74.6%；只从事种植和（或）养殖的纯农业家户为 57 户，占全村家户数的 9.7%；采取单一生计方式的家户为 320 户，占全村家户数的 54.5%，兼业家户为 267 户，占全村家户数的 45.5%；兼业家户中采取两种生计方式的兼业家户为 150 户，采取三种生计方式的兼业家户为 108 户，采取四种生计方式的兼业家户为 9 户。不过需要特别指出的是，这里的生计方式统计对象只包括 18 ~ 60 岁村民。如果考虑到农村还有大量 60 岁以上的居民从事农业生产活动的情况，实际兼业比例应该大大高于上述统计数据。

但是无论采用何种统计方式，都可以看出打工对联增村家户生计具有十分重要的意义。如果算上在城市创业的家户，联增村有近 80% 的家户生计直接依赖于城市就业所产生的收入。

> 现在在家种庄稼的都是我们这种人，年轻的人在家种庄稼没意思，因为我们这个地方自然条件不好，假如你辛辛苦苦干一年，结果什么都没有。年轻人出去打工，老的就在家种庄稼，如果庄稼受灾了，年轻的还可以补贴一下家用嘛。现在就不存在向别人借粮食了。假如气候好，收成好，我们就可以多养点牛和猪，发展经济。假如收成不好的话，就不养猪、牛了。（20150426，孙兆霞访谈联增村村民 MSM）

（二）打工家户中的代际分工

联增村打工家户的比例很高，但是全家外出的并不普遍，多是家户中的

① 2020 年联增村劳动力统计表填表家户数为 587 户。

部分或者全部劳动力外出，其他人留在家中，因此就会形成家户成员在生计中的不同分工。

从代际分工的角度看，表现为父辈与子辈两代人外出打工的情况，一般意义上，年长的父辈留在家中照顾老人与小孩，年轻的子女或与其配偶外出打工是常态。但更多的则是父母双方或一人在家，儿子与儿媳至少一人在外打工，由父辈或者父辈与子辈合作照料家庭，一般是家中有未成年的小孩或者生病的家庭成员。联增村有 64 户父辈与已婚子辈生活在一起的家户属于上述情况。留在家里的成员主要从事种植业或者养殖业，少部分从事建筑等行业。

> 案例 1：村民 WZF，59 岁。家庭人口 6 人，儿子与儿媳长期在外打工，育有一儿一女，曾将子女带到浙江一段时间，并在当地上学至三年级，后来转回村里上学。WZF 在村里担任治保主任，同时家里种了粮食，养了猪，供平时生活所需。孙子小学毕业后在县城私立中学上学，每个月接送一次，孙女在联增小学上学，每天接送。老两口在家，WZF 除了要完成村干部的工作外，其他的精力主要就是照顾两个孙子。

联增村剩下的 300 多户打工家户，则更多的是另外一种情况：父母与已婚儿子虽然已经分家，但是这些在外打工的儿子的小孩则交由他们来照料。此时，代际的分工就超出了户，而形成了基于家户的合作，由父辈分担已经分家的一个甚至多个儿子的家庭事务。

> 案例 2：村民 WTG，66 岁。三个女儿两个儿子，均已成家。两个儿子与儿媳都在外打工。大儿子家两个小孩，二儿子家三个小孩。两个儿子的收入水平都不错，修的房子在寨子里是最好的。但是都没有把小孩带出去，而是由儿媳妇带到一岁到两岁就交给了家中老人。WTG 的二女儿虽然嫁到其他乡镇，但是由于自己要外出打工，不放心公婆带，也（把孩子）交给了 WTG 夫妇，因此，夫妇俩最多的时候带了三个子女家一共七个小孩，而且都还没到上学年龄。直到后来几个小孩陆续上学

了，老两口才逐渐轻松一点。但是现在在几个孙子放学回家的时间里他们依然要负责照顾。

（三）打工家户中的夫妻分工

虽然联增村打工家户多数是由老人在家照顾小孩，但是也有部分家庭因为没有能力将小孩带到打工地，也不放心由父母照顾，或者父母年龄较大没有能力照顾，因此选择由夫妇中的一方留在村里，形成了夫妻之间在家庭事务中的分工。

不同于一般所认为的女性更多承担照料家庭的责任的分工方式，联增村夫妻间的分工没有明显的性别特征，不刻意强调哪一方必须留在家里，而是根据夫妻俩的实际情况来分工，以家户利益为核心。所以既有男性留在村里女性外出打工的，也有女性留在村里男性外出打工的。从我们在联增村观察到的个案的角度看，由父母一方照顾，参与到子女成长过程中的小孩的学业水平一般都较高。

案例 1：TYT，女，老家在贵州省毕节市，与丈夫在打工时认识，生小孩后留在村里，共育有两个小孩。小孩三岁后也曾经与丈夫一起外出打工，但是在小孩上学后选择回家，丈夫继续打工，因为丈夫挣钱能力更强。两个小孩的成绩都不错，夫妻俩决定将小孩送到县城上中学。因为 TYT 懂得电脑操作，被村里先后选为妇女主任和统计员。现在她一边做着村里的工作，一边照顾上学的小孩和家里的老人。

案例 2：LJ，男，家里有两个小孩，曾长期与妻子一起在外打工，并自己开办加工厂，但是因为小孩上学，为了能更好地“管小孩”，让小孩的成绩好一些，放弃了加工厂回到家照顾小孩，妻子则留在浙江继续打工。单从经济收入上讲，LJ 的选择会使家庭减少一大笔经济收入。但是因为自己比妻子在农村有更强的发展能力，所以他选择了回家。回到村里后一边照顾小孩，一边从事养羊、建筑等行业，最多时曾经养了一百多只羊。小孩也考上了县城里的好中学。

从家庭分工的角度我们可以看到，农民到城市打工，是他们基于家户理性而做出的选择。基于家户整体利益的考虑，家户成员从各自的优势和能力出发，综合考虑他们在家户中扮演的角色，一部分人选择留守家中，照顾家庭，另一部分人选择外出打工，获取家户所必需的经济收入。

第二节　打工动力与返乡动力

农民外出打工是在一定的动力驱使下实现的。但是这种动力在不同的时代有所区别。支撑老一代农民工在城市打拼的是外在生存的压力，旨在改善生活，消除贫困，追求较高的工资待遇；与老一代农民工进城务工的目的不同，驱使新生代农民工在城市打拼的是内在发展的动力，旨在体验生活，追求工作的高报酬和职业的高社会地位。[①]

一　外出的动力：从生存到发展

关于农民工进城的理论解释，主要有推－拉理论，其中推力作用更大，主要原因是产业之间的比较利益以及区域之间的比较利益，推的因素有三个：农村收入水平低、农村缺乏发展机会、农村太穷。拉的因素有两个：城市收入高、外出见世面。[②]

“中国人的家庭生活始终笼罩在城乡差异的阴影之下，正是因为城乡差异，农村人（无论是男性还是女性）产生了外出打工的强烈欲望……”[③] 改革之初的人口流动更多是出于谋生的目的，这种流动是由生存理性驱动的。如果说城市丰富的就业机会和相对较高的收入回报构成农民进城的拉力，那么乡村就业机会的缺乏以及务农收益的相对低下构成了农民进城的推力。进入 20 世纪 90 年代中后期，尤其是 21 世纪后，已经解决了温饱问题的农民进城务工经商的目的不再仅是谋生，而是获得更进一步的发展。对于新生代

① 丁静：《新生代农民工“半市民化”问题研究》，河北人民出版社，2015，第 2 页。

② 周大鸣：《渴望生存——农民工流动的人类学考察》，中山大学出版社，2005，第 5～6 页。

③ 潘毅：《中国女工——新兴打工者主体的形成》，任焰译，九州出版社，2011 年，第 74 页。

农民工而言更是如此。

农民工外出的动因包括五个方面：婚姻的驱动力、建房的驱动力、见世面的驱动力、外出“镀金”的驱动力、创业的驱动力。[①] 农民外出就业是生存压力和理性选择共同作用的结果。[②] 尤其是对新生代农民工来说，觉得务农没有出息，家乡太落后。[③]

联增村的村民外出打工，其动力变化可以说是从生存到发展，在早期阶段，农民迫于生存的压力外出打工。但是现在的情况不同了，随着整个经济大环境的改善，联增村的村民早就跨过了温饱的坎。其外出不再是为了维持生存，更多是为了谋求更好的发展机会。其目标既是立足于个人的发展，更是为了家户的发展。联增村的打工者在没有结婚前，更多的是考虑个人发展，希望能够通过打工获得足够的经济收入，实现自己的人生发展目标。但是结婚后尤其是有了小孩以后，其目标则更多偏向了家户发展。在访谈中，已婚打工者谈得最多的就是要通过自己的努力为孩子创造更美好的未来，希望自己能拥有一个美好的家庭。

> 现在不存在吃不饱的问题了，哪怕就在村里种植蔬菜来卖，每家一年也有一两万块钱。为什么还要出去打工？因为出去打工一个月就有三四千，在这里东弄西弄的也就两三万块钱。有时候在家投了很多劳动，如果出现什么天灾也不能保证收入。所以都丢给老人来做了，年轻人都出去打工了。（20150425，孙兆霞访谈联增村村民 MSM）

虽然驱使农民工外出的动力随着社会的发展产生了变化，但是背后本质的原因仍然没有改变，那就是城乡之间、东西部区域之间发展的差距形成了非常直观的比较效应，这使得城市对于联增村这样的村庄有着强大的吸

① 周大鸣：《中国农民工的流动——农民工输入地与输出地比较》，《广东青年干部学院学报》1999 年第 4 期。

② 文军：《从生存理性到社会理性选择：当代中国农民外出就业动因的社会学分析》，《社会学研究》2001 年第 6 期。

③ 王春光：《新生代农村流动人口的社会认同与城乡融合的关系》，《社会学研究》2001 年第 3 期。

引力。

也就是说，虽然推力与拉力的形式发生了变化，但是依然存在并且力量并未减轻。这就使得像联增村这样的村庄产生了较为明显的“路径依赖”，一批又一批的年轻人，在前人的示范和带动下，已经将打工看作了一条再正常不过的人生发展道路，从学校到工厂成了年轻人共同的人生历程。“新生代农民工”被不断地生产出来。而劳动力的大量抽离也使联增村的农业产业缺乏发展的基础，蔬菜产业的发展在很大程度上就是因为劳动力不足而难以发展起来。进而造成村庄对年轻人的吸引力不足。

二　返回的动力：从被动回推到被村庄所牵引

（一）城市的推力

现有关于农民工返乡动力的研究主要为基于结构和制度视角的分析。

农民工不仅工资低，而且在社会保险和福利待遇方面缺乏足够的保障。进城农民工在经济系统中只是被有限地接纳，而在制度层面并未实现身份的转化。不仅如此，农民工居住在城市的边缘，在生活和工作层面与城市居民相互隔绝。在社会心理的认同上，农民工不认同城市也不被城市所认同，同时部分农民工也不再认同农村，因此农民工转而向身份、地位相同的农民工群体寻找社会支持。质言之，农民工的认同出现了“内卷化”现象。农民工处于“回归农村和彻底城市化之间的状态被称为‘半城市化’”。[①]

农民工“半城市化”的状态表明城市只是农民工打工赚钱的场所，而不是其生活和行动的地方。事实上，绝大多数进城务工经商的农民工很清楚自己的定位，跨地域家庭就是农民工行动定位的结果。可以这么说，城乡之间发展上的差距构成了农民工进城的拉力或吸引力，与此同时，城市经济系统、社会系统、文化系统和体制之间的不协调，城市社会对农民工的排斥、不认同和歧视，又构成了对农民工的推力或排斥力。

有研究者把农民工称为双重边缘人，农民工既是城市的边缘人，对家乡的农村和农业的依恋又在减退，不愿或无法回归农村社会，只能在农村和城

① 王春光：《农村流动人口的“半城市化”问题研究》，《社会学研究》2006年第5期。

市之间做“候鸟型”的流动，呈现“钟摆”状态。[①] 甚至有学者提出城市居民、农民工、农村居民的“三元结构”。[②]

对农民工回流行为的研究首先是从其决策的成本与收益来比较的，大多是借鉴经济学的“经济人”假设来分析农民工回流行为的成本与收益因素。比如一些农民工由于年龄大而丧失劳动机会面临失业风险，为了回避这种风险而回流[③]；还有些农民工由于长期在外打工面临子女教育、家庭照顾等诸多问题，认识到子女教育与家庭照顾的重要性而选择回流[④]。还有些学者从“返乡创业”的农民工这一独特人群出发，分析回流创业的机遇产生的拉力促使那些有一定资金积累，也有一定事业发展信心的农民工回流并进行创业。[⑤] 由此，有学者评价农民工谋求福利最大化是促成其回流的经济原因，这种理性判断在经济学领域产生了较大影响。[⑥]

从结构和制度的角度看，由于当前农民工的就业游离于正规劳动力市场之外，其报酬、社会保障等都处于较低水平，不少打工者尤其是新生代农民工有着较为强烈的在城市立足的愿望，但是他们无法支付实现市民化的成本，只能无奈地处于“半市民化状态”。农民工在城市面临体面就业难、收入提高难、成为“准市民”难、定居安居难、教育培训难、社会保障难、权益维护难等诸多困难。[⑦] 王春光指出，阻碍农民流动的三大体制性障碍分别是“唯利型生产体制”、“分离型消费体制”和“非均衡型公共服务供给体制”。[⑧]

---

① 唐斌：《“双重边缘人”：城市农民工自我认同的形成及社会影响》，《中南民族学院学报》（人文社会科学版）2002 年第 S1 期。

② 甘满堂：《城市农民工与转型期中国社会的三元结构》，《福州大学学报》（哲学社会科学版）2001 年第 4 期。

③ 章铮：《进城定居还是回乡发展？——民工迁移决策的生命周期分析》，《中国农村经济》2006 年第 7 期。

④ 张宗益、周勇、卢顺霞、陈义华：《西部地区农村外出劳动力回流：动因及其对策》，《统计研究》2007 年第 12 期。

⑤ 林斐：《对 90 年代回流农村劳动力创业行为的实证研究》，《人口与经济》2004 年第 2 期。

⑥ 伍振军、郑力文、崔传义、孔祥智：《中国农村劳动力返乡：基于人力资本回报的理论和实证分析》，《经济理论与经济管理》2011 年第 11 期。

⑦ 丁静：《新生代农民工“半市民化”问题研究》，河北人民出版社，2015。

⑧ 王春光：《外来农村流动人口本地化的体制性困境》，《学海》2017 年第 2 期。

从联增村的情况看，虽然外出打工是劳动力最主要的就业方式，但是收入水平并不算高，根据统计，联增村打工者月收入低于 3000 元的比例为 6%，月收入为 3000 元至 5000 元的比例为 75%，高于 5000 元的比例为 19%。在打工者自报的收入中，最高为 8000 元每月，人数为 2 人。但是根据我们访谈所了解到的情况，最高收入为 18000 元每月，不过全村打工者月收入高于 10000 元的也只有 2 人。

从所从事的工种看，联增村打工者有接近 90% 的是普工，即流水线工人，还有一部分从事销售、服务等行业，从事技工和管理工作的占比不足 4%。再结合全村打工者受教育程度来看，小学学历占 36%，初中学历占 60%，高中学历占 2.7%，中专学历占 1.3%。受教育程度为初中及以下的打工者占到了 95%，至少有 97.7% 的打工者在打工前没有受过任何职业技术培训。因此，较低的受教育程度形成了相对较低的人力资本，联增村打工者的收入水平也就普遍处于相对较低状态。这从根本上决定了他们中的绝大多数人无法实现市民化的身份转换。

（二）乡村的拉力

乡村对打工者的拉力的第一个表现为城乡的比较效应。如前所述，虽然农民工的工资相较于所处城市的收入水平而言比较低，但是由于中国城乡差距的存在，尤其是东部发达地区的城市和西部农村地区的差距更加突出，农民工在东部发达地区获得的收入相对于其家乡而言已经是高收入了，也正因为这种比较效应的存在，贫困村庄的农民依靠外出打工摆脱贫困才成为可能。也正因为如此，农民工在城市的消费力较弱，只有当他们把打工的收入带回家乡消费才能获得较高的满足感。正如王春光所指出的那样，流入地的消费体制没有接纳农民工，农民工更多的处在农村老家的消费体制中。[①]

乡村对打工者的拉力的第二个表现为农民身份所蕴含的权利。不同于西方的无产阶级化的工人，农民工并没有与生产资料完全分离，当他们作为农民而存在时，其基本的生产资料依然是有保障的，尤其是随着近些年来国家相关的改革政策措施的推进，农民的身份能够获取的权益在增加，长期制约

① 王春光：《外来农村流动人口本地化的体制性困境》，《学海》2017 年第 2 期。

农民城市化的最大因素之一的户口问题在当前已经不再是问题，但是一些农民工在权衡后，并不愿意放弃农民的身份，这哪怕是在完全“免费”的易地扶贫搬迁所实现的城镇化中也普遍存在。而即使没有这些权益，至少农民工回到农村有土地作为其生存的最后保障。“人多地少的过密型农业因收入不足迫使农民外出务工，进城务工的风险又反过来迫使农民工依赖家乡的小规模口粮地作为保险。”[①]“城乡二元结构对于农民而言是一个‘机会结构’，这是转型期农民家庭普遍选择‘半工半耕’的结构基础。”[②]农村的土地制度在某种程度上为难以“市民化”的农民工提供了保障。土地对于农民工而言，不仅意味着生活保障和生计来源，而且是他们的根。尽管土地的产出效益不高，但仍然是农民工的福利、保障和情感幸福有保证的来源。农民工依赖家乡的土地来提供生活保障和社会保障以及抵御风险。对于进城打工的农民而言，“口粮地等于是一种社会保障，或者说是经济保险，因为如果一旦在城市失业，起码还有家可归，有地可糊口”。[③]

乡村对打工者的拉力的第三个表现为家庭情感的纽带。如前所述，农民工家庭不得不在制度化的“半工半耕”的城乡分工下被拆分，但是，深受家庭本位的伦理观念影响的农民工会因为家庭纽带的牵引而在无法使全家在城市扎根的条件下选择回到家乡。已有研究发现已经结婚的农民工更倾向于回流，因为回流可以与爱人团聚、增强夫妻感情等，出于子女生活照顾和教育管理等需求，子女数量与劳动力回流之间呈正相关关系，即子女数量的增加导致其回流的概率增加。[④]还有学者认为子女的学习成绩好坏也与家长是否回流相关。[⑤]主动回流的农民工在谈回流时首先讲的都是一家人在一起的重要性和对家庭和谐幸福的满足感。大多数主动回流生活型农民工为了子女教育、为了照顾家庭心甘情愿放弃在城市辛苦的打拼。中国农民工在迁徙的过程中家庭观念和传统价值观并未随着城市居住时间的延长而变化，他们并

---

① 黄宗智：《制度化了的“半工半耕”过密型农业》，《读书》2006 年第 2、3 期。

② 夏柱智、贺雪峰：《半工半耕与中国渐进城镇化模式》，《中国社会科学》2017 年第 12 期。

③ 黄宗智：《制度化了的“半工半耕”过密型农业》，《读书》2006 年第 2、3 期。

④ 罗芳：《基于推—拉理论的农民工回流的实证分析》，《经济师》2007 年第 2 期。

⑤ 赵思诚、高桂英、东梅：《农村劳动力转移动因实证研究——以宁夏为例》，《农业科学研究》2014 年第3 期。

没有切断与家庭的联系而融入城市文化。[①] 在访谈中这些外出打工的村民告诉我们，家是他们在外地时最大的牵挂，如果有小孩留在家乡，他们最多一两天就会打电话回家，部分条件较好的打工者甚至在家中安装了监控摄像头，哪怕他们在外地，也可以随时掌握家中小孩的即时情况。

乡村对打工者的拉力的第四个表现为村庄的文化纽带。这一点在以往的研究中被提及得相对较少。农民工所生活的村庄，有着与城市有较大差异的社会文化系统。在很多地方的农村，尤其是在汉族村落，城市文化对村落原有的传统社会文化冲击很大，使得大量的村落进入了“原子化”状态。但是在联增村这样的传统少数民族村落，其传统的文化及社会关系网络依然发挥着强大的作用，正如本书的第一二章所呈现的那样。这种社会文化的力量形成了对外出打工者极强的牵引力。

联增村打工的村民告诉我们，不管在外面打工多少年的人，过年都一定会回来。不管过年期间老板给的工资有多高，都一定要回来。他们说自己回来了，敬奉了神明和祖先，就可以保一家人一年平安，也许那一个月可以在外面赚几千块钱，但是小孩得那么一两次感冒，生点病，那几千块钱就花出去了，即便这么想没有科学依据，但是如果小孩不顺，自己就会往这方面想。正是这样的文化心理，使得打工者过年回家成了获得内心安宁的必要方式。除此之外，联增村到现在为止还保留着较强的社会合作传统，尤其是在老人过世这样的“大事”[②] 上。在一个村寨里，如果哪家的老人去世了，在外面打工的人一定要回来，不管隔多远，要坐多久的车。曾经有一家的老人在家过世了，大儿子在外打工联系不上，家里只有一个智力低下的儿子，后来村里的人们主动把老人安葬了，过了一个星期，在外打工的大儿子得知消息后回来了，非常自责，也对村里帮他的人表示了诚挚的感谢。现在，随着通信的发达，QQ、微信等工具的普及，联增村每个村民组都建立了自己的QQ 群或者微信群，有的寨子还订立了规约，其中最重要的规定就是寨子中

① Myerson, R., Hou, Y., Tang, H., Ying, C., &Ye, Z., “Home and Away: Chinese Migrant Workers between Two Worlds,” *The Sociological Review* 1 (2010): 26 – 44.

② 联增村村民把老人过世叫作“过大事”。

老人过世每家必须有一个年轻人回来。

三　城乡间流动的家户决策

农民工流动于城乡之间，家户理性支配他们的选择，由家户决策来决定谁以什么样的方式外出打工和返回家乡。

新迁移经济学把移民视为一种家庭决定，通过这样的决定以期减少家庭收入风险或克服家庭生产活动的资本约束。家庭成员集体行动，不仅最大限度地增加预期收入，还要尽量减少风险，同时放宽与各种市场（包括劳动力市场）失灵相关的限制。与个人不同，家庭可以通过对家庭资源（尤其是家庭劳动力）配置的多样化来抵御家庭经济福利的风险。家庭可以将一部分家庭成员留在本地进行经济活动，同时将其他成员送到国外劳动力市场进行工作。同时为了避免风险，农户会理性地选择留下一些家庭成员耕作农田。面对低收入水平和不稳定的就业，许多农民工采取一家分两地居住和就业的家庭策略。为了多样化家庭的经济基础并使家庭的经济风险最小化，农民工家庭会指定一些成员外出务工。黄宗智认为，作为生产单位和消费单位的小农农户为了增加家庭的收入，部分家庭成员在城乡之间循环流动，可以挖掘城市和乡村的资源，即在高收入的城市地区打工赚钱，在低消费的农村老家花钱，农民家庭从而实现在城乡两个社会的利益最大化。[①]

杜鹰、白南生等认为，“由于农户不仅是最基本的生产、生活单位，还是一个消费单元，家庭成员对家庭有很强的从属性，这种以血缘关系和姻缘关系为纽带而形成的家庭利益共同体是权衡家庭劳动力外出就业利弊得失的基本决策单元……劳动力是否外出，与其说是个人行为，不如说是家庭整体决策的结果。换言之，农民外出打工主要取决于家庭决策”。[②]

我们在联增村的调研中发现，虽然经过分家，使得核心家庭的数量在不断增加，劳动力人口外出打工的比例很高，造成相当多的家庭其生计方式高

---

① 黄宗智：《制度化了的“半工半耕”过密型农业（下）》，《读书》2006 年第 3 期。

② 杜鹰、白南生等：《走出乡村——中国农村劳动力流动实证研究》，经济科学出版社，1997，第40 页。

度依赖于打工，但是无论是从代际看，还是从夫妻之间看，分工都依然广泛存在。也就是说在没有条件实现全家迁入城市生活的背景下，家庭成员必然会形成外出和留守并存的格局。联增村村民外出和留守的分工没有明显的性别区分，而是夫妻间、父辈和子辈间基于家户利益共同决策的结果，用村民的话来说，就是要经过“商量”，看谁出去更合适，谁留下更合适。这样的家户决策也当然不是服从于个人利益，而是服从于家户利益，因此也是遵循家户理性的一种选择。虽然可能会面临夫妻分居、父母与孩子分离的情感的不舍，甚至可能会付出影响情感和孩子成长的一些代价，但是一家人经过了商量，就共同为全家的好努力。

第三节　打工与家户现代化

农民工通过在城乡间的流动，除了促进了他们的就业，增加了他们的经济收入，还促进了他们的成长发展和现代化。首先，在国家没有出资的情况下，农民工流动解决了欠发达地区亿万农村人口的就业难题；其次，农民工流动就业，使半数农村劳动力向非农产业和城镇转移，农业人多地少的千年格局有所改变，黄宗智称之为中国农业的隐性革命，为农业现代化发展创造了条件；最后，农民向第二、三产业和城镇转移，实现了自身的转变成长，他们从城乡分割体制中解放出来，从农业半自给小生产，转变到工商业半现代化和现代社会化生产，从乡村封闭、亲缘依赖的熟人社会，进入城市开放、竞争、分工协作、公共服务管理的陌生人社会。他们不仅学习了产业技能，而且完成了生产生活方式和习惯、观念的转变。农民工在生产生活、交往方式转变中，既增强了独立自主性，又增强了社会性、包容性，两者结合是人的现代性的核心内容。自主就业和城乡二元体制、权益的不平等，还唤醒了农民工追求国民待遇平等的权益意识、公民意识。[①]

联增村大量的劳动力外出打工，无论是对个体还是对家户，都产生了深远的影响，并最终影响到村庄的发展。这种影响，集中表现在从个体到家户

① 崔传义：《中国农民流动就业与现代化》，山西经济出版社，2017，前言第 18 ~ 19 页。

以及整个村庄的现代性的获得中。类似于联增村这样的村庄，其未来的发展，值得高度关注。

一 对个体现代化的促进

首先是打工者个人消费方式和生活方式的变化。

打工者往往是乡村生活“现代化”的带头人。村庄中，打工者把城市的消费方式和生活方式带进来。在调查中我们发现，一些有人在外长期打工的家户，进门时会换拖鞋。一些人的家里，有消毒柜这样并不怎么使用的家电。在联增村，还有一个比较广泛被村民接受的生活方式就是喝加工过的纯净水，而不是像以前那样喝山中取来的泉水。在交通工具选择上，随着打工收入的增加，联增村村民的交通工具逐渐从摩托车过渡到了小轿车，如今村民们都以家里有轿车为荣。根据联增村疫情防控填报的数据，全村农历2020年回家过年的打工者为247人，其中乘坐私家车回家的有93人。根据我们2021年的调查数据，仅原乜篾寨四个村民组175户中就有54户有私家车。

其次是对子女教育与长期发展趋势重视的观念较为普遍。

由于外出打工的农民工受教育程度普遍偏低，在外打工和闯荡的经历让他们觉得吃了文化水平低的苦，所以他们产生了再苦再累也要让孩子多读书的想法。哪怕挣的钱不是很多，也优先考虑的是子女的教育。只要稍有积累，就会对孩子的教育进行毫不吝啬的投入，其中最直接的表现就是把孩子送往公认的教学质量好的学校读书，尤其是私立学校。

最后是个人能力的提升和视野的拓展。

打工者大多是从最底层的普通操作工开始做起，其中一部分人的能力逐渐得到提升，成为管理人员、技术工人，这一部分人也从一般的打工者中分化出来，成为打工者中收入相对较高的群体。还有部分打工者在打工过程中随着个人能力的提升和社会关系网络的拓展，开始从事与其打工行业相关的创业。在调查中我们了解到的10多位创业者都有类似的经历，他们早先都是普通工人，在学到了技术、了解了市场、有了一定的积累之后就开始自主创业。

此外较大的改变就是思维方式的变化。打工者长期在城市生活，他们已经习惯了商品经济的思维方式。尤其是新生代农民工，大多数是从学校到工厂，已经对农业相当陌生，城市化、商品化的生活观念已经深入他们的心中，所以部分打工者即使最后不得已回到家乡，也会选择商业、服务业相关的行业进行自主创业。而年龄比较大的中年打工者，回到村里会选择从事种植或者养殖行业进行创业，但是他们的思维方式也是高度市场化的，如重视规模、技术，高度关注市场行情等。

当然，打工也对个人产生了某些方面的副作用。比如个体主义观念的加深导致了部分人家庭责任感的降低，村里的部分打工者出现了类似于“三和青年”那样的价值取向。还有就是在打工所带来的经济收入的诱惑下，部分打工者对教育的价值予以贬低，导致“读书无用论”可能在一定范围内被生产出来。

二　对家户现代化的影响

在联增村，超过75%的家户都有打工人口，打工家户外出打工的劳动力户均超过2人，最多的是一户有6个打工人口。所以打工对这些家户产生了多方面的影响。本部分先呈现联增村一个大家族的打工案例，直观展示打工对联增村家户的影响。

案例：LCH 家族的打工情况。

我这一辈兄弟姐妹有八个。

第一个是我大哥，在家干农活，嫂子在兴仁县城打工。大哥家有五个小孩，老大是女儿，老公是兴仁县城边上的，是大嫂的妹妹在打工中认识后介绍的。老二是儿子，现在在贵阳打工，老婆是开阳的，两个人是打工的时候认识的。老三以前在广东打工，结婚后回我们村来搞养殖。老四是嫁到瓮安，在浙江打工认识的。老五也是女儿，嫁到湖南，也是在浙江打工认识的。

第二个是我大姐，嫁到八组，家里有四个小孩。老大两个大人在福建打工，两个男孩由外公外婆照顾，结果掉到水里淹死了。小的那个七八岁，大的快十岁了。当时女的已经做了结扎，只好去村委会打证明，再生小孩。老二在外面打工，老婆是安顺紫云的。老三老婆是百德的，家里有两个小孩。老四是女儿，在浙江、广东打过工，嫁到县城里，后来离婚了，又嫁到兴义那边，现在这个老公在化肥厂打工，她在酒店打工，两个人生了一个女孩，小女孩由爷爷奶奶照看。

第三个是我二哥，以前干农活，现在在联增做建筑，二嫂在家里干农活。二哥家有五个小孩，老大是女儿，嫁到百德镇，他们两个是在浙江打工认识的，现在还在浙江打工，有两个小孩；老二是女儿，嫁到瓮安那边，也是打工认识的，现在还在打工，有两个小孩；老三是女儿，嫁到马场，她是幼师（专业），读了中专，考到邮电局上班，她老公在教书，他们家有一个女儿；老四是儿子，老婆是安徽的，两个人打工认识的，他们现在还在打工，有一个小孩；老五是儿子，老婆是浙江的，也是打工的时候认识的，他们有一个小孩，在浙江带。

第四个是我三哥，他老婆是百德的，他今年刚去浙江打工，嫂子也跟着去了。他家有四个小孩，老大嫁到百德，老公现在在马场中学教书，她在县城带小孩，在超市上班，原来在广东打过工，他们家只有一个小孩；老二打工嫁到河南，现在在浙江打工；老三的老婆是江西的，两个人打工认识的；老四嫁到本村，两个都出去打工了，有一个男孩。

第五个是我二姐，嫁到百德，家里有三个小孩，老大嫁到补木，他们两个是打工认识的，现在在百德开装潢店，家里有两个小孩；老二是女儿；老三是儿子。

第六个是我自己。我 2000 年以后就去广东东莞开餐馆，又去浙江打过工，老婆也跟着去的，赚了一些钱，但是两个小孩读书用完了。我有两个小孩，大女儿嫁到重庆那边；第二个小孩在贵州大学读书。

第七个是我大弟弟，他老婆是百德的。他在浙江一个电镀厂打工，每个月工资五千元，老婆在浙江做手工，家里有四个小孩：第一胎是三胞胎，两个男孩，一个女孩，有一个男孩因为奶水不够，才出生几天就死了，活下来的那个男孩现在在贵阳一个亲戚家的酒厂上班，女孩出嫁了，嫁到本村，他们在浙江打工，有一个男孩；第二胎在华南农业大学读书，是男孩；第三胎是男孩，在兴义读高一。

第八个是我最小的弟弟，他老婆是我老婆姨妈的女儿，他们在浙江打工，家里有三个小孩，老大是男孩，在县城读书；老二老三都是女儿，在外婆家那边读书。

（一）家庭模式的变化

在农民工外出打工引起的农村人口大量向城市流动的过程中，家庭的形态出现了变化。家庭模式以分居为主要特征，有单身子女外出型、兄弟姐妹外出型、夫妻分居型、夫妻子女分居型、全家外出型等不同模式。[①] 打工也带来了农民家庭的合作性：家庭从“分”走向“合”，许多分家了的家庭又重新组合起来，集中种地、小孩隔代抚养、赡养老人的方式出现了“联邦式家庭”和“轮伙头”。[②]

家庭社会学一般认为，共同生活、具有密切的经济交往、情感交流是家庭成员间的必要关系。[③] 不少研究者的家庭概念都强调成员共同居住的特征，但是随着打工现象的普遍出现，家庭成员有了地区、职业等分化后，共同居住的特征发生了变化，同一个家庭的成员长时间生活在不同的地方，有研究者将这一新的家庭形态称为跨地域家庭，其主要特征是时间上的流变以及空间上的分离，是制度（结构）、经济和文化等因素共同建构的结果。以往的研究认为农民工家庭只是被动地接受既定制度安排以及社会变迁的后果，忽视了流动过程中农民工及其家庭的能动性。跨地域家庭体现了农民工家庭积极应对社会变迁以及制度结构限制的一面，充分反映了农民工家庭的弹性与韧性，体现了家庭理性的逻辑。[④] 在这里，经济支持就取代了共同生活成为家庭得以构成的基础条件之一。这种分居的家庭模式恰恰反映了中国人的家庭观的精髓。费孝通指出，中国人的家庭注重的是纵向关系而不是横向关系。同时，中国人的家庭是以家庭整体而不是个人为本位的。可见，中国人

---

① 李强：《农民工与中国社会分层》，社会科学文献出版社，2012，第 145 页。

② 周大鸣：《中国农民工的流动——农民工输入地与输出地比较》，《广东青年干部学院学报》1999 年第 4 期。

③ 邓伟志、徐新：《家庭社会学导论》，上海大学出版社，2006，第 37 页。

④ 罗小锋：《流动农民工的婚姻维系》，社会科学文献出版社，2021。

的家庭观念与家庭关系是有其特殊性的，分居的家庭模式在一定程度上反映了这种特殊性。①

跨地域家庭是农民工在城乡之间钟摆式循环流动的产物，交通和通信条件的不断改善使得农民工家庭在时空中不断延伸。跨地域家庭具有传统的农民家庭不具有的优势，它通过部分家庭成员留在农村，部分家庭成员进入城市的方式，可以充分地利用城乡两地的优势和资源，并能有效地降低务农和务工的风险，从而获得最大化的家庭经济利益。在跨地域家庭中，家庭结构的选择成为农民工的一种家庭策略。跨地域家庭并不是农民工家庭随心所欲选择的结果，而是在制度结构的约束之下农民工家庭所能做出的最好的选择。

在联增村，大量的打工家户都是这样的跨地域家庭，能够有能力将全部家户成员带出去的只有十多户。跨地域家庭使得原本已经不断核心化的家户进一步发生家户分离。从家户理性的角度看，这是家户成员按照各自的能力做出的分工，是家户人力资源的最优配置。

（二）婚恋方式与通婚圈的变化

这主要表现为婚恋的自主性加强，以及通婚打破地域界限，出现了跨地区、跨文化的通婚。

长期以来，联增村布依族的婚姻缔结方式为父母指定的娃娃亲，在当地被称作“背带亲”，即小孩还在背带里的时候就被父母指定了婚配对象，一般到十五六岁以后“摆酒”，正式举行婚姻的缔结仪式。这种婚姻的约束力很强，很少能够反悔。从通婚范围看，布依族是比较典型的族内婚。联增村的布依族除了与本村同族相互通婚外，还与周边乡镇的布依族以及同属北盘江流域的贞丰县、关岭县等地的布依族部分通婚。与汉族通婚的较为少见，即使是在本村，过去布依族与汉族之间也不通婚，原因是“语言不通，习惯不同”。

随着大量人口外出打工，联增村的婚恋方式与通婚圈都发生了一定的变化。首先是自由恋爱取代了“背带亲”，如今 40 岁以下的已经没有人以这种

① 李强：《农民工与中国社会分层》，社会科学文献出版社，2012。

方式缔结婚姻，即使其中有部分人在小时候有“背带亲”的对象，在他们外出之后，也主动取消了这种婚姻关系。其次是通婚范围的改变，现在联增村的通婚范围大大地拓展了，出现了大量的跨地域、跨文化通婚，原来的布依族与汉族之间的通婚障碍也已经被清除。从上述 LCH 家族的婚姻关系看，大部分是通过打工中的人际关系网建立起来的，各个已婚成员的婚配对象既有本地的，也有不少是外省的。但是与此同时，传统的婚姻圈并没有完全失去作用，LCH 家族的部分成员的婚配对象还是传统的亲属关系网络中的人。特别是联增村的布依族，即使自由恋爱，也有很多人选择了以传统通婚范围内的布依族人为对象，这说明文化对缔结婚姻的影响仍然在发挥作用。

（三）婚姻稳定性

打工家庭的婚姻稳定性是一个被高度关注的问题。在调查中，村民经常提到出去打工的人婚姻出问题的事情。而且在村民的直观感受中，出去打工的人多了，离婚的也比以前多了。

认为流动后夫妻关系变差的留守妻子仅占 5.6%，认为丈夫外出后夫妻关系跟以前差不多的留守妻子占比高达 70.2%，还有 24.2% 的留守妻子认为夫妻关系在流动后变好了。[①]

无论是夫妻一方单独外出还是夫妻共同外出，多数农民工夫妻的婚姻关系保持稳定的状态。农村社区较高的社会整合度、农民工夫妻较强的家庭责任感和农民工夫妻较坚实的婚姻承诺，以及农民工夫妻所面临的较多的离婚障碍是农民工婚姻关系比较稳定的原因。而家庭责任感的弱化、个体主义和享乐主义的“抬头”、离婚障碍的减少则是部分农民工婚姻走向解体的主要原因。在社会转型期，农民工的婚姻维系纽带主要是家庭责任感而非西方意义上的浪漫的爱情。[②] “家庭主义，强调家庭一体感，重视家庭荣誉，作用之一就是维系家庭的共同目标。”家庭的共同目标是家庭得以维系的重要原因。[③] 正因为有共同目标，夫妻双方都能克服分居带来的困难和不便，也能

① 叶敬忠、吴惠芳：《丈夫外出务工对留守妇女婚姻关系的影响》，《中州学刊》2009 年第 3 期。

② 罗小锋：《流动农民工的婚姻维系》，社会科学文献出版社，2021。

③ 韦政通：《中国文化概论》，吉林出版集团有限责任公司，2008，第 307 页。

同心同德地在各自的领域中尽职尽责，共同把家庭经营好。家本位的文化使得外出丈夫与留守妻子能够共担家庭的责任。婚姻维系表面上是经济维系和情感维系，实质上在经济维系和情感维系的背后真正起作用的是当事人对于家庭的责任感。因此，婚姻维系本质上是责任维系。农民工婚姻关系维系的纽带主要是家庭责任感而非浪漫的爱情。[①]

在我们几次赴联增村的调查中，村民们多次说到村里离婚率有点高。出去打工之后，离婚的比较多，最极端的一年结几次婚的都有。课题组对此进行了统计，2015 年调查时，联增村报告的离婚数为 22 例，2021 年调查时再次统计，离婚数为 12 例，其中 3 例与骗婚有关，1 例是丈夫家暴导致妻子离家。其他 8 例都是夫妻双方在外地打工时认识并一起生活，有的甚至有了小孩，但不是都办理了结婚手续，当双方一起回到联增村时，女方觉得男方家条件太差，于是离开之后再也没有回来。所以联增村村民在提到离婚案例时，都是用“老婆跑了”这样的表述。但是也有四十多岁的未婚大龄男性，按照传统观念肯定是打光棍的人，在老家是不可能找到结婚对象的，出去打工在外面找了对象带回来。

> 我们组离婚的三家的男方都属于好逸恶劳的那种，一天还有一些赌博，女方起初都还想拼搏一下，意思就是把这个家庭稳固下去，但是最后男的都没有什么改变，她们在外面有选择的余地，然后就分开了。我们这里有一家，这个男的不光是赌博，还有家暴倾向，她挣的钱不拿给他，他就要对她施暴，日子实在过不下去，她就走掉了，这种情况也有。还有一种情况，当初他们在一起，但是后来情感等各方面出现分歧，也有离婚的。（20150427，孙兆霞访谈联增村村民 CYB）

所以我们看到，事实上离婚现象在联增村并不多。由于长期的婚姻稳定性，外出打工出现的离婚数量增加在当地人心里产生了离婚多的印象。从数据上看，联增村的离婚数量其实在减少。这是为什么呢？我们对全村外出打

---

① 罗小锋：《流动农民工的婚姻维系》，社会科学文献出版社，2021。

工夫妻的居住地进行了统计，结果发现，夫妻不在一起的为85对，包括夫妻一方打工，另一方留在家中，以及夫妻都在打工但不在同一个地方，其中丈夫打工妻子在家务农或者全职照顾小孩的为42对，妻子外出务工丈夫在家务农兼照顾家庭的为28对，夫妻俩异地打工的为15对。而夫妻在同一个地方打工且住在一起的则高达208对，很多甚至在同一个厂。[①] 从以上数据我们基本可以窥见联增村打工家户婚姻稳定性高的原因：大量的夫妻在同地甚至同厂打工，消除了夫妻长期分居而造成关系破裂这一最大隐患，而部分夫妻因家庭原因不得不城乡分隔，但是对家庭的共同目标和责任感使得他们能够维持婚姻关系的稳定。换言之，在联增村，面对社会变迁带来的婚姻挑战，人们其实已经做出调适。

（四）留守儿童与留守老人

跨地域家庭以及夫妻共同外出打工也必然会产生一些负面效应。其中最大的问题就是留守儿童与留守老人。

留守经历对农二代大学生的心理健康水平有显著影响。留守经历尤其是双亲外出的留守经历是农村儿童早期社会化的一种负面事件。而这种负面事件直接影响了亲子关系质量，也直接改变了农民工子女的家庭归属感。小学阶段留守经历的影响比初中阶段留守经历的影响要大。这一点表明青少年在小学阶段遭遇重大转变性事件的经历对其成年后的影响更为显著，即小学阶段是青少年的社会化发展关键期。[②] 留守儿童处于青少年成长阶段，却被迫承担他们正常的社会化过程中本应避免出现的“亲子关系缺席或重塑”这一问题。因此，农民工回流的第一功能是降低家庭风险，保证家庭结构的完整与功能完善。[③]

2021年春季学期，联增村共有571名学前教育及义务教育阶段学生，其中在省外就读的为52人，分布在41户中；在县外省内就读的为24人，分

---

① 因为就业单位名称登记不全，无法统计具体数据。

② Coleman, J. S., “Social Capital in the Creation of Human Capital,” *American Journal of Sociology* 94 (1988).

③ 刘成斌：《农民工的终结——基于社会成本与城镇化背景的考察》，社会科学文献出版社，2017，第137页。

布在18户中。这就意味着这些儿童中能随父母在其打工地就读的最多为76人，剩下的近500人中会有相当大一部分属于留守儿童。

留守儿童在家大多由爷爷奶奶或者外公外婆负责照顾。对于老人们来说是一个比较大的压力。特别是在一些事故出现后，他们会感到更加紧张。比如前述LCH家也发生过类似的事故，两个孩子溺水死亡。而一些老年人由于没有能力照顾小孩，不得已由年轻夫妇将小孩带到打工地，这样一来就大大增加了支出，可能会影响家户其他目标的实现。所以将小孩带到打工地的家户并不一定是经济条件好的。

> 我家老二是男孩，叫LHD，初中毕业就去打工了。他们家有两个小孩，大的是女孩，在浙江读书；小的也是在浙江读书，读小学。因为我们管理不了，拿给他们夫妻俩管理。在家里学习不好，拿到浙江自己教，就学习好点。LHD家没有盖房子，没钱盖不起，虽然在外面打工，但是小的又要读书，没钱盖房子。(20150424，曹端波访谈联增村村民LYP)

留守在家的儿童，也出现过家里的老人处理不了的紧急情况，但是得益于联增村紧密的社会团结，问题被及时处理了。

> WMQ家夫妻全部外出打工，姑娘是在联增小学读书，和一个将近八十岁的老奶奶在家。有一天晚上她突然生病，非常痛苦，寨老就赶紧组织大家来帮忙，大家都来出钱出力，一共筹了一万多元，然后连夜请车子运到兴仁的医院去。当时起来了八十多个人，五六个人送孩子去医院的。(20150424，孙兆霞访谈联增村村民LYH)

三　对村庄现代化的影响

（一）村庄发展与治理

打工经济使村庄的后乡土特征越来越突出。随着村庄大流动、大迁徙现象的出现，农村居民已经广泛接触、认识并可能认同现代性的价值及观念，他们的思想观念特别是新生代农民的精神气质已经发生巨大变化。首先，农村人已经不再普遍具有“土气”特征，相反越来越多的农村人具有“摩登”（Modern）气息或现代化特征。其次，后乡土社会的村落从相对封闭和低流动性进入大流动和大转型时期。最后，熟人社会的网络延伸及运用。后乡土社会依然是熟人社会，只不过以同村而居为基础的熟人社会已经在范围上大大拓展，熟人社会网络随着流动性的提高在不断向外延伸，以村落为基础的熟人社会已经拓展到“同乡”熟人社会，形成了他们在城市寄居生活的重要社会网络和交际圈。①

从村庄的角度看，打工最直接的作用就是发展加快。联增村从一个贫困村到脱贫出列，最大的贡献就是打工收入。脱贫攻坚期间，村里做得最多的工作是动员劳动力外出打工。

而随着大量人口外出打工，原先同质性很强的农民逐渐出现职业等级与层级分化。且对社会分层的评价标准集中于经济水平，改变了原有的文化区隔。那些取得较高收入的打工者成为能人的代表，在村中拥有较高的声望，成为其他人羡慕的对象。

同时，那些在打工过程中积累了一定能力的村民也成为村庄治理的主要力量。联增村的村干部、村民组组长、村庄精英都有打工经历。现任的村干部在培养新的后续干部力量时，也将他们在打工中表现出来的能力作为一项主要的衡量指标。

但是，正如前文所分析的，以打工为主要收入来源的经济模式也容易形成“路径依赖”，对乡村产业的发展会带来一些负面影响。除了早熟蔬菜，联增村还曾发展过一段时间烤烟，而且收益很好，但是同样受制于打工潮造成的劳动力大量外流而终止。

> 我们村的烤烟种了三年，地很肥，政府也来培训，所以大家都比较积极，大概有一百多户人家种了烤烟，那几年种烤烟的人家都挣了不少钱。原来那个中心学校校长家承包了二百亩来种烤烟。三年以后种不下

① 陆益龙：《制度、市场与中国农村发展》，中国人民大学出版社，2013，第303页。

去了，一是那时候交通还不方便，再就是逐渐地大家都出去打工了，根本就请不到劳动力，烤烟需要很多劳动力，而且很累，打工就不同了。(20150428，孙兆霞访联增村村民 LYH)

所以在联增村这样的村庄里，如何发展乡村产业，如何推动城乡融合发展，就需要有新的观念和思路。

(二) 打工村庄的城乡融合探讨

有研究者提出终结农民工体制的问题，认为最终要通过城镇化与回流两个方向来解决农民工这一体制。[①] 但是就联增村的情况而言，这两条路都难以实现。农民在城乡间钟摆式的流动在短期之内看不到终结的可能。相反，“城乡两栖”[②] 可能在相当长的时间内是他们的现实状态。

农村要实现现代化是学术界的共识，也是国家建设的目标追求。学术界自 20 世纪 90 年代开始讨论农村现代化问题，如陆学艺先生的《关于中国农村现代化发展道路问题》[③]。王春光讨论了在乡村振兴的战略目标下，以农业现代化推动农村现代化的实践路径。[④]

在联增村，可能更多地需要探讨城乡融合的路径问题。

城乡一体化的深入发展为乡村业态的繁荣提供了条件。首先，乡村交通条件的改善和汽车保有量的大幅度提升，扩大了劳动力的活动半径，使得“回流”更加普遍。其次，互联网和物流体系进入乡村，为乡村产业的发展创造了新机会。最后，随着打工收入增加和农村生活条件改善、生活方式的改变，乡村产生了更多的商贸服务需求。乡村非农产业的兴起与繁荣，与农业经营形成进一步的密切配合，构成了一个复杂多元的乡村经济生态系统。这个经济生态系统丰富了乡村业态，也使得“半工半耕”的家庭经营模式

① 刘成斌：《农民工的终结——基于社会成本与城镇化背景的考察》，社会科学文献出版社，2017。

② 王春光：《第三条城镇化之路：“城乡两栖”》，《四川大学学报》（哲学社会科学版）2019 年第 6 期。

③ 陆学艺：《关于中国农村现代化发展道路问题》，《社会科学战线》1995 年第 6 期。

④ 王春光：《迈向共同富裕——农业农村现代化实践行动和路径的社会学思考》，《社会学研究》2021 年第 2 期。

产生了新的内容。一方面，由于乡村产业的存在，劳动力可以根据家庭生命周期灵活地在本地与外地之间“往返”。另一方面，乡村产业的发展导致了“半工半耕”模式的进一步演化，出现了本地农业就业与本地非农就业的结合，形成了“双顾模式”，在此基础之上形成了特殊的城乡融合道路。[①]

事实上，联增村的发展已经深深地嵌入了城市。与此同时村庄的社会文化却能够得以较为完好的延续，在城乡互动中展示了自身的生命力。因此我们可以超越地域，用跨地域的视野看待城乡融合的问题，或许“跨地域城乡融合”也是一项可能的选择。

李强提出了“乡村生活的城市化”。中国所面临的城市化任务之宏大，没有任何其他国家可以与之相比。在相当长的一段时期里，相当比例的农民仍然会生活在乡村地区，这是符合中国实际状况的。在这些地区推进生活方式的变革，实现乡村生活的城市化反而是一条比较实际的道路。[②] 乡村生活方式的城市化是指在维续乡村的前提下，即在乡村人口居住和生活空间结构不改变的情况下，实现生活方式向现代化和城市化的转变。生活方式的变迁实际为城市化的精神变迁，并非只有人口都集中到城市才叫城市化，当生活在乡村的人们的文化观念、生活方式走向现代化时，实际上也实现了城市化。[③]

在联增村这样的村庄，如果能进一步解决好基础设施以及公共服务问题，做好乡村教育和社会保障工作，不断缩小与城市在这些方面的差距，实现城乡一体化的目标，对于村庄发展来说，也同样是重要的途径。而对于乡村产业，就需要超越那种规模化、资本化的思维方式去谋求发展。

---

① 付伟：《城乡融合进程中的乡村产业——历史、实践与思考》，社会科学文献出版社，2021。

② 李强：《农民工与中国社会分层》，社会科学文献出版社，2012。

③ 陆益龙：《制度、市场与中国农村发展》，中国人民大学出版社，2013。

第四章 家户视角下的农业现代化

如果将“现代化”简单地理解为从“传统社会”向“现代社会”转变的渐进过程，那么联增村无疑处于中国农村现代化的最末端。从城乡关系的空间维度来看，联增村地处西部地区农业县城的最远端，远离现代化的核心区域，是典型的山村聚落。从现代化的时间维度来看，联增村打破封闭自足状态的时间极晚，2007 年才修通连接外部世界的通村公路，村民长期以种植养殖为主要生计来源，2020 年才消除绝对贫困。对于联增村这样一个地处西部偏远地区的后发型农业山村来说，“农业现代化”自然成为理解村庄整体现代化转型的重要维度。

在研究中国的农业现代化道路时，学者们均注意到中国与西方国家的显著差异，即“大国小农”的基本国情：“中国是一个以小农户家庭经营为基础、农业人口众多的发展中国家。”[①] 因此普遍认为中国现代化农业发展步伐、道路的选择、实现方式及方法应与西方有所差异。[②] 但是在如何实现农业现代化的具体路径上，特别是关于未来小农的处境，却呈现截然不同的两种观点：一种观点认为，小农经营的组织方式存在效率低下和无法实现增产增收的弊端，只有发展土地规模经营特别是资本主义大农场才能实现农业现代化，[③] 土地流转和适度规模经营是农业现代化的前提；[④] 另一种观点认为，

① 牛若峰：《中国农业现代化走什么道路》，《中国农村经济》2001 年第 1 期。

② 陆世宏：《中国农业现代化道路的探索》，社会科学文献出版社，2006。

③ 李燕琼：《我国传统农业现代化的困境与路径突破》，《经济学家》2007 年第 5 期。

④ 北京天则经济研究所《中国土地问题》课题组、张曙光：《土地流转与农业现代化》，《管理世界》2010 年第 7 期。

中国特殊的发展历程形成的“保护型城乡二元体制”为中国的现代化提供了“稳定器”和“蓄水池”，中国的农业现代化道路必然是“小农经济”的现代化之路，而小农经济发展的现实问题在于农业生产的基本条件的维持和村庄内部的农业经营的适度规模化问题。[①]

本章围绕上述争论，从“家户视角”分析联增村的农业现代化之路，详细阐释：为什么联增村的现代农业发展，无论是农民自发探索的早熟蔬菜及其他产业、各级政府的多种产业扶贫项目，还是近两年强力推动的“振兴农村经济的深刻产业革命”，均未能撼动以家户为核心的多元化经营，也未形成规模化、专业化、市场化的现代农业。

第一节　农业现代化的动力机制与演进脉络

原中国农业大学校长柯炳生认为，农业现代化是指具有发达的基础设施、先进的科学技术、高效的组织方式和完善的服务体系，土地产出率、劳动生产率和资源利用率均较高的一种生产发达、农民富裕、环境优美、具有一定国际可比性的先进农业发展状态。[②] 还有学者认为，农业现代化是传统农业通过不断应用现代先进科学技术，提高生产过程的物质技术装备水平，不断调整农业结构和农业的专业化、社会化分工，以实现农业总要素生产率水平的不断提高和农业持续发展的过程。农业现代化具有技术性、效率性和制度创新三个方面的特征。[③] 由此可知，农业现代化涉及农业生产条件与基础设施、农业生产手段与科学技术、农业组织与经营方式、农业销售服务等农业生产的完整环节，评价指标包括投入、产出、农村社会发展水平与可持续发展水平等方面。[④] 但是，农业为什么会发生现代化的转变呢？这就需要把农业现代化置于更广阔的国家经济社会发展、城乡

① 贺雪峰、印子：《“小农经济”与农业现代化的路径选择——兼评农业现代化激进主义》，《政治经济学评论》2015 年第 2 期。

② 柯炳生：《对推进我国基本实现农业现代化的几点认识》，《中国农村经济》2000 年第 9 期。

③ 顾焕章、王培志：《论农业现代化的涵义及其发展》，《江苏社会科学》1997 年第 1 期。

④ 辛岭、蒋和平：《我国农业现代化发展水平评价指标体系的构建和测算》，《农业现代化研究》2010 年第 6 期。

关系等大背景下进行分析，由此引申出农业现代化“动力机制”的探讨。

一　全国视野下的农业现代化动力机制

中国的农业现代化道路，与中国作为后发独立的发展中国家向发达国家的追赶之路紧密关联。从20世纪60年代提出“四个现代化”，到80年代为实现“四个现代化”而奋斗，再到21世纪党的十八大提出“新四化”，农业现代化一直与国家现代化发展同频共振。联增村虽然只是贵州省一个偏远的山村，但是村寨里的每一家农户都受到国家力量的深刻影响，为联增村形塑了一条既具有特殊性又带有一定普遍性的农业现代化之路。在新中国成立后长达70余年的时间里，“国家－市场－社会转型”构成联增村农业现代化的基本动力机制。

（一）农业现代化与国家现代化的内在关联

1954年召开的第一届全国人民代表大会，第一次明确提出要实现工业、农业、交通运输业和国防的四个现代化的任务。1964年12月，三届人大一次会议召开，周恩来在政府工作报告中提出，要在不长的历史时期内，把我国建设成为一个具有现代农业、现代工业、现代国防和现代科学技术的社会主义强国。20世纪80年代，国家重提“四个现代化”，并使其成为家喻户晓的奋斗目标。党的十八大则提出“新四化”，即坚持走中国特色新型工业化、信息化、城镇化和农业现代化道路，并强调“四化同步”。就“四化”的关系来讲，工业化创造供给，城镇化创造需求，工业化、城镇化带动和装备农业现代化，农业现代化为工业化、城镇化提供支撑和保障，而信息化推进其他“三化”。由此可以看出，中国的农业现代化始终与国家的总体发展目标高度契合，“大国小农”的典型特征体现在：农业现代化建立在小规模经营基础之上；具有多元模式、多条路径；具有发展中大国特征；以推进“四化（工业化、城镇化、信息化和农业现代化）同步”为背景。[①] 因此，在分析联增村的农业现代化演进之路时，必须将国家与农户的关系作为最主

① 张红宇、张海阳、李伟毅、李冠佑：《中国特色农业现代化 ：目标定位与改革创新》，《中国农村经济》2015年第1期。

要的分析脉络。

新中国成立以来，国家与农户的关系，大致可以分为四个阶段。第一阶段（改革开放前），以人民公社体制为代表的国家与农户关系阶段。第二阶段（20世纪80年代改革开放初），人民公社解体，通过家庭联产承包责任制使农民重新获得生产经营自主权。第三阶段（20世纪90年代至2006年），针对农户负担过重、“三农”问题凸显的情况，国家通过财税体制改革，特别是转移支付来解决县辖两级政府的财政问题，通过取消摊派减轻农户负担，优化国家跟农户的关系、国家跟集体的关系。第四阶段（2006年以后），国家开始向农村转移大量资源，并探索构建新型的国家与农户关系形式，社会主义新农村建设等，标志着城乡统筹阶段的到来。

对于联增村这样的西部地区贫困村来说，在讨论“国家－农户”关系时，还有一个不可忽视的大背景，即国家扶贫体系的建立和完善。在国家扶贫政策中，无论是对于道路、水利等农业基础设施的超常规投入、以项目制为主要治理方式的产业扶贫，还是对口帮扶中的农业资金、人才、技术等的帮扶，都对西部地区的农业现代化起到了加速作用。

（二）农业现代化的动力机制：“国家－市场－社会转型”

沿着“国家－农户”关系这一脉络来回顾联增村的发展历史，能清晰地看到：联增村的农业现代化，是家户这一行动主体在国家的改造与支持下被动或主动改变自给自足状态，寻求市场机会的过程中进行的，政府这一只“看得见的手”、市场这一只“看不见的手”与社会转型这“另一只看不见的手”①，构成联增村农业现代化的基本动力机制。

政府对于农业现代化的作用大致可以概括为三个方面：第一，政府对农村土地制度的规定，确定了“大国小农”的基本人地关系，这是中国农业现代化的基础；第二，新中国成立后以政府为主体的国家对于农业基础设施、农业科技研发、农业保护政策等方面的投入，构成国家“农业现代化”的政策体系；第三，各级政府对农户、新型农业经营主体、农业公司等的支持政策，深刻影响了农业生产的组织形式，对农业现代化构成最主要的影响。

① 李培林：《另一只看不见的手：社会结构转型》，《中国社会科学》1992年第5期。

市场对于农业现代化的作用也可以从三个角度来分析：第一，农业现代化的“产出”指标，即农业生产效率，最直观地表现为单位面积、单个劳动力所创造的市场价值；第二，市场深刻地影响农业现代化的方向选择，“符合市场需求”成为农业现代化的目标导向；第三，市场力量彻底打破小农自给自足的生活状态，加速了农村社会的经济分化。

而社会转型对于农业现代化的作用涉及城乡关系，有学者称之为“隐性的农业革命”[①]：伴随着国民经济的发展，尤其是非农部门的发展以及收入提高，导致的人民食品需求转型，特别是畜-禽-鱼和菜-果消费的大规模上升，由此导致农业结构的基本转化。质言之，城镇化的推进与城镇居民消费变化推动了农业产业结构调整。

二　联增村农业现代化演进的基本脉络

按照农业现代化的内涵与“国家-市场-社会转型”动力机制分析框架，新中国成立后联增村的农业现代化大体上可以划分为三个阶段：第一阶段，“以产粮为主”的渐进式农业现代化阶段（1950~1991年）；第二阶段，农业产业化自发探索与产业扶贫阶段（1992~2017年）；第三阶段，农业产业结构调整与“革命”阶段（2018年以后）（见表4-1）。

表4-1　联增村农业现代化演进的基本脉络

农业现代化阶段	农业现代化的动力机制	本阶段农业发展特征
“以产粮为主”的渐进式农业现代化阶段（1950~1991年）	国家是推动农业现代化的主要力量，市场的影响很小，社会转型刚刚发生 1. 国家的集体化土地制度与家庭联产承包责任制，构成农业产业化的基本土地制度 2. 集体化时代国家的基层组织单位——人民公社与生产队，后集体化时代的国家对农业化肥、良种、机械等方面的研发投入，是粮食产量提高的关键因素 3. 家庭联产承包责任制，是国家主动调整与农户关系、城乡关系的关键制度	1. 道路、水利、工具等农业基础设施改善 2. 化肥、良种、机械等农业科技投入 3. 粮食产量稳步提高，最终解决温饱问题

① 黄宗智：《中国的隐性农业革命》，法律出版社，2010。

续表

农业现代化阶段	农业现代化的动力机制	本阶段农业发展特征
农业产业化自发探索与产业扶贫阶段（1992～2017年）	社会转型加速，市场对于农业现代化的推动力量显著增强，国家通过扶贫使农户适应市场竞争 1. 国家行政机构调整（1992年百德镇建立）与城镇化发展，为农民发展面向市场的早熟蔬菜种植、销售带来契机 2. 劳动力市场开放，大量农民开始进城务工，形成“种菜－打工”之间的张力 3. 国家主导的扶贫开发项目的落地，力图使村庄农业结构实现现代化转型	1. 由种粮调整为种植早熟蔬菜 2. 由自给自足向市场销售转变
农业产业结构调整与“革命”阶段（2018年以后）	社会转型的影响更深入地扩散到西部地区，地方政府开始面向市场进行“农业产业化”调整 1. 交通、物流等农业基础设施的持续改善，使得联增村与全国乃至全球市场连通 2. 地方政府开始主动调整产业结构，发展林果、中药等高附加值经济作物 3. 地方政府扶持大型农业经营主体，追求经营规模与效率	1. 产业结构从以“粮－菜”为主向核桃、前胡、百香果等多种经济作物转变 2. 经营主体从农户向农业公司等多种主体转变

（一）“以产粮为主”的渐进式农业现代化阶段（1950～1991年）

联增村的土地长期以种植粮食为主，无论是在集体化时期还是在家庭联产承包责任制实行后，“吃饱饭”一直是农业种植的首要目标。新中国成立之初，由于农业生产力落后，联增村农户为解决吃饭穿衣的问题，采取“多样化种植”方式，种植多种谷物、豆类和棉花。乜簚的老党支部书记ZHG（1974～2004年任党支部书记）回忆了当年的生活情况：

解放的时候，我家有四五亩的地，但是才收二十多挑。那个时候种的都是些老品种，产量不高，五分田百把斤都收不得，所以那个时候都没得收入。谷种只有一样品种“小红橘”，它个子高，又不倒，长势好，就是没得收入。杂粮还种些小米、高粱、老麦，可以做饭、做炒面，也可以做酒。豆类像豇豆、兰豆、黄豆、青豆家家都种点，但是这些收入也不高。坝子里面的做梯田，坡上只是挖出生土来种棉花。我们当时是42户，差不多一半家里每年都差一两个月的粮食，就要去跟亲戚朋友借，大米掺着苞谷、小米、高粱这些，勉强够吃。（20150425，

孙兆霞访谈乜篾老党支部书记 ZHG）

集体化时期，联增村响应国家“自力更生”的号召，一方面兴修集体水利，改善农业生产基础设施；另一方面在国家的支持下开始种植新品种、使用尿素等化学肥料，提高粮食产量。其中，1958～1962 年，采用人民公社的劳动组织方式；1963～1968 年，采用三五家组成“互助组”的劳动组织方式；1969 年又回归集体劳作。这一时期农业现代化主要表现在三个方面：第一，集体兴修农田水利设施，使很多土（旱地）改成田（水田）；第二，蔬菜、小麦等新作物品种的推广；第三，集体化后期尿素等化学肥料的使用。

集体化的时候，开荒地也不多，不过把土（旱地）改成田（水田）的比较多，水能灌溉过去的都改成田了，剩余的土只是边缘上的土了。我们原来有四个组，土改成田的面积要达到我们整个组分下来的土，可能有五六十亩。我们全村的田是 250 亩，土就是 425 亩。[①] 1974 年，政府要求“农业学大寨”，我们就发动大家拉土栽秧，搞了好多“地坎”。原来土地一遇到大雨，就往下陷，整一下地坎，把它围起来，这些泥巴就不伤苞谷地了，它就好一点了。

大概 1967 年的时候，有村民到高山（百德、马场这些地方）拿粮食和人家换小麦的种子，回来就自己种，这样慢慢种的人就多了。那时候上边的种蔬菜、种辣椒，我们这边只种粮食，后来就开始自己种菜不在外面买了。那时候国家还号召我们种甘蔗，从贞丰拉过来的，种了 6 亩，卖了之后把钱交给国家。1968 年，那时候我还当组长，中寨二组家有个姑娘在广西，那里的少数民族就把一些种子给她，她就把这些种子带给她父亲拿回来种。也不知道是什么品种，我们种自己的种子得三挑，种他们那个得七挑。后来我就专门跟他谈内心话，说要把这

① 截至 2021 年 5 月，乜篾的田有 300 余亩，土有 500 多亩。换言之，从集体化时期到现代，乜篾的土地资源基本上没有什么变化，但是人口数量却比之前增加了 4 倍。

些发扬出来，不要光是你们一家人做，不要急着拿去卖，让他多留一些种子拿给村里人种，这样一个寨子的人都种好，大家都吃饱。后来他就把那些种子拿来，一家就去挑一点拿回来种。到七几年的时候，国家就有新品种①，乡政府又组织人帮我们公社来整，一直到现在了。

到 1968 年的时候，国家每个月给每个组发 500 斤尿素，用的是日本进货的，质量好，但是我们不习惯，用在苞谷地里弄得秆很窄，说"这不是害人嘛"，所以就不用。到 1974 年，我开始当支书，到各个组去参观人家的农业，去过贞丰，有次还到过安顺、贵阳，第一是看化肥怎么用，第二是看人家是如何挖沟、打窝的，积累经验。然后回来就动员群众，说不要乱撒，一次撒那么多苞谷怎么能不死嘛，只要放一小勺就够了。最后他们就说这个东西还是好的，就是国家允许农家肥少放点就行了，就一直习惯用到现在了。（20150425，孙兆霞访谈乜篾老党支部书记 ZHG）

由上可知，联增村在 20 世纪 70 年代就已经基本解决了"吃饱饭"的问题，农业生产条件与生产力均得到稳步发展。特别是家庭联产承包责任制推行以后，农民的日子更加富足。这一时期虽然经历了农村土地制度的变革，但是这是国家主动调整跟农户的收益关系，农业现代化的动力机制并没有发生根本转变。联增村在 1982 年实行包产到户，但是由于地理位置偏远、土地分散且细碎等问题，联增村的农业现代化步伐显著滞后于东部地区，这主要表现在两个方面，第一，农业生产的基础设施（如道路、机械）并未发生根本的变革，从道路来看，联增村一直以土路为主，直至脱贫攻坚期间才完成通组路与串户路的建设，也配套建设了部分生产道路。2015 年课题组在联增村田野调查时，仍然有部分土地无法使用机械耕作。第二，农业生产的结构仍以粮食种植为主，只有少量的开荒地用来种植经济作物，增加家庭收入。

① 1976 年，由袁隆平培育成功的籼型杂交稻开始在全国大面积推广，我国成为世界上第一个成功进行水稻杂种优势商品化利用的国家。联增村的水稻品种更新为杂交水稻。

（二）农业产业化自发探索与产业扶贫阶段（1992～2017年）

20世纪90年代以后，中国经济体制改革的效应更深入地影响农村，表现在三个方面：第一，市场对农户生产的影响越来越大，除了种粮交公粮，农户更多的开始种植经济作物；第二，以快速城镇化为主要特征的社会转型，使中国从"乡土中国"[①]向"城乡中国"[②]转变，由此引发城市对产品需求量的迅速增长乃至食品消费结构的调整，从而导致"隐性的农业革命"；第三，市场经济的发展和社会转型差异，导致不同地域（特别是东中西部地区）的经济发展水平差距拉大，大量农民开始离土进城成为"农民工"，从而导致西部地区出现"老人农业""农业女性化"[③]现象。

联增村虽然远离中心市场和城镇，但其农业发展也受到市场和社会转型的深刻影响。联增村的劳动力和农产品开始离开农村、进入城镇，村民生计方式呈现明显的多元化特征。特别是1992年"撤乡建镇"后，百德乡、新元乡合并为百德镇，使得距离百德镇仅七八公里的联增村获得了发展早熟蔬菜的市场机会。因此，在外出务工人数增加的同时，乜篾的村民开始减少粮食种植，转而种植早熟蔬菜。这样的种植结构调整，极大提高了单位面积土地的产出和单个劳动力的市场价值，农业现代化进入加速期。

此外，这一时期国家税收制度从"包干制"调整为"分税制"，中央各种财政资金开始以"专项"和"项目"的方式向下分配，而且这越来越成为最主要的财政支出手段。[④]在这样的时代背景下，联增村的农业生产目标逐步从"吃饱饭"向"有钱赚"转变，多种多样的农业产业扶贫项目进入这个位于市场经济体系边缘的贫困山村。这一阶段联增村的农业产业发展情况，将在本章第二节进行详细分析。

（三）农业产业结构调整与"革命"阶段（2018年以后）

2015年以后，随着"精准扶贫"政策的实施，贫困村的农业生产条件也发生了翻天覆地的变化。与此同时，大规模易地扶贫搬迁人口进入城市，

① 参见费孝通《乡土中国》，上海人民出版社，2007。
② 参见周其仁《城乡中国》（上、下），中信出版社，2013。
③ 金一虹：《农业女性化：影响及前景》，《中国社会科学报》2010年7月6日，第11版。
④ 周飞舟：《财政资金的专项化及其问题 兼论"项目治国"》，《社会》2012年第1期。

贵州省城镇化率以每年增加 1.5% 以上的速度提高；交通条件的改善与东西部扶贫协作等政策的实施，为贵州省的农业产业发展提供了新的契机。正是在这样的背景下，贵州省看到自身与东部发达地区农业产业发展的差距，也看到自身“山地农业”的优势，因此政府提出“来一场深刻的农村经济产业革命”，希望通过扶贫资金的有效利用，发展“坝区产业”，推动面向市场的农业产业的成长，并强力推动社会转型。联增村在这一阶段农业产业发展的情况，将在本章第三节进行详细分析。

第二节　农业产业化的自发探索与产业扶贫

20 世纪 90 年代之前，联增村村民主要种植水稻、苞谷等粮食作物，农业现代化的首要任务是让农民“吃饱饭”。从 20 世纪 90 年代开始，联增村的农业现代化进入以“有钱赚”为主要目标的新阶段。但是，无论是以农户为主体自发探索的早熟蔬菜，还是以“项目制”为主要形式的产业扶贫，并没有改变青壮年劳动力外出务工的现实，反而在产业发展过程中因各种各样的原因导致项目成效甚微。

一　早熟蔬菜产业的“内生”与“触顶”

联增村并没有种植蔬菜的传统。在 20 世纪 90 年代以前，联增村的农业种植以“水稻 - 小麦”（田）和“玉米（黄豆） - 小麦”（土）为主要轮作方式。即使是地处坝区的乜篾要吃菜也只能去其他村寨购买，被戏称为吃别人剩下的“坝脚菜”。但是，1992 年百德镇建立，乜篾依托其优越的水热资源条件开始种植蔬菜。因为乜篾地势较低，春季种植的蔬菜比百德镇其他村寨的蔬菜要早上市半个月左右，所以早熟蔬菜产业成为联增村具有比较优势的农业产业。在外部市场机会的吸引下，农户开始自发调整种植结构，将小麦改种为早熟蔬菜，形成“水稻 - 早熟蔬菜”的新轮作方式。

（一）早熟蔬菜产业的外部市场机会

20 世纪 90 年代之前，联增村隶属大山区，村民赶场以大山集市为主。1992 年，贵州省实施“撤区并乡设镇”，将云上、九盘、马场三乡合并为新马场乡，百德乡、新元乡合并为百德镇。虽然联增村在行政隶属关系上属新马场乡管理，但是因为其距离新马场乡12公里，距离百德镇仅7公里，百德镇是更近、更大的地域市场，乜篾农户的早熟蔬菜主要在百德镇出售。乜篾原党支部书记回忆了当时早熟蔬菜产业发展的情况。

原来早熟蔬菜拿去大山卖要贵一点，但要远一点，有些闲天[①]又不好卖，所以就都拿到百德镇卖了。百德镇在1992年建市场，现在场区面积跟90年代比大了两三倍。以前是拿背篼背起来，现在是用车子来拉。兴仁县、断桥镇的都来百德镇买（菜），拉到他们的农贸市场去销售。由于百德镇这个场出来了，老百姓的早熟蔬菜卖得更好了。不光是赶场天，闲天也有人买。原来搞三五千（元），现在搞一两万（元）的多得很。百德镇的农贸市场，也有来卖菜的，也有来收菜的。外地的赶场天来（卖菜），本地闲天去（卖菜）得多。（20210505，陈斌、孙兆霞、宗世法访谈乜篾原党支部书记LYH）

（二）早熟蔬菜产业的内生性成长

联增村早熟蔬菜产业的发展，一方面受到百德镇这一巨大新兴市场的刺激，另一方面受到临近的关岭县断桥镇反季节蔬菜的启发。因为联增村地处北盘江低热河谷气候带，拥有地势较低、温度较高、光照较好的自然条件，因此其种植的蔬菜上市时间比其他村寨的早半个月左右。这一时期，地方政府并没有推广早熟蔬菜种植，农户完全是自发种植。早熟蔬菜种植初期，乜篾农户种植早熟蔬菜的面积均比较小，最主要的限制条件是乜篾的通组路与通村路没有硬化，农户靠人挑马驮能够运输的蔬菜总量极其有限。

1992年开始种植早熟蔬菜至今的菜农ZYS回忆了联增村早熟蔬菜产业发展的大致历程。

关岭（县）断桥（镇）那边搞大棚蔬菜比较早，当时我们这边没

① 闲天，指非赶场天。

有卖，总是在那边买，买了好多年了。我 1992 年开始种植大棚蔬菜，搞了辣椒、西红柿、棒豆、黄瓜、小瓜这些品种，收入很好，当时拿去（百德镇）卖，一斤可以卖一块钱多点，一年搞几百块钱，挣的钱就是用在娃儿读书方面，那时候几千块钱就可以盖间像样的房子。我们这边全部是阳光照射，种植的蔬菜品质很好。好多来新马场乡购买蔬菜的，都是先来我家买，再到其他家买。但是那时候这条路（通村路）没有修，道路不通，都是人背马驮。那时候每家最多一亩地或七分地，都不敢种植这么多，因为每天都要背去卖，一旦卖不出去就要烂。（20150428，周恩宇访谈菜农 ZYS）

2007 年，联增村通往百德镇的乡村公路硬化，极大地促进了早熟蔬菜产业的发展。但是，如果从农户种植早熟蔬菜的总面积和平均面积来看，很难称得上规模化、产业化。课题组 2017 年 2 月完成“乜簸农户种植早熟蔬菜统计表”，从表中农户开始种植时间来看，从 2007 年到 2011 年不等，大多数是在村级公路硬化之后开始种植，这表明道路等基础设施对于农业产业发展的影响。从种植早熟蔬菜的农户年龄来看，在 46 ~ 66 岁，平均年龄为 53.8 岁，种植早熟蔬菜的多为年龄偏大的农户。从农户学历来看，小学、初中、中专学历占比分别为 39%、58% 和 4%，种植早熟蔬菜的农户学历要高于全村平均水平。从农户种植蔬菜面积来看，在 3 亩以上的仅有 3 户，占比 12%，大部分农户种植蔬菜面积在 3 亩以下，其中有 10 户（占比 38%）有租种他人土地进行经营的情况。这跟部分农户所有的田本来就少，流转也较为困难有关。

村里人很少愿意流转过来土地的。像我们家一样，年轻人出去，老人在家还要吃，很少人愿意流转的。我家的土地不到一亩，如果转出去了，老人吃什么？（20170204，孙兆霞访谈联增村村民 CXY）

从农户销售区域来看，均在百德镇、新马场乡以及百德镇下属新元村零售；农户销售收入在万元以上的仅有 5 户，最高收入为 1.2 万元左右，最少的也有3000多元，平均每亩早熟蔬菜的收入在3000元以上。

（三）早熟蔬菜产业的“触顶”与萎缩

虽然交通条件的改善，促进了联增村早熟蔬菜产业的迅速发展。但是，经过将近30年的发展，早熟蔬菜产业并没有发展为联增村的支柱产业，反而因为外出务工的青年人越来越多而陷入萎缩境地。2017年，作为早熟蔬菜产业的最主要种植坝区，整个乜篾160多户农户仅有26户种植早熟蔬菜，总种植面积仅有50余亩，占整个坝区的面积不超过10%。联增村种植早熟蔬菜面积最大的WZF也不过种植了10余亩。2018年以后，乜篾的600多亩土地均被流转到老板手中发展农业产业，分散种植早熟蔬菜的农户仅余不到10户。在被问到为什么早熟蔬菜产业没有发展为大规模的乡村产业的时候，村干部和村民分别从产业和农户两个角度进行了解释。

在村干部看来，联增村的早熟蔬菜具有很大的发展前景，但是因为农业生产条件不完善，如市场、灌溉、生产道路等存在问题，导致产业没有发展壮大。联增村党支部书记QTL、村委会主任LCH以及乜篾寨子原党支部书记LYH，均认为联增村蔬菜产业没有发展壮大的原因在于农业生产条件与生产服务的滞后。

> 一个家庭种早熟蔬菜，规模都不大。像我们这边其实可以全部搞早熟蔬菜，然后推到百德那边去卖。但蔬菜发展还是比较困难，补郎那边也有早熟蔬菜，这就需要一些市场。我们这个坝子是比较肥沃的土地，种早熟蔬菜气温比较合适，但是就缺少水。要是有什么办法找个高位修个水池，把下面的水提上去，然后灌下来，整个蔬菜成片生产，我们这个千把亩的坝子（联增坝子）的早熟蔬菜保证成功。如果把这点的水解决了，我们再修一些机耕道的话，只要有产业驻入，只要有人干，那些都不是问题，都好处理。我们看乜篾那个坝子，水是有的，沟渠也有，但就是没得这个机耕道。原来国资委解决了沟渠的问题，但是路的问题没解决。如果我们把生产便道修进去，这一片早熟蔬菜就能够做起来。（20150328，联增村党支部书记QTL带课题组参观时谈道）

而在村民看来，虽然种植早熟蔬菜的单位面积收益远高于种植粮食的，但是种植早熟蔬菜是件非常辛苦的事情，且面临很多经营风险，因此宁愿外出务工也不愿在家种植早熟蔬菜。

> 我家种蔬菜可能有20多年了。我上五年级的时候（1993年），那时候路都没通，我父亲到百德镇（卖菜）是用挑的，那时候都是挑120斤，他挑130斤，我挑10多斤。要到街上平路了，我要加给他，自己回来上学，他再慢慢拿去卖，那是非常辛苦的。现在这产业不是做不起来，因为开支大了，干这个挣不到好多钱。去年我回来卖（早熟蔬菜），摩托车拉不到好多，自己要包车，也不划算，所以我今年不打算种菜了。秧都撒好了，我说不用栽了，早点出去（打工），半个月的工资就可以了。（20170202，孙兆霞访谈乜篾寨村民WYS）

村干部与村民两种视角，为理解联增村的农业现代化相互映照。村干部多从产业发展的“条件”角度分析：早熟蔬菜产业发展需要完善的基础设施，从生产到销售整个环节的社会化服务，还需要有好的带头人和完善的组织化。农户视角则多从“权衡”角度着眼：既然外出务工能够获得更高的比较收益，为什么要选择劳累的早熟蔬菜产业呢？换言之，农户发展产业也好，外出务工也好，都从获得的货币收入和劳动付出两个方面来平衡、比较。在联增村与全国市场连通的背景下，农户既不会面对市场机会而无所行动，也不会像封建时代的华北小农①或长江中下游地区的小农②一样无限制地投入劳动力而造成“过密化”经营。这样的小农逻辑，甚至跟恰亚诺夫描述的“农民决策”方式不同。劳动强度虽然是影响农户决策的关键变量，但农户在权衡要投入的劳动强度时，并不会直到“边际劳动辛苦程度等于边际消费需求程度”的“劳动消费均衡”③ 点才停止，因为他们有选择退出农

① 黄宗智：《华北的小农经济与社会变迁》，中华书局，2000。

② 黄宗智：《长江三角洲小农家庭与乡村发展》，中华书局，2000。

③ 参见A. 恰亚诺夫《农民经济组织》，萧正洪译，中央编译出版社，1996。

业经营而外出务工的权利。

进一步分析，联增村的农户在选择是否种植早熟蔬菜时，会以“家户”为基本决策单位，呈现“家户理性”的特征。联增村的农业现代化进程，深受“家户理性”的影响。首先，农户是否种植经济收益更高的早熟蔬菜，受到不同代际的家户成员的观念和选择的影响。虽然早熟蔬菜的收益远高于粮食作物，但这并不一定能有效地推进农业现代化，因为年轻的农户更倾向于选择离开土地，外出务工，而年龄偏大的农户才会从事农业经营，从而形成代际差别。其次，这种以留守农户为主体推动的农业现代化具有一种“农户悖论”：农户以家户承包经营耕地、家户劳动力为主推动的种植结构调整，单位面积的效益最高，如果租种土地、雇工经营，不但农业生产的效益降低（因为劳动力成本显化为成本投入），农业生产的风险（种植的自然风险、市场销售风险等）也陡然增高；但是单靠农户自身的力量，又无法实现农业种植效益的进一步提升，从而导致像早熟蔬菜一样的农业产业“触顶”甚至萎缩。

总而言之，联增村的早熟蔬菜产业表明，中国农业现代化的发展与农户的家户选择不可分割，农户既有主动寻求现代化转变（改种早熟蔬菜）的动力，又有可能减少甚至放弃农业现代化的劳动力、资本投入而选择从事其他产业的可能。在代际分工上，年轻一代多选择外出务工，年老一代则会选择在家种植早熟蔬菜；在种植规模上，菜农的种植面积取决于家庭能够投入的劳动力数量及家庭承包土地面积；在种植品种上，随着年龄的增长和体力的下降，菜农会从单位面积投入劳动力较高的早熟蔬菜产业退回到种植粮食作物，最终完全退出农业劳动。

二 产业扶贫项目的类型与实践

联增村在扶贫开发期间获得大量的产业扶贫项目，除了中央政府转移支付的项目和贵州省各级政府的项目，贵州省人大从 1995 年开始定点帮扶兴仁县，也带入各种产业发展项目。

（一）产业扶贫的主要模式与实践困境

产业扶贫作为扶贫开发的重点和主要任务，旨在通过在贫困地区发展特色产业，增加贫困人口收入，实现稳定脱贫与发展。有学者研究了贵州省三种产业扶贫模式：干部承揽的产业扶贫、依靠“大户”或“公司”的扶贫项目、依靠农户参与和合作推行的扶贫项目；[①] 还有学者将产业扶贫总结为三种主要模式，并分析了其主要做法与实践困境（见表 4－2）。[②]

表 4－2　产业扶贫的三种主要模式及实践困境

主要模式	主要做法	实践困境
产业发展带动扶贫模式，即支持农业龙头企业等新型经营主体发展从而带动农户脱贫的做法（龙头企业＋农户）	一是以贷款贴息、财政补助和财政奖励等方式支持农业企业发展。二是以财政资金撬动金融资本投入农业产业	精准性不足： “精英俘获”
瞄准型产业帮扶模式，即直接支持农户发展生产活动的做法	一般是按照农户的特色农产品种植面积或畜产品养殖数量给予财政补助，或者直接购买种苗等发放给农户	难以有效实施： 1. 面临较大的产业与市场风险 2. 部分帮扶对象缺乏劳动能力
救济式产业帮扶模式，即利用产业扶贫资金开展资产收益扶贫的做法	政府把扶持农户的资金或资产投入到企业或合作社等新型农业经营主体，由这些经营主体将获得的部分收益返还给农户，以此提高农户的收入水平	无助于农户能力提升： 1. 救济式产业帮扶模式不能体现产业扶贫的初衷 2. 救济式产业帮扶模式存在财务监管风险

由上可知，产业扶贫项目分类的关键是如何跟农户有效衔接，根据这一基本特点可将产业扶贫项目重新定义：依托农户型、带动农户型与救济农户型。依托农户型不改变农户分散种植、养殖的方式，而为农户提供资金（如“特惠贷”、补贴等）、技术（如田间管理、防疫等）等生产性服务，让农户根据自身情况选择合适的农业项目，增加家庭收入。带动农户型希图通过龙头企业、合作社、能人大户等新型经营主体带动农户经营，具体的利益连接模式包括：农户流转土地获得租金；农户为经营主体打工获得务工收入；农户按照经营主体的要求分散种植、养殖，经营主体提供生产技术与产销服

① 梁晨：《产业扶贫项目的运作机制与地方政府的角色》，《北京工业大学学报》（社会科学版）2015 年第 5 期。

② 林万龙、华中昱、徐娜：《产业扶贫的主要模式、实践困境与解决对策——基于河南、湖南、湖北、广西四省区若干贫困县的调研总结》，《经济纵横》2018 年第 7 期。

务，农户按土地、劳动力、技术等参与分红。救济农户型不需要农户直接参与产业发展，扶贫资金按户发放，但放到经营主体那里集中使用，农户获得固定的“利息”（见表4－3）。

表4－3　农户视角的产业扶贫项目分类

主要模式	连接模式	农户参与方式	模式特点
依托农户型	农户发展新型种植、养殖	农户独立从事种植、养殖等	不改变农户经营的主体地位，政府为其提供资金、技术等生产性服务
带动农户型	龙头企业/合作社/能人大户＋农户	农户流转土地、务工、分散种养等，龙头企业/合作社/能人大户等为农户提供生产、销售等服务	引入龙头企业，培育合作社、能人大户等新型农业经营主体，带动农户发展
救济农户型	龙头企业/合作社/能人大户向农户支付利益	农户不参与产业发展，只有政策收益权	扶贫资金资本化，注入龙头企业/合作社/能人大户，让农户分享资本收益

具体而言，联增村获得的产业扶贫项目包括：依托农户型，如种植核桃、洋芋、枇杷，养殖绿壳蛋鸡项目等；带动农户型，如种植砂仁、西瓜、生姜、构树项目等；救济农户型，如将“特惠贷”资金投入幼儿园建设。[①]但是，依托农户型项目的“小打小闹”和带动农户型项目的“大起大落”，都在实践中遭遇种种“脱嵌”问题。

（二）依托农户型项目的“小打小闹”

依托农户型产业扶贫项目，主要是通过调整农户的种植、养殖结构，增加市场销售收入。为了避免分散的小农户难以形成规模效应，地方政府往往通过产业规划确定本区域内重点发展的农业产业项目，然后分配给各乡镇、村庄种植、养殖的“指标”，通过提供种苗、给予补贴等方式落实项目。联增村的核桃、五星枇杷种植和黄牛、黑山羊养殖项目即为此种类型。

① 两点说明：第一，联增村的产业扶贫项目绝大部分用于发展农业产业，下文将重点进行分析；第二，联增村地处喀斯特石漠化地区，因此常年获得荒山绿化、退耕还林项目等扶持，但是由于部分项目（如飞机播种造林）并未与农户发生直接的利益关联，也跟“农业现代化”主题关联性不大，其生态保护、修复效果又在第二章进行了详细说明，因此本部分不再详细讨论这些项目。

案例 1　核桃基地项目

2014 年，兴仁县提出着力打造“一米三叶两果一园一业”特色优势农业产业。马马崖镇（当时是新马场乡）根据本乡产业发展情况确定了“两叶两果”[①] 的发展规划。联增村早在 2012 年就计划建设 500 亩核桃基地。但是，由于种苗质量、种植技术、后期管理、加工销售等问题，核桃苗成活率只有 50% 左右，至今也没有形成规模效应。该项目存在以下四个方面的主要问题。

首先是种苗问题。

> 种苗一共有两批，第二批的成活率高一点。第一批种苗不好，只有一部分是嫁接苗，大多数是实生苗。（20150427，张建访谈联增村村民 LCH）

其次是挖坑问题。

> 上面不准我们用锄头挖，怕老百姓敷衍了事。挖掘机挖的坑很大，而树苗很小，这样种下去树苗的周围都是松土，不吸水。让挖掘机来打坑，成活率不高，只有 50% 左右；而用锄头挖的坑来种植核桃成活率在 80% ~90%。（20170205，孙兆霞、李平访谈联增村党支部书记 QTL）

再次是管理的问题。

> 现阶段核桃还没有成熟，这一块就是管理的问题，农户管不到位，也在同时种农作物。我们一个要求就是不能让他种玉米，因为高的作物影响核桃的生长，让他种其他矮的作物像辣椒这些。

① “两叶”指烟叶与早熟蔬菜，“两果”指坚果核桃与枇杷果。

(20150328，课题组访谈新马场乡党委书记 ZZP)

没有管理好的就不长，路边种玉米[①]的那几家种植的核桃树很好，其余的没有这几家的核桃树长得好。(20170205，孙兆霞、李平访谈联增村党支部书记 QTL)

最后是加工销售问题。

我们这个片区十把万亩核桃是有的，有一部分挂果，有一部分虽然才栽，再过四五年都挂果了，它对我们群众的经济收入潜力在哪里？我们种的都是夹壳核桃，含油量高，但没有核桃加工，如果核桃一出来，核桃卖不出去，可能不见效益；核桃多了市场价受到影响，群众吃不了这么多怎么办？(20150328，课题组访谈新马场乡党委书记 ZZP)

由上可知，虽然联增村的核桃种植基地被纳入政府的农业产业发展规划，全乡的核桃种植也初步形成规模，但是在项目执行中造成的资源浪费、未来产业发展风险等问题，导致核桃树陷入无人管理的境地。

案例 2　五星枇杷种植项目

联增村地处喀斯特地貌生态脆弱区，因此有很多生态植被修复与退耕还林项目。2017 年，联增村村干部还在政府的项目库里“选择”了五星枇杷种植项目，希望在保持水土的同时发展五星枇杷种植产业。

镇上领导问我这个地方应该做什么，我看九盘的枇杷种植成功了，就说种五星枇杷。为了防止石漠化和山洪暴发，我们就把这些地方划为七百亩的枇杷基地。

枇杷项目总的是 1500 元/亩，政府和枇杷老板谈，300 元让老

① 这里指把玉米种在路边，而不是种植在核桃树地里。

板请小工种植，一亩42株枇杷苗，剩余的1200元就给老百姓补助，第一年打500元，第二年300元，依次把钱打完，老百姓负责后期管理，枇杷树以后管理和收入全部归老百姓所有。

枇杷项目不是我们自己想要发展的东西，我们想整的东西没得项目（支持）。我很担心枇杷的销售，因为开展种植的时候信心很足，但是后期就没有人管理。（20170205，孙兆霞、李平访谈联增村党支部书记 QTL）

由上可知，在产业扶贫项目的实施过程中，村干部有时处于一种“既想但又不敢”的“纠结”境地：一方面，他们希望能够为农户提供完善的产业发展基础条件，如机耕道、水源等；另一方面又担心枇杷种植面积过大导致销售困难而失信于民。2021 年 5 月课题组田野调查时，QTL 再次提到五星枇杷产业发展所需机耕道的问题，但是由于退耕还林项目并不涉及机耕道而暂时没有资金来源。同时，QTL 既担心农户不好好打理枇杷树，导致结果品质差、售价低，又担心过几年枇杷进入盛果期而销售难。可以说，村干部的这种“纠结”贯穿于产业扶贫项目实施始终。

案例3　黄牛、黑山羊养殖项目

联增村多达1.6万亩的荒山，是本村发展养殖业的天然条件。虽然这些荒山多为水土流失严重的喀斯特地貌，但在国家多年的荒漠化治理下，全村的山上都有草木覆盖。联增村在新中国成立后一直有养牛的历史，农户养殖的本地黄牛因为个头矮小瘦弱、四条腿肌肉发达而被称为“狗牛”，主要用于耕地。脱贫攻坚期间，“六个精准”政策支持农户养牛。

百姓真正得到实惠是我们村搞了一个母牛养殖的项目。全村12个组，共有36个指标，每户资助2500元让老百姓养牛。人数少的组根据贫困面就分配两个名额，人数多的就有三个。像六组的 LGF

得了这个指标，从一头牛发展到两头牛，同时还打零工，这就在一定程度上帮助了他。（20170205，孙兆霞、李平访谈联增村党支部书记 QTL）

2020 年，联增村脱贫出列，但是原有的脱贫攻坚政策保持稳定，因此每一户贫困户养殖一头牛仍可以获得 4000 元补贴，基本够买一头小牛犊。然而，政策要求发展 100 户贫困户养牛，每家一头，但是村干部用两个月的时间才发展了 96 头。联增村民生监督员 WZF 分析了其中的原因。

全村 244 户贫困户，要完成 100 头牛的任务，只能一户一头，每户补贴 4000 元。从 3 月 12 日开会到现在（5 月份）快两个月了，我们只完成了 96 头，还差 4 头，有些他就不愿意喂啊。大部分外出打工啊，这 96 头里面的有外出打工的，是老的来养。养牛需要劳力啊，没有时间照顾啊，我家两个年轻人，一个上班，一个当兵，还有的出去打工，还有在镇里面工作的，有什么时间去照顾呢？（20210502，宗世法、孙兆霞访谈联增村民生监督员 WZF）

在这里，能看到跟发展早熟蔬菜种植同样的逻辑。无论是种菜还是养牛，都是劳动力投入比较大的农业生产，而且农户为增加收入往往会“既种菜又养牛”，因此需要更多的劳动力。但是，种菜 + 养牛的收入跟打工比起来并不具有明显的优势。

除了支持农户养牛，产业扶贫项目也鼓励农户发展山羊养殖。但是，与“一户一头”的养牛补贴政策不同，达到一定养殖规模的农户可以申请各种贴息贷款。联增村八组组长 ZDL 就是在养羊贷款政策的支持下发展起来的。

我们八组是全村最边缘、条件最差的一组，在这边养山羊的很少。国家在 2011 年以后有这样的项目，这几年就发展起来了。

> 2011 年 8 月，我开始养羊，现在有 120 只羊，每年卖四五十只。每一只羊的价格是16～18 元/斤，最低的价格是 9.5 元/斤，去年涨价到二十几块，今年要降低一些。[①]
>
> 2011 年，我把羊买回来、把羊圈修好，政府来验收后就会把钱打过来，一共 24000 元，属于扶贫这部分。当时要求的是 45 只羊，因为那几年的羊稍微便宜一些。我买了 2 只公羊，43 只母羊，在晴隆那边买的黑山羊。这些钱都是要还的，有 1000 块的利息，是草地生态畜牧发展中心[②]的项目。应该是一年两胞，不过我们这边都是两年三胞。我第二年就开始卖羊，有 4 万多元收入，基本上每一年都是四五万。第二年又有这样的项目，可以贷 5 万，我还了之后又贷了 5 万，获得这个项目的只有 3 家。2014 年，我以妻子的名义申请妇女创业贷款，六厘多利息，5 万块钱一年需要还 4100 左右。我们把本金和利息一起还回去，过几个月政府就把利息给返还，现在贷款有 3 年了。
>
> 这种山羊不容易生病，羊容易得的病我基本上都懂，跟镇上的兽医学的。养羊成本不高，只是养这么多还是有些辛苦，每一天都要赶出去，每一天都要有人跟着、陪伴它们，我还要把它们赶回来。附近有庄稼的需要管理，不能吃到别人家的庄稼。我每一天都要花四五个小时照顾它们。虽然比较辛苦，但是和打工相比时间相对自由。(20170205，张建访谈联增村八组组长 ZDL)

虽然 ZDL 在国家扶持养殖的政策支持下发展起来了，但是如果从总体上来看，产业扶贫期间的各种政策也没有使联增村走向“现代养殖业”。在养牛方面，全村有 100 多户养殖 500 余头牛，还有 20 多个做牛买卖的经纪人，

① 如果按照每只羊羔 30 斤算，ZDL 每年的收入为：50 只 ×30 斤/只 ×18 元/斤 =2.7 万元。所以，ZDL 每年的收入估计在 2 万～3 万元，跟他本人的估计相吻合。

② 兴仁市草地生态畜牧发展中心，是财政全额补助事业单位。主要负责贯彻执行草地生态畜牧业发展的方针政策和法律法规，实施草地生态畜牧业发展项目，为养殖户提供技术培训和指导，为项目农户收集、发布市场信息，帮助群众搞好产、供、销一条龙服务等。

这500余头牛里面，一大半仍是本地的“狗牛”，只有部分是西门塔尔牛和利木赞牛；养殖方式多采用“家庭圈养+放养”结合；销售途径主要是百德镇附近的牛经纪交易，一般是卖牛犊或者肉牛，并无深加工。在养羊方面，全村只有5户养殖黑山羊，总数量在300多只，品种全部是本地黑山羊；养殖方式以“人工放养”为主，每天赶羊放羊；销售途径跟本地黄牛一样。质言之，与养殖相关的产业扶贫政策，虽然使农户获得了一定的经济收益，但并没有促使农户向养殖大户转变。养牛的政策支持，因为“一户一牛”而将有能力的非贫困户排斥在政策之外；养羊的贷款支持，则只培育出两三个“放羊大户”。农户依然以家庭为主养殖黄牛、黑山羊，养殖品种、养殖方式、销售途径等并没有大的变化。

通过以上案例的分析，能看出依托农户型产业扶贫项目面临的诸多问题：农户种植、管理新产品的技术、能力的问题，农产品加工、销售的问题，农户不愿从事劳动强度更大的农业生产的问题，以及产业类型不符合本地实际等。从产业扶贫实践效果来看，这一波由政府推动的农业现代化，被农户“揉进”原有的农业生产方式中，呈现传统与现代农业“糅合”的过渡型特征，而且那些与传统结合较为紧密的产业扶贫项目（如黄牛、黑山羊养殖项目）取得的效果更为明显。但是，农户在现代农业发展中新技术应用、市场拓展能力不足的问题也暴露无遗，从而导致大部分项目只是“小打小闹”。

（三）带动农户型项目的“大起大落”

在农业产业化发展路径的争论中，以农户为主体发展农业产业面临很多挑战：分散的小农始终难以形成规模效应，农业种植技术与品质难以提升，农产品品牌打造与营销能力较弱，自身发展动力不足等，因此有研究者提出以“龙头企业+农户”为主要模式的“纵向一体化”，解决了农户经营的诸多问题。与依托农户型产业扶贫的“小打小闹”不同，带动农户型产业扶贫希望通过龙头企业实现规模经营，从而掀起农户增收的“高潮”。

案例 4　生姜项目

通过龙头企业或能人带动农户致富增收，不仅是农户的希冀，也是政府“招商引资”工作的重点内容之一。早在 2004 年，联增村的时任党支部书记 WB 就曾希望引入老板来搞砂仁和西瓜种植，希望通过老板带动农户，但是因为市场价格下跌、运输成本过高等而未获得收益。2014 年，有个在广西开金矿的老板被兴仁县农业局招商引资，到联增村发展生姜种植，种植面积 400 多亩。

2012 年（兴仁）县农业局给我打了个电话，那时候我还在广西开矿。我把金矿搞结束之后，2014 年 7 月份回来，到他们村（联增村）里面。国家最近几年都在提倡生态保护的问题，所以矿的行业也是不长久的。

前期考察：我原来去云南文山、重庆、四川成都考察过很多生姜基地，考察了八个月。在这八个月当中，有三个月是考察种植技术，五个月是考察市场生姜的单价。刚开始做的时候，我们还请了六盘水的生姜专家来指教，每天付给专家 300 块钱。（20150701，张建访谈生姜老板 ZLQ）

土地流转：土地流转非常难，需要村里面的干部帮我解决，我用了半年的时间才流转完。有些农户认为是政府想把土地给我让我赚钱，其实我们都是自己投钱来做的，所以我们也只能慢慢给他们解释。我们是花了很大的工夫才把他们的思想工作做通，和他们签了合同后才开始的。第一批是 W 支书带着我在村子里转了一遍，跟农户说我们将要搞土地流转，种植生姜，让他们有思想准备，然后才是一家一户地找他们谈，有时候把一二十个农户喊在一起谈。田的租金（每年）600 元，禾苗补偿 150 元，一共是 750 元/亩；地的租金（每年）450 元，禾苗补偿 150 元，一共是 600 元/亩。这个标准算是高的，因为考察了生姜这个市场之后，我就下定决心要做这件事情。

品种选择：我种的姜全部是当地的品种——小黄姜，品质是最好的，和山东那边的菜姜是两回事。姜种是在六盘水市盘县保田镇买的，我那边的亲戚给我组织的。这个姜种我拿去昆明化验过，质量是没有任何问题的。

病虫害防治：病虫害防治这一块，我们可以咨询农业局的专业人员。很多药水是不可以乱用的，到时候请专业人员来指导，他们说用什么药就用什么药，出问题了也知道是哪一方面出问题了。如果我们这个生姜生病了，我去兴仁咨询不到，我可以去找生姜基地的大老板。

土地休耕：之前我了解到种姜几年，土地就要发病。但是有大水泡过以后，就可以继续种。今年十月份把姜挖完以后，我就把我的灌溉设施全部利用起来，不管是地还是田，我就抽水淹一遍，不仅可以消毒，下一年又可以继续种。

销售加工：我是这样想的，目前姜的市场价五六块钱一斤，一亩土地有七八千斤姜，估计下来就是16000块钱。我的成本差不多1.5元/斤，除了成本，我一亩能赚到5000左右。如果生姜市场不垮，只要能卖到2元/斤，我卖1000吨姜就可以保本了。如果卖不起两块钱以上，我就准备把生姜加工成干姜片，这个放几年是可以的，我做的都是“双保险”。姜的用途是很大的，就像这些女同志的面膜、洗头膏，都加有这些姜的。我这个基地有500亩，生产出来的生姜1600吨左右，我可以销售到云南、浙江、陕西、广州、重庆、山东、湖南等地，这些都是我做金矿的朋友帮我向他们的朋友联系的。

合作经营：我们有两个公司，一个是2015年成立的，在兴仁的环城南路，名称叫“兴仁县清姜富明现代农业发展有限责任公司”，另一个就叫“农业专业合作社”。合作社有3个是我们老家那边的，一共出了20多万。他们是占有股份的，分红是按比例来算，各出6万、8万、10万。其他3个是乜篾的，他们是支书、LYQ和WTX，LYQ是干农业的，WTX是搞建筑的。有两个人投了万把块钱，有一个投了6000多，不过也是他们的心意。到时候赚钱了就多分点给他们，如果亏了也不会亏他们的。他们不参与经营，都是我自己做主，以后我赚了钱会给他们发奖金，但是他们不参与分红。乡政府和农业局建议我们尽快把合作社成立了，到时候他们来考察，我们也有一个说法。如果我们不成立公司和合作社，乡里面的领导和农民就不会信任。我也怕资金短缺，到时候可以向上写报告，让政府来协助一下。我以公司的名义去贷过款，但必须有抵押的，不然就贷不到。

雇用工人：以前我们公司规定不要60岁以上的老年人，但是想到很多老年人把土地流转给我了，就没有什么事情做了，所以我们很理解他们，最后还是让他们来做了一些事情。40岁以上60岁以下的、60岁以上的也有一部分，但是我们希望60岁以上的身体要保护好，因为安全是最重要的。主要还是老年人，他做慢点可以，但是我们的要求是保证质量。比如刚才你们给我打电话的时候，我还在姜地里检查，有很多没有做好，我就自己重新做了一块地的工作量。

带动农户：今年第一年我没有发动农户来栽，因为我们运到这个地方（姜种）的单价都是10000元/吨了，农户可能在技术上有一定的欠缺，如果他们栽出来的效果不好算我的。所以今年我自己先冒险把基地搞起来，效益好了，明年再发动农户，不过现在我的基地已经带动2000个劳动力了。（20150428，张建访谈生姜老板ZLQ）

在问到生姜老板的经济状况时，他竟然讲述到自己“现在基本上所剩无几”甚至去借高利贷的窘迫。导致生姜老板借高利贷来办农业产业的原因有三个方面。第一，大规模的农业产业意味着巨大的资本投入。生姜老板仔细向课题组成员讲述了生姜产业的各种投入情况。

今年我已经投了200多万了，主要花费有土地租金、姜种、劳动力、基础设备等。种早熟蔬菜的土地租金、青苗补偿，还有种子钱和耕地的钱，一共1200元/亩，土地这块花了60多万。姜种花了差不多100万。劳动力平均是120块钱一个工，一共花了30多万。我在罗平和盘县请了3个技术员，一个人一天是300元，他们3个来指导有20多天。我们耕地的机子有2台，我的地耕了第一次又耕第二次，先把草除干净了，再用机子犁一次，这样效果肯定是很好的。差不多耕了3个月的时间，现在还在耕。我请别人来犁地是200元一天。还有农家肥和灌溉这一块，我们需要800吨肥料。一吨农家肥200块钱；灌溉花了三四万块钱，我们自己买设备来抽水。到生姜成熟的时候，要请人来挖，然后装车，一吨可能要花300块钱。

我的公司总共有10多个管理人员，一个人一个月差不多要3000块，10个人就是3万，一年有30多万。其他费用还有车子从兴义跑基地的费用，我老家是这里的，但是家在兴义，从兴义到这里来回油费要500元左右，我跑了有300多次了。

现在资金也短缺，各方面的开销太大了，后面可能还要投入200多万，主要是肥料这块的投入。虽然后期的投资压力不大，但是我自己已经投入不起了，之后还要投入一两百万。我现在贷款，但是我的房子又抵押不了多少钱，因为我们找银行没有抵押的东西是贷不到的，所以我也借了30万的高利息，月息四分，一个月是一万二的利息，银行是一分的利息。我自己只有120多万，在银行贷了100多万，我的家底也就几百万，现在基本上所剩无几了。(20150428，张建访谈生姜老板ZLQ)

第二，与农户经营相比，龙头企业雇工经营的成本表现为巨大的投入。前文在分析联增村村民为什么不扩大早熟蔬菜种植面积时曾指出，正是因为劳动力投入巨大，很多村民宁愿选择外出务工也不在家种植蔬菜。生姜老板在产业发展的所有环节均需雇工经营，在全国劳动力市场基本成型的时代，雇用工人的费用要参照本地打工的收入来定价，因此导致老板处于雇工费用过高的弱势。

失败的原因是他的全部操作都是请人做工，成本太高。像昨天这样做小工，就是 80 元/天，男的要多一点，一天一百。早上六点钟开始，中午吃饭又做到下午六点钟。而且他买生姜种子进来的时候比较贵，3 元/斤，卖出去的时候是一元多一斤。（20170203，孙兆霞、李平访谈马马崖镇中学教师 WX）

第三，短期内农业产业营收难与资本下乡难并存。与其他产业类型相比，农业产业周期较长且市场波动剧烈，短期内难以获益，因此导致资本不愿下乡从事农业产业经营。为此，地方政府往往会通过给予政策优惠的方式“吸引”资本下乡，这在一方面造成很多所谓“龙头企业”奔着套取政策补贴而“假下乡”；另一方面又因配套设施不完善而导致“真下乡”的资本投入巨大、资金链困难。生姜老板 ZLQ 第二年退出后，生姜价格又涨到每斤三元，但是他没有坚持投入经营到农产品价格上升阶段。假如生姜老板能坚持几年，能够获得部分收益，但是谁能说服“现在基本上所剩无几”的生姜老板继续投入，谁又能保证第二年生姜价格一定上涨呢？

如果从农业产业化的技术与经营视角看，生姜老板 ZLQ 在产业发展的前期考察、土地流转、品种选择、病虫害防治、土地休耕、销售加工等几乎所有环节都做到严控品质、降低风险，而在合作经营、雇用工人、带动农户等方面又主动建立与农户之间的利益分享机制。生姜老板 ZLQ 主动意识到产业转型的重要性，又真心实意地从事农业产业经营，他一年就从兴义跑基地 300 多次：

农业这一块的弊端有很多，如果自己在家当“跷脚老板”，把所有的事情包给别人，自己什么事都不用做，去检查的时候，结果是不一样的。（20150428，张建访谈生姜老板 ZLQ）

但是，令他没有想到的是，当年生姜的销售价格直降到一元多一斤，因此让生姜老板赔得血本无归，灰心失望的他第二年便退出农业产业，令当地村干部和村民无不感到惋惜。

通过生姜种植案例能看出，对于联增村这样的农业生产条件差的西部山村来说，“+农户”的无论是企业、合作社还是农业大户，让其带动农户推进农业现代化有诸多的风险。第一，在全国乃至全球市场的连通性越来越强的时代背景下，这些聚集了几十、几百亩土地的经营主体的经营规模仍然很小，抗市场风险能力仍然很弱。村干部主动引入老板来经营的砂仁、西瓜种植项目以及地方政府引入的生姜种植项目，均受到农产品市场价格的剧烈波动而血本无归。第二，与农户分散种植相比，无论是何种经营主体，都会因为流转土地、雇工经营而大幅增加成本，这无疑进一步加剧了经营主体的市场风险。但是地方政府的产业扶贫项目往往是“一次性扶持”，后续扶持力度要根据实际经营状况来决定，这就导致很多像 ZLQ 一样真心想做农业产业的老板难以获得长期、稳定的扶持，因而在遭遇市场风险后难以维持经营，等待市场反弹。第三，在地方政府极为优惠的政策扶持下，很多经营主体可能会产生“寻租”心态，他们进入农业产业项目纯粹是为了套取地方政府的补贴资金。如在联增小学后面 1000 亩荒地上发展的构树种植项目，实际上只种植了 400 多亩，据村民讲，估计老板拿到地方政府的退耕还林或荒山绿化项目的补贴资金后就跑掉了。这种由于“寻租”导致的农业产业“烂尾”，既损害了农户的利益，又降低了老百姓对于地方政府的信心、信任，从而出现基层治理问题。

第三节　农业产业结构调整的“激进主义”与“社会的自我保护”

农业产业结构调整这一命题的提出，源于中国的社会经济发展带来的消费结构改变。有学者指出中国食品消费结构正从传统的 8∶1∶1，即八成粮食、一成肉食（一禽一鱼）、一成蔬菜（一水果）快速转化为 5∶2∶3，而中、低收入者的消费水平如果能够进一步提高，转化的终点可能将是 4∶3∶3，并将其称为“隐性的农业革命”[①]。农业产业结构调整，既是为了适应社会结

① 黄宗智：《中国的隐性农业革命》，法律出版社，2010，第 128 页。

构的变化，也是为了增加农户特别是贫困农户的收入。

联增村在农业产业结构调整中转向激进的“坝区产业”发展，这样的冲动可能给联增村这个刚刚脱贫的喀斯特地貌山村带来难以预料的负面影响。不过，由于经济生活始终是“嵌入”[①] 社会生活的，“坝区产业”在短短三年时间内便引发了“社会自我保护机制”，从而有效减缓了对农村的冲击，让联增村的农业现代化重回正轨。

一　从农业产业结构调整到“农村经济产业革命”

如果将联增村农业产业结构调整的时间拉长，其实早在20世纪90年代的早熟蔬菜种植自发阶段，已经是农户主动探索的“农业产业结构调整”。进入扶贫开发阶段，特别是新马场乡确立“两叶两果”的发展规划后，联增村正式进入地方政府主导、面向市场的农业产业结构调整加速阶段。

虽然这些产业扶贫项目因为市场风险或其他原因而多未获得稳定发展，但是地方政府的作用多在于“引导”，因此项目在实施时往往会选择荒坡、旱地，水土资源最好的水田仍然用来种植水稻和早熟蔬菜。这种在“保证温饱基础上，努力增加收入”的农业现代化，与传统自给自足的小农经济具有内在的亲和性，要么保留了农户“种养循环”的农业生产方式，要么充分尊重农户的自主选择权，让农户自愿有偿将土地流转给老板。但是，随着地方政府主导的农业产业结构调整进入“农村经济产业革命”阶段，以发展“坝区产业”为主要方式，这种相对和缓的农业现代化也变得激进而彻底。

（一）“农村经济产业革命”提出的社会条件

贵州之所以在脱贫攻坚后期提出发展“坝区产业”，由地方政府引导加速调整农业产业结构，是因为国家连续多年的扶贫使贵州的经济社会基础发生了翻天覆地的变化，偏远农村与全国市场完全连通，本身的市场需求也随着新型城镇化的推进而获得较大增长。

2018年，贵州省减少贫困人口148万人，是历年来减贫人数最多的一

① 卡尔 · 波兰尼：《大转型：我们时代的政治与经济起落》，冯钢、刘阳译，当代世界出版社，2020。

年，贫困发生率下降到4.3%，全省66个贫困县中33个贫困县成功脱贫“摘帽”。在这样的脱贫攻坚成果背后，是“十三五”以来国家脱贫攻坚的超常规投入，特别是交通、水利等农业生产基础设施的建设和消费扶贫、电商扶贫等市场拓展，贵州的农业生产条件，使贵州省农业基础设施发生翻天覆地的变化。

此外，从贵州省内部的市场需求来看，全省城镇人口的不断增长和城镇化的加速提高所形成的巨大市场需求，客观上对农业产业结构调整的加速起到助推作用。1978年改革开放之初，贵州的城镇化率仅为12.06%，到2000年也不过23.87%。但是2000年以后，贵州的城镇化率逐渐加速，到2020年城镇化率首次超过50%（见表4－4）。城乡人口比例的变化与食品消费结构的变化，让农业产业结构调整具有广阔的市场前景。

表4－4　改革开放后贵州城镇化率

单位：万人，%

年份	1978	2000	2005	2010	2015	2018	2020
年末常住人口	2686.40	3755.72	3730.00	3479.00	3529.50	3600.00	3856.21
城镇人口	323.97	896.49	1002.25	1176.25	1482.74	1710.72	2049.59
城镇化率	12.06	23.87	26.87	33.81	42.01	47.52	53.15

资料来源：2018年之前的数据来源于《贵州省统计年鉴2019》；2020年数据来源于贵州省公布的第七次全国人口普查的主要数据。

（二）“坝区产业”的实际运作特征

在这样的时代背景下，2018年，贵州省提出“来一场深刻的农村经济产业革命”，其主要做法是“调减低效玉米种植，替代种植蔬菜、水果、中药材、茶叶、食用菌等经济作物”，从而改变一些地方“农村祖祖辈辈种玉米的传统、样样都有样样都不成规模”的历史。这一农业发展指导思想的背后，是对“小农经济等落后观念”的革除与扬弃。[①] 同时，根据贵州的地形特点和农业产业优势，确立了茶叶、食用菌、蔬菜、生态畜牧业、水果、

① 王新伟、吴秉泽：《贵州：来一场深刻的农村经济产业革命》，《贵阳日报》2019年8月12日，A01版。

竹、中药材、生态渔业、油茶等农业特色优势产业，并制定了农业产业革命“八要素”[①] 和“五步工作法”[②]，形成从指导思想到工作步骤的完整工作体系。

这一轰轰烈烈的“坝区产业”，与之前的产业扶贫项目的不同之处有三个方面。第一，“坝区产业”由省委领导领衔推进，十二个领导小组各有领导指挥，建立了“一个重点产业、一个工作专班、一个技术团队”工作机制，从而使产业结构调整这一经济政策对各级政府特别是基层政府具有更大的压力。第二，“坝区产业”实施速度极其迅速，因为这是“作为振兴农村经济、打赢脱贫攻坚战的重大政策措施，作为农业供给侧结构改革的重要举措”而推进的，而此时距离 2020 年脱贫攻坚收官之际越来越近，因此从组建班子、建立机制到制定政策、督促推进都极其迅速，有的农业产业在不到一年的时间内便迅速推开。第三，“坝区产业”将全省 500 亩以上坝区作为培育农业现代化的“样板”重点打造，这是贵州农业的“最优资源”，也是坝区农户的“粮仓”，因此对于农户的家庭生计，特别是粮食种植的影响巨大。同时，对于“地无三尺平”的贵州而言，500 亩以上坝区又是“极度稀缺资源”，全省共有 500 亩以上坝区 1725 个，涉及 86 个县（市、区）、854 个乡镇、4700 个村，其种植土地面积 488.6 万亩，占全省耕地面积的 7.2%，平均每个坝区的种植面积为 2832 亩。

二　农业产业结构调整的“激进主义”及其实践困境

“坝区产业”由于产业发展的压力性、实施时间的紧迫性和产业变革的彻底性而带有明显的“激进主义”[③]。地方政府主导的激进的“坝区产业”落地到基层，使得联增村乜篾的 500 亩河谷坝子成为马马崖镇两个“样板”之一。

---

① 农业产业革命“八要素”，即产业选择、培训农民、技术服务、资金筹措、组织形式、产销对接、利益联结、基层党建。

② 农业产业革命“五步工作法”，即政策设计、工作部署、干部培训、监督检查、追责问责五个工作步骤。

③ 这里的“激进主义”并非指社会思潮，而是指地方政府急迫地想抓住市场机会，实现农业现代化变革的冲动心态及行为方式。

（一）土地流转中的群众动员

乜篾坝子是联增村农业生产条件最好、粮食蔬菜产量最高的坝区。因此，当“坝区产业”要流转农户的土地给老板经营时，几乎一半的农户都不同意。而乜篾坝子的土地权属极其分散，涉及全寨180多户农户。因此，如何说服农户进行土地资源流转，就成为乡镇和村两委班子成员的头等大事。

联增村乜篾党支部书记WZF向课题组详细介绍了土地流转群众工作的推进过程。

> 2018年，我们镇里要搞2个500亩的坝子，哪鲁1个，乜篾1个。镇里面和政府10多个人，做（乜篾）大坝动员工作，动员农户。我们村委会有5个人来配合，一起用机子来量地。整个乜篾180多户，只有个别的没有进来，基本上家家户户都有地。政府要求的不能种玉米，必须全部流转。
>
> 当时下来这个动员工作进度太慢了，那么我们就分工，分成五帮，一帮去一个组。我们先去把地量好了，这家有多少亩，这一块有5分，这一块8分，加起来有1亩多。
>
> 一开始可以说大部分不愿意，几十户说，（把土地）流转出去了，我们吃什么呢？那笔钱我们不够用啊。我们就给他解释，假设你这有一亩玉米，（流转费）600块。这个玉米要是种出来的话，一亩地能卖多少？800块至1000块，但你还不是有种子、肥料、劳力等投资？如果是西红柿、辣椒就是1000多块。而且，你会在里面务工，一天80块，是不是？你这一年一亩田种得七八百斤粮食，不如流转出去。当然，为老板打工的人不是十分稳定，为什么呢？因为活路多的话有二三十个，活路少就10多个。
>
> 第一次同意的大概50%，因为大部分年轻人外出，只有七八十岁老人在家里面。家里面老人我种不了的就给别人种了；老人还愿意种的，他就不愿意流出去。我们就给他解释说您已经是60多岁了老人啦，不要再种了。然后打电话给年轻人，只要留守老人在家里面，在外面的年

轻人，我们就全部打。年轻人打电话回来跟老人说，不要再做了，不要再干活了，老人都同意了，就马上签字。

政府安排工作，工作做下来得一个多月。要给他量土地、做工作。最低都得三四次才做通群众工作，有的要做十几次工作，而且逐家逐户去跟他说。到这一户打电话给年轻人，让他跟老人说，马上打、叫他签字。如果年轻的不同意，后面又慢慢地做工作。最后，只有6户坚决不同意。随你怎么说他都不拿出来，说不拿出来就不拿出来，就是一句话。当时我们目标是500亩，后头量下来有600多亩，后面还有两三户说要把田地流转出来，上面就说现在够了不要了。（20210502，孙兆霞、宗世法访谈联增村乜篾党支部书记WZF）

由上可知，在“进度安排”的强压之下，乡镇和村两委班子成员不得不做群众工作。深谙乡村逻辑的村干部也采取“四步工作法”。

首先，组织干部丈量土地，确权到户。因为承包证书上的地块面积与农户实际种植面积有差异，因此乡镇和村两委班子成员便亲自带着工具帮农户丈量土地，明确权属关系，为土地流转费的精确计算奠定基础。

其次，乡镇和村两委班子成员分组推进，反复做群众的思想工作，让他们意识到土地流转的利益大于弊端。乡镇上派出10多个干部与5个村干部分组划片“承包”，推进土地流转工作。他们做群众思想工作的“套路”基本一致：劝说年老农户不要再从事过重的农业体力劳动；比较土地流转与种植粮食的收益，土地流转费每年600块，每年增长30块，而且可以在园区务工，每天收入百八十块，比种植粮食收益高且比种植蔬菜轻松得多。

再次，如果老人仍然坚决不同意，则“曲线劝说”，直接联系并说服老人的子女们，让他们“做父母的工作”。因为老人的子女大都在外地务工，很多甚至从未从事过农业经营，因此无论是对农业的感情还是对农业种植技术的熟悉度都远不及父母，面对村干部给他们算的“经济账”——流转划算和“感情账”——父母轻松，他们往往会基于“理性选择”而劝说自己的父母。

最后，对于犹豫不决的农户，村干部三番五次上门，晓之以理、动之以情，只要农户同意，马上签字确认。如果农户实在不同意，乡镇和村两委班子成员也不会强制，只得作罢。最终，乜篾180多户农户仍然有6户农户不同意流转土地。

联增村村干部为完成上级任务而想出的“四步工作法”，恰恰表明了“坝区产业”的逻辑与农户“生计逻辑”的内在张力。第一，农户算的是家庭半劳动力一年中农忙与农闲，一天中8小时之内与8小时之外的结构性投入的产出账。中国农村普遍实行“以代际分工为基础的半耕”劳动力再生产模式，如果土地是自家经营，农闲与农忙、早晨与午后、日间与夜间、赶集与准备等均构成家庭生产生活的有效连接机制。且生产劳动亦是家庭中的老人有尊严地生活的文化传承和自信承诺。但土地流转后“就地打工”，一是时间按8小时工作制，常常与家庭养殖、小孩读书照料及其他家务劳动无法错时进行。二是“就地打工”按照劳动力成本计算，对劳动力要求颇高，往往排斥半劳动力的参与。土地流转后半劳动力“失业”，往往造成家庭生计结构性的失衡，剥夺半劳动力的劳动权利和收入来源，迫使一些男性老人又外出打工，家庭结构再次变化。再就是土地流转后，老人不愿单纯在家带小孩，想外出打工的比例逐年上升，从而导致家庭经济成本和家庭劳动成本明显提高，家庭内部不稳定因素增加。第二，农户算的是土地质量长期可持续可利用账。第三，农户还算家庭与土地、城市务工与农村务工的经济互补账与宏观环境的社会风险账。[①] 违背农户的“生计逻辑”而强行推动的变革，其实践结果可想而知。

（二）产业发展中的“年年易主”

在乡镇和村两委班子成员的艰苦努力下，乜篾180多户农户中的绝大多数同意土地流转。但是乜篾坝子“年年易主”，三年换了三个老板，三个老板种了三种作物，均没有获得市场收益。

2019年，联增村只流转了50多亩，老板流转过去栽辣椒，种植的却是晚熟辣椒，因为天气炎热而血本无归。

① 孙兆霞、张建、曾芸、王春光等：《贵州党建扶贫30年——基于X县的调查研究》，社会科学文献出版社，2016，第21～22页。

> 2019 年的时候，才流转上面一点点，只种了 50 多亩辣椒。当时到这里来收了 1600 多斤红辣椒，5000 多块钱。因为管理不当，该施肥不施肥。还有个气候问题，气温太高了。原来我们是种早熟的，他们是种晚熟的，因为其他地方都种晚熟品种。我们 5 月间就要栽稻谷，如果不栽那苗都要死了。老板亏了多少我不知道，哈哈，那起码给老百姓的一亩 600 块钱，50 多亩就得 3 万多块。光是采辣椒那天，我们就招了 8 个（工人），两天 16 个工，1 天 80 块，搞了两天，就是 1000 多块钱。（20210502，孙兆霞、宗世法访谈联增村乜篾党支部书记 WZF）

2020 年，地方政府要求所有土地必须流转。联增村乜篾坝子流转了 600 多亩土地给第二个老板，种植百香果。因为百香果为蔓生性植物，依赖棚架支撑才能正常生长。而平顶棚架要求支撑的水泥立柱深度基本一致，且水泥立柱要插入地下 50 ~ 60 厘米，如果人工挖坑可能深浅不一，效率极慢，因此老板请了广西的专业施工队来栽水泥立柱。但是施工队只有 10 多个人，仅栽水泥立柱就用了两个多月的时间。因此，当年老板也仅仅种植了 50 多亩百香果，而且因为刚开始种植产量很少、无人收购导致难以转化为经济收益，租金却高达 30 多万，老板又亏了。

> 2020 年，土地全部流转了，栽百香果。一共栽了 50 多亩，栽在上面和后头，原来种辣椒的那块，后来没有苗了，下面没栽，当时杆子还没有栽结束。杆子是肩挑马驮运进来的，都是从巴铃（镇）请马帮过来。本村的嫌重，不好搞啊，按计件来干，要三块钱一棵。巴铃（镇）来是两块五，栽是另外（算钱）的。栽杆子是广西来人栽的，来了 10 多个人，既要栽杆子，又要拉铁丝，全部算下来，搞了两个多月。土地流转费家家都得了，六六三十六万。得青苗补助的大概有 30 多户，玉米和辣椒都是一亩 600，五星枇杷苗是一棵 10 块。一共拔出来 1000 多棵。老板又亏了，今年又换老板了。（20210502，孙兆霞、宗世法访谈联增村乜篾党支部书记 WZF）

2021 年，乜篾坝子又换了一个老板经营。据村干部讲，2020 年种的百香果苗，让 2021 年的新老板“一把火烧了”。老板在领班的建议下，改种芋头。但是到 5 月份，芋头还没有种完，因为土地干旱犁不动，只能等待下雨后能犁动了再接着栽。

> 今年可能有 130 亩种下去的。我跟他讲，人工可能算 10 万，种子跟肥料算 10 万，一亩地产量在 4000～6000 斤，算 4000 斤就行了，每斤 0.8～1.6 元。这样，搞下来可以赚 20 万。国家奖金那个是另外的。(20210503，宗世法、孙兆霞访谈领班 WZG)

虽然领班提出种芋头的建议，符合地方的实际情况，但他在计算收益时没有把土地流转费用计算进去。如果加上土地流转费，老板种植 130 亩芋头的最低预期利润为：$130 \times 4000 \times 0.8 - 100000 - 100000 - 130 \times 630 = 134100$（元），根本不会获利。领班也提醒老板：

> 今年（2021）这个老板我给他管得很好，说起来应该有收成的。但是今年流转费一亩地 630，到现在租金还没有发给农户。我跟他说，马上要下雨了，你要不补发（土地流转费）的话，人家马上就种玉米，你这次就要倒霉了。我跟他说好几次了。(20210503，宗世法、孙兆霞访谈领班 WZG)

课题组进一步追问发现，最近两年来经营乜篾坝子的竟然是两个建筑老板。他们不但经营着沙场，而且承接了政府的诸多建设项目。据领班描述，这两个老板并没有经营农业产业的经验，老板也并非真心实意想做农业产业，只不过是被地方政府的农业产业项目的扶持资金吸引而来。领班也深谙老板的经营策略，因此积极给老板出谋划策。

> 那个沙场是他们两个人合股的，买的时候才花了 20 多万，我看有 880 万方，细沙子一方卖 50 块，石头 30 块。这样，两个老板一个赚了差不多 100 多万。等沙场的沙都挖下来，那里就搞个冷冻厂，国家又要

发奖金给他了。（20210503，宗世法、孙兆霞访谈领班 WZG）

通过对领班的访谈，可以看到地方政府跟老板之间是“相互利用”的关系：在政策压力下，地方政府“利用”老板从事农业产业经营，并以其他建筑工程作为从事农业产业经营的奖励；同时，老板也“利用”地方政府，赚不到钱的老板不但拖欠地方政府和村两委班子成员承诺给农民的土地流转费用，而且不会顾及产业结构调整给农民造成的“遗留问题”：发展百香果种植时栽的水泥立柱和铁丝网，使得农民改种其他作物时很不方便。联增村村民、原九盘乡乡长 WCY 直接痛斥“老板害人”。

这个老板是害人，现在出租费还没得啊！今年他没给，但是他今年也种了。整得田都这么荒，这就是害人。我们这种早熟蔬菜，多则赚两三万，少则七八千。这不是害人的嘛？（20210504，宗世法访谈联增村村民、原九盘乡乡长 WCY）

三　“坝区产业”引发的“社会的自我保护”

虽然“坝区产业”听起来轰轰烈烈，在实践中却遭遇“年年易主”的实践困境。面对政府主导的这场激进变革，无论在“革命”的落实过程中还是在遇挫后的调整中，联增村村干部与村民均通过自己的行动，努力使产业结构调整回到符合本地实际的轨道，避免对农户利益造成更大的损失。这表现在村干部策略性地执行“调减玉米种植”的强制要求，也表现在农户充分利用流转给老板的土地，并在土地荒芜时及时改种粮食作物。这种由“坝区产业”引发的“社会的自我保护”，让人想起卡尔 · 波兰尼在《大转型：我们时代的政治与经济起落》中指出的，面对自由放任的市场经济，社会和国家力量会形成一种“社会的自我保护”[①] 力量。与之不同的是，联增

① 卡尔 · 波兰尼：《大转型：我们时代的政治与经济起落》，冯钢、刘阳译，当代世界出版社，2020。

村的“社会的自我保护”主要是由基层的村干部和村民主动发起的，针对政府主导的“坝区产业”既违背市场规律又可能侵害农户利益而做出的主动抗争。

（一）尊重农户意愿，策略性地执行“调减玉米种植”政策

“坝区产业”的重点任务之一便是让农民调减玉米种植。联增村的村干部在落实这一任务时，却打政策的“擦边球”，没有强制农户改种经济作物。

> 我们政府也很英明，我们就按照上面的意思宣传，尽量让农户去种经济作物。乡镇干部也有任务，如果你到时候还种玉米，一旦上级来检查，我们要把玉米拔掉，他们还要受处分。但是我们这样讲：如果玉米马上拿去卖掉，肯定收入很低，赚不到钱。但我们这要搞养殖，通过它（玉米）转换养猪养牛，去年的猪价不是非常高？我就说通过转化，农户的收入还是起来了。我们乡镇是这样安排的，上面的来检查，我们就跟老百姓说好，种玉米是砍了喂鸡喂猪喂牛。因为我们搞得相对比较好，这一块没有出现问题。（20210503，孙兆霞访谈联增村党支部书记 QTL）

联增村党支部书记 QTL 乃至马马崖镇之所以敢这样做，是出于他们的深思熟虑：调减玉米种植，违背老百姓的意愿。

> 我考虑这个东西（不让老百姓种玉米），一是违背了老百姓的意愿，二是增加我们工作难度，对吧？我是一个村支书、村干部，这个碗要建立在把（跟老百姓的）关系搞好这个基础上，对吧？我跟他们全部搞反了，别人会相信我吗？我们说发展高粱，把种子给他，有些种了，有些没种，我们都没管他。因为种的人太少，我们没有引进上面的人来收，我自己就帮他们收掉搞酿酒，我家就是酿酒卖的。（调减玉米种植）违背老百姓的意愿，主要是在这一点。如果说他愿意搞，那肯定是好事。他不愿意搞，你强行搞，那这个意思就变了。（20210503，孙兆霞访谈联增村党支部书记 QTL）

（二）避免土地荒芜，退回农户种养循环体系

在面对地方政府强行推动发展“坝区产业”时，不仅是村干部努力尽量减少负面影响，农户也充分利用老板尚未利用或荒芜的土地，种植粮食作物，重新启动家庭种养循环体系。

课题组田野调查时发现，联增村的老人们看到流转自家土地的老板撂荒的土地会觉得十分可惜，而且会将老板种植区域之外的“边角地”利用起来。乜篾一组 65 岁的老人 WCY（男）在把土地流转给老板后，要在那些老板不种的“边角地”种上苞谷，可以自己吃，也可以用来喂鸡；76 岁的老人 WCM（男）在谈到乜篾坝子荒芜的土地时，气呼呼地说道，因为老板今年不按时支付土地流转租金，他正准备去“通知”领班，要回自己的承包地，这显示了土地对于居住在村里的老人的重要性。

此外，2021 年 5 月课题组在联增村田野调查时，乜篾一组 76 岁的老人 ZZY（女）带着读小学六年级的孙女在流转给老板的土地里刨坑种植苞谷。因为天气干旱，原本就不厚实的土壤板结成块，很难刨得动。奶奶负责刨坑，13 岁的女孩负责打粪、下种、埋土。在被问到家庭情况时，老人不住地向外人“诉苦”。

> 我有两个儿子，一家有两个娃娃，他们两岁开始就是我（和老伴）一直带他们读书，就是很辛苦。她（指小姑娘）哥哥读到初三就不读了，跟她爸爸去广州打零工。我儿媳妇跑了，我儿子转回来找她，她说再也不想过这样的日子了，就跑了。他们的妈妈走的时候那个小孩子（指小姑娘）才两岁多。（20210504，孙兆霞、陈斌、宗世法访谈老人 ZZY 和她的孙女 LHY）

因为老板今年没给土地流转费，也没种芋头，老人觉得可惜，就跟领班说一声，自己要种苞谷了。水泥立柱是她跟老伴用锄头一根一根刨出来的，连接水泥立柱的铁丝也是老两口一根根剪断的。因为水泥立柱埋得很深，他们每天只能刨出四根。水泥立柱刨出来也没什么用，就放在田边作为梯田的田埂或路堤了。

> 家里养了两三只鸡，但是（因为没有土地），没有多少粮食可以喂它们，因此蛋都下不了，就把它们关着，怕它们跑到人家的地方上吃东西被人家说。粮食都不怎么够吃，猪也养不了。（20210504，孙兆霞、陈斌、宗世法访谈老人 ZZY 和她的孙女 LHY）

由此进一步思考，土地流转，不仅是土地经营权的集中和土地使用方式的变更，而且是对小农种养循环一体的农业经营方式的“革命”。虽然农户可以获得一定的土地租金，也可以为老板打工，但是土地租金和务工收入都是不稳定的，而且，他们的土地不能够再种植稻谷、苞谷、大豆等多种农作物，也无法再利用剩余的粮食来养猪、养鸡，所以猪肉、鸡肉、鸡蛋均需要通过购买获得，原本种养结合的生计方式被完全打破。对于外出务工者而言，土地流转提高了原本撂荒或免费给他人耕种的土地的经济收益；但是对于留守者，特别是留守老人而言，土地流转让他们原本以“半劳动力”投入种养循环的生计方式完全改变，深刻地影响了他们的劳作方式、生计方式甚至思想观念。原本充实、多样、丰富的老年生活被迫完全改变，老人们需要在土地之外寻求新的生活样态与生活意义。

第四节 乡村振兴背景下农业现代化的出路

回顾联增村的农业现代化三阶段历程，应该可以从中得出一个基本的结论：对于像联增村这样生态脆弱的西部贫困山村，如何处理农户跟农业产业的关系，是中国农业现代化必须要回应的关键议题。一方面，农业现代化很难照搬西方或东部平原地区农业产业发展的所谓“成功经验”，特别是通过大规模流转土地、引入新型经营主体来带动农户的做法，而需以农户为基本主体，因为他们既具有探索农业产业的内生动力与可能性，又能够缓解较为激进、脱离农村现实的产业取向。在这个意义上，农户不仅是中国农业现代化的“稳定器”与“蓄水池”，同时也是中国农业现代化的基础力量。但另一方面，由于农业跟其他产业的比较收益差异等，农户又不一定会全力投入农业现代化发展，农户经营本身又存在技术、组织、市场等多方面的弱质性，因此需要更强的社会服务支持体系。

一　对地方政府强力推动的农业现代化的反思

与早熟蔬菜产业相比，联增村其他农业产业结构调整，均是在地方政府的强力推动下展开的。虽然新马场乡也曾经对菜农进行了相关的技术培训，但整体而言还是农户主动探索的。对于贵州这样一个地方财政能力极其有限的西部省份来说，国家长期的扶贫攻坚政策让地方政府有资源、有能力强力推动农业产业结构调整，并聚焦于多个"农业特色优势产业"。但是，经济社会条件的改善也让地方政府急于求成，"农村经济产业革命"这一提法本身就体现了这一点。对于这种希望通过地方政府来引导、培育市场，强力推进动摇农户生计根本的"激进主义"以及产业扶贫中遗留的诸多问题，应进行深刻的反思。

（一）"脱嵌"：产业扶贫"项目制"与农业现代化的张力

产业扶贫希望通过以中央及各级政府转移支付资金设立产业发展项目，促进贫困地区的产业发展，从而使贫困农户获得可持续的收入来源。产业扶贫项目设计带有明显的"项目制"国家治理体制特征，在实践中对基层社会也产生了多种"意外后果"①，这主要表现为产业扶贫背后的两种逻辑——产业发展的市场化逻辑和帮助贫困户脱贫的社会化逻辑的矛盾和张力："现实情况中，在市场化逻辑指导下通过优势企业发展产业虽然能够带来经济的增长，但并不一定能够使所有贫困户受惠。"②

有研究表明，地方政府主导的产业扶贫项目进村，往往以行政路径为运作机制，因缺乏村庄社会性参与及村庄公共平台的承接与运作，容易导致扶贫目标偏移、拉大贫富差距、加速村庄"原子化"溃败、农民对身边党政工作人员和形象不认可等后果，即"脱嵌"的产业扶贫。③ 联增村原党支部书记 WB 对产业扶贫项目的反思也印证了"脱嵌"的问题。

① 参见渠敬东《项目制：一种新的国家治理体制》，《中国社会科学》2012 年第 5 期。

② 许汉泽、李小云：《精准扶贫背景下农村产业扶贫的实践困境——对华北李村产业扶贫项目的考察》，《西北农林科技大学学报》（社会科学版）2017 年第 1 期。

③ 孙兆霞：《脱嵌的产业扶贫——以贵州为案例》，《中共福建省委党校学报》2015 年第 3 期。

这种“脱嵌”在乡、村两级表现得尤为明显。第一，自上而下的项目产生机制，缺乏基于乡镇、乡村实际情况的科学论证[①]，容易造成项目“水土不服”。上级的产业发展规划层层分解，落实到乡、村两级就可能产生“不适”问题。产业扶贫项目可行性、配套性、可持续性均受到挑战。

> 我们作为乡镇也很无奈，你不得不做这个项目。但是我觉得县里面应该来好好调研一下，因地制宜。（20150328，课题组访谈新马场乡党委书记 ZZP）

第二，项目实施过程中忽视项目长周期给农户生计造成的影响。如核桃种植项目的“几个一”要求农户用旱地种核桃且不能种植玉米，但是农户家饲养的家禽家畜吃什么呢？构树项目就考虑了这一点，不但是荒山种植，而且给予农户三年的补贴，因此执行效果要比核桃项目好。第三，项目缺乏对农户行动能力与行动逻辑的理解。洋芋项目就未考虑到农户从未种植过的现实，技术支持不到位。五星枇杷种植项目，忽视了农户是冲着扶持资金而非产业发展前景而参与的情况（因此农户对枇杷树“种而不管”）。本地黄牛养殖项目没有考虑农户生计以外出务工为主的现实，因此强压的指标难以完成。黑山羊养殖项目未注意到农户能力的差异而导致仅有几户获得发展。

总之，联增村的诸多产业项目，虽然初衷都是推进现代农业发展，但是因为项目本身“强加”社会逻辑并“脱嵌”于乡、村两级社会，特别是缺少对农户生计方式的理解和尊重，导致项目实施效果大打折扣。而“坝区产业”阶段的大规模土地流转和“年年易主”的实践困境，更是“脱嵌”的极致表现。

（二）意愿与能力：农户经营与农业现代化的张力

无论是早熟蔬菜产业还是产业扶贫项目，都要求农户生计方式发生根本转变：从自给自足向市场销售转型。这些伴随新农业出现的新品种、新技

① 孙兆霞、张建、曾芸、王春光等：《贵州党建扶贫30年——基于X县的调查研究》，社会科学文献出版社，2016，第158~169页。

术、新管理方式，也要求农户能够掌握与之匹配的科学知识和种植能力。但恰恰在这一点上农户的意愿选择与能力差异，导致出现农户经营与农业现代化的张力。

首先，农户意愿的多元导致农户可能不愿主动投入资金、劳动力来推进农业现代化。联增村早熟蔬菜产业的“触顶”甚至“萎缩”就深刻说明了这一点。特别是年轻人，更倾向于进城务工而不愿从事繁重的农业劳动。村干部进行群众动员所使用的“种植与流转的比较收益”，遮蔽了一个基本事实：水田可以实行水稻和小麦轮作，而旱地种植的玉米可以用来喂养家禽家畜。如果这样计算，农户自己耕种土地比流转出去的收益要高很多。但年轻人常常很干脆地将土地流转出去。如果要进一步推进农业现代化，就需要扭转“务农不如打工”的绝对收益，这需要从品种改良、科学技术研究等方面着手。其次，农户能力的差异，可能导致“精英俘获”[①] 与发展分化问题。虽然产业扶贫项目的初衷是增加农户收入，但是在农业现代化的过程中，拥有不同能力的农户在利用政策、经营管理、市场销售方面具有很大的差异，如果只注重产出效率可能会引发新的社会问题。如黑山羊养殖项目，通过贴息贷款的方式最终只培育起三五户养羊大户，大部分农户难以向养殖大户转变就说明了这一点。

联增村的产业扶贫实践，需从农户的“家户现代化”视角重新进行分析。农户家庭会根据市场收益的多少和家户劳动力情况，选择最适合自身情况的产业，因此才会出现宁愿外出务工也不愿种植早熟蔬菜的情况。农业产业扶贫项目，似乎均没有注意到这一“家户理性”，因此以上三个原因可纳入同一维度进行理解：产业扶贫项目承包给公司来完成，农户就给公司“打工”，赚取务工收入；产业扶贫项目“只管种而不管收”，农户就抱着“不要白不要”的心态“种种试试”，在种植无收益后再恢复粮食种植（如洋芋项目），或者尽量减少对粮食种植的影响（如在核桃地里种玉米）；产业发展项目难以配套，农户就不会投入劳动力进行后期的经营、管理，而任由树木生长。在这一过程中，农户并未形成对产业扶贫项目的“乐观预期”，因

① 参见邢成举《精英俘获：扶贫资源分配的乡村叙事》，社会科学文献出版社，2017。

此往往抱着“不拿白不拿”“种种试试看”的心态，导致很多产业扶贫项目在遭遇困难时迅速退出。

（三）风险与“寻租”：公司经营与农业现代化的张力

为了应对农户分散经营的问题而希望通过“公司+农户”模式来推进农业现代化，很可能会引发更大的问题。第一个大问题便是风险。像联增村这样的农村，位置偏远、地块细碎、交通不便，通过流转土地让企业来集中经营，大大增加了农业产业的风险。生姜种植项目中，企业雇工经营不但增加了经营成本，而且因为体量较大而面临更大的市场风险，生姜种植项目因此无收益。

公司经营的第二个大问题是“寻租”。项目往往采用政府招标、公司采购的形式来完成，公司却可能并不是要真正带领农户发展产业，而只是奔着政府补贴去的。因此，在项目执行过程中往往不注重跟农户的利益联结，也难以发挥村两委班子成员或村集体经济的领导作用，从而导致出现“公司干，农户看”的情况。

> 在那一片草都不长的地方安排刺梨种植，一亩多少株就把苗拉来种下去，就等着上面验收，后面没有人来管理。喊老百姓栽种的时候，一天70块钱的工钱，但是没有人监督，随便挖个鸡蛋大小的坑把苗栽种下去。如果是荒山归农户，农户优先去那块地栽种，管理得好收益是自己的。群众做完之后我们就去政府拿钱发给群众，有万把块钱。后面就没有人管理。（20170205，孙兆霞、李平访谈联增村原党支部书记WB）

总之，中国农业现代化发展，不仅是技术问题、经济问题，更是社会结构转型的问题，因而带有很强的“嵌入性”特点：面向大市场的产业扶贫项目，并非仅是地方产业发展的经济过程，在项目从申请、实施、监管到运营的整个过程中，始终受到政府、村庄、农户等行动主体所形成的社会力量的影响；产业扶贫项目的成败，既受到市场供求与市场风险的影响，又取决于这一项目能否嵌入地方社会文化网络。如果产业发展只是一厢情愿，结果只能是产业扶贫项目的“脱嵌”和不可持续。

二　地方政府在继续推进农业现代化中的着力点

通过对地方政府强力推动的农业现代化的反思，旨在说明地方政府不能力图用自身力量来强行“制造”市场或“改变”社会，而应保持“历史耐心”，针对农户和其他经营主体在农业现代化过程中遇到的现实问题，提供有针对性的政策支持，特别是在乡村产业发展规划、农业项目的系统性支持等方面，发挥农业现代化的引导者、服务者作用。

（一）编制“多规合一”的实用性村庄规划，突破乡村发展瓶颈

2015 年课题组田野调查时，新马场乡党政办主任 J 就表达了对村庄规划、产业发展规划，避免农业产业发展的盲目性、随意性的迫切要求。

> 政府要在大山片区选准几个片点，要搞什么就搞什么，长远规划长远打算。我们这里发展核桃种植也好，薏仁米种植也好，叫农业局的同志来调研，海拔在多少、土地质量达到什么标准的全部种，种了以后公司来保底回收，农民绝对做。现在州里面可以压县里面，县里面各个科局可以来压乡镇，乡镇照不了[①]压力，就只有实施只有做。人又少事又多，考核检查又严。（20150328，张建访谈新马场乡党政办主任 J）

“十四五”规划中，提出实施乡村建设行动，第一个要求便是编制“多规合一”的实用性村庄规划，产业发展规划便是其中的重要部分。在与联增村隔北盘江相望的关岭县，我国五大名牛之一的“关岭牛”品牌逐步形成。关岭县在 2016 年启动实施“关岭牛振兴计划”，逐步构建了集饲草种植、科学养殖、规范屠宰、精深加工、多渠道销售为一体的关岭牛一二三产融合发展全产业链，品牌知名度不断提升。联增村的农业现代化，也要依赖乡村建设规划破除农业发展的瓶颈。但联增村具有发展潜力的牛羊养殖，因为建设用地审批困难的问题而难有实质性进展。因为联增村的集体建设用地指标非常少，在国家严格的土地使用制度和养殖场建设“三个五”的要求下，村

① 照不了，指忍受不住。

庄根本没办法建养殖场。

联增村养猪大户 HH 就谈到农业养殖场土地使用审批难的问题。

> 下面这片林地是林业局管的，如果你要用这块地，就必须要林业局领导批下来给。如果林业局上面的领导不批，那我们就拿不到这个（土地使用）许可证，即使养殖场你有技术有精力盖下来，土地的手续也不一定能办下来，土地也拿不到。还有就是要严格贯彻“三个五”，靠近公路500米，靠近水井500米，靠近村庄500米，都是不能发展养殖的。(20210502，宗世法访谈联增村养猪大户 HH)

对于联增村这样土地资源极度稀缺的山村来说，产业发展与土地利用的矛盾，迫切需要政策上的调整。由于前些年采取以城市为中心的发展模式，联增村的部分荒山被划为“基本农田”，从而将腾出来的土地指标用于城市建设。但是在乡村振兴阶段，如果没有乡村规划为前提的农村建设用地政策倾斜，联增村将被生态环保的政策紧紧束缚。

（二）加强农业生产服务与组织化，避免农业项目的碎片化

对于联增村的产业扶贫项目的详细介绍，已经表明农业生产服务对于农户乃至企业、合作社、大户等新型农业经营主体的重要性。

> 虽然上面的政策是好的，但是落实要差一点。比如发展产业，种植什么、产业多少亩，但是他就直接放在我们村里面，乡镇就没有来帮助我们。对于这点我们是非常头疼的，乡镇有管农业的这个部门，但是没人下来直接跟农民在一起。既然你带领我们发展产业，就必须派人下来给我们技术指导，给我们规划哪一片栽什么经果林啊，或者是早熟蔬菜。(20150701，王春光、张建访谈联增村原党支部书记 WB)

其实，地方政府在产业发展中的定位，特别是地方政府应做好农业产业发展服务的意识在提高，已逐步形成高度自觉。

比如说我们的种植养殖，老百姓自己种草养羊养牛，自己卖出去到市场上，最多赚一个差价而已，他们的收入不能得到翻天覆地的改变。但如果我们能引好的龙头企业进来，做简单的肉牛的贩卖和出售，做肉制品和深层加工，比如牛皮，做一些特产，还有其他一些配套产业，那么这一个产业链就做起来了，一头牛的产业附加值就扩大化了。这对于老百姓脱贫增收会起到更大的促进作用。（20170206，孙兆霞、陈斌访谈马马崖镇党委书记 LHBB）

如果将农户确定为农业现代化的主体，就必须意识到他本身存在的弱质性，并着力去提高其市场竞争能力。东亚地区的韩国、日本，是通过立法建立垄断型的农民组织——农民协会来解决这一问题的，那中国应如何应对呢？无论这一问题的突破口为何，地方政府无疑要承担起其社会服务的职能，把产业发展的重心从“选择产业”调整为“服务产业”，在品种改良、种养技术、加工储存，特别是市场营销方面，构建起以农户为主要对象的完整农业产业服务体系，以此来保证农业产业既能够真正“嵌入”乡村，符合农户的意愿，又能够避免全国乃至全球农产品市场波动给农户和其他农业经营主体带来的较大影响。有学者将此称为“统分结合”的产业组织形式：即产业中越往上的部分由政府或企业来主导，比如政府主导、公司直接经营的种植园、大产业园等；产业的下面部分由农户分散经营，政府给予一些奖励、补贴和补助；中间部分有一定程度的合作和组织。①

此外，虽然农户合作存在诸多问题，但是国家仍应该将其作为乡村振兴阶段产业发展的重点任务推进，继续培育家庭农场、农民合作社等新型农业经营主体，以此提高国家农业产业服务的效益。

我建议国家要投入的话，成立合作社，直接分配给农户自己管理是

① 参见周飞舟：《乡村产业发展的社会基础》，北京大学人文社会科学研究院（文研院）第二期讲座推送，http://pkunews.pku.edu.cn/pub/pkunews/xwzh/f06e66532b33492db8d6797a80623e1b.htm，最后访问日期：2021 年 11 月 28 日。

不行的。例如，这块地划为五星枇杷基地，有100户人家，栽种可以，但是到挂果之后，能管理的不会超过35家，因为现在有技术的都出去打工，在家的老人没有心思去管理。合作社来管理，参与的农户把土地拿出来共同分红，他就有责任心。我曾经做过分析，这一片土地政府来栽种，验收合格后让老百姓去管理，收入是老百姓的，他有100%的利润。但如果由合作社来管理，老百姓只能占50%的利润。但是老百姓为什么不拿100%，而愿意拿50%呢？因为你想拿100%的利润，但是没有人管理，最后可能什么收益也没有；让合作社管理，你享受50%，但那是永久性的，而且可以参与合作社务工这块。（20170205，孙兆霞、陈斌访谈联增村原党支部书记WB）

联增村党支部书记QTL甚至向课题组建议，应该在荒山坡上修个规模较大的养殖场，农户可以合作使用。这样，农户白天可以利用荒山放牛，也可以打草来喂牛，晚上可以集中管理。此外，养殖场的建设、防疫等工作，农户可以合作完成。虽然这只是一个畅想，但至少表达出他作为一个村干部对于农业生产服务和合作化的内在需求。

三　联增村农业现代化的未来图景：生态产业

通过详细分析联增村农业现代化的三个阶段，尤其是产业扶贫项目和“坝区产业”的种种问题，课题组并非要展示一个“没有发展希望”的乡村悲凉图景，也并非要否认国家在扶贫开发阶段和脱贫攻坚期间给联增村村民带来的巨大生活跃迁。相反，联增村生态优美的自然风光和保存相对完整的乡村社会基础，让人看到其农业现代化未来图景，特别是生态产业发展的无限可能。

第一，联增村的自然生态条件，具有发展生态产业的天然优势。在地方政府推动的产业扶贫与“坝区产业”中，一个成效明显但容易被忽视的产业类型是牲畜养殖。联增村拥有1.6万亩荒山，经过扶贫开发与脱贫攻坚期间在生态修复方面的投入，这些荒山已经渐渐披上绿装，甚至长起五星枇杷等树木。联增村良好的生态环境为发展生态养殖提供了条件。目前，全村共有200余户农户养殖500多头牛（其中一半以上为本地黄牛），5户农户养殖300多只黑山羊。此外，产业扶贫期间引入的皇竹草、黑麦草项目等，为农户发展养殖业提供了条件。据村民介绍，每亩皇竹草可喂养3头牛或25只羊。如果能够在地方政府的支持下对品种进行改良，再加上"放养"和"圈养"相结合的养殖方式，联增村村民完全可以在保护自然生态环境的基础上扩大养殖业规模，增加收入。

对于这一点，无论是乡镇干部、村两委班子成员还是村民，都已经达成高度共识。

> 我们村里面现在只有养牛这一块还可以大力发展，因为养牛（价格）比较稳得住，老百姓也不陌生。但是必须种草养牛。如果靠山上的草，一个是营养成分不高，再一个就是它是有限度的，之前的荒山也就能够和现在的牲畜达到饱和，现在我们要增加养殖的话就要种草。前不久拉了几车皇竹草过来栽，现在几乎每家都种了。但是存在一个问题就是运输恼火。老百姓种草必须搞机耕道进去，开起拖拉机、三轮车去拉草回来养牛养羊就现实了，老百姓就方便了，如果你只搞一方面不搞另一方面也不行。（20170205，孙兆霞、李平访谈联增村党支部书记QTL）

联增村主动填写的"十四五"项目申报表（见表4－5）也表明：本地的干部和村民确实是深谙地方智慧的行动主体，他们对于外来的产业发展方向非常清楚。

表4－5　联增村"十四五"项目申报表

序号	村（居）	项目类别	项目名称	实施内容	投资金额
1	联增村	产业类	种养殖	养猪场1个（500头）	300万元
2	联增村	产业类	种养殖	养牛场1个（500头），配套种草200亩	700万元
3	联增村	基础设施	生产路、机耕道及公共服务设施	新建机耕道15公里、硬化生产路8.5公里，新建排洪沟渠6公里，新建娱乐广场1个	600万元

第二，“打工留守”的村庄经济结构，缓和了人地矛盾，为发展生态种养殖提供了新可能。对于像联增村这样人地关系紧张（人均土地不到一亩）的西部农村而言，单靠农业现代化来实现乡村发展乃至振兴完全不可行。因此，最近20多年大量年轻人外出务工，在联增村很少看到二三十岁的年轻人的身影。农户家庭生活主要靠打工来维持，虽是迫于生活的无奈年轻人外出打工，但也有效地缓和了人地矛盾，也让部分年轻人看到回家从事农业的机会，甚至已经有部分年轻人回家从事农业生产。像联增村养猪大户HH，就对联增村人地关系变化带来的发展机会有清晰的认知。

> 我觉得要使我们村实现乡村振兴的话，还是要发展养殖和种植，只有这两条路的发展效益高。养猪、牛、羊我认为都是可以的，但养猪的话市场风险比较高，养羊是最合适的。因为我们这个地方山上的草多，这比较占优势；第二个原因就是我们这里荒地占地面积大，可以充分利用荒地来种草。种玉米收益不高，一年的收成也就几百块钱。但是如果种草，然后养二三十只羊，比种玉米的收益要高太多。牛、羊可以圈养也可以放养，根据自己的具体养殖情况去选择，也不是全部要圈养的；猪就必须圈养。牛要是放养的话，那么人的劳动效率也就提高了嘛。圈养一段时间，然后定期放养，就像人一样，偶尔也要放松一下心情，可以让它的身体更好，不容易生病，也就节省了饲养的成本。我们村养一两千只羊应该没问题。（20210502，宗世法访谈联增村养猪大户HH）

HH对于养猪、养牛、养羊等养殖所需资源、养殖方式、养殖数量上限、养殖跟土地的关系等都具有非常清晰的认知，所以他从事养殖业有明确的规划，并不仅仅是一种致富的冲动。除了自我发展，HH也愿意带动村里的农户发展养殖，从而使得农户新型组织化成为可能。

> 只要他们喜欢搞养殖，他们在养殖方面有什么问题，我就会尽力地为他们解答疑惑。从外面进来的这种小猪，它的生理状况我们是不了解的，健康不健康这一块是任何人都不敢保障的，对吧？只有我这里面自

繁自养的这种我才了解底线。所以如果说你要和我合伙，但你从外面买小猪来给我养，我是不要的。你要么是从我这里面买出去，然后拿回家养，我给你提供技术防疫，这个是可以的。(20210502，宗世法访谈联增村养猪大户 HH)

像 HH 一样具有较高学历和丰富养殖经验的年轻人，使得联增村的养殖业发展具有坚实的人才与资源基础。

第三，联增村毗邻的关岭县的“关岭牛”产业已经初具规模，具备区域市场整合的可能。虽然联增村在行政关系上隶属兴仁县，但长期受到关岭县市场的影响，其皇竹草、黑麦草种植项目的实施就与关岭县有关。截至 2021 年 7 月，全县牛存栏 13.66 万头，其中黄牛存栏 9.7 万头，出栏 2.59 万头，牧草种植 14.4 万亩，配套饲草加工机械 462 台（套）；新建圈舍 16 万余平方米，青贮池 5.9 万余立方米；建设有关岭生态畜牧业现代高效农业示范园区、1200 头规模核心保种场、种公牛站、年屠宰量可达 10 万头屠宰场及可年产 2 万吨的饲草加工中心各 1 个；发展 500 头规模养牛场 17 个，5 头以上家庭牧场 1258 个。通过近几年产业稳步推进，带动全县 12375 户 46996 人参与产业发展。[①] “关岭牛”产业发展的关键有“三环”：生产环节，喀斯特荒山种植皇竹草，在保持水土的同时提供牛饲料；管理环节，由村集体领办合作社，把家庭牧场、农户（散养户）集中起来，兴办养殖密集小区，实现一定的规模效益；销售环节，建立县级专业营销团队，建设牛肉直销店、数字化交易平台、订单种养等方式，拓宽牛肉销售渠道。此外，地方政府在“关岭牛”产业发展中提供的社会化服务，为保证牛肉品质、提高专业化水准发挥了重要作用。关岭县建立了与中国农业科学院、贵州省兽科所、贵州大学等技术单位的合作。同时，各规模养殖场均聘请 1～2 位畜牧技术人员进行驻场指导服务，为“关岭牛”发展提供全面的技术保障，

① 杨展凌：《安顺关岭：切实推进“关岭牛”产业提质增效》，《人民资讯》2021 年 7 月 14 日，https://baijiahao.baidu.com/s?id=1705249966138849344&wfr=spider&for=pc，最后访问日期：2021 年 11 月 28 日。

进一步提高养殖人员的养殖管理水平。[①]

“关岭牛”产业的发展表明，农户经营并不一定会影响农业现代化进程。只要地方政府做好技术服务、组织服务、市场服务，小农户也能形成大规模、大市场。联增村虽然在行政区划上隶属兴仁县，但是村庄近年来牛产业的发展也受到关岭县的影响。乡村振兴阶段，地方政府如果能在政策上突破行政区划的僵化限制，使关岭县牛产业发展的优惠政策辐射联增村，从而将其纳入整个地域性产业发展体系之中，那么有理由相信联增村良好的生态产业发展蓝图并非凭空想象，而是可实现的能够促进乡村振兴的优势潜力产业。

① 《贵州关岭牛三年振兴纪实：做强牛品牌 开创致富路》，《天眼新闻》2019 年 6 月 20 日，https://baijiahao.baidu.com/s? id = 1636831557229367020&wfr = spider&for = pc，最后访问日期：2021 年 11 月 28 日。

第五章　农户本地生计与城乡融合

在农民经济特别是对农户的研究中，始终存在两种针锋相对的观点。斯科特提出的“道义经济”[①] 与波普金的“政治经济”[②]，以及由此形成的“道义农民”与“理性农民”，构成“斯科特 - 波普金”论题纷争的核心。有学者指出，“农民的行为选择究竟是理性的还是道德的恐怕并不是一个真问题”，“农民的行动选择与企业经济行为所依据的只是生存理性与经济理性之别”。[③] 究其原因，两种视角所分析的对象——农民似乎是处于相对稳定的社会结构中。但是，新中国成立后特别是改革开放后，中国社会出现的一个大趋势是“流动”，表现为数以亿计的农民工远离故土、外出打工，所谓的“386199 部队”则留守家乡。2021 年国家统计局公布的“七普”数据显示，全国人户分离人口为 4.93 亿人，其中，市辖区内人户分离人口为 1.17 亿人，流动人口为 3.76 亿人，其中，跨省流动人口为 1.25 亿人。联增村是贵州 1.8 万余个行政村的“典型”或“缩影”，联增村村民也同全省 600 多万跨省外出务工人口[④]一样跨省外出务工谋生。

① 詹姆斯 · C. 斯科特：《农民的道义经济学：东南亚的反叛与生存》，程立显、刘建等译，译林出版社，2001。

② Popkin, Samuel L., *The Rational Peasant: The Political Economy of Rural Society in Vietnam*, University of California Press, 1979.

③ 郭于华：《“道义经济”还是“理性小农”重读农民学经典论题》，《读书》2002 年第5 期。

④ 数据来源为贵州省人力资源和社会保障厅：《贵州省 2018 年人力资源和社会保障事业统计公报》，2019 年 6 月 19 日，贵州省人力资源和社会保障厅官网，http://rst.guizhou.gov.cn/zwgk/zfxxgk/fdzdgknr/tjxx/tjgb/201906/t20190619_63493793.html，最后访问日期：2021 年 11 月 28 日。2018 年，贵州省农村劳动力期末在外就业人数达到 890.65 万人，其中在省外就业的有 614.51 万人。

在这样一个“流动的时代”[①]、家庭“分离”的时代，面对青壮年劳动力外出务工而造成村庄社会结构松动、留守问题突出等现实困境，不禁让人深思：像联增村一样的西部山村，其农村现代化的前景何在，其乡村振兴的未来何在？

第一节　农户本地生计方式类型

对于联增村这样的西部山村而言，改革开放特别是市场化进程的加速，使得其与东部地区的经济差距迅速拉大。20世纪90年代以后，村民开始大规模外出务工，“以代际分工为基础的半工半耕”[②]成为农户的主要生计方式。有研究表明，中西部农村社会的一般结构为：进城户（10%），半工半耕户（70%），中农户（10%）和老弱病残户（10%），并将“中坚农民”定义为“主要收入在村庄、社会关系也在村庄、家庭生活完整、收入水平不低于外出务工家庭的新生中农群体”[③]。虽然这样的分类对于理解中西部地区农村的基本社会结构极具启发性，但静态分类无法动态地理解流动农户家庭的行动逻辑。我们引入两种动态分析农户家庭的理论框架：“新家庭生命周期”与“接力式进城”模式，分析没有外出务工而在本地工作、生活农户的主要类型。

一　城镇化背景下农户的行动逻辑

新中国成立以来，城镇化的发展一直是中国经济发展的引擎。随着城镇化的发展，联增村这样处于城镇化最末端的农村，也受到越来越明显的影响。联增村早熟蔬菜产业的发展、农户外出务工和建房等，均是城镇化发展之城乡关系的表征。因此，要理解农户的行动逻辑，需要引入新的分析视角。

① 齐格蒙特·鲍曼：《流动的时代：生活于充满不确定性的年代》，谷蕾、武媛媛译，江苏人民出版社，2012。

② 贺雪峰：《小农立场》，中国政法大学出版社，2013，第1～9页。

③ 贺雪峰：《论中坚农民》，《南京农业大学学报》（社会科学版）2015年第4期。

（一）农户“新家庭生命周期”模式

有学者通过对流动人口的分析，构建起城镇化背景下农户的“新家庭生命周期”模式（见图5－1）。

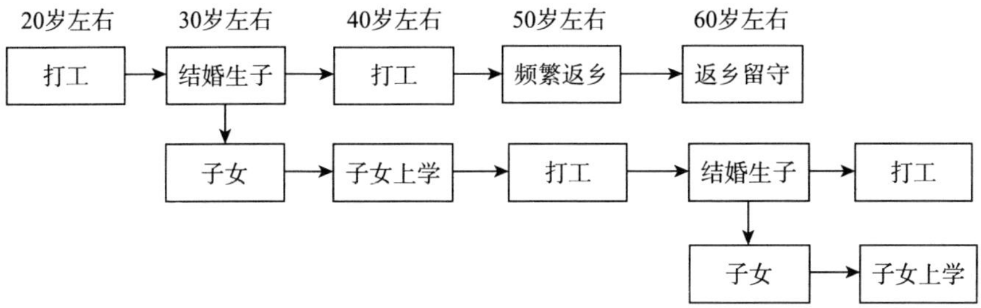

图5－1　农户“新家庭生命周期”模式

由图5－1可知，城镇化时代的农户家庭，是以家庭成员相互“分离”为基本特征的家庭。外出打工农户如果不能在城镇安家，就会陷入“新家庭生命周期”循环模式，周而复始。因此，每一个农户家庭、每个家庭成员都将以跳出这一循环、打破打工的代际遗传作为自身的内在动力，从而使农民获得一种类似于韦伯所指的“新教伦理”[①] 的内在精神动力，而这正是理解农户行动逻辑的关键。“新家庭生命周期”模式，特别是农户一代接一代努力打破打工的代际遗传循环，为理解当前社会大流动、城乡二元、家庭“分离”背景下农村的稳定与农村现代化的未来可能，为理解流动时代农户家庭的行动逻辑极具启发性。如果更为细致地分析农户家庭“逃离农村”的行动逻辑，就会发现：这种以家庭为单位离土进城的集体决策与行动，进城能否成功，既取决于每个家庭成员自身的努力，又取决于这一主干家庭的整体能力与集体支持的强度。

（二）农户“接力式进城”模式

有学者将这种家庭代际支持基础上的城镇化模式总结为“接力式进城”模式，并总结出四个主要特征：一是决策及行动单位是家庭而非个人，这一代不能进城就支持下一代，如此传递和接力下去，最终目标是实现以进城为标志的家庭社会地位的提高，即向上流动；二是生计决策具有整体性，家庭资源的

① 马克斯·韦伯：《新教伦理与资本主义精神》，彭强、黄晓京译，四川人民出版社，1986。

积累和优化配置服从于整体性的生计安排，以期实现效益最大化和风险最小化；三是以代际的伦理责任为社会文化基础，伦理责任是农民行为逻辑的根本动因，而这也是中国形成独特的城市化模式的社会文化基础；四是农民的城市化过程具有长时态、反复性和梯度性特征。[①] 农民家庭中的代际支持机制稳定地支撑了其城镇化进程的展开，代际支持成为农民城镇化成本的基本分担机制，因此“接力式进城”模式使得农民家庭可以在城乡之间进退有序，往返自由，逐步实现其城镇化目标。[②] 如果将这种模式图示化，将如图5-2所示：

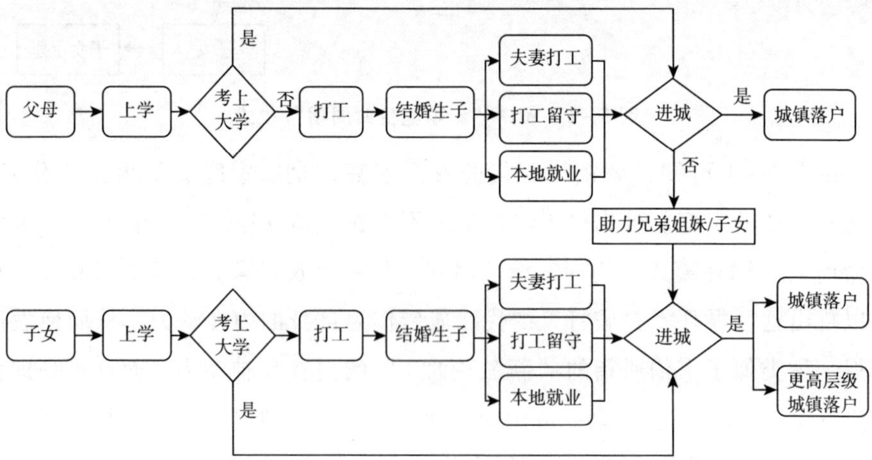

图5-2 农户“接力式进城”模式

如图5-2所示，农户“接力式进城”是一种以“家户”为单位的整体决策与行动。因为对中国人来说，家庭并非西方家庭社会学和人口学意义上的核心家庭、直系家庭等结构性的单位，而是包含着“祖先—子孙”的绵长脉络、兼具文化性、宗教性的“三位一体”的家。[③] 也正是在这个意义上，“接力式进城”与“新家庭生命周期”模式殊途同归，都可溯源到中国家庭伦理的传统脉络上。

① 王德福：《弹性城市化与接力式进城——理解中国特色城市化模式及其社会机制的一个视角》，《社会科学》2017年第3期。

② 张建雷：《接力式进城：代际支持与农民城镇化的成本分担机制研究——基于皖东溪水镇的调查》，《南京农业大学学报》（社会科学版）2017年第5期。

③ 王德福：《弹性城市化与接力式进城——理解中国特色城市化模式及其社会机制的一个视角》，《社会科学》2017年第3期。

二　两次搬迁折射出农户的“生计逻辑”

无论是“新家庭生命周期”还是“接力式进城”模式，都表明对农户生计方式的分析，不能只关注某一区域（如乡村）或某一群体（如留守老人），而应引入“家户现代化”视角，将农民个体放入“家户”这一行动单位进行分析。联增村在 2008 年七组（烂坝）的生态移民搬迁和 2015 年八组（拢谷）的易地扶贫搬迁，恰好反映了农户的生计逻辑。虽然两次搬迁的背景、政策、对象等有很大差异，但是相同的是农户的慎重态度，很少有农户愿意离开自己的“家”，其重要原因在于农业、农村对于家庭生计方式的重要性。

（一）生态移民搬迁与农户庭院经济

联增村七组烂坝背靠高山，新中国成立后常常发生山石滚落，砸坏村民房屋的事件。2008 年农历三月初三，又有两块石头滚落。因此村干部上报后，地方政府同意搬迁。当时要求 57 户村民全部搬迁到离山较远、位置较低的一块区域，每户能获得 2 万块钱补贴，建一栋长 10 米宽 7.5 米的新房。但是，即便是如此优惠的政策，仍然有 1/3 的村民不愿搬迁。原七组村民小组组长 YJL 分析了村民不愿搬迁的心理。

> 大约有 1/3，15 户左右不愿搬迁。不愿搬迁的原因是他们房屋的地基已经规划好，搬过去之后是用房屋前面的地来养家禽家畜，而一些人家没有地方可以养鸡、养猪。房子的地基长度 10 米、宽度 7.5 米，院坝不规则，各家都不一样。最严重的是三栋房子挨着，路从两边来，中间一点空隙都没有，每一栋之间的间隙只有 10 厘米，连一个鸡圈都盖不了。
>
> 老村公路通了，但硬化路没有通，只通到新村。现在只有 13 家去新房住。有一些人在外打工赚了钱，又在老村有土地，就修建新的房屋。有好几家就在原来的基础上又建了一层或者两层，原来政府是不同意的，现在都不管了。这（自己修的）房子就有养家禽的地方，现在最关键的是没有关羊的羊圈。住在老村那边也怕石头会掉落，但是有一些人过来没有土地养殖，只好在老村。我有个堂兄弟就居住在山脚，现在搬过来了，但是猪、牛还在老村的家里面养着。他在家就骑车过去喂

食，每天要去三趟，他不在的话他老婆就过去喂食，一天走几趟也是恼火。现在老村的人还很多，农村不养殖的话怎么办呢？（20170205，张建访谈联增村原七组村民小组组长 YJL）

从 YJL 的话中可以看出，村民之所以不愿搬迁，是因为家庭房屋除居住功能外还具有“庭院经济”功能。庭院经济是指农民以自己的住宅、房前屋后空余地以及自留地为生产场所进行的种植业、养殖业、加工业、服务业等商品性生产的经营活动。对于贵州而言，庭院经济具有有利于培养新的经济增长点、改变经济增长方式、有利于喀斯特山区生态环境保护、有利于农村剩余劳动力转移等重要意义。[①] 虽然城镇是很多农村人特别是年轻人向往的工作生活之地，但如果进城会影响家庭生计的稳定性，农户往往会抱有相对谨慎的态度。

（二）易地扶贫搬迁与农户生活成本

2015 年以后，随着脱贫攻坚的深入推进，国家对“一方水土养不起一方人”的地方实施易地扶贫搬迁。政策落地到联增村，联增村八组（拢谷）因为地理位置偏僻而被列为搬迁对象。建档立卡贫困户家庭每人只要出 2500 元就能获得人均 20 平方米的住房，公共服务完全由政府解决。但是，即便面对如此优惠的政策，村民依然忧心忡忡，最终只有五户搬迁到县城居住。

联增村八组村民 LDF 解释道，村民之所以不愿搬迁，是因为担心城市的生活成本太高。

因为我们组的地理位置很偏远，修这条路用的资金较多，所以（村干部）就去我们那里宣传，喊我们搬去兴仁居住，这样就没有必要修这条路了。但大家都不喜欢搬，为什么呢？找不到钱的这一批人在那边生活都需要花钱，所以不想搬。村里还和我们说，老了有儿子管。我们就说儿子媳妇能赚钱家庭才能维持，才能照顾老人。反之，怎么能照顾到？所以不搬的话，没有本事的人也能种土地维持生活。最终有五户搬

① 吴嵘：《贵州少数民族山区庭院经济发展问题思考》，《贵州民族研究》2000 年第 1 期。

> 迁，搬迁的这几户人（年龄在）三十多岁至四十多岁，他们以前都不在家里种田，都在外面打工，没有四五十岁种田的人搬过去的。(20170205，陈斌访谈联增村八组村民 LDF)

村民 LDF 的叙述表明，家庭是否搬迁到城镇以推进家户现代化，主要取决于农户家庭中，年轻一代能否通过外出务工获得持续收入，支撑整个家庭在城镇的生活。

联增村两次搬迁折射的农户“生计逻辑”，对于理解家户现代化的复杂逻辑颇具启发。第一，家户现代化具有明显的代际差异。年轻一代更迫切地希望通过进城居住实现现代生活方式转型，而他们的父母则更为保守、谨慎。第二，家户现代化并非一定是城镇化，而应纳入家庭生计进行考量。如果新的居住空间、新的生活方式使原有的家庭生计遭到破坏，农户会选择保留或退回原有状态。希望通过政策推动家户现代化，如果不能解决农户生计转换的问题，会具有很高的风险。第三，家户现代化的速度与方式取决于家庭能力。家庭能力越强，越能很好地把握国家政策机遇，实现现代化转型。因此，在探讨家户现代化的未来时，必须回到农户家庭，分析它当下的生计方式是何种形态。

三　农户本地生计方式的主要类型

党的十九大报告提出乡村振兴战略，但是像联增村一样的广大西部地区农村面临的最大问题是绝大多数中青年外出务工而造成村庄“空心化”与“三留守”。因此，在讨论乡村振兴时，必须回答的三个问题是：谁在农村？(引申出来的问题是谁来种地？) 为什么在农村？在农村的生计方式为何？如果农村无法为本地人或外地人提供发展机会，那么在“家户现代化”视角下，农户就会以代际接力的方式离开农村，即使“留乡”或“返乡”也只是城镇化的过渡阶段；如果农村具有新的发展机会，能够保证更多人的稳定就业与增收，那么乡村振兴就具备了人才基础，乡村振兴才有了现实可能。

（一）农户生计方式分类框架

与既有研究对“留在村里的人”的分类不同，课题组根据农户家庭不同代际的主要生计方式以及该生计方式与农村的关联程度进行综合分类（见表 5－1）。

表 5－1　农户主要生计方式分类框架

	父母	子女	孙子女
生计方式	城镇养老 外出务工※ 本村养老※※ 本村兼业※※※	外地就业 外出务工※ 县城就业※※ 乡镇就业※※ 本村兼业※※※	外地就业 外出务工※ 县城就业※※ 乡镇就业※※ 本村兼业※※※

注：表中的※表示该生计方式跟农村的关系，※越多表示跟农村的关联越密切。

由表 5－1 可知，当农户生计方式的分类引入代际差异、与农村的关联程度两个变量后，一个核心家庭生计方式可以幻化出多达几十种类型，联合家庭的生计模式就更为复杂。不过，如果按照家户的不同生计方式所占比例来分析，“父母本村兼业＋子女外出务工”这种“半工半耕”家庭无疑占绝大多数。从农户与农村的关联程度的角度分析，父母“本村养老/本村兼业”，子女或孙子女“县城就业/乡镇就业/本村兼业”的家户跟农村的关联最为密切。因为贵州省在 2019 年实现“组组通”，县城、乡镇与村庄的物理距离被无限拉近，很多农户可以选择在村庄或乡镇生活，而在兴仁市内工作。

（二）农户本地生计的基本特征

从劳动力情况来看，全村共有劳动力（18～60 岁劳动年龄人口）1418 人，占全村人口总数 2506 人的 56.58%（说明：表 5－2 中起始年龄为 19 岁，因为本地就业劳动力的最小年龄为 19 岁），劳动力较为充足。60 岁、65 岁及以上人口分别为 338 人、255 人，占比分别为 13.49% 和 10.18%，比贵州省第七次人口普查公布的数据“全省 65 岁以上老年人口比重 11.56%”低 1.38%，表明联增村是贵州省老龄化程度较低的村庄。[①]

课题组将“在兴仁市以外”的劳动力视为“外出务工”人口，将在“兴仁市以内”，包括县城、乡镇和本村务工的劳动力视为“本地就业”人

① 数据来源：课题组在 2021 年田野调查时，收集到“联增村就业扶贫全覆盖农村劳动力信息统计表”。据村干部介绍，这份表格是 2020 年 3 月新冠肺炎疫情期间村干部逐户逐人进行统计的，表格详细介绍了每家农户的基本信息和劳动力就业情况。课题组以此表为基础，结合“联增村人口信息表”和实地调查的资料，对联增村的劳动力就业状况进行了细致分析。

口。将10岁作为分界，课题组对不同年龄段的人数、占所有劳动力的比例和该年龄段就业基本情况及特征进行了统计分析。数据显示，联增村在本地就业的劳动力为548人，占劳动力总数的38.64%（如果将在兴仁市内打工的75人也算作“外出务工”人员，那么本地就业的劳动力占比则下降到33.35%）；涉及全村327个家庭，占全村644户（户籍）家庭的50.78%。本地就业人员中最小年龄为19岁，在家里帮父母种植水稻、养牛（见表5-2）。

表5-2　联增村本地就业人员分年龄段统计

单位：人，%

年龄段	人数	占比	该年龄段就业人员基本情况及特征
19~30岁	74	13.50	这些年轻人中，7人在体制内就业（其中兴仁市级4人，乡镇级3人），34人在兴仁市打零工、进厂工作或自主经营（其中开门店的4人，学汽修的1人），2人在马场乡开门店，23人在家跟父母从事种植养殖业，5人在家做全职妈妈，还有3人在本村从事非农经营（其中1人做生态护林员、1人经营理发店、1人在联增小学做饭） 就业特征：兴仁市和乡镇、村庄各吸纳一半左右的劳动力
31~40岁	97	17.70	其中，13人在体制内工作（县级4人，乡镇级6人，联增小学3人），22人在县城打工、进厂工作或自主经营（其中开门店的2人），15人在马马崖镇、百德镇打零工，40人在村内从事种植养殖业，1人在村委会工作，1人经营理发店，1人做村防火员，2人做生态护林员，2人经营便利店 就业特征：劳动力就业分化明显，13.40%的人进入体制内工作，将近六成的人在乡镇或本村就业，其中7人在村内从事非农经营
41~50岁	133	24.27	其中，4人在体制内就业（乡级3人，联增小学1人），18人在兴仁市就业，38人在马马崖镇、百德镇等周边乡镇打零工，67人在本村从事种植养殖业，6人在本村从事非农经营（其中村两委班子成员2人，做小锅酒1人，生态护林员2人，保洁员1人） 就业特征：体制内就业偏向乡镇级（县级体制内人员已经在城镇落户）；外出务工半径明显缩小，在村庄周边乡镇就业的人数比例接近三成（28.57%）；在本村从事种植养殖业的比例高达50.38%
51~60岁	244	44.53	其中，仅有1人在体制内工作（为联增小学教师），11人在兴仁市就业（其中6人从事建筑相关行业），52人在马马崖镇、百德镇等周边乡镇打零工（包括赶集理发、大牲畜买卖、废品回收、保安等），172人在本村从事种植养殖业，8人在本村从事非农经营（包括村干部1人、生态护林员5人和保洁员2人） 就业特征：绝大部分劳动力退回到村庄和乡镇周边，仍在兴仁市内工作的仅占4.51%；他们是村庄公共服务的主要提供者
合计	548	100	

由表 5－2 可以发现联增村本地就业人员的以下四个特征。

第一，本地就业人员中，夫妻同时在家的比例较高，家庭结构较为完整。在 218 户本地就业的家庭中，大约 2/3（145 户）的家庭夫妻在一起生活。从性别上来看，这些家庭中男女劳动力差别不大，分别有 266 名男劳动力和 279 名女劳动力。这些数据反映本地就业的家庭结构较为完整。

第二，随着年龄的增长，劳动力的就业“半径”不断缩小，直至退回本村从事种植养殖业，21～30 岁、31～40 岁、41～50 岁、51～60 岁在本村从事种植养殖业的比例分别 31.08%、41.23%、50.37%、70.49%，即反映了这一明显特征。对于那些尚未找到合适的就业渠道的年轻人来说，农村种植养殖业吸纳了这些“闲置劳动力”，降低了家庭成本。此外，考虑到种植养殖业还吸纳了那些退出劳动力市场的老人以及尚未成年的孩子，种植养殖业对于农户生计的重要性就更值得肯定。

第三，县城和乡镇的就业吸纳特点值得关注。县城（兴仁县）为将近一半的年轻人（21～30 岁）提供了就业机会，县乡两级也成为进入体制内就业的重要渠道。随着交通与通信条件的改善，这些“留乡”的年轻人与村庄保持着极为密切的联系与互动，他们在周末、节假日经常回家，也特别关注村庄的公共事务，在探讨“留在村里的人”时不应忽视这些占比较高的年轻人。

第四，本地就业的“兼业化”特征明显。无论是夫妻分工兼业还是劳动力自我兼业，都体现出“兼业化”的特征。这种“兼业化”不仅包括种植业（优质水稻、早熟蔬菜、甘蔗、烟叶等）与养殖业（养牛、羊、猪、马、蜂等）内部的兼业，而且包括第一产业（种植养殖业）、第二产业（打工）和第三产业（蔬菜经纪、牲畜经纪、自主经营小店等）的兼业，还包括体制内与体制外的兼业等。正是“兼业化”，让农户家庭增加了收入，保证了本地生计的可持续。

第二节　“留乡”：夫妻分工与兼业化经营

在分析“乡村治理的主体”这一问题的时候，有学者指出“中坚农民”对于乡村治理的重要意义。除了那些无法外出务工的留守老人和留守妇女之外，有一些“不愿或不能进城”的青年就成为“中坚农民”，他们在农业特别是粮食生产、维护村庄社会秩序两个方面发挥着重要功能，也是村干部的主要人选。正是“中农 + 老人”农业，使“中国一般农业型地区依然可以保持秩序，使国家资源可以有效地延伸到农村最基层”①。

我们从“留乡人”的生计方式与家庭关系展开“乡村治理的主体”的讨论。这些因种种原因（如个人意愿、能力，照顾家庭的需要等）而不得不在本地寻求生计的“留乡人”，确实是乡村治理的中坚力量，但与“中坚农民”有所差异的是，他们普遍会选择兼业化经营而不仅仅是农业经营来增加家庭的总收入。

一　“体制边缘”谋生：村两委班子成员、村医及乡村教师

在分析农村“留乡人”的时候，很容易发现，村两委班子成员、公职人员与留守人员，构成乡村治理的基本框架。在社会大流动时代，基层社会治理仍然有抓手，主要是因为村两委班子成员、村医及乡村教师常年留在乡村、服务乡村。虽然村两委班子成员、村医及乡村教师的工资并不高，养老与医疗保险等问题仍悬而未决，但是他们通过兼业化经营，总体上能够获得相对体面的收入，维持着家庭的基本运转，也使国家政策能够落地到“最后一公里”。联增村村两委班子成员、村医及乡村教师，他们一方面在“体制边缘”谋生，如果幸运的话转为“体制内”身份，另一方面要靠家庭兼业来维持生计。

联增村党支部书记支书 QTL，他虽然已经被评为“领头雁”，享受副科级待遇，每个月工资有 5000 多元，但这并没有改变其兼业经营的生计模式。

> 我家有 10 多亩地，枇杷和蜂糖李有 5 亩左右，其他的就是耕地了。我没有那么多地，跟我打工的亲戚找了两块来。我种了 5 亩左右皇竹草，种稻子的地冬天种 4 亩黑麦草。刚开始的时候我买了 3 头小母牛，

① 贺雪峰：《论中坚农民》，《南京农业大学学报》（社会科学版）2015 年第 4 期。

本钱5万多块。现在母牛长大了长肥了，小牛出生了[①]，我在家里面还可以干其他的事情的前提下赚了5万块钱。我还养了两个母猪几个种猪，养猪算1万块钱吧。

小锅酒是这样，我当支书可能客人多一点，经常去到别的地方打酒不方便，我老婆她以前就会（搞小锅酒），她说干脆我搞一点，你自己吃。后来朋友到我家去吃，说这酒好，就问我还有没有，要给他父亲带一点，就这样慢慢搞起来了。2017年的时候只搞一二百斤玉米搞酒，2018年搞了七八百斤，去年可能搞了几万斤玉米。现在我的消费者（范围）很大了，村庄里面肯定大家都要，兴仁、兴义的也下来，还有贵阳、湖北都有人帮我订。现在这个酒，基本上还供不应求。就是工作量很大，我跟我老婆搞。去年搞酒差不多有2万块钱收入。

剩下的就是我的工资了。我现在拿的是副科级的工资，只限于市里面连续评优的那种，叫"领头雁"，这个是组织关怀培养，每个月5000多块。（20210503，孙兆霞访谈联增村党支部书记QTL）

而村委会主任WTX虽然不像村党支部书记QTL一样幸运地被纳入体制，但是他凭借自身很早外出务工的积蓄以及近年来承接村庄建房工程的收入，再加上妻子外出务工的收入，也能够在村庄内体面地生活。WTX是联增村最早一批外出务工的人，在广东、浙江从事建筑行业。2009年，WTX修了全村第一栋三层楼房；2010年，WTX被发展入党；2016年被选为联增村村委会主任。当年村委会主任的补贴是2600元/月，2021年已经涨到3500元/月。WTX家的生计模式是"男主内，女主外"：丈夫在村里当村委会主任，妻子外出务工。WTX调侃说，妻子比自己挣得多，每年至少能挣四五万块钱，多的时候六七万块钱。

此外，联增村有1名村医QM，QM2005年毕业于安顺余官中医学校，后来读了南方医科大学成人高等教育。2017年，她的收入主要包括诊疗收入和基本公共卫生服务收入，每月收入2000多元。QM是百德镇周家田人，

① 课题组参观联增村党支部书记QTL的牛圈，共12头牛，其中8头大牛，4头小牛。

丈夫在外面承包工程，家里已经在兴仁市买房。因为村医尚未被纳入编制进行管理，所以 QM 家的生活主要依靠其丈夫承包工程来支撑。联增村共有 5 名小学教师，他们因为被纳入事业编制，每个月能拿到 4000 元以上的工资，因此家庭收入更为稳定。

二　"农业产业链"延伸：家庭农场与农业经纪人

联增村这样的传统农业村，在外出务工潮来临之前，种植业与养殖业一直是村民的主要收入来源。从事农业生产的"留乡人"，特别是年轻人，他们从事种植养殖业的方式已经与父母完全不同：父母搞种植养殖业仍是典型的"小农经营"，种几亩田土，养几头（只）猪牛羊和鸡鸭鹅，农产品首先保证家庭消费，剩余的在市场上销售，增加家庭收入；这些年轻人却通过两种方式延伸"农业产业链"：一是将小农经营扩展为家庭农场，形成"新种养循环"模式，提高农业产业化水平；二是从蔬菜种植、牛羊养殖者转变为从事蔬菜、牛羊等销售工作的"经纪人"。

（一）从小农经营到家庭农场

正如第五章提到的，在中国的农业现代化道路论争中，有一种"改造小农"甚至"消灭小农"的观点。但是，对于中国这样一个人多地少、资源稀缺的国家，小农农业依然"很有前景"："第一，小农农业通过构建一个自主性的资源库（Resource Base）来应对不利的环境；第二，小农农业尽可能以高效的方式进行生产；第三，农民一直在尝试改善和扩大他们的资源库。"① 以农户的能动视角来看，联增村的农户本身已经行动起来，以市场为导向主动进行生计方式的调整。

案例 1　养猪大户 HH

HH，男，1982 年出生，毕业于贵阳畜牧兽医学校，获得大专学历。2003 年大专毕业，去兴仁县畜牧局做检疫工作。同年结婚。2006 年因

① 扬·杜威·范德普勒格：《农民的未来在哪里?》，载叶敬忠主编《农政与发展当代思潮》第一卷，社会科学文献出版社，2016，第 39～40 页。

为家庭丢掉工作，搞货车跑运输。2008 年换了一次车，2009 年换了个可以拉 10 吨货物的大车，主要用于拉石材、沙子等建筑材料。2010 年赚了 10 万元左右，一直到 2016 年。因为“人太累了，想给自己一些休息的时间，也想做点新鲜的，尝试不一样的工作”而在 2017 年开办养殖场。

办养殖场的优势：2017 年 10 月份就开始建这个养殖场了。我想给家里找点就业的机会。我之前学的是畜牧兽医一类的知识，也就是本专业的，有这方面的特长，也有养殖的兴趣，所以回来建了个养殖场。

养殖场的场地、资金：养殖场大概 2000 多个平方吧，投了 45 万，一次性贷了 10 来万。我有个老朋友是我们这县农林局的，给他们打了个电话，办了相关的手续，走了一些程序，然后就开始建了。我选的是一块荒山，林业局一次性就把它批下来了。如果有熟人介绍或者指导，按照规定的程序方法直接办起来就要快点，可以节省时间，如果自己不懂又没有熟人介绍那该走的过程就办不到。办手续算下来也就是七八个月时间。

品种选择与培育：当时就养了 20 来头母猪。现在已经两三百头了。它下小猪崽过后，有时候该留的留，该卖的就卖出去了，慢慢地就多起来了嘛。品种方面，我选择的是土猪，但是本地猪饲养了一段时间，效益不好，然后我又去到普安拉长白河、大约克猪。如果是长白河和大约克猪的话，一头小猪到 120 斤以后，它的增长量是达到 2 斤，但是我们这个地方的猪的这个品种，它每天的增长量就只有一斤左右，所以它的经济效益就不高了。本地猪品质确实要好一点，但也没太大的区别，把本地猪和长白河猪混合杂交出来的，也很不错，它的长势也可以。本地猪一般从小猪仔生下来，到出栏的时候达到 250 斤，至少要 8 个月以上。然而长白河猪 6 个月左右就有 250 斤以上了，比本地猪少 2 个月。既然杂交出来了，那它跟本地猪都相似，我们拉到外面去卖，也有很多人喜欢。防疫方法和销售价格也都基本上是一样的。现在本地的猪至少四五十头。杂交的有一百六七十头。

劳动分工与经营策略：下个猪仔自己能养的就都养，养不了的就卖给别人。现在就我跟我老婆两个人养殖，我主要是搞外面的市场，或者是防疫、兽医这一块。在内的主要是我老婆负责，她也很辛苦，有时间我也帮忙。我们这个都是人工喂养，但我们都是规划好的，开着车绕一圈（喂食喂水）就行了，那个很省力的。我自己种了两三亩草，有皇竹草、茇茇草。因为要（给猪）补充一些维生素，要提供一些青饲料。

成本收益核算：去年的价格 24 一斤，（一头 300 来斤的猪）卖到七八千块钱，今年的价格 16 左右，（一头猪）就是四五千。我们今年小猪的成本，就是 60 斤的猪，它的价格在 1000 元到 2000 元的范围之内，然后加饲料 1800～2000 元，也就 4000 多块钱的成本。但小猪的购买价格 2000 块钱我这里是不存在的，因为我的猪都是自家的，不是在外面购买。所以只是减去饲料成本，也就是说一头猪挣 2000 来块钱。如果说在外面买小猪来喂就不赚钱。因为它们的技术含量不高，所以饲养的成本就自然而然地提高了。

市场行情分析：我会时常关注新闻或者猪肉的一些行情，像“明日猪价”，有一部分专家一直在推算这些东西。如果过几年猪肉价格往下走，我就调整一下养牛羊，现在我也有想往养羊发展。我准备“连管带放”，准备把以前的老方式计划进来。因为本地的积极性不高，单搞杂交的单价推不起来，必须搞成兼容性的，你谈单价可以谈得起，谈肉用型他也可以。

未来发展计划：2019 年的下半年到 2020 年都可以。我现在在策划扩大养殖规模这个问题，把圈舍加宽点。整个场地有 2000 多平方米的面积，但圈舍只有 500 多平方米，猪舍还是不太够。我准备再修一栋 300 来平方米的圈舍，这样的话就能多养 150 头猪左右。那个（养殖场）是荒山野岭的，国家政策规定在好多亩范围之内可以批准，如果不是在国有林地那种特殊的林地，基本都是可以批的。我们那个属于是手续期间的扩建，国家现在正在大力鼓励农村养殖发展建设，所以在国家的合理范围内，手续大概率可以审批下来。

村庄发展潜力判断：目前看来，我们这发展养殖也是比较有可能的，最安全的就是养羊、养牛，我们这的市场最稳定的就是养殖业了，没什么太大的波动。按我们当地的情况，现在一下子发展很难，最重要（的限制因素）还是自然条件，边远的、偏僻的地区各方面都很不方便。另外，就资金方面来说，老百姓没有那么多资金。要我们一下子赶上沿海地区的发展，那是不可能的事情。（20210502，宗世法访谈养猪大户 HH）

在对 HH 的访谈中，有几点特别有意思。第一，HH 很了解小农经营的种种风险并进行了有效规避：低利润高风险，因为买猪仔不会赚钱，所以要自己繁育；本地品种不受市场欢迎，因此采取本地猪与外地种猪"杂交"的方法改良品种；防疫是关键，而这正是自己的优势。第二，HH 又延续了小农家庭经营的方式，采取夫妻经营、机械替代人力等方式，减少雇工成本、降低劳动强度。第三，HH 极为关注市场动态与国家政策：HH 对品种的选育就是为了将本地品种优势转化为市场效益；HH 对价格和市场行情的分析，特别是扩大规模与牲畜品种调整，也是为了适应市场价格动态变化；HH 对国家的环保政策、土地政策，特别是对养殖的扶持政策非常了解，这是小农经营很难关注的方面。综上，养猪大户 HH 已经从小农经营扩展到家庭农场阶段，其生计方式因为结合了小农家庭经营的传统与现代化养殖技术、观念而具有发展的稳定性。

（二）从种植养殖到农业经纪

在中国农业产业化的未来路径讨论中，有"纵向一体化"与"横向一体化"两种方案。[①] 前者的典型形式为"公司 + 农户"，而后者的典型形式

① 靳相木、薛兴利：《农业产业化——纵向一体化与横向一体化之比较》，《农业经济》1998 年第 5 期。

为农业合作社。联增村却并未启动这两种方案，而是选择以农户为主体的“纵向兼业化”与“横向兼业化”。联增村乜篾的早熟蔬菜产业，不仅增加了单位面积土地的收益和农户的收入，而且孕育出一批“蔬菜经纪”；而以联增村七组为代表的牛羊养殖，也产生了一批“牛羊经纪”。

1952 年出生的 YJL 介绍了自己在 20 世纪 80 年代从事牛马生意的情形：

> 我下乡的时候到人户家去买牛，拉回来在自己家里养，养肥了再卖。那时候没有种草，顶多两三头。到赶场天就拉上去，只要超过本钱就都卖了。整个村里当时可能有十来个人（做这生意）。后来生意不好，所以不干了。那时候条件不好，又没有车子，你拉到场上，卖不出去都得拉回来。有一次，我拉一匹马两头牛，走两个多小时到马场乡去卖，中午两点了还没卖出去，天一下变了，下雨下冰雹，从那时我就不想做了。(20210502，宗世法访谈联增村民生监督员 YJL)

但随着通村公路与通组路的覆盖，现在做牛马生意的都是开车拉送，因此从业人数也从十来个人增加到二十多个人。如 2021 年返乡创业青年 WZJ，虽然将养牛作为主业，但是在务农之余，也做点建筑工、牛经纪和水果批发生意。

案例 2　牛经纪 WZJ

WZJ，男，1982 年出生，初中学历。1998 年跟姑父（包工头）到广州做小工，因为工作太累、工资太低，2007 年去浙江金华投奔堂弟，在一个制衣厂做车位工人，刚开始每月工资 3000 ~ 4000 元，到 2020 年每月工资涨到 7000 ~ 8000 元，每年收入 10 万元左右。2021 年，因为孩子（长子 13 岁，长女 9 岁）需要照顾，回家创业搞养殖。

> 返乡原因：你一辈子都跟人家做也只是帮人家，回来就是自己做。家里面还有爸妈，爸妈都老了。现在小孩又越来越大了，等他们长大（爸妈）又照顾不了，想回来做点小事情，方便在家带小

孩，我想的是在家看看，那些朋友都这样发展，我就可以。

创业投入：家里面有块空地，原来是老房子，我花了1万多修了差不多七八十平方米的牛圈，够养二三十头牛。我买了6头母牛，3头新品种、3头老品种，新品种长得大一点，老品种好养一点，山上都可以放的。因为我们家是贫困户，所以每头牛政府补贴4000块。我用荒地种了1亩多皇竹草，今年刚种，种好了可以喂五六头牛。今年我已经有10头牛了。又花5000多块买了1头母猪。

兼业情况：除了养牛养猪，我还帮人家做一点小活儿，反正有人叫我做什么我就做一点，建筑方面的也做一点，给老板做大工，一天200多。买牛卖牛也做的，但是也没赚到多少钱，这两年不好养不好卖，上半年只赚了三四百。把牛买来养几天，再去集市卖掉。我没有专门学过怎么看牛，跟他们去街上看看，就慢慢懂一点。咱们村做这个的人还挺多的，有二十几个。小生意也做一点，去批发市场批水果，拉到兴仁县城去卖，只是随便卖卖，今年只有1万块钱收入。

家庭分工：我老婆在家搞养殖场，我在家就去看看，不在家她就自己收拾。我爸65，我妈62了，家里种了多少亩地我也不知道，就种玉米、稻谷这样嘛。我们回来之后就养养牛，照顾老人，照顾小孩，也没有其他的收入，日子一般般就这样。（20210503，宗世法访谈返乡创业青年WZJ）

三　城镇非农就业拓展：商贸物流

这些“留乡人”虽然在联增村居住，但是其生计方式跟村庄附近的乡镇、县城紧密联系在一起。有学者曾对成都平原的市场进行研究，发现乡镇和附近的村庄构成“地域性市场共同体”是农民实际生活区域的边界，并认为核心城市与中心集镇连接起来时，商业化便扩散到中间市场体系并导致基层市场的消亡。[①] 但是，百德镇的兴起和发展表明，中心城镇的发展不但会“延缓”基层市场共同体消亡的速度，而且可能“重构”基层市场共同体的网络。2014 年，百德小城镇建设项目启动，规划建设 25 万平方米，现在已经建成 10 万平方米，幼儿园、医院以及小城镇建设的一些配套设施都已经建成，小城镇建设已初见雏形。虽然在 2010 ~ 2020 年，百德镇的常住人口从 3.35 万人下降到 2.63 万人，但随着百德镇人口的集聚与市场的发展，越来越多的联增村村民开始选择在百德镇就业，生计方式也出现真正的“离农化”。联增村的 LZX 便是选择在百德镇进行非农就业的年轻人代表。

案例 3　百德镇百货店老板 LZX

LZX，男，1986 年出生。家里有四个兄弟姐妹，LZX 排行老二，有一个姐姐，两个妹妹。大姐在广西打工，大妹嫁到甘肃，现在在家里面带孩子；小妹嫁到本村拢谷小组。妻子是本村人，夫妻俩育有三个孩子：大的在百德小学读三年级，两个小的在读幼儿园。2009 年，LZX 从黔西南州职业技术学院毕业，学的是临床医学专业。毕业后到云南一个医药公司做了几个月的销售，但感觉专业不太对口就回家了，准备考乡镇卫生院的事业编。2011 年在百德镇租大叔家的房子搞了个百货店。

创业缘由：医药公司药和设备都有，我们去的时候公司刚成立，设备很少，基本上都是卖药。那时候没多少收入，每个月也就 2000 块钱左右，因为公司是从零基础开始。在医药公司干了差不多半年，因为我觉得跟专业不太对口，我就回来了，打算去医院上班。后来又觉得好像考医学证很难了，（考证）来得比较慢，虽然后期还可以，但前期看不到效果。因为我们家里面条件不太好，就想挣一点钱。因为要投入医学这一块的话，时间比较长一点，虽然后期效果是好，但是前期没有收入。我就是这样考虑的。那时候家里面父母没有收入，大姐打工了，两个妹妹还在读初中，条件有点

① 施坚雅：《中国农村的市场和社会结构》，史建云、徐秀丽译，中国社会科学出版社，1998。

差。我妈出去打工几个月就回来了，在石场工作，体力消耗比较大，钱挣得也不多。考虑到我们很小，家里面也需要她照顾，因为我老爸一个人的话照管不过来，所以我老妈也回来了。家里土地也不多，有牛有猪但也不多，就是一两头。所以家里面负担相当重，我从医药公司出来就自己创业开店。

创业投资：我 2011 年结婚，结婚的话，亲朋好友随了一点礼，就用那个礼钱创业，开一个小店。那时候投资不大，才 5 万左右的投资。我租的房子是我大叔家的，他给我房租也比较便宜，五六十个平方一年 4000 多（租金），就在百德镇上的街面。如果按照市场价，应该是 6000～8000 块钱。

经营模式：在到镇上去搞百货批发的时候，我就在家里面开了一个小卖铺，我从这里才入手。我经营一个百货店，我的模式是批发、零售，我又供货给乡村的小店，这样的一个模式。去医药公司的时候要出去找客户，我们不管创业做什么生意，单凭自己实力的话，没有多大的发展前途，最起码要找个第三方来给我们销售，对吧？所以我就考虑搞批发，找他们小店来给我销售。

我们百德镇基本上所有村庄的小店我都去过，说我要开个店，到什么时候开业，你们可以来看，如果我的产品合适的话，你们可以买一点，这样跟他们沟通。我跟他们说，反正都是出来创业，经济条件可以的话，货给你，你可以把钱给我；如果不可以的话，也可以拖一段时间把货卖了，然后给我，都可以。基本上我给他们第一次货，他们都不给我回款，我第二次送货过去，他就给我第一次的，这样混搭的形式比较多。目前我的货应该在 30 万左右，流动在外面的那些小店的欠款也就 10 多万块钱，也没多少。我的销货量一年应该在 400 万元左右。

我 2011 年才开店，跟我姨妈借了几万块钱买了一台送货车；2013 年就开始建房，2015 年就把房子建好了，一共花了 42 万左右。2018 年我又买了一台车，因为资金不够就贷款，刚开始贷了 5 万，后来贷到 20 多万，现在还清了，还清了就没贷了。

> 市场竞争：价格都差不多，我的优势，比如说服务这一块还可以。比如说我还跟他们说，我货供给你们卖，销售中途有什么问题随时可以找我，比如说日期不好，我可以给你们调整，服务得比较好。目前的话，大小客户有四五十个，基本上（村里的）小店我们都有联系，只是说进货多少，因为整个市场做的人比较多，别人会串一点货，我也会串一点货，一家分一点。
>
> 农村这一块，开店的多了，而且现在市场经济有点下滑，消费这一块的话有点偏低。还有就是互联网对这一块，对我们实体店影响比较大。有一部分人直接在网上购物，影响我们销量，我们做实体的都在下滑。我从去年也在考虑，如果发展确实不好的话，我可以改行。(202105054，孙兆霞访谈百德镇百货店老板 LZX)

从 LZX 的生计方式可以看出，百德镇为联增村等周边村民提供了从事商贸物流等非农就业的机会。LZX 利用自己在医药公司学到的经营知识以及家庭本地的社会关系网络，建立起“批发零售 + 供货乡村小店”的经营模式。在选择生计方式时，他放弃了自己的医学专业而经营起营利更快的百货店，这样既能够维持“小家庭”的生活开支，又能帮助父母拉饲料等。

通过对这些“留乡人”的生计方式进行分析，确实发现乡村社会仍存在一些“中坚力量”。他们或在“体制边缘”谋生，或进入体制内工作；或扩大种养殖规模形成家庭农场，或成为蔬菜、牛羊经纪人；有的甚至选择在乡镇就业、生活。从身份属性上看，他们属于“中坚农民”；但从生计方式上看，他们也依赖在县域范围内的非农就业来获得家庭收入。从这个意义上来看，作为中国现代化的“稳定器”和“蓄水池”的农村，至少要从村级扩展到县级：县域吸纳了将近四成（38.64%）的劳动力就业，让他们能够在尽量保证家庭结构完整（夫妻共同生活）的前提下获得体面的收入，而且为那些刚刚进入劳动力市场、尚未找到合适工作的年轻人提供了暂时就业的机会。

第三节 “返乡”：家庭能力与“梯度选择”

在讨论乡村“人才振兴”时，除了要关注“留乡人”，还要关心“返乡人”，无论是大学生、农民工还是退休回村养老的“乡贤”，他们或者接受过更高的教育，具备专业技能，或者拥有外出务工或闯荡市场的经验和能力，或者积累了一定的资本，总之，这些“返乡人”因为积累了相当的经济资本、人力资本和社会资本而给乡村带来了新发展可能。但是，如果走入这些“返乡人”的生活世界就会发现，他们无论是外出还是返乡，往往是“没有办法的办法”，在家庭照顾需求的张力下，他们返乡创业就业，要么继续从事在东部地区的行业；要么从事本地农业产业的延伸产业，这是对小农经营的“生计拓展”。在返乡创业的地域选择上，他们会根据自身的能力选择在本村、乡镇、县城或更高层级的城市创业，从而呈现“梯度选择”的特征。

一 “返乡人”自主创业的基本特点

在当今这个“流动的时代”，农民会在外出、留乡与返乡之间自如切换，这也给定义“返乡”与统计“返乡”人员信息增加了难度。农民的“返乡”可能是长期的也可能是临时的；可能是返回乡村也可能是“返镇”“返城”；可能是自由自主的选择也可能是“没有办法的办法”。本处指的“返乡人”仅指返回到本地（主要是县城以内）自主创业、就业的人员，为了更好地理解“返乡”逻辑，本节对“返乡创业”和“在外创业”的人员进行了对比分析。

（一）联增村自主创业的基本特点

“联增村农村劳动力信息统计”表中有44户被划分为“自主创业”类型。课题组根据创业地点、创业领域进行分类统计，制作了“联增村劳动力自主创业信息统计”表（见表5-3）。

表 5－3 联增村劳动力自主创业信息统计

单位：户

创业地点	创业领域	户数	创业地点	创业领域	户数
贵州省外			兴仁市内		
广东广州	复合厂	3	兴仁县城	铝合金加工	1
	早餐店	1		课外辅导机构	1
广东珠海	复合厂	1		顺丰快递	1
浙江义乌	四爪钉加工	1		百货店	1
	理发店	1		饭店	1
浙江温州	玩具加工	1	百德镇	百货批发	2
浙江金华	理发店	1		石材加工	1
浙江东阳	服装加工	1		家具加工	1
浙江永康	运输	1		铝合金加工	1
云南玉溪	种菜	1	联增村	牲畜养殖（养猪 20、牛 8 头；养猪 100 头；养猪 200 头）	3
云南昆明	食品加工厂	1		便利店	2
合计		13			
省内县外				屠宰	2
贵阳市	建筑包工	1		酿酒销售	1
兴义市	餐馆	1	兴仁市域内	微商	3
晴隆县	石材加工厂	2		室内装修	2
贞丰县	铝合金厂	1		驾驶员	1
	五金店	1		水果、家具销售	1
合计		6	合计		25
总计	44 户 102 人				

由表 5－3 可知，联增村在贵州省外、省内县外和兴仁市（县级市）内创业的分别有 13 户、6 户和 25 户。省外自主创业的村民，主要从事跟外出务工相关的服装行业（复合厂、四爪钉加工、服装加工）和小商品行业（玩具加工）以及与之相关的服务行业（早餐店、理发店、运输）。省内县外自主创业的村民，主要从事跟建筑相关的行业（建筑包工、石材加工厂、铝合金厂、五金店），这与扶贫开发以来西部农村地区大规模基础设施建设和

快速城镇化相契合。而在兴仁市内自主创业的村民，绝大多数选择服务业，也有少数的创业者选择回村养殖，普遍从事家庭农场经营或农业经纪人。

进一步分析可以发现，联增村自主创业的劳动力平均年龄为36.9岁，其中年龄最小的YTM仅20岁，自主创业做微商；而年龄最大的YXF（59岁）则与自己的儿子一起加工家具。"80后""90后"成为自主创业的核心群体，两者各有48人、26人，共占创业总人数的72.55%。换言之，近四分之三的自主创业人员是"80后""90后"。从创业方式来看，绝大多数是以"夫妻店"或"父子店"的方式进行创业，无论是在外出务工地还是在本地均是如此。由此可见，家户仍是自主创业者的基本行动单位。

（二）乜篾返乡创业者的基本特点

为了更好地呈现"返乡人"的生计方式与家户的结构关系，课题组对联增村乜篾所有自主创业人员进行了更为细致的统计分析（见表5-4）。

表5-4 联增村乜篾自主创业人员统计

创业者姓名	年龄及学历	创业前打工情况	创业情况	家庭情况
在贵州省外创业人员基本信息				
ZZW	43岁，初中	在广东广州打工7~8年	2013年在广州开复合厂，10多个工人，年收入10多万	两个孩子：女孩，18岁在广州读初中；男孩，15岁，在兴义市读中学。爸妈80多岁，在村里生活，由其兄弟赡养
WZB	34岁，中专	在浙江金华东阳市制衣厂打工7~8年	2018年在东阳开制衣厂，2~3个工人，年收入10多万	妻子是贵阳人，已离婚；儿子6岁，在东阳市读幼儿园大班，父母也在那边照顾小孩
LSB	32岁，初中	在浙江制衣厂打工7~8年	2021年在广州开制衣厂，3~4个工人，月收入1万左右	妻子是补郎人，长子11岁，在兴仁市读小学五年级；次子8岁，在兴仁市读小学一年级
LYS	39岁，初中	在广东广州复合厂打工7年	2016年在广州开复合厂，3兄弟一起创业，5~6个工人，年收入10多万	妻子是百德镇人；长子18岁，在兴义一中读高三；长女15岁，在兴义市读初中；父母在村里居住
LHW	37岁，初中	在广东广州复合厂打工8年	2017年在广州开复合厂，18个工人，年收入20万左右	妻子是九盘村人；长女、二女均在百德镇读初中；长子13岁，在联增小学读书；父亲去世、母亲在村中生活

续表

创业者姓名	年龄及学历	创业前打工情况	创业情况	家庭情况
在外创业人员基本信息				
LHJ（LHW 的弟弟）	35 岁，初中	在广东广州复合厂打工 8 年	2017 年在广州开复合厂，10 多个工人，年收入 20 万左右	长子 12 岁；次子 6 岁
返乡创业人员基本信息				
XWM	47 岁，初中	1999 年到浙江永康打工，干到 2004 年	2005 年在浙江搞石材加工，6 ~ 7 个工人；2015 年回兴仁市做石材加工，3 个工人，年收入 18 万左右	妻子是马马崖镇人；4 个孩子，长女 25 岁，在兴义加油站上班；二女 23 岁，嫁到兴仁市；三女 20 岁；长子 19 岁，在兴义市读高中（曾在浙江读小学）
ZW	37 岁，初中	在浙江打工，学建材技术	2017 年回百德镇开石材加工厂，为生意更好做一点，今年搬到兴仁市下山镇，年收入 10 万左右	长女 13 岁，长子 10 岁，均在联增小学读书；父母与其共同生活
WJW	38 岁，初中	在浙江打工 8 年，做铝合金门窗	2016 年回马马崖镇开铝合金店，每个月收入 6000 ~ 7000 块	妻子是本村人，31 岁；长女 12 岁，长子 8 岁，均在新马场乡中心小学读书
ZZC	33 岁，初中	在浙江打工，学到技术后回百德镇搞铝合金门窗、装潢	2020 年流转土地 2 ~ 3 亩，投资 20 多万（其中贷款 5 万）养黄牛 10 头、猪 20 头，刚刚起步，未见收入	长子 11 岁，长女 9 岁，均在联增小学读书；父母与其共同生活
WZJ	39 岁，初中	在浙江金华制衣厂打工	2021 年回家养牛、养猪，在大门口搭个棚子，养了 8 头黄牛、杂交牛，3 头母猪	妻子是九盘村人，在外打工；长女 13 岁，长子 9 岁，均在联增小学读书；父母与其共同生活

由表 5 - 4 可以看出自主创业人员的年龄、学历、创业领域、创业启动资本、创业者资产等方面的基本情况。也篾共有 11 名自主创业者，其中在外创业（从打工者变成小老板）的有 6 人，返乡创业的有 5 人。在返乡创业者中，有 3 人是通过打工学到技术后返乡创业；有 2 人是返乡从事牛羊猪养殖等传统养殖业。

从创业者的年龄来看，主要是“80 后”“90 后”，年龄最大的创业者 47 岁，最小的仅 32 岁。从创业者的学历来看，除了 WZB 为中专外，其余均为初中学历。据村干部介绍，联增村男孩的学历要比女孩高一点，而这些创业者的父辈中初中学历及以上的很少。从创业地选择来看，5 人是在打工地创业。据村干部介绍，这些在外创业者做的并不是什么大生意，常常是“二手老板”，即从当地的大老板那承包部分业务自己做。如 LHJ 在广州开复合厂，每年只开工 5 个月，毛收入五六十万元，其余时间 LHJ 还要为其他老板打工，因此是“一边做老板，一边做工人。”从创业启动资金来源来看，在外创业者多是在 2000 年以后广东、浙江快速发展时期，[①] 通过 5 年以上的打工积累启动资金，直接依靠贷款创业的很少。据村干部介绍，乜篾的这些“老板”中，可能有 500 万元以上资产的，但是大部分创业者资产在 100 万 ~ 200 万元。从创业领域来看，在外创业者在浙江就开制衣厂，在广州就开复合厂（只有一人在广州开制衣厂）；而返乡创业者主要集中在建筑业（石材加工、装潢）和养殖业（养牛、养羊、养猪），销售区域均以市县、乡镇周边市场为主。

二 返乡创业者的“梯度选择”逻辑

从前面的分析可知，“返乡”是一个比较笼统的概念，“返乡创业”中的“乡”可以是本村、乡镇、县城也可以是更高层级的城市，创业的领域涵盖从第一产业（种植养殖）到第三产业（服务业）的多个领域，但主要是与建筑和服务业相关的领域。“返乡人”在选择创业地点、创业领域的时候，往往最先考虑创业者积累的各种资本的总量与类型，即创业者所在家庭的“能力”，但也常常受到照顾家庭（特别是老人和小孩）等因素的影响。因此，“返乡创业”就呈现“梯度选择”的特点，从创业起点最高的兴仁市、周边县市到兴仁市下属各乡镇，最后到联增村。返乡创业者在选择“梯度”时，往往会将“风险最小”作为创业最重要的考量因素。但这种“风险”不仅是创业领域本身的风险，而且是创业者所在家庭要承受的创业失败的风险。出于这样的考虑，返乡创业者可能不会选择“收益最高”的领域，

① 如东阳经济开发区，成立于 1992 年 9 月，1994 年被批准为省级经济开发区。2000 年，成立江北新区管委会，拉开了跨江发展的序幕；2008 年撤销江北新区管委会，建立白云商贸园区管委会（与白云街道办事处合署办公）、江北高新产业园区管委会（与江北街道办事处合署办公）、城北工业新区管委会（辖六石街道和上卢管理处），翻开了开发区东扩的新篇章。

而往往选择“风险最小”的领域开启创业之路。

（一）风险“底线思维”：创业的梯度选择逻辑

联增村种植生姜的老板 ZLQ 曾解释过自己为什么选择种植生姜，不像联增村其他村民那样种植早熟蔬菜，其中的关键原因就在于风险差别。

> 早熟蔬菜这一块是可以发展的，白菜、西红柿、辣椒、西瓜等。但种西瓜的技术是非常高的，我肯定不会考虑。辣椒的成熟期非常短，干燥了不行，湿了也不行，如果在短时间内没有把辣椒卖完，这一笔投资就会全部损失。西红柿和辣椒性质一样，白菜也能卖到 2 元/斤，但运到兴义可能就变质了，虽然栽蔬菜也是挺赚钱的，但蔬菜不可以长途运输，风险很大。姜的成熟期与玉米和稻谷是一样的，再一个就是姜的存储期很长，所以我才考虑姜是比较合适的。只要全国的生姜价格不低于两块钱，利润都是很大的。（20150701，张建访谈生姜老板 ZLQ）

虽然生姜老板最后也赔得血本无归，但是他对于蔬菜产业面临的诸多风险的分析无疑是准确的。

而联增村村委会主任 WTX 对回村养牛的 WZJ 的评价，也再次印证了这一点。

> 像他这样子，今年（2021 年）买七八头牛，不会一下子下那么多头牛，两三个月下来死的风险就没有。这个要搞的时间长，从现在开始培育几头牛，今年 6 头，明年如果有 4 头牛怀孕就有 10 头牛了，一年要增加 15 万块钱（收入），慢慢循环，这种是最安全的。也有别人去贷款 100 万，失败，一下子就等于没有机会了。他们回来这样（创业）就很有把握，慢慢做大，就有自己的生意了。要发展，不要一步登天，而要一步一步增加，慢慢地发展。（20210503，宗世法访谈联增村村委会主任 WTX）

原来在浙江永康打工，后来返乡创业做大理石加工的 XWM，也是在这种经济理性与家庭责任的张力中进行创业决策的。

> 我十七八岁，初中都没毕业就跑到昆明去混了一年。1994 年在兴义混了一年，然后又跑到广东去，1999 年回来。2000 年去浙江永康，一直做到现在。
>
> 返乡创业理由：2012 年我就自己干了。像我这种人，如果不开店，而是去跟别人打工，一年最少都要（赚）12 万，因为我们是做设计的，不用干活，坐在办公室里面，老技术工了。在那边一年能赚 30 万。为什么要回来办呢？因为屋头两个老的都已经 70 岁了，老的在家照顾（孩子）读书不方便，就不在外面了。而且，我一直都不想在浙江待，只是在那边做生意。大家认为省外不太好，本家乡好点。
>
> 经营状况：现在（2017 年）刚回来在兴仁办。我们从广东、福建、湖南、广西那边进石英石在这边加工，整体橱柜和楼梯那些样样都做。肯定浙江永康生意好！那边最少都要六七个工人，来兴仁这边只有三个人。在这边一年能挣十万八万，刚好够花，但是不得钱了，还有工人的工资要开。
>
> 创业观念：为什么他们（指其他村民）不跟我干？因为他们没得本钱，哪个都是夫妻两个出去一年赚得八万十万（元），回来就修房子，然后又去打工了。哪个都不想做，他们也怕做不下来。其实我也喜欢带着他们做，我说我可以教你们怎么做，怎么赚钱，我经常跟他们讲，但是好多人都不愿意，他怕赚到的这十万块钱做飞了，所以不敢做。我当初自己开店要 50 多万（元）本金，我拿 10 万（元）来把第一层（房子）修好了，万一亏了我就有房子住了，然后拿 40 万（元）来做，后来就爬上来了。（20170204，陈斌访谈返乡开石材加工厂的老板 XWM）

从 XWM 的案例中，能清晰地看出返乡创业者的生计选择行动逻辑。与同期外出务工的人相比，他无疑是精明而理性的，很早就在浙江创业经营，对创业风险进行了合理规避，并对未来的生计做了提前规划。但是从另一个层面讲，他的行为又是“非理性”的：从浙江回兴仁的非理性、在家花50多万元修300多平方米住房的非理性等。但是，如果将他置于家庭分析单元，其行动逻辑就很容易理解：作为四个孩子的父亲，他不能把所有的抚养责任全部压在日渐老迈的父母头上，因此要放弃在浙江永康的生意返乡创业；作为家里三兄弟中的老大，他要担负赡养父母的责任，因此要在老家修300多平方米的房子；为了保障自己的基本生活，他也要先修房子给自己留有创业未成的退守余地。在此，经济理性与家庭责任伦理的约束共同形塑了XWM的行动选择。

（二）能力“上限考量”：教育的梯度选择逻辑

在探讨返乡创业者的行动逻辑时，存在一个作用巨大但也很容易被忽视的问题——教育。像XWM这样在外有一定的事业和收入的人，为什么要把自己的孩子留在老家？一方面当然是为了降低抚养成本，另一方面则是无法突破的高考制度。

在“接力式进城”模式中，有一条比打工、创业都要快捷的城镇化途径，那便是成功考上大学并在城镇落户。对于这些曾经在打工地生育子女并让子女在外上幼儿园和小学的返乡创业者而言，他们离城镇生活仅“一步之遥”，离体面、轻松而又收入较高的“美好生活”却无限遥远。为了完成“接力式进城”，他们往往会更加重视子女的教育，并期望子女以不同于父母的方式实现现代化转型。但是，忙于生计的他们无暇照顾、也没有能力辅导子女教育，因此更为可行的方式便是把子女送到寄宿制学校，以严苛的封闭式教育，使子女获得最大概率的升学可能，从而提高成功考上大学的概率。因此，在子女教育的选择上，这些返乡创业者与本地就业者一道，将“梯度向上”作为家庭决策的目标，尽自己最大的努力让子女在“乡村小学－乡镇中心校－县城名校（公立/私立）”的梯度上尽可能靠上选择，为子女成功迈入大学校门保驾护航。

如果说这些返乡创业者的创业选择是理性先于非理性的话，那么对于子女教育的选择则刚好相反，甚至有父母因为无法为子女提供更高的教育梯度而陷入无尽的焦虑与痛苦中。因此，乡村振兴时代谈“人才振兴”时，就不能仅考虑为创业者提供的机会、可能与必要的支持的力度，更要考虑“一老一小”，尤其是子女教育的问题。如果仅仅将“保障适龄儿童的受教育权”作为乡村教育的终极目标，就会使很多吸引人才返乡的政策效果大打折扣。

第四节　城乡融合与城乡共同体：现实与可能

无论是“留乡人”的兼业化经营还是“返乡人”的梯度选择，如果放到“家户现代化”的视角下，均涉及一个中国农村发展的经典问题：城乡关系问题。正是兴仁市、百德镇与马马崖镇的城镇化发展，使小农拓展到非农就业成为可能，也为返乡创业人员提供了承载空间。而联增村本身的建设与发展，特别是脱贫攻坚以来为实现“一达标两不愁三保障”而实行的“五个一批”工程，改善了农村居民的生产生活条件，使农村与乡镇乃至县城连为一体，在物理空间上实现“连通”。施坚雅对中国传统农村提出过“基层市场共同体”的假设，其中一个基本观点是：农民的实际社会区域是由基层市场区域边界确定的。在当前城乡连通、城乡融合的时代，能否提出一种“城乡共同体”假设呢？

一　村庄：生活场域与精神家园

当前的联增村，经过脱贫攻坚期间的超常规投入，已经与10年前大不相同。村庄基础设施条件大为改善，不但组组通硬化路，主干道上已经装上路灯；村民用外出务工或创业的钱将老房子修葺一新，有的甚至盖起三层欧式别墅；机耕道、灌溉渠与防洪沟经过新修，农业生产条件显著提升；联增小学与村卫生室旁边，覆盖两村6000余人的联增幼儿园正在建设中，公共服务质量不断提高。与此同时，农村最低生活保障制度等社会福利制度逐步完善，社会公平性显著增强；再加上各种产业扶贫项目的落地实施，村庄面貌焕然一新。以下是居住在联增村的几个老年人的生活状态。

> 一个寨子家家都有饮水机，要吃水就个人家买一桶，才7块钱一桶，很便宜。（一桶水）要吃个把星期。家里盖起新房子，有太阳能或

者有热水器以后，自来水装起，洗澡了嘛。（20210505，孙兆霞、陈斌、宗世法访谈联增村乜篾原党支部书记 LYH①）

这些老人一般都种点儿地，七八十岁只要能种的都种。每家都有种菜的地方，够自己吃，有的还拿去卖。老人们吃饭基本上都用柴火烧，大部分老人不像年轻人一样，要节约嘛。只要有肉他肯定吃的，有的，现在这个生活是没事的。（20210504，宗世法访谈联增村村民 WCM②）

我养羊 7 年了，100 多只黑山羊，共能卖四五万元，一家人都是靠这个。（养羊）成本不高，但是天天都要赶到山上去，在草枯萎的时候要用玉米喂。我们组只有两户不种地，就只是两老在家，没有能力做，其余的人都种玉米、养牛。（20170205，陈斌访谈联增村八组组长 ZDL③）

我给小儿子带孩子，她的爷爷给大儿子带孩子，我和老伴分开给他们带孩子。她爷爷得了补助就去花江那边买了一头牛，我去别家赊账也买了一头小牛，买来请人家帮我带牛耕地，我就轻松一点，要不然我挖不动了。我还去挖点药材，蕨根之类的，挖两三天药材得 80 块钱。我给（她爸爸）带孩子，她爸爸又打点钱回家，然后都说我们老了就不用种地了。但是我们看着地荒了，觉得可惜，就来种了。我就想种点苞谷，给孙子孙女他们挣一点是一点。她爷爷在家也是喂鸡喂牛，我也是喂一头小牛，养了两三只鸡，忙得很。我们家太不容易了，地少，还要送几位孙子孙女去读书，一个儿子照顾我们这么多人的（花销），又找不到钱，然后就把这个低保名额给我们了。家里 4 个人（小儿子、儿媳、孙女和老人）有低保，一个月 800 块钱。（20210504，宗世法访谈联增村村民 ZZY④）

由上可知，无论是对于留守人群还是回村居住的村民来说，农村不再是

---

① LYH，男，1960 年出生，联增村乜篾原党支部书记。

② WCM，男，1945 年出生，联增村村民，患有高血压、脑梗死。

③ ZDL，男，1969 年出生，联增村八组组长。

④ ZZY，女，65 岁。老人有两个儿子，每个儿子又有两个子女，因此老两口要带 4 个孙子孙女。

那个空空荡荡、死气沉沉的没有希望之地，而是绿树掩映、溪水潺潺、炊烟袅袅的宁静祥和田园。倔强的农民没有荒芜田地，还要在水稻、玉米种植的基础上，种一小块菜地，养几头（只）牛羊猪、鸡鸭鹅。新修建的住房里，电饭锅、电冰箱等家用电器一应俱全，甚至村里的小卖部开始销售桶装水。生活遭遇意外的农户在农村低保（每人每月 200 多元）的支持下，也能够维持基本生活。

按照马马崖镇中学教师、联增村村民 WX 对“小康”的定义，联增村的老人基本上都已步入“小康”阶段。

> 小康对于我们来说，可能比国家要低一点，钱平时也不要很多，有一点活动资金，想要钱的时候那就有，而且不用跟别人借，这个基本就可以。因为农村要求不会很高。山珍海味吃不了，但是我们有肉，平时都吃得比较好。（20170203，孙兆霞访谈马马崖镇中学教师、联增村村民 WX）

联增村村民 WCM 老人患有高血压、脑梗死，老两口一个月需要 100 多块钱的药，而子女又不能定时给生活费。在课题组成员访谈他的时候，他对比了年轻人和老人的生活，并认为“现在老的好过，年轻的压力太大”。

> 现在老的好过，年轻的压力太大。年轻小伙子有压力，第一个（压力）是有些打工打得到就买轿车，整不到收入就买不起车。第二个压力是人家打工盖三层楼房，自己又盖不到。第三个压力，娃儿上学要这么多钱。你看老的有什么不好过的呢？（老人）有养老金，盐巴、辣椒钱是有的，买米、买菜勉强够了。只要有米、有辣椒、有菜、有盐巴就行了。（20210504，宗世法访谈联增村村民 WCM）

课题组成员问了老人 WCM 一个问题：“您想活到多少岁？”有点出乎意料的是，老人竟回答：

> 我想活到一百二！活着看这个社会！这个社会多好啊。没有房子

住，国家盖房子给你住；没有钱用，像刚才我讲的有养老金；也打了硬化路，打造一家一户。真的，社会多好！咋个不想活，哪个不想活哦，都想活时间长，都不想死。现在国家还是好，你什么也做不得，一个月都有一点钱，勉强可以吃嘛，不吃高档的，低档的也可以。如果养老金不够，跟镇里面政府反映一下，他们就都拿来了嘛，好就是好在这儿。国家社会的优越性！（20210504，宗世法访谈联增村村民 WCM）

由以上的访谈可以看出，生活在村庄中的老人，哪怕子女并不会按时给老人生活补贴，哪怕自己患有多种慢性病，也对老年生活充满了信心和期待。对于老人而言，村庄不仅是他们生活的场域，更是他们的精神家园与心灵归宿。

二　乡镇："城乡共同体"的"节点"

在"基层社会共同体"假设中，乡镇由于与县城的空间区隔而成为村民的社会活动区域。但是，在乡镇与县城的物理空间被现代化基础设施与交通工具无限拉近的时代，乡镇可能成为"城乡共同体"的"节点"，成为城镇市场覆盖农村、农村居民进城的"枢纽"。无论对于"留乡人"还是"返乡人"来说，像百德镇这样的城镇都满足了他们生计、生活的基本需求。联增村乜篾原党支部书记 LYH 介绍了百德镇与村庄及更大的外部市场的关联性。

20 世纪 60 年代大山区公社的时候，大山的集市也比较热闹。1992 年，大山撤区之后，百德镇建立，集市也并到百德镇来，百德镇成为联增村民最主要的集市。整个百德镇，大概有 1 万人在那赶场。

每到赶场的日子，联增村的老年人往往都要去百德镇赶场，因为在家里闷得很就去街上玩。老人会在寨子里面约，明天去赶场。第二天有车在村口专门接老人去赶场，每个人 5 元。我们村里这种滴滴车大概有十多个，老人赶场的时候他们包接包送。

老人：百德那什么吃的都有，10 块钱一顿地摊火锅，有榨菜、酸菜、豆腐、豆芽这些，很多老人都是在百德吃了之后再回来。老人赶一次场，估计最少要花五六十。老人没有钱的话，那些年轻的打工的也要汇一点钱来给他，还有买给孙孙的。如果遇到外村的亲戚朋友，遇到都喝点小酒，这个星期我请你，下一回你请我。

儿童：我家孙孙，每次带去赶场要花百八十块钱。打工的也搞钱回来，卖早熟蔬菜的也有点。要给娃娃买吃的，水果、鸡腿、面包、辣条，一样来一点。哪家都是大袋大袋的拎回来。

年轻人：过年的时候，有外地来的那个马戏团，就在大场上。一个人收 5 块钱，几百人了嘛，要搞个把星期。这些打工的（年轻人）晚上去搞的多了，开车去，到天亮才来。去 KTV 唱歌，年轻人约起一帮帮就去。他们在外地都玩够了嘛，在百德约会，自己消磨时间。百德有四五个 KTV，还有一个洗脚店。

公共服务：镇上有四五十家开店的，两家婚纱摄影，四五家药店，二十多家馆子，两三家宾馆，价格从 80 ~ 100 多块钱的都有。外地来做生意的，拉那些百货来推销，搞一个星期，两个星期就走掉了。（20210505，孙兆霞、陈斌、宗世法访谈联增村乜篾原党支部书记 LYH）

像百德镇这样的中心乡镇，因为其政治中心的优势地位而聚集起的人口与产业，不但能够承载部分本地就业与返乡创业者，而且能够为周边乡村的村民提供完善的公共服务。如果乡村振兴时代能够继续完善乡镇的公共服务并发展起新的产业（如百德镇搞的薏仁米加工厂），也许会发展出一批不同于工业化乡镇的新型小城镇，成为中国城镇化道路的重要支撑。但如果继续推行激进的“坝区产业”，不但农户的粮食安全、“种养循环”生计方式受到影响，那些像 WTF（男，1982 年出生）一样的青年人也不得不离土进城，外出务工。

我大儿子（WTF）前年还在家种菜，去年因为把地给他（指老板）了，所以他就不得不出去打工了。在家干活很辛苦啊。他种了 2 亩地，一月份开始种早熟蔬菜。一部分种辣椒，一部分种西红柿，一部分种苞谷，四月份收了之后种水稻。他种（蔬菜）恼火喽，一年卖贵，一年便宜，像前年拿辣椒去卖五六块钱一斤，现在卖才卖两三块，价格不稳定；2 亩地 2000 多斤（粮食），也就卖 3000 多块钱。（农闲的时候）他就去兴义市、关岭县进东西在镇上卖，基本上就是瓜啊、茄子啊、辣椒啊，一样就要一点，这样的话一年有几万块钱的收入。家里还养了几头牛，今天买来，明天有人来买，能赚钱就卖，不一定长期喂，一年能有 3 万多块钱收入。还养了 8 头猪，是一头母猪下的七八个猪崽，然后自己养，赚了万把块。总共算下来，一年有六七万（元）的收入。但是，（在家）比打工辛苦得多。（20210504，宗世法访谈联增村村民 WCY）

三　县城：家户现代化的理想载体

在“家户现代化”视角下，无论农民选择外出务工、本地就业还是返乡创业，抑或是直接通过教育实现“鲤鱼跳龙门”，其基本逻辑均是追求家庭整体的“幸福生活”。但是，目前绝大多数的家庭现状却是以“分离”为基本特征的：外出务工与三留守人群无疑是最典型的家庭“分离”；本地就业或返乡创业的村民，往往也会选择跟子女“分离”，如果父母在乡镇就业，则可能将子女送到兴仁县城或兴仁市的寄宿制学校接受教育。但是从农民的内在文化观念与精神需求来讲，“家乡”是以“家”为前提的：一个温馨的港湾与精神慰藉之所。无论在外工作有多辛苦、多脏累，但只要回到家里面享受“老婆孩子热炕头”，生活就仍然是幸福而有意义的。这种类似于韦伯所指的“新教伦理”的家庭伦理，也在经历当前由于“分离”造成的“阵痛”。如果社会经济发展与国家政策不能有效弥合这种家庭“分离”，使“分离”的家庭走向“团聚”，那么个体化、家庭伦理紊乱等问题就会越来越明显，从而造成乡村社会的真正撕裂。

为此，国家一方面要强化西部地区县域经济发展与提高就业吸纳能力，另一方面要强化县城的医疗、教育与住房功能。而兴仁市本身的发展，特别是 2018 年 8 月国务院批准兴仁撤县设市，使得兴仁市更具发展潜力。兴仁市下辖 14 个乡镇和 4 个街道，面积 1785 余平方公里，总人口 52.8 万人。无论在自然资源禀赋、产业结构特点还是一、二、三产业融合方面，兴仁市都初步具备城乡融合的可能。兴仁市地处贵州省西南、黔西南州中部，位于滇、黔、桂三省区结合部枢纽中心，脱贫攻坚期间的基础设施投入，已经从物理空间上使城乡连为一体。兴仁市煤炭资源已探明储量36亿吨，远景储量超过45亿吨，有“兴仁煤海”之誉；黄金远景储量超过100吨，是贵州首个工业产金县。全市地区生产总值完成191.64亿元，比2015年增加了78.81亿元，年均增长11.57%；工业增加值年均增长14%；金融机构存贷款余额达331.72亿元，年均增长11.26%；城乡居民人均可支配收入分别达34032元、11280元，年均增长8.61%、9.97%。一、二、三产结构比例从21.5∶33.9∶44.6调整为17.9∶39.5∶42.6。在一、二、三产业融合方面，兴仁市立足“薏仁米之乡”“诗词之乡”“长寿之乡”的优势，大力发展薏仁米产业，在种植面积、加工、贸易、科研、集散等方面创造了“七个全国第一”，以薏仁米精深加工为龙头的农特产品加工业长足发展，特色轻工产业集群逐步成型。[①] 随着兴仁市落实贵州省新型工业化、新型城镇化、农业现代化、旅游产业化“四化同步”发展的要求并着力推进乡村振兴，兴仁市将有能力为更多的年轻人提供稳定的工作和体面的生活。

家庭中的孩子可以在本地接受良好的基础教育，不必再被送到缺少家庭温暖的寄宿制学校；家庭中的劳动力可以在县城就业，不必再离土离家，到陌生的大城市挥洒汗水；家庭中的老人可以享受家庭的照护，突发紧急情况时可以享受高质量的医疗服务；县城—乡镇—乡村真正成为一个市场共同体、服务共同体与生活公共体，这是否才是乡村振兴与以人为核心的新型城镇化的理想图景，是否才是真正的城乡融合与城乡共同体？

① 《2021年〈政府工作报告〉》，兴仁市人民政府官网，2021年4月2日，http://www.gzxr.gov.cn/xxgk/zfgzbg_5667762/202106/t20210608_68451578.html，最后访问日期：2021年11月28日。

第六章　村落文化中的家、房屋与家园

房屋在中国人的观念中有着重要地位。房屋不仅是居住空间，而且与“家”直接关联，并有着丰富的社会文化含义。一方面，对于像联增村这样的村庄而言，在传统社会里就有一套关于房屋的文化。在现代化的进程中，人们年复一年地外出打工，其思想观念和行为方式都受到城市所代表的现代文化的影响。房屋的变迁是这种影响的最重要表现。村庄中的打工者积累的资金，或者通过其他方式辛苦获得的收入，有相当大一部分会投入住房的改善中，村庄中的房屋也因此越来越“现代化”，与他们传统的建筑风格以及观念都有很多不同之处。但是另一方面，房屋所承载的精神意义不但没有减弱，反而得以强化。对于联增村的打工者而言，建房是人生大事，也是家庭大事。为房屋奋斗的过程既是人生意义建构和实现的过程，也是家庭社会地位的表现方式，并且通过房屋及其修建的过程建构出村庄中的社会关系。在更深层次的意义上，房屋关联的则是从家上升的家园。正是因为对家园的情感认同，即使全村近三分之二的村民长期在外打工和生活，村庄的活力却依然得以保持，传统的社会文化虽然有变迁但也延续着自身的生命。从家到家园，村庄不仅是村民生活的场域，而且是一种精神寄托，吸引着那些常年在外打工的村民回到村庄。村庄的这种精神意义的延续，是未来乡村振兴的重要动力之一。

第一节 作为家之基础的房屋

在布依族传统文化中，建房要遵循一定的程序，并且在每一个阶段都有特定的仪式。房屋要修建于村庄中特定的地理空间中，同时，建房本身也充满了文化意蕴。房屋不仅是居住空间，而且作为家的物质表征，承载着更为丰富的文化含义。房屋构成了家的物理空间基础。可以说，正是通过房屋及其所关联的家，使得布依族的每一户家户确立了自身在村落地理空间及文化空间中的位置。

一 布依族建房及变迁

在传统上，联增村布依族建房要经历以下几个阶段。

第一，选址与动土。建房的第一步是选址，即选择一个适合建房的地方作为地基。这一步由先生来完成。地基的选择要考虑两个重要因素：一是夫妻的生辰八字；二是向山。二者共同确定房屋修建的特定地理空间和方位。地基选好后，就要动土。动土的日子由布依族宗教仪式的祭师摩师（俗称老摩）确定，选择吉日。通过祭祀，希望在做工期间，大吉大利。

第二，砍树、架马与配扇。布依族传统的房屋为木结构建筑，在部分地方辅以石头等其他材料。在选好地基之后，就需要准备好建房所需要的所有木料。在联增村所在的地区，建房的木材以椿树为主，因为椿树树形很直，在当地数量也多。但是相比较而言，椿树的木质比杉树稍差，所以稍微有钱一点的人家，就会去买杉树建房，而杉树生长在海拔比较高一些的汉族地区，就需要花钱去购买。因此，建房用椿树或杉树就成了衡量房屋质量以及房主经济能力的指标。砍树同样需要看好日子。砍树的工作完成之后，木匠师傅就进场开工。木匠进场第一天的工作是架马。所谓“架马”，就是用三根木头做成支架，在需要加工的木头两端各放置一个这样的“马”，使木头悬空起来并保持固定，便于弹墨、打眼、推刨等各种加工的操作。木匠把建房所需要的全部“零件”——主要是柱和枋等加工好之后，就需要通过榫卯结构把它们组合起来，这就叫“配扇”。

第三，起房。配扇做好之后，房屋的主框架就已经成型了，只不过还平放在地面上，没有立起来。接下来就需要把这些在地上组合好的结构直立起来，并在空中再次组合，将配扇加以连接，这一步叫作“起房”。

起房的前一天晚上需要举行比较隆重的几个仪式。第一个是祭献。要用到二十四个粑粑，三斤左右的猪肉，一把伞，祭房主家的神和祖先，还要祭鲁班师傅。这天晚上房主家要安排消夜，把起房需要的人全部叫来吃饭，而寨子上一些看热闹的邻居也会来参加，所以人数会达到几十上百人，很是热闹。第二天早上五点左右进行第二个仪式：打煞。目的是把新房范围内不吉利的东西都扫除出去。打煞要用到公鸡，修房的地方东南西北中五个方位都要扫。第三个仪式是定呲口。呲口是吵架的意思，按照布依族传统的说法，如果建房不定呲口，外来的媳妇与公婆，本家与寨子里其他邻居就会不和睦，经常吵架。定呲口用到的物品是一块布，一挂肉。

仪式进行完后的立房是整个建房过程中最关键的环节，也是最隆重的时刻。一般开始立房的时间都是卯时，天刚刚蒙蒙亮的时候。定呲口仪式结束以后，就开始把房屋的框架结构从地上立起来。立起来之前由木匠师傅发出指令，这叫“发锤”。木匠师傅拿起锤子，先念到：“钉锤一响钉入山，山神土地都得回，二锤一响钉入地，地脉龙神都得回。”念完后木匠师傅的钉锤在二梁上敲击，然后帮忙的亲戚们一起协作，先从左扇开始立，再立右扇，最后立中间，按照顺序把房子的框架也就是配扇一扇一扇牢牢地立起来。

到上午 11 点左右开始上梁。这时最重要的角色就是房主妻子的娘家，在当地称作“外家”，当地有“修好房子以后主人家一半外家一半”的说法。立房这天，外家要送礼物，其中最主要的是粮食，还有高粱粑和米做的粑粑，以及彩红（即布），彩红也有区分：红布和花布，花布要比红布好，如果外家送花布，就证明其富有。房屋中最具有象征意义的大梁必须由外家提供，如果外家条件比较好，还要送二梁。梁上面缠着红色的布，叫“红包”，这不是通常意义上的钱，而是在梁的中间用布缠起来，里面包有金银或铜钱、五谷杂粮，还有毛笔和墨水。房梁上好后要举行抛梁的仪式，房主夫妻双方必须跪在梁的中间，在房梁的两侧，一边是木匠师傅，一边是外家，一起向房主撒米做的粑粑和高粱粑。再接下来就是由木匠师傅和石匠师傅各站一边，轮流说吉利的话，恭贺房主新房落成，这在当地叫作“说四句”。至此，建房的主体工程就算告一段落。盖房顶和装墙壁则是后面进行的事情，都可以等到立房结束以后再择日进行。

从房屋的修建过程中可以看到，建房是人生大事之一，房屋是一个家庭最重要的象征物之一，因此建房是一件极其严肃的事情，其过程充满了文化意蕴，这也赋予了房屋除了居住空间外更加丰富的文化意涵。

二 现代性影响下的建房变迁

随着现代化因素的不断渗透，联增村的房屋也在发生变迁。人们建房的观念、所用的材料等都发生了很大的改变。如今在联增村，走进任意一个寨子，满眼所见都是一栋栋水泥砖房。即使是那些家庭条件较差，住房状况不好的家户，也在国家危房改造政策的支持下，实现了房屋的更新，建起了“现代”的水泥砖房。同时，由于大量的劳动力外出打工，村庄中的人进入了一个超越村庄的社会分工体系中，传统的合作建房被专业的建房队伍所取代，建房也因此成为村庄中的一种职业。

（一）建房过程和观念的变化

相比于传统建房较为复杂的过程，现在联增村建房的过程大大简化了。尤其是那些复杂的仪式，很多都被取消了。现在村民建房不再举行动土的仪式，只要看好了日子，就开始挖地基。而地基的选择也以便利性为优先考虑因素，大家修房子的时候尽量选择靠近公路的位置，以方便出行和物资运送。在建房过程中的其他仪式也大多被取消，只是最后房子的主体全部修好，到打板封顶的时候才做一次祭献的仪式。此外，由于现在建房不再用木头的房梁，房主的外家也不再送房梁，送的贺礼除了传统的物品外，钱所占分量也更重了。

传统的建房过程需要较多的社会合作才能完成，只需要少量的货币。而现在由于大量的劳动力外出打工，难以找到足够的人来帮忙，所以建房都是承包给专门的泥水工队伍，而且也是用货币结算。

最重要的是，城市文化对房屋观念产生了很大的影响。村民认为，外出打工的潮流对村寨最主要的改变就是村里的建筑发生了变化，他们赚到钱了不是拿来吃喝，而是拿来修房子。现在住瓦房的人家都是家里没有出去打工的。以前大家不太在乎房子是不是很宽，只要够住就行，但是现在大家建房讲究宽，即使一家人根本用不着那么大的房子。不少人家以前就修了一百多个平方米的平房，外出打工赚到钱之后，又在边上修了几间，或者加层，面积差不多三百多平方米，有的还装修得很好，但是一年四季都很少有人在里面住，最多就是回来过春节。很多村民都是把房子修好了就出去打工了，在他们看来，能修大房子就是有钱，就是有本事。

> 没有改造的时候都是用草来盖房子，后来自己才开始烧瓦，用泥巴来盖房子。我们在读小学的时候，自己要烘砖。现在就是水泥钢筋房。零几年的时候就开始逐步发生变化了。2005 年左右，你家修得起房子，我家没有修，心里就会觉得压力很大。有些借钱都要把房子修好。男孩结婚，现在的年轻人都不管，因为老人已经把他们的房子都修好了。
>
> 我就两个孩子，一个男孩，一个女孩。女儿结婚了，儿子在外面打工。孙子有一个。房子还没整完，三层，现在还没装修好。房子是包给别人修的，花了二十多万块钱。装修还要二十万块钱。大家都趁现在没有负担的时候来修，以后孩子大了要读书要照顾孩子可能会没时间，大家都是这样的念头。所以打工的目的一是修房子，二是送孩子读书。(20150424，曹端波访谈联增村村民 LYH)

受城市消费观念和房屋观念的影响，人们追求房屋的空间大，外观好看。我们在田野调查期间住宿的农户家，其房屋有三层，面积四百多平方米，但是常年只有一个人居住，房主的妻子在外地打工，两个儿子在外地上大学，毕业后也在外地工作。这样的观念使得人们把房屋作为相互比较的对象。

（二）建房材料的变化

总体上看，联增村的房屋，经历了从木房、砖房（平房）、楼房到精装修的变化，其趋势是变得越来越“现代”。联增村的房屋，从材料上看，经历了三个阶段：木头、火砖与木头混合和钢筋水泥。

如前所述，布依族的传统民居都是就地取材，房屋主要以木质房屋为主，联增村也是如此。在20世纪90年代以前，联增村的房屋都是木结构。

> 我8岁就没有母亲了，父亲把我养大。小时候家里很穷，住的是毛蓬蓬，就是用竹子围成的房子，去河边砍那个钓鱼竹来拦，顶上用茅草盖。1972年到我18岁的时候，才开始修木房。用的木材是自己在附近的山上砍的，然后靠亲戚朋友帮忙，才把房子修起来。修房子没有花钱，修好之后亲戚来，要招待他们，买东西花了几十块钱。这栋木房子到现在都还在的。
>
> 我家的老房子是木头的，屋顶上盖的茅草。那个时候都是烧柴做饭烤火，这种房子就容易被烧。我家就被火烧过两次，我经历过一次，父母经历过一次。当时烧得很严重，基本全部被烧光，而且是晚上烧的，燃得很快，根本来不及灭火。（20200503，张建访谈联增村村民WTG）

到了20世纪90年代，新的建房材料——土烧火砖传入了联增村。

> 我家的房子是1994年修的。那个时候开始用火砖修房子。当时路还不通，不能从外面拉进来，砖是我们自己烧的。我们自力更生，在河边割草，自己找泥土来烧的。我们大概九月份开始烧，到十一月份还没烧完。一共有九个窑子，一个窑子要烧十多天。寨子大了，你烧我也烧。你烧一窑，我烧一窑，他烧一窑。一窑只能烧一万块砖。这一万块砖放窑子里，你要把它烧成熟了。等它冷却后再把它弄出来。然后拿一万块砖去烧。一年要烧十多窑。这样烧出来的砖叫小砖，因为块头比较小，后来用水泥倒的砖就叫大砖。这样烧砖大概烧了两三年，修的房子就是砖木结构。再到后来路通了，运材料进来很方便，价格也降下来了，我们就开始用水泥修房子了。（20200503，张建访谈联增村村民WTG）

这是建房材料的第一次“升级”，但是这种升级在联增村持续的时间并不长。随着联增村的道路逐渐畅通，特别是村内几个寨子之间的路一步步连通之后，从村外运送材料的成本大大降低，这促使了联增村建房材料的第二次“升级”。

> 大概 2000 年左右，修了水泥路，拉大砖也方便了。路通了才好，比如说拉一车沙子，拉到这里才一百二十块钱左右的运费，以前村里的路不通就至少要三百块钱的运费，贵了一百多。还得自己去挑石头打沙子，我那时候脚都伤到了。打沙机也得叫人去抬，也麻烦。以前水泥公路就只有一部分，拉东西只能拉到我们组竹林那里。然后大家就要相互帮忙挑水泥，不过不用花钱，就是相互帮忙，我要做的时候他来帮我，他有事我帮他。那几年外出打工的人还不多，也好叫人帮忙。(20200503，张建访谈联增村村民 WTG)

进入 21 世纪以后，联增村开始用机器打沙制砖（也就是他们所说的“大砖”）来修房。而一些眼光比较敏锐的村民，这个时候已经看到了住房材料“升级”的商机，开始通过购置打沙制砖的机器制砖获利。

> 2000 年我从浙江打工回来，我父母就买了柴油机、磨面机、打沙机，然后帮别人打沙，把这个作为一门生意来赚钱。当时买了三台机子。打沙机也可以用来打米，因为我们乜篾是水稻多，玉米少，每家每个星期都要打一次谷子，所以生意也还可以。买柴油机的时候花了两千多块钱，这个在我还在读书的时候就买了，那时候就专门打谷子。我打工回来之后才买的磨面机和打沙机。我们家的经济条件还算可以，因为我父亲以前是医生，在九盘乡小乡政府卫生院工作，后来因为超生就回来了。我自己的房子是从 2000 年开始修，2002 年结束。自己打沙，买水泥、钢筋，自己造砖头。买水泥和钢筋花了一两万块钱，那时候还是比较便宜的。从那时候我就开始学做建筑了。(20170204，陈斌访谈联增村村民 ZHQ)

这一阶段修的房子就是用水泥和沙子制作的砖头作为材料。这是联增村住房材料的一次普遍化的大“升级”。但是这个时候由于村民的经济条件还没有普遍大幅度地改善，所以当时新式的水泥砖头房子虽然引领了整个村建房的风潮，但是房屋的面积相对较小，大的也不过一百多平方米，而且都是平房。这个过程持续了大概十年。

到了2010年以后，随着打工的人越来越多，联增村的家庭收入普遍提高，住房开始朝着品质化的方向发展，有两个具体表现，一是楼房逐渐取代平房，二是房屋的内外装修开始精致化。这一阶段，把自己的老房子拆掉修新房的家户数量快速增加。一些条件较好的家户甚至在十多年的时间内多次建房。而且如今新建的房屋都比较注重设计，村庄中不少新房的外观都是非常洋气的别墅式，在整个寨子里显得格外显眼。

我们对原乜篾寨的建房情况进行了逐户统计发现，进入21世纪首次新建住房的家户共有78户，这些都是分家之后新建的住房，都是新的水泥砖房。2010年以后改建住房的有89户，其中有21户两次改建住房（含新建和扩建）。还有42户是在2010年前改建过住房。如今在乜篾自然寨，多数房屋是两层及以上，最高的四层，面积小的有一百多平方米，大的达到六百多平方米。远远超出了传统民居的居住面积。

虽然房屋从木房改成了水泥砖房，但是在十多年的时间里，联增村的这些新砖房都非常粗糙，无论是外墙还是室内墙壁，以及地板，很多人家都没有做过任何的装修，按照城市住房的标准，都是“毛坯房”，只有很少的人家对内墙做了粉刷。2015年我们第一次入村时，还看到大量的新建成的房屋，仅仅完成了主体结构和墙壁，门窗简单地用木条和塑料封上。最近几年来，联增村一些经济条件较好的人家开始对房屋进行内外装修。在乜篾，有10户家户对房屋进行了装修，这些房子都比较精致，从寨子里走过，一看便知。

除了房屋外在的结构和所用材料越来越现代化外，房屋内部的陈设也越来越现代化。如今联增村的这些新建房屋，内部大多放置宽大的沙发、大电视机、工厂制作的床，还有饮水机、电脑等新的家居用品。

（三）建房的资金变化

从建房资金来源的情况看，联增村早期建房的钱主要是从种植养殖业中获得，到后来以打工收入为绝对主导。如今村民建房，都是靠在外打工挣的钱来实现。

在乜篾，现有家户首次建房资金来源于卖猪、牛、羊、马等牲畜以及蔬菜和粮食的有 98 户，另外有 40 户部分资金来源于打工，部分资金来源于卖猪、牛、羊、马等牲畜。到了 2010 年以后的改建期，只有 1 户的资金完全来源于卖牲畜，1 户是卖牲畜的钱加上工资，还有 1 户是卖牲畜的钱加上危房改造款。而资金来源于打工的家户有 85 户。

从花费的金额上看，2000 年到 2009 年修建的住房花费金额为 1 万元到 5 万元。而 2010 年以后无论是新建还是改扩建，花费的金额大都在 5 万元以上，修一栋两层的楼房，一般需要 12 万～15 万元。如果装修，需要再多花将近一倍的资金。乜篾在村内建房花费金额最多的一户为 70 万元左右，还有 6 户为 50 万元至 60 万元。这几户无一例外都是在外创业的家户，其房子也经过了较好的装修。

我们村从 2010 年以后开始大规模地建房子，一是路修通了，到各个组，寨子里面的路都修好了，二是外出打工找到了钱，这是最主要的。一家人有两个出去打工，一年都能存起来几万块钱。家里有老人的，还可以养点牛羊，也可以存一些。他们存了几年的钱，回来一年的时间就把房子修起来了。我家的房子三层，总共 500 多平方米，花了 20 多万将近 30 万。第一层主要是靠我修的，修了快 10 年了，钱是靠我养羊得的，那时候养的羊多，一年 100 多只。后面两层主要靠儿子和媳妇打工挣钱修的，我也出了一些。我养牛和马卖，去年我还喂了七八头猪、三头牛、两匹马，一年也有四五万块钱的收入。（20150428，孙兆霞访谈联增村村民 LYH）

我家的房子两层，300 平方米，去年修的，现在还在装修。修房子花了十六七万块钱，钱都是儿子出去打工挣的，不过我自己会修房子，所以劳动力没花多少钱，钱主要是用在买材料和装修上。（20150426，

曹端波访谈联增村村民 MSM）

由于购买建房的材料和雇用人工都需要支付费用，而且人们纷纷选择修建面积大的房屋，所以建筑成本急剧上升，虽然大部分家户是依靠打工积累建房所需的资金，但是并不是都能一次性积累起建房所需的全部资金，所以很多家户必须选择借贷。在联增村，借钱建房一般只限于向自己的亲戚朋友借，少有向寨子上的其他邻居借的，向亲戚家借的钱也不会太多，一般两万元到四万元，因为大家都有建房的需求，所以很多人选择向银行贷款。

> 现在修房子借钱的情况多，有的人家修房子比如要花 20 万，可能就要借 10 万。基本上都是跟信用社借。把这个钱借到以后，用来修房子，修好以后以各种各样的方式来还，基本上都能还清，还钱的方式有几种，第一种就是外出打工，在外面挣一两年就把欠的款还完了，这种方式问题不大。第二种就是养殖，主要是养猪，养到一定的阶段，就把猪卖了，几头也能赚一万多元。还到孩子读书的时候差不多了。然后又围绕孩子读书。（20150428，孙兆霞访谈联增村村民 LYH）

总之，随着联增村的房屋越来越现代化，建房所需的资金也越来越多，无论是通过打工还是在家种植养殖，积累这些资金所需要的时间也越来越长。几乎每一家都是倾尽多年的积蓄，才能建好一栋房屋，并且需要多年的积攒，才能偿还建房所欠的债务。而当人们从比房子的材质和大小到渐渐转变为比装修的精致程度时，他们还需要投入更多的资金让自己的房屋变得更加美观。

（四）建房的职业化

建房历来是一项专业性很强的活动，需要有人专门从事，在传统社会里，这项工作由木匠这样的群体来承担。随着建房的材料和技术向现代化变迁，以及村庄中的劳动力大量外出打工，或者从更广的视野来看，由于农村在现代化进程中被卷入了市场化、城市化的分工体系中，建房也随之分化成一种职业化的活动，在农村出现了专门从事房屋建筑的泥水工群体，这种职业化群体与传统的木匠有着根本的区别，泥水工的劳动是商品化的社会分工体系的一部分，本身也是商品。

除了前述打工潮带来的经济收入的增加为建房提供了经济基础，以及受城市生活的影响而形成的家户对现代房屋的向往外，联增村还有一股推动房屋更新的力量：危房改造。

联增村的危房改造经历了前后几批。第一批从2003年开始，全村只有2户得到了补助，一户补助金额为4000元，另一户补助金额为8000元，当时评定的标准是二女结扎户且住房是危房。第二批是2005年，总共13户得到了补助，补助金额有8000元、9000元和11000元，评定的标准是优先考虑家庭困难户和独生子女户。第三批是2009年，补助金额有18500元、10000元、20000元的。这一年较为特殊，其中一个村民组因地质灾害需要整体搬迁，所以当年的危房改造资金就给了这55户搬迁户和2户比较贫困的家户。第四批是2011年，每个组都有，全村共28户。补助金额有15000元、7000元和18500元三种。低保户18500元，一般户15000元，条件稍微好点的7000元。第五批是2012年和2013年，共有37户。2012年的计划放在2013年来实施，补助金额有20000元、18500元、7000元和6000元四种，最困难的家庭就给20000元。第六批是2014年，全村一共有9户，补助金额有10000元、14000元和20000元。11年期间联增村危房改造户就有146户，全村除了两三户情况极其特殊的家户，所有住房条件差的家户房屋都得到了修缮或重建。虽然有政策支持，但是补助金额并不够支付建房的全部资金，所以还需要享受政策的家户自己另外筹措资金。有的家户选择了贷款，因为针对危房改造的贷款比较好贷。危房改造的人工是由家户自行解决，所以也成了促使联增村职业建房群体扩大的一个直接原因。

根据统计，联增村从事泥水工的一共有24人。

我现在在本村和周围这些地方做泥水工。我学得比较早，年轻的时候在部队当兵就做过的。那时候在部队搬家的时候要建房子，然后和那些老工人一起就学会了。一九九几年的时候我回来，就开始帮村里的人修房子，一直做到现在。不过前面那几年修房子还没有人给钱，也没讲要钱的，都是属于帮忙，帮忙可以得饭吃，但是没得钱。我记得有两年村里搞烤烟，我们四个人天天去给别人修烤房，那两年做了四十多个。一分钱没有，再说人家找你去你不去还不好呢。不像现在这些年，修房子都是要说钱的。

从 2000 年初开始做泥水工可以挣钱了。那时候开始出去打工的人多起来了，多数人出去打工了他怕麻烦，就给你说这栋房子要多少钱，随你叫谁跟你一起做。我们现在修房子，一般都是三五个人一起，谁找到就是谁包，我们一起做。这些年工价每年都在涨嘛，直到这两年才算平稳下来。现在每天都差不多是一百二三。根据做工的效果不一样。我们在当地做单价都很低。因为这些多数是家乡的熟人，要照顾一些嘛。做的人很多。修房子的价格按平方米来算，就讲好多少钱一个平方米。主人家负责材料，我们只包工。把房子修好就行了，装修这些都是另外请人来做。

危房改造那几年我们做得最多，每年都要做上十栋，最多的一年做了十八栋，直接连庄稼都没有种成。那年请人种的，就把田打好然后请人插秧，因为接了人家的活，别人催我们很紧。现在一般都是闲的时候才做，农忙的时候都不修房子。一般情况一年能做两三万块钱。虽然比不上他们出去打工的，但是像我们这把年纪的人，小的出去打工家里面也要人照看。总比耍着没事干好，像这样一年的人情客往，肥料钱什么的都可以有了。（20150426，曹端波访谈联增村村民 MSM）

房屋修建的变迁过程为 M 师傅这样的人创造了一个在地就业的机会，使得像他这样无法外出打工的人也能通过自己的劳动在村庄中获得一份尚且不错的收入。此外，这也使村庄中像他这样的人的能力得到成长，他们掌握了建房的技术，就可以在村庄内部，甚至走出村庄，从事非农产业的经营活动，成为一个新的职业群体，这也可以视为村庄内部职业分化的一个代表。同村庄中那些从事商品化种植养殖的人一样，他们从传统的农业生产中分化出来，成为新型农民，从事着新的职业，而这样的职业分化也是农村现代化的表现之一。

第二节 从家到家园

一方面，在现代性力量的不断渗透下，联增村的房屋发生了巨大的变化，这种变化既是外在的材料和形式上的，也是关于房屋观念的。另一方面，房屋所承载的精神意义却在不断强化。当村落里的劳动者进入发达的城市，面对高度流动的现代生产生活所带来的不确定性，房屋成为这些在外打工但无法在城市立足的人们的重要精神寄托，并因此进一步成为他们对家园的认同载体。

一 房屋的精神意义

（一）建房作为成功的标志

现代化的过程是一个不断分化的过程，如职业的分化、阶层的分化。如前所述，联增村的劳动力大量外出打工，使得打工成了村里家庭生计的最主要来源。但是他们在城市的工业化生产与在农村的农业生产有着质的区别。当他们都没有外出打工时，村庄是一个均质性很强的社会，各个家户之间的差别并不是特别的突出。而当他们走出村庄，进入城市，也进入了一个异质性的社会系统，在这里，他们凭借个人的能力获得相应的报酬，人们也因先天或后天能力的差异而表现出以货币收入为指标的经济差异。同样是打工者，却逐渐产生分化，有的只能勉强糊口，有的较为殷实，有的则脱颖而出，成为他们中的佼佼者，特别是那些实现了从打工者到老板的华丽转身的人。

按照韦伯的观点，社会分层的标准有财富的标准、声望的标准和权力的标准。[①] 在布依族的传统社会中，人们之间的差异主要不是体现在经济上，而是体现在以寨老、摩师等为代表的社会地位上，同时，如本书第二章所呈现的那样，联增村的布依族还通过“烂布鬼”“不干净”这样的文化建构，区分村落社会中的不同群体，并划分界限。可以说在传统社会中是以声望为

① 马克斯·韦伯：《经济与社会》第一卷，阎克文译，上海人民出版社，2010。

标准划分人们之间的区别。

但是随着社会的转型，由文化为核心形成的声望划分标准日渐失效。摩师成了“封建”的代表，寨老也只在村寨的一些仪式或事务上偶尔发挥作用。传统的分层标准在今天让位于财富的标准，家庭财富的多寡成了衡量一个人在村中地位的最重要甚至是唯一标准。在联增村布依族的传统文化中，那些被定义为“不干净”的群体被村庄中的其他人共知，并被村落社会严格排斥，处于边缘的位置，而在今天，他们中的一些人外出打工获得了较高的收入，在经济上取得了成功，原来的那种排斥的力量也随之消失，在田野调查中村民说，这些人今天已经能够得到和村里其他人一样的认可，以往的那种在通婚甚至社交上的排斥不再起作用。

打工者的分化反馈到村庄，其实就是他们的家庭在村庄中的分化。在现代社会，人与人之间的差异通过消费直接显现，消费的“示异”功能使得人们的经济地位得以呈现。外出打工者很快改变了他们的消费方式，并将城市中的一些消费理念带到村庄中。按照法兰克福学派的观点，消费是现代社会中人们建构社会身份的途径。而建房则是他们展示经济能力的最重要的途径。因为房屋是最大的不动产，也是一个家庭最明显的财富标志。此地此房与此家的社会文化意义被由房屋所代表的物质上的成功的精神意义所取代。

房屋所代表的这种意义，在村庄的观念里，集中以“面子”表达出来。在中国社会，个人是家族链条上一个摆脱不掉的分子，因此他的言行举止、为人处世、事业功名、做官掌权的问题不仅是他个人的问题，而且是整个家族的期待并由此可以沾光的问题。如果一个人做的事业符合家族众人的期待，那么不但他自己感到非常荣耀，他的家人也会为他感到骄傲，并因此能分享他的荣誉和资源。[①] 农民在城市打工赚钱、攒钱的重要原因，是希望尽可能提高彩礼或嫁妆的分量，避免子女在婚姻市场中的弱势地位，以此来维持其作为家长的面子、责任和价值。他们认为如果一个人一生中不能为子女留下一套（一栋）房子，就说明自己很失败，同时子女也会给予其很低的评价，甚至可能影响其养老等。中国人生活在熟人社会中，彼此知根知底，世

---

① 翟学伟：《人情、面子与权力的再生产》，北京大学出版社，2013。

代生活在一起，既存在互助互赖，又有竞争，特别是面子竞争。①

因此，房屋，不仅是打工者个人的成功标识，更是其所在家庭地位的表达。打工回家修了一栋新房子，就会在村里有面子。房子越好，则表示越成功，也越有面子。

> 我是九三年开始出去打工的，当时十七八岁，读书初中都没读毕业，跑到昆明去，在那里混了一年，九四年在兴义混了一年，九五年到广东去混到九九年回来。过年了2000年就到浙江去，在那里做大理石，挣到了钱，也学会了技术，到2012年我就回来自己开大理石厂了。我家这房子是2014年修的，加上装修，一共花了50多万块钱，我没有找别人借钱，当时修完房子都还剩100多万块钱。（20170204，陈斌访谈联增村村民XWM）

上述案例中的XWM是联增村最早创业的人之一，也是村里公认最有钱的人，每当提到打工创业成功的人，大家都拿他当典型。XWM的大理石厂开在县城，他在县城也买了房子，但是依然选择在村里修建一栋“豪华”的房子，除了村里寨邻亲戚有事，平时基本不会回来住。从理性的角度看，他修这栋房子纯粹是浪费，但是这对他来讲是一件有意义的事。房子是他在村中成功的标志，而他的成功也只有在他生于斯长于斯的村庄中使他更能得到较高的声望，村里的人以他为努力的榜样。而在县城里，他只是若干个打拼者之一，远没有他在村里那样突出。

（二）建房对于家庭的意义

在家庭生命周期中，建房是重大事件之一。在今天农民大量外出打工的背景下，建房在家庭生命周期中的地位更加凸显。由于这些农民工无力支付市民化的成本，不得不选择在城乡间进行钟摆式的流动。农民工不愿意定居城镇的原因，排第一位的是“买不起房”，占65.29%，排第二位的是“城

① 王春光：《中国社会发展中的社会文化主体性——以40年农村发展和减贫为例》，《中国社会科学》2019年第11期。

市生活成本太高”，第三、第四位分别是“能与家人在一起，孝敬父母”“农村有地有房子”。还有部分农民工选择“我们根本不属于这里，迟早要回去”作为不愿意定居城镇的原因[①]。所以农民工清楚地意识到城市不是他们最终的安身之所，只是暂时的栖居之地，而乡村才是他们最终的归宿。因此，为了房屋而奋斗就成了他们打工的动力之一。

在农民的日常生活和生命历程中，建房是一个家庭发展中的重要标志性事件，房屋凝结了他们的数载心血，是“一砖一瓦地节省”[②]出来的，因而承载了巨大的精神意义。对于他们而言，房屋不只是物理形态的住宅，它同时被赋予了重要的价值意义，这种意义体现在家庭日常生活中、个体生命历程中、村庄社会关系网络中。所以，很多农民外出务工，挣到了钱，攒到了一定程度时，就会回到农村老家去建新房或是翻新老宅，而这可能要花费他们几年甚至十几年的收入；除了钱，其中还有很多的苦累。

> 从 1988 年到 1992 年，我们这里遇到干旱，粮食不够吃。1988 年的时候我结婚。但是一直都没有钱修房子，只能和父母住在一起。到了 1995 年，我出去打了半年工，搞到了点钱，才把房子修起来，当时花费了 8000 块钱。那时候的人力都是村里邻居和亲戚帮忙，都不要钱的，只是花钱买了点材料。
>
> 这 8000 块钱是我 5 个月赚到的。虽然在那个时候来说是一笔不少的钱，也来得算快，但是我是拼了命才挣到的，那是真辛苦啊。
>
> 我去的是河北邢台，在一个水泥厂里干活，下苦力背水泥，都是计件发工资，1.6 元/吨，一包差不多 100 斤，要扛 20 包才可以得到 1.6 元。那个时候觉得有钱挣，就非常努力，天天晚上都是加班做的。扛水泥都是两包两包地扛，有时两个小时都要扛 10 吨左右，一个月工资可以拿到 1000 多块，相当于在家里干一年。那个时候正常工资也就一个

① 丁静：《新生代农民工“半市民化”问题研究》，河北人民出版社，2015。

② 阿比吉特 · 班纳吉、埃斯特 · 迪弗洛：《贫穷的本质——我们为什么摆脱不了贫穷》，景芳译，中信出版社，2013，第 160 页。

月四五百左右。那时候20多岁，年轻，体力好，现在肩膀都还有被水泥烧伤的老茧。因为扛水泥粉尘严重，我干几个月都有点恼火，所以后来没干了。(20150425，张建访谈联增村村民LCH)

像LCH这样的案例，可以说是为了挣钱建房而拼命。后来大部分人是进工厂从事流水线生产活动，工作的强度也没有这么大，但是每一个打工者都是辛苦劳动，省吃俭用，也就是王春光所言的不是在城市市场体系而是在其家乡所在的农村市场体系中消费，才能将他们所得的那点从政治经济学上看具有“半商品”属性的劳动力价值积累起来，拿回农村来凝结成一栋房屋。

同时，大多数农民没有能力一次性挣足建房所需的全部资金。而是先攒下一部分钱，足够把房子的框架修起来，或者是能修好一层，然后继续打工挣钱，过一两年后再继续修，所以在村中我们可以看到相当多的“半成品”房屋，只是完成了基本的框架和墙体，门窗全无。而且那些房子修得都很大，在村民看来很有钱的人家，也是如此。乜簸寨WTG的二儿子，建房花了30多万元，然后一边打工还建房借的钱，一边挣钱买门窗来安装，房子修好将近两年，才把门窗安装完，接下来的内外装修还得花近30万元，他打算挣到了钱再继续装修。

这样的情况在今天的打工村庄中非常普遍，这些打工者在外拼搏十几年甚至几十年，最大的心愿就是子女学业有成，然后建一栋自己满意的房子，可以说，房屋是他们奋斗几十年的心血，是他们一家之主的成就的象征。当他们老了，子女长大了，有了为下一代留下的房屋，他们为家庭的奋斗才算告一段落。因此，房屋对他们的人生而言，对他们的家庭而言，都具有重要的精神意义。

二　作为家园的房屋

通过联增村布依族建房的过程，我们可以看到，其充满了社会文化意蕴。总的来说，通过房屋，体现了布依族人与天、地、神、鬼、人等多种对象和谐相处的意义指向。并且通过房屋与家的意义关联，确定房屋所代表的家庭在布依族文化及社会网络中的定位。

（一）房屋与神的和谐

布依族的宗教信仰包括自然崇拜、鬼魂崇拜、祖先崇拜等多种崇拜。特别强调人与这些对象的和谐相处。布依族的房屋与神的和谐，包括与自然及超自然力量的和谐。

自然崇拜是布依族最古老的信仰，包括对树、石头、山等多种自然对象的崇拜。在联增村，人们至今要在特定的时间拜神树和神山。从居住环境看，布依族一般居住在依山傍水的环境中，且多为河谷盆地边缘的山麓地带，这样可以节约河谷的耕地资源。受汉族文化的影响，布依族建房也要看日期，选地基，找到合适的靠山和向山。建房选址所看重的风水强调的是居住的特殊空间。同时，风水还要和建房者的生辰八字相符，这样就把人与空间结合在了一起，即特定的人必须居住在特定的空间之中。

布依族的信仰中包含了名目繁多的“鬼”，可以说，在布依族看来，鬼是与人的生活最直接相关的一种超自然力量，人的疾病、灾祸等都是由鬼引发的。所以人们特别谨慎地处理人与鬼的关系。布依族的鬼魂世界分为善鬼和恶鬼两大类。善鬼主要是亲人故友死后，相信他们和在世时一样的亲善友好，不会对人有加害的想法，所以要随时供奉祭祀以求庇护，而恶鬼则会通过各种不同的方式加害于人。① 在布依族建房过程中所举行的仪式上，祭祀的对象就包括了鬼，希望能够得到善鬼的庇护，保佑建房的过程顺利，房屋建成后居住的人顺利。而对于作恶的鬼，布依族有各种“扫”的仪式，如扫家、扫圈、扫寨等，把这些作恶的鬼从家里、牲畜的圈舍里以及村寨里扫除出去，以获得人和牲畜的平安。在起房前的打煞仪式中，部分是为了驱除房子附近的蛇等在布依族看来不吉利的动物，此外最重要的目的就是扫除可能作恶的鬼。

（二）房屋与人的和谐

布依族建房所体现的房屋与人的和谐，主要表现为与逝去的祖宗的和谐，以及与现实世界里寨邻和亲人的和谐。

---

① 黄义仁：《布依族宗教信仰与文化》，中央民族大学出版社，2002，第29页。

布依族人认为人由躯体和灵魂两部分组成，躯体会死亡，但是灵魂永存。布依族历来崇拜祖宗，认为祖宗神灵至高无上，人的吉凶祸福都与祖宗神灵有关。[①] 因此祖宗是必须被严肃供奉的。联增村的建房过程中要祭祀祖宗，求得他们的保佑。同时，新房落成，往往意味着一个新的家户从原来的家户中分出。联增村的家户在分家时，修建新房是另立门户的象征，此时，新的家户必须做的一件事就是从父辈那里复制一份祖宗牌位与神龛来供奉。

建房过程中与现实世界的人的和谐一是表现在仪式上，这主要表现为定呲口。这一仪式承载着修建新房的一家人和睦，以及与邻里和睦的目标意义。这也反映出布依族文化对家庭及邻里关系和谐的追求。二是表现在建房过程中的社会合作。建房是一件大事，需要很多人力的参与。因此，一家建房，寨邻都要来帮忙，新房建好后，也需要大家来道贺。长期以来，联增村建房都是各家之间相互帮忙。这也反过来要求家家户户必须处理好与寨邻的关系，在自家有事时得到邻居们的帮助。三是表现在外家的作用上。联增村建房，房梁必须由外家出，条件好的还可以出更多的物资和贺礼，甚至还有“修好房子以后主人家一半外家一半”的说法。这表现了布依族的亲属关系在建房中的重要作用。这使得布依族的团结和和谐不但指向村庄内部，还指向通婚的范围。

（三）作为“锚点”的房屋与家

列斐伏尔重新赋予了空间以辩证的力量，他认为，空间不仅是社会关系的“容器”和“平台”，空间也具有生产性，空间既是社会关系的产物，同时又是构建社会生活的一种力量。[②] 房屋既是物质的，又是社会的和文化的。

通过上述分析可以看到，联增村的布依族人通过建房，确立了新的家户在村庄地理空间和社会文化空间中的定位。

新房的位置根据风水而定，因此确立了新房在村庄地理空间中的确切位置。并且通过与鬼、神等力量的交流，使得地理空间的选择得到超自然力量的认可。正因为如此，建房是具有神性意义的活动。建好的房屋也不只是居

① 《布依族简史》编写组：《布依族简史》，贵州人民出版社，2008，第205页。

② 李春敏：《列斐伏尔的空间生产理论探析》，《人文杂志》2011年第1期。

住的场所，它是人-地-神（鬼、祖宗）三者共同形成的居住空间，居住于其中的人也承担着对地和神（鬼、祖宗）的供奉义务。

新房的落成代表着新家的正式诞生。新家是在整个村落社会的见证和参与下形成的，也意味着通过一系列仪式与活动，新家得到了村落社会的承认。从此以后，新房的主人所代表的新家，成为村落社会中新的一员。也意味着这个新的家户从此以后要承担起对村落社会的相应责任和义务。

从房屋与家的关系上看，房屋是建筑，也是秩序。家是空间，是有秩序的亲缘关系，是社会单位。家的再生产立足于房屋的再生产，随着家庭的发展，家庭成员的成长，原本家庭的成员要建立新的家庭必须要修建新的房屋，而一个新成立的家庭要获得社会的承认，也被要求修建房屋。亲缘关系秩序的生产和维持也依赖于房屋，房屋内部的空间分配反映的是文化对于家庭内部秩序的期望和看法，同时反映了人们日常生活的实践规则，家庭内部的成员通过实践习得了这种秩序和文化规范。一方面，并非所有的房屋都是家，只有人们根据文化规定赋予房屋以“家”的意义的时候，它才从一间房屋转变成为一个具有社会关系的空间——家；另一方面，房屋代表了家的生产，因为人们在修建房屋的时候并不只是为了修建一个居住的地方，而是为了确定一个新的受到文化承认的社会单位。换言之，人们在修建房屋的时候，是按照社会文化的规范来修建的，这种修建的规范就是“家”的标准。在此意义上，社会单位的空间可以说是被文化建构和生产的。①

家的内涵包括两方面：一是共同居住的场所，即房屋；二是具有亲缘关系的人，即眷属。因此，家一方面是居住的地方，另一方面是一种社会关系。“家”由两个部分构成：具体的作为居住空间的外在建筑——房屋；抽象的作为社会关系的人群单位——家庭。社会单位的“家”和居住空间的“房屋”之间有着密切的关系，共同的居住空间表征的是社会关系的亲密性，社会成员使用这一象征来确认彼此属于一个共同的单位。因此，这样的区分也有助于理解“家”的两个层面之间的互动关系，家庭的亲缘关系如

① 邓志华：《房与家：房屋与家庭的意义生产》，《现代人类学》2019 年第 2 期。

何与外部的客观世界联系在一起。①

同时，作为村落中的家，还被置于一个广泛的社会文化关系网络之中。作为“锚点”的家，其所锚定的是此一家人在村落社会文化中的位置。因此，家对于人们的意义，就超越了自身所处的房屋与家户的范畴，指向了“家园”这一意涵。

与“家”相比，“家园”涵盖的内容更广泛，它本质上是一个空间概念，指的是从个体家庭延伸出去的可感知的生产、生活区域。包括地域范围内的天、地、人、神，以及特殊的物产、习俗、传统、仪式、技艺等，都是构成“家园”的有机组成部分。②因此，“家园总是和某种稳定的生活方式联系在一起，与某些熟悉的人、熟悉的事联系在一起，与某些记忆、历史和情感联系在一起”。③就精神和文化层面而言，家园是人们情感和精神赖以寄托的空间。总之，“家园”既是有形的房屋、田园、山水，为人们提供资源和庇护，也承载着人们的记忆、认同、道德和情感，满足人们对归属感的需求。

第三节　村庄福利生产与家园认同

从房屋到家，再到家园。家成为家户生存与村庄的基点，并在此基础上展开其社会关系。作为家户精神寄托的家园，也由此从家拓展到村庄。家户居住于村庄中，也是在寻求生于斯长于斯的心灵宁静。对于那些长期在外打工的人们而言，总有一天他们回到了村庄，既有城市不是他们立足之地的无奈，更有对于家园的认同。正是因为如此，在现有的城乡关系背景下推进乡村振兴，就需要关注作为精神家园的乡村建设这一维度。

一　社会网络中的村庄合作

家园的形成，不仅是精神上和文化意义上的，更是在现实的社会关系中

① 邓志华：《房与家：房屋与家庭的意义生产》，《现代人类学》2019 年第 2 期。

② 李翠玲：《家园认同：社区治理的台湾经验——以一个台北社区为例》，《台湾研究集刊》2018 年第 3 期。

③ 李晓非、朱晓阳：《作为社会学/人类学概念的“家园”》，《兰州学刊》2015 年第 1 期。

的。人作为社会关系的总和，只有在为其提供生存支撑的社会网络中，才能真实地感受到社会的存在和作用。村庄社会网络成为家户在村庄中展开行动的纽带，并在一次次的强化中不断加强对这种网络的依赖。

（一）社会网络的在地化

正如本书第二章所呈现的，联增村在婚姻关系上、亲属关系上都表现了很强的本地化特征。从通婚上看，无论是婚出还是婚入，都以本村及附近村庄为主。再做进一步分析，可以发现，在我们统计的联增村 1203 名已婚女性中，有 418 人为村内通婚，占比为 34.7%。

> 我爷爷叫 LZC，奶奶是乜篾来的王氏。我有两个姐姐，最大的姐姐嫁到补郎，我二姐有七十多岁，嫁到乜篾周家，他们俩是小时候开的娃娃亲。我们家跟周家的关系好，都是老亲戚，女方也认识又是姊妹。我二姐家有一个姑娘，两个儿子。大姑娘有三四十岁，嫁到乜篾王家。我二姐家第三个也是儿子，姓周，奶名叫小 mang。他老婆是乜篾王家的。我二姐家第四个是女孩，嫁到乜篾王家。（20150424，曹端波访谈联增村村民 LYP）

在上述案例中，LYP 家族中有 5 名女性都在本村通婚。LYP 家住联增村口安寨，与他的家族通婚的人是乜篾的，既有从 LYP 家族中嫁出到乜篾的，也有从乜篾嫁入到他们家族的。从姓氏上看，与 LYP 家族通婚的有王姓和周姓。

除了姻亲外，在联增村还有一类在不同姓氏之间形成的特殊的准血亲关系——抱养。

> 我二姐家第二个是儿子，有一个小孩，是男孩，叫小韦山，三辈还祖姓韦。韦家在周家长大，现在还祖改姓韦。周家没得人，就接韦家在家抚养。韦家来服侍周家，就姓周了，三辈还祖，三辈以后的后代还是要姓韦，姓韦以后他的后代就姓韦了。（20150424，曹端波访谈联增村村民 LYP）

抱养是在中国很多地区都有的解决无子嗣家庭继承问题的一种方式，但是大多数情况下抱养一般是在同一家族内部进行。这在联增村则有不同的实践形式。在上述案例中，周姓没有儿子，就到韦家抱养了一个男孩，并改姓周，由此使得周姓的血脉能够传递下去，但是到了第三代，虽然依然生活于周家，但可以改回韦姓，这叫三代还宗。

通过以上的婚姻关系以及抱养等形式，联增村在各个姓氏之间特别是几个主要的大姓氏之间建立起了复杂的关系网络，可以说，全村的姓氏之间都可以建立起直接或者间接的亲属关系。这样高强度的在地化社会网络，建立起了联增村各家户之间紧密联系的社会基础。也是村庄对于他们而言成为家园最核心的内容。这也是联增村这样的民族村寨区别于汉族地区原子化程度很高的村寨的一个重要特征。

（二）社会合作强化社会团结

正是由于社会网络高度在地化的特征，联增村的村庄内部社会合作与社会团结也表现得非常突出。

从合作的载体上看，主要是生产劳动和其他的家庭大事件。在生产方面，联增村也有换工的传统，即在农忙时节相互帮忙。随着生计方式的转换，现在的农业生产已经不是联增村最主要的生计方式，所以换工这一类型的合作正在弱化。除农业生产外，联增村家户之间合作最多的当属建房和丧事。长期以来，村民们建房都是靠互助合作来实现的，因此所花费的经济成本都比较低。建房的合作既有劳动的合作，也有资金的合作。

> 以前修房子都是请亲戚朋友来帮忙。主人家只需要把要用的材料准备好。砍木材，起房子都是寨子上的邻居啊亲戚啊来帮忙，一分钱都不要的。大家都是相互帮忙，我修房子他来，他修房子我也要去。我修这个（水泥房子），买钢筋水泥要花钱。那时候路还没修到家门口，只到上面竹林边，水泥都是他们帮忙背下来的，我只管他们吃饭就行了，其他的不要。修房子差钱，也是找兄弟借的，他修房子的时候我也要借钱给他。(20150428，张建访谈联增村村民 LWX)
>
> 寨子里有人办事要送礼，有就搞个一两百块钱，没有就七八十块

钱，像我就七八十，一百块钱最多。但是如果是兄弟之间就不送了，只需要帮忙就可以了。亲兄弟不送，堂兄弟也不送，要隔远点才送。我们去的时候都一家人去，有时候两个人都去。所以如果算账的话，办个酒席是要亏的，就是高兴、热闹一下子。我去打工了，修房子，请大家亲戚来吃一餐饭。我家修房子也办过酒席，办下来一算亏了八百多块钱，但是这不重要。（20170203，陈斌访谈联增村村民 WTK）

随着打工人数的不断增加，以及建房活动的职业化，今天人们在建房方面的合作强度比以前大大降低了，大家都将主要的劳动承包给那些懂泥水工的人。但是即便如此，村民之间的合作依然存在，只是更多的是在资金的合作上，即修房子的时候很多人都需要向亲戚朋友借一部分钱。除了建房外，合作传统保持得最好的应该是村民家有丧事的时候。

在外面打工的人，除了过年，其他的时间一般都不回来，但是有特殊情况必须回来。死人吃酒都要回来的。就算是工作很忙，老板不让走，那也不行。因为你如果不回来帮忙，下回你家有事了，别人也不回来帮忙。（20150428，张建访谈联增村村民 WTM）

借助于发达的通信网络，联增村的村民组基本都建有 QQ 群或者微信群，村里或者寨子里的大事情都在群里通知和商议，并通过这样的形式达成了对村庄事务的一些共识。村中如果有老人过世，就会在群里相互通知，每家必须有一名年轻人回老家帮忙。

长期以来形成的社会合作强化了村庄中的社会团结。即便有大量的年轻人身处异乡，这种社会团结依然得以维持。这形成了维系村落共同体的基本力量。

（三）村庄的福利生产

村庄作为公共生活的共同体，需要进行福利的生产和供给。这种供给可以是外部性的，比如地方政府和市场提供，也可以是内部性的，即由村庄自我生产和提供。而良好的村庄合作是村庄福利自我生产的基础。在村庄的生活中，某些福利可以由外部提供，另外一些则必须依靠自我生产。

社区福利的基础在于村庄团结与村庄合作，其基本前提是以农村基层行政改革促进社区自治，村庄作为社区的主体性得以确立、村庄治理得以完善，农村社区实质参与和有效参与机制得以建立。[①] 通过前述分析，我们看到，在联增村这样的民族村寨里，由于内嵌于社会网络关系而形成的深度的社会合作，使得村民们对于社会合作有很强的参与预期，虽然有一定的参与成本，但是也有很高的参与收益。正是通过参与合作，为网络中的家户提供了单个家户无法生产，依靠外部力量也无法提供的社区福利。

社区福利自我生产的功能之一便是实现家户的非货币增收，即不以现金收入增长为主要指标，而是以乡村社区不需要通过货币支付而达到的公共品供给量的增加，私人生产、生活用品的丰富，乡村生产、生活所需要的服务增加为主要考察内容的农民增收发生。[②] 通过村庄中的合作，联增村的村民们不在家的时候家里遇到急事有人帮忙处理，遇到大事时有寨邻和亲朋前来提供帮助，虽然大量的劳动力外出打工造成了留守儿童和留守老人等问题，但是在合作中得以产生的社区福利使得这些村民从中受益，这就是非货币增收的具体表现。

二　对家园的认同

从家到村庄所构成的家园，既是联增村人生活的场域，也是精神的寄托。他们对自己的家园有着高度的认同感。

（一）对村庄公共事务和活动的参与

联增村大量在外打工的劳动力，对村落的公共事务保持着一定程度的参与。他们建立的 QQ 群或者微信群，是他们获得村落公共事务信息的渠道和参与的渠道。在访谈中，村干部告诉我们，村里的一些重大事项，比如要实施某个项目，进行某项选举的时候，就会在群里通知没有在家的人，让他们

---

① 毛刚强：《论发展社区福利与农村减贫》，《贵州民族大学学报》（哲学社会科学版）2016 年第 2 期。

② 毛刚强：《论发展社区福利与农村减贫》，《贵州民族大学学报》（哲学社会科学版）2016 年第 2 期。

表达意见。尤其是在脱贫攻坚期间，联增村主要依靠劳动力输出来脱贫，而地方政府对脱贫的考察需要统计上报大量的信息，这些相关工作都是在网络上进行。还有一些党员由于外出打工，不能参加组织活动，也同样通过网络参加，让他们以线上的方式进行学习。总之，通过各种方式，联增村在外的人们能够表达对村落公共事务的意见，同时他们也愿意参与这些公共事务。

除此之外，村民们还积极参与村落的公共仪式性活动。本书第二章已经介绍，联增村主要的节日“三月三”“六月六”“扫寨”等，是该村最重要的集体性活动。长期以来，这些活动都是全村参与度最高的，每户都出人出钱，都到活动现场，也得到活动和仪式所生产的福利。

（二）对村庄家园的认同

作为家园的村庄，还作为一种共同体而存在。村落共同体具有以下明显的特征[①]：村落是地域性的聚居共同体；村落是村民生产和生活的经济共同体；村落是村民社会参与的社群共同体，“村庄社区绝对是最重要的场所，在这个场所内构成并且重构了时空的各种接触”[②]；村落是乡土文化共同体，即使在城镇化和工业化的冲击下，作为文化共同体的村落依然保持了相当强的社会凝聚力。

前文也已经论及，对于那些在外打工的人而言，返乡非常重要的动力之一就是文化动力。我们在访谈中曾问过一个算是比较成功的年轻人为什么不在城市买一套房子，他的回答是：“也想过了，但是逢年过节还是要回农村，所以必须有一套完整的房子在，因为老家才是我们心里面真正的家，因为所有的亲戚朋友都在老家，不管在外面混得多好，在老家必须有一个家。”

对于留在村庄中的人来说，村庄是他们所赖以生存的空间，是他们的生产生活得以展开的空间。对于那些长期在外打工的人而言，村庄对他们的吸引力既是前文所说的文化意义上的，也是现实意义上的，村庄是他们从城市的生产线退出后养老的依托之所，也是他们回到农村再次转换生计方式的生

① 唐绍洪、刘屹：《西部村落离散与基层社会治理转型——巴蜀乡村治理小叙事》，社会科学文献出版社，2019，第36~40页。

② 安东尼·吉登斯：《社会的构成：结构化理论大纲》，李康、李猛译，生活·读书·新知三联书店，1998，第238页。

存之所。

因此，联增村人对家园有着强烈的认同，正是这种认同，牵引着他们从外地回到村庄。村庄经济也许不够发达，但是对他们来讲村庄是不能完全离开的地方。除了打工者，联增村在政府和企事业单位上班的人也一样经常回村，并在村里有自己的家，而不是选择搬离。

正是基于对乡村价值的判断，一些学者提出了“把根留住”① “叶落归根”是中国人的传统观念。在城乡交融越来越密切的今天，农民虽然向往城市生活，也大量涌向城市寻求工作的机会，也有相当多的农民脱离了农村，进入城市生活。但是，还有大量的像联增村村民这样的群体，他们一方面没有足够的条件进入城市生活，另一方面对村庄作为精神家园的观念的认同，驱使着他们回到村庄，即使在外生活，也始终保持着与村庄的紧密联系。

三　乡村振兴与家园建设

2000～2018 年，农村常住人口由 8.08 亿人缩减至 5.64 亿人，村落数量也从 353.7 万个减至 245.2 万个。然而，农村实有住宅建筑面积却从 195.2 亿平方米增加至 252.2 亿平方米。这背后的原因就是城市化的进程受阻，大量农民进城务工，遇到的是高房价、社会保障缺失、公共服务欠缺、子女教育受歧视等问题，因此缺乏在所在城市长期定居的预期，于是，就把在城里挣的钱用来在老家盖房子。② 这是流动的农民不能在城市扎根的结果，但是这正好说明了农村对于农民的重要性，同样表明了农村发展对于整个国家发展的重要性。

流动性是现代性的标志，“尽管在前现代时期，迁移、游牧和长距离奔波已经是平常的事情，但同现代交通工具所提供的密集的流动性比较起来，前现代的绝大多数人口则处在相对凝固和隔绝状态”。③ 高度的流动性带来了不确定性、不安全性和不可靠性。④ 被现代化浪潮裹挟的农村打工者，漂

---

① 朱启臻：《把根留住：基于乡村价值的乡村振兴》，中国农业大学出版社，2019。

② 陆铭：《从分散到集聚：农村城镇化的理论、误区与改革》，《农业经济问题》2021 年第 9 期。

③ 安东尼·吉登斯：《现代性的后果》，田禾译，译林出版社，2011，第 90 页。

④ 齐格蒙特·鲍曼：《流动的现代性》，欧阳景根译，上海三联书店，2002。

泊在城市的异乡，他们的工作和生活都充满了不确定性。他们为城市的建设和发展贡献了自己的力量，却不能在城市生根。村庄是他们中很多人必须回去的地方，但是现代化所带来的个体化，使得不少打工者的家乡逐渐失去了传统乡村的精神意义。进不了城也回不了乡的他们成为无根的漂泊者。

而在联增村这样的村庄，我们可以看到，由于其传统的社会文化的延续性，村庄对那些常年在外的打工者有着强大的吸引力，牵引着他们关心村庄，回到村庄。寨子里的老人过世后，整个寨子每家必须有年轻人回家帮忙，这样的村庄合作秩序依然运行良好。必须回家过年敬奉祖宗、必须参与村中的“扫寨”仪式才能保一家人平安，虽然身处远方的城市，面对生活和工作的不确定性，这些打工的人力图求得一份安宁与稳定，哪怕这只是内心的精神寄托，但是他们所求助的对象，不是城市中的现代化手段，而是村庄里的传统社会文化力量。与此，我们可以看到，城市的不确定性越高，外出打工者越是希望能获得一份安宁，他们越是对故乡的家园寄予希望。家园是他们中的很多人的精神安放之地，也是最终生活之所，以及生命的最终归宿之处。

正因为如此，在联增村，外出打工的人过年都会尽一切可能回家，寨邻家的大事也一定帮忙。此外，联增村的文化还有一个特别之处，就是如果寨子里有人过世，从外面回来的人必须住自己家里，不能住别人家，所以如果一个人长期在外，在村里没有修建房屋的话，是不能参加寨子里的这些重大事件的。在家园的意义观照下，房屋就成了承载家与家园双重意涵的载体，成为他们构建家园精神的物质媒介。因此，他们把十几年甚至几十年的辛苦物化成一栋自己满意的房屋立于村中，既是对自己奋斗的补偿，也是对深处其中的家园的认可，而他们每一个人同时成为村落家园的共同缔造者，使得村落的精神意义得以延续。

从联增村的建房及房屋的变化，我们看到了当下城乡关系对村庄的作用的又一个侧面。城乡的互动为农村剩余劳动力提供了就业的机会，提高了他们的收入水平和生活水平，房屋的变迁和改善是其直接的表现。以房屋为载体，城市所代表的现代文明渗透进乡村生活，使得乡村的现代化进程加快，乡村的乡土性因此而减退，从乡土中国到城乡中国的转变正是在这样的一个个村庄的变迁中得以实现的。同时，乡村并没有被城市所“化”掉，村庄的社会文化依然在延续，并且这种文化成为村庄中外出打工者抵御城市风险与不确定性的依托。这也告诉我们，现代化进程中的城乡融合，并非城市对乡村的单向否定，而是要注重城市和乡村的各自优势，各美其美，立足于此的乡村振兴才是乡村应有的归宿。

第七章　教育与乡村现代化

乡村教育[①]这种在农村社区里进行的社会活动，从内容和功能上看，一方面是乡村现代化的重要构成部分并参与其进程，另一方面是乡村现代化的基础性因素。因此，当我们考察联增村的乡村发展，尤其是乡村现代化时，这里的乡村教育自然是必不可少的内容之一。面向未来的乡村振兴，乡村教育的作用尤为重要。

第一节　城乡分隔时期的乡村教育

20 世纪 90 年代前，联增村还处于城乡分隔的阶段。其乡村教育从 20 世纪 50 年代起开始举办，一步步缓慢地发展，总体水平较低。

一　联增村教育的缓慢起步

地处民族地区、喀斯特地貌区的联增村，在乡村教育方面，相对一些交通便利、地理环境优越的地方来说，开始较为正规的办学是十分晚近的事情。据村里人回忆，大约是在 1952 年时，村里开始办学，当时只有 1 名老师 1 个班级 10 余名学生，由于缺乏校舍，只得临时在一户农户家里进行教

① 严格地说，乡村教育有广义和狭义之分，广义的乡村教育可以理解为乡村社会里所进行的与教育有关的活动，在形式上大体包括农村地区的学校教育、家庭教育、社会教育等。狭义的乡村教育则限定为农村地区的国民教育，即农村学校教育。本章，我们主要从狭义层面来理解和使用乡村教育这个概念。

学。由于种种原因，学校很快就停办了。这种情况与联增村所在的兴仁县的基本情况大体吻合。有关资料记载，到 1949 年时，全县开办小学 39 所，在校学生约 2500 人。[①] 这些学校主要分布在县城里、区乡政府所在地，或者人口较为聚居且当地有一些人在民国时期受过教育的集镇周边村寨。这 39 所小学中，就有联增小学的前身——莲花村保国民小学，规模很小，只有 1 名老师和几名学生。1950 年，莲花村保国民小学停办。村里的孩子们只有个别克服困难到附近的百德、新元、新马场上学，其余的就暂时不再上学了。1953 年，根据当时县里的政策，隶属于大山区的联增村再次开办小学。校舍是土地改革之前村里 W 姓地主家的房子，共有 3 间小房子。当时，村里的小学属于民办学校，共开设一二年级，两个班，学生共 50～60 人，老师是 TCB、HDY。其中，TCB 老师是从新马场过来的，他出身于地主家庭，民国时期在兴仁、晴隆等地接受过中等教育。这种情况持续一段时间后，小学慢慢扩大到开设了三四年级，后来 DFR、LYH、ZDC 等人陆续加入当地教师队伍从事教学。其中，DFR 老师是师范生，ZDC 老师是抗美援朝复员军人，而 LYH 老师只上过小学。这一时期的教学，老师们除了教学生语文、算数方面的知识，还要组织老百姓开展扫盲与识字运动，教老百姓一些最基本的汉字和算术，特别是在 1956 年后相当一段时间里更是如此。“文化大革命”开始后，村里小学一度停办了前后两年左右时间，后面又慢慢地恢复办学。到 20 世纪 70 年代，已经有近 200 名孩子面临入学难的问题。这是由于那一个阶段人口增长的速度较快，出生孩子的数量相对之前多了很多，与之伴随的就是读书的问题。当然，类似的情况，在县里其他地方也同样存在，甚至有的地方更为突出。在这样的背景下，兴仁县决定在更多乡村开办公立学校。在包括联增村在内的大山区增办 4 所公立小学，其中 1 所即为今日的联增小学。1972 年参加教育工作的 C 老师对此记忆深刻。他说，“联增学校是我当兵回来几年后国家才正式修建的。我于 1972 年参加教育工作，在 1976 年国家有个政策，就是在我们大山 4 个片区普遍建校，联增就是其中一个

① 贵州省兴仁县编史修志委员会编《兴仁县志》，贵州人民出版社，1991，第 449～450 页。

点，总共建了4所”。[①]

1976年，由国家出资，生产队安排部分社员以出工出力方式，共同在本大队3小队的土地上修建学校。新学校由8间教室、1个操场和1个简易的篮球场等构成。新学校修好后，随即投入使用。当时，学校开办1~5年级，共有教师9名，学生200余名。9名教师中，其中有6名是外地人，3名则是当地人。当时，老师们工作和生活都十分艰难。身为当地人同时又是联增小学老师的CCM回忆到："学校没有专门的教师宿舍，只有8个教室。当时一至三年级的学生比较多，就安排在楼下几个教室里开展教学，四五十个学生在此上课。四、五年级的学生比较少，就安排在楼上开展教学。为了解决外地老师们的住宿，只好把楼上的几间教室充分利用起来。具体办法是把一间教室中间隔开，留一半给教师住。有的房间住一两个老师，有的房间住三四个老师。由于交通条件不好，生活辛苦，有时老师们吃盐巴都要找老百姓帮忙解决。"[②] 由于条件太艰苦，有些从外地分配到此工作的老师一开始不是很安心教学，但在那个时代，调动是很不容易的事情，所以这些老师不安心也没办法，多数还是认认真真地开展工作。20世纪80年代，整个联增村的乡村教育相对前些年，有一定的发展，比如上学的孩子人数有一定的增加，但整个学校的规模仍然没有出现明显的变化。校舍方面，因为才修建不久，与周围几个村小学比起来还算不错。1985年以后，国家时不时会分配个别中等师范毕业生来任教，师资力量方面得到一定程度的加强。这种状况直到20世纪90年代“普六”工作开始后才有实质性的变化。

二 乡村教育的阶段性特征

（一）受教育成本高

20世纪90年代以前，孩子们读书的事情，对于当地几乎所有家庭来说都属于极不轻松的话题。因为在那个阶段，乡村教育的费用主要由家庭来承担。这对于生活在自然条件特殊和经济发展水平严重滞后的边远山区、民族

① 2015年4月26日，孙兆霞访谈联增村村民CCM。
② 2015年4月26日，孙兆霞访谈联增村村民CCM。

地区的很多家庭来说，的确是一件很头疼的事情。当然，具体到不同的时期，虽然情况有所不同，但毫无疑问地存在受教育成本高的鲜明特征。

1949 年以前，由于村里没有开办学校，村里只有极个别经济状况好一些的人家的孩子才有机会入学接受教育，而且还要付出很大代价。据曾经就读于贵州民族学院现在新马场中学教书的 W 老师说，民国时期，联增乜篾组只有他的父亲和伯父，还有 WCT 3 人，周家寨组有 6 个人，莲花组有几个人到几十公里之外的晴隆县读过书。当时，他们来回全是走山路，很辛苦，很危险，甚至有些人在上学时据说被别人害死了，比如读书比较厉害的 WCT。[①]

1949 年之后的近 30 年里，村里开办了学校，村里人上学的机会明显增多了。可是，在当时，学校属于村办学校，国家提供的帮助很有限，孩子们上学的费用几乎都落在家庭的头上。对于很多家庭来说，孩子们上学的费用相对于家庭收入偏高，特别是对多子女家庭来说，仅仅依靠有限的农业收入，实在是难以支付“较高”的教育成本。因此，这一时期，很多孩子或是没有机会入学接受教育，或是受家庭经济的影响，可能连小学都没上完就辍学回家务农了。20 世纪 80 年代初，农村家庭联产承包责任制实施后，当地老百姓的收入有了明显的增加，但与此同时，孩子上学需要缴纳的各种费用也在增加，对于收入水平总体偏低的很多多子女家庭来说，这笔费用实在难以负担。可以说，乡村教育高成本的特征依然没有出现根本性变化。

（二）入学机会存在明显的性别差异

20 世纪 90 年代以前，整个联增村的人们接受学校教育的机会都很有限。然而，深入地看，这些有限的入学机会在不同的性别之间还存在一定的差异，即男性接受教育的机会要远远多于女性。从代际上看，20 世纪 70 年代以前出生的联增村女性，几乎没有人获得入学接受教育的机会。20 世纪 70 年代出生，尤其是 1975 年前出生的联增村女性，除了有一小部分女性接受了 1 ~ 4 年学校教育之外，绝大多数女性仍然没有获得接受学校教育的机会。20 世纪 80 年代后，越来越多的女性获得入学接受教育的机会，但这一时期，

① 2017 年 2 月 3 日，孙兆霞等访谈联增村村民 WX。

女孩辍学的现象也很普遍，据估算，女孩辍学人数占整个辍学人数的一半以上。到20世纪90年代初期，联增村的女性绝大多数获得了入学接受教育的机会。相比之下，这一阶段联增村的男性获得入学接受教育的机会明显多了很多，甚至可以说，20世纪80年代以前，村里接受学校教育的主要是男性。

出现上述差异的原因很多，最主要的则是经济发展水平和社会文化观念两方面的因素。受闭塞的交通条件和传统农业生产方式等因素制约，当地经济发展水平十分有限，很多家庭的收入属于低收入水平，从而影响孩子们的上学机会的获得。社会文化观念，主要是指当地传统认为女孩要学习做家务、织布、做衣裳和帮大人看小孩等本领，至于上学，不是必须完成的事情。直到20世纪80年代初期，当地一些人家还存在"女孩读不读书无所谓"或"女孩读多读少无所谓"的观念，以至于在实行包产到户后，有个别家庭为了让女孩帮助大人干农活或照看年幼的孩子，索性不让女孩上学或继续上学。至于此前的20世纪六七十年代，当地女孩们没上学，那是很普遍、很常见的事情。比如，在联增村乜篾组，出生于1971年的WTX，布依族，现在是一位生育了三个孩子的妈妈。其中，她的大女儿毕业于南京师范大学，二女儿即将从武汉大学毕业，小儿子高中毕业后在广东打工。WTX是本村人，有兄弟姊妹6人。小时候，家里因为经济条件不好，加上父母亲认为她是女孩，没必要上学，所以她一直没上过学。而她的4个哥哥或弟弟皆上过中学。比她小很多的妹妹，倒是幸运一点，但读到小学四年级时，父母觉得女孩用不着读那么多书，于是让妹妹辍学回家帮着大人做家务活。田野调查中，我们发现，像WTX和妹妹这样，或是没有上过学，或是早早辍学回家的情况，在联增村的同时代人中，非常普遍。由此可见，在那个阶段，男女性的入学机会的确有着较大的差异。

（三）社会对教育需求度较低

地处大山深处的联增村属于典型的农业社会，长期以来，山地农业是当地的基本经济形态，以种植为主同时适当发展养殖业是生活在这里的人们的基本生计方式。在20世纪80年代以前，由于交通出行难度较大，多数人的社会交往范围局限在方圆20公里以内，有些老人，终其一生，到过较远的地方是附近的百德、新元、新马场等集镇。联增村作为一个山地农业社会，受自然条件和经济发展的影响，本身具有相对封闭的特点。在这样的社会里，当地人的生活主要是围绕着传统的农业种植及相关的养殖展开，人们关注的是如何把农业生产搞上去，让土地里产出更多的粮食，解决吃饭问题。而对于农业生产中需要的一整套知识和技能，人们更多是在乡村生活中以耳濡目染和动手实践的方式来共同达到学习、掌握和运用的目的，而对于学校教育的需求度相对较低。换句话说，在那个阶段，入学接受教育，更多是学习一些基本的书面知识和计算技能，以更好地满足日常生活中的需求。至于教育的重要性，由于方方面面的原因，在那个阶段，当地很多人尚没有充分认识和理解。

三　低水平乡村教育的影响

通过梳理1990年前联增村的乡村教育发展的基本情况，我们发现，在当时特定的社会历史条件下，当地的乡村教育实际上还处于起步及初步发展阶段，解决的是村里开办学校，让一部分孩子可以在家门口接受教育的基本问题。相对于此前当地多数人没有进入学校接受教育，这肯定是一个了不起的进步。但是，倘若要论及办学水平，联增村的乡村教育发展仍然处于较低的层次。一方面，截至1990年，村里的一部分孩子依然面临失学、辍学的风险；另一方面，即使有机会接受教育的孩子，除了少数人有机会上完中学，绝大多数人能勉强上完小学就很幸运了。

毫无疑问，受有限的办学条件和较低的办学水平之影响，当时联增村人的整体受教育程度极低。在联增村，1950～1970年出生的男孩，绝大多数人接受了1～3年的学校教育；20世纪70年代出生的人，极少部分女孩开始接受学校教育，绝大部分男孩接受了3～5年的学校教育；20世纪80年代出生的人，相当一部分女孩接受了2～5年的学校教育，绝大部分男孩接受了5～7年的学校教育。

到了1995年之后，联增村兴起外出打工潮，因为受教育程度有限，所以村里外出的人在外所能找到的工作自然都属于劳动密集型产业，如建筑业、制造业。据较早出去打工的CYW、WTY等人回忆，他们刚出去打工时，二三成的人去建筑工地做泥水工、钢筋工、木工，七八成的人则是在广东进厂做工人，做的都是流水线上那种简单、重复、机械性的工作。由于没有很好的教育背景，没有系统的技术训练，所以这些外出的人实际上是在最苦最累最低层的工作岗位上工作，获得的是比较低廉的工资，并且升迁机会特别少。

当然，在这一阶段，村里也有为数不多的几个人，在村里接受完小学教育，然后在百德、新马场、兴仁、兴义等地继续接受教育，考上大中专院校，毕业后进入国家体制内工作，成为通过教育改变命运的极少数人，如本村六组的 LYG，毕业于贵州民族学院，现已退休；本村八组的 LXH、LXL，分别毕业于凯里师专和贵州交通学校，二人均已退休。

这一阶段联增村的乡村教育，受制于方方面面的条件，其发展水平总体上是较低的。如果说，当地人仍然处于过去那种封闭的状态，这种乡村教育的局限性或许还不是格外突出。问题是，从 20 世纪 80 年代开始特别是 20 世纪 90 年代以后，伴随改革开放进程的迅猛推进，即使像联增村这样闭塞、边远、欠发达的乡村，也逐渐打破原有的“封闭性”，卷入市场经济的大潮之中。然而，由于当地教育发展的水平较低，联增村人的受教育程度有限，联增村的整体发展显然受到了很大的限制。一言以蔽之，1990 年前的“传统”农村教育已经不能满足“现代”的现实需求。如何解决这一问题，是摆在联增村乡村教育发展面前的紧要任务。

第二节　城乡互动下的乡村教育变迁

从 20 世纪 90 年代开始，联增村从相对封闭的阶段进入城乡互动的阶段，这种互动带来了联增村人对现代性知识的巨大需求，联增村的教育也由此发生了较大的变化。

一　教育观念与取向的积极变化

（一）重视教育，以子女教育为家庭大事

对于子女的教育问题，联增村人从 20 世纪 90 年代开始，在观念和行动上发生了很大的变化。产生这些变化的原因显然是多方面的，但是最直接最

重要的原因当属村里人在市场经济大潮中纷纷离开家乡远赴省外打工及随之而来的影响。联增村兴起外出打工潮，是从 1995 年前后开始，随后外出打工人数逐年增加，直至今日，本村常年在外打工的人数在 900 人以上，该村成为名副其实的“打工村”。

外出打工，带给当地人的变化无疑是多方面的，比如收入的增加，技术和技能的掌握，阅历的增加，社会关系的增加，视野的拓宽，观念的冲击等等。在这些变化中，联增村人在教育观念方面的变化比较明显。20 世纪 90 年代中期以来，村里人一拨一拨地外出打工。这些外出打工的人们，或是上过小学，或是上过中学，他们在打工的过程中，因自身没有像样的学历而感到苦恼，对过去没有条件接受良好的学校教育而感到遗憾，由此明白学习和掌握知识及技术的重要性，对教育有了全新的理解。于是，他们从内心里开始重视子女的教育问题了，把子女教育当成家里的重要事情来对待。也就是从那时起，绝大多数人家把孩子送去学校接受教育。联增村人普遍认为，“不管怎样，孩子必须读完小学，然后他们要做什么再慢慢去做”。为此，有些人家为了让孩子能够读书，即使家里很贫困，也要千方百计供孩子读书。田野调查时，一个老师很动容地为我们讲述了一件他所经历的事情。他说：“那时候学生读书需要交费。我们这个地方的经济不发达，有些人家连七八十块的学费都交不起。所以一到开学时，有些家长就会请我们帮个忙，希望我们把书先发给孩子，等他们有钱之后再补交。有一次，一个很实在的个学生对我们讲，‘我妈说等我家的猪生小崽卖到钱的时候就把学费给你’。”①

随后，在打工的过程中，人们深深感受到外边的发展很快，发现工厂企业对所招聘工人的学历要求越来越高。于是，联增村人对孩子上学接受教育这个事情又有了新的认识。即要在外边找到一份工作，中学毕业是基本的要求。他们对自己子女的要求是，仅仅上过学显然是不够的，无论如何上完中学才能出去打工，村民们高度认同“不读完初中，在外不好打工”这句话。至此，联增村人把孩子的培养当成整个家庭最重要的事情之一来对待。

---

① 2015 年 4 月 27 日，孙兆霞访谈联增村村民 YXJ。

为了让孩子接受中学及以上的教育，人们不惜为此花费很多精力和金钱。近年来，联增村人在供孩子上完初中后，相当一部分人家通过克服各种困难供孩子继续到中高职、大中专院校学习，甚至还有几户人家继续支持孩子在省内外高校攻读硕士学位。他们的目标很明确，就是要尽可能地创造条件让孩子多接受一点教育，为其今后的发展打好基础。

（二）年轻父母在孩子教育方面的作用更为突出

在当地人大规模外出打工之前，可以说联增村是比较传统的农业社会。当地人的日常生活，虽然不是完全的日出而作日落而息，但实际情形也差得不会太远。通常，在这种社会里，老人是一家之主，在社会阅历、生活经验、农业知识、耕作技能、事务决策、家庭教育等方面拥有诸多的优势。一句话，在家庭内部，老人具有较高的地位和权威。

有学者指出，20 世纪 80 年代以后中国社会的个体化趋势越来越明显，以至于在家庭结构方面，中国已出现新家庭主义。[①] 在联增村，家庭结构在 20 世纪 90 年代开始的打工潮兴起之后，开始慢慢发生变化。具体表现是，随着大量年轻人外出打工，他们通过打工获得的收入对整个家庭的收入及其生活产生了很大的影响。一开始，打工收入只占家庭总收入的一小部分，主要用于贴补家庭开支。慢慢地，随着打工人数的增多，工作岗位收入的增加，打工收入成了很多家庭收入的主要部分。伴随着家庭收入结构的变化，年轻人在家庭事务中的话语权自然也在提升，比如在建房、社会交往等方面，因为涉及大笔经济费用，所以现在以年轻人的意见为主，老人的意见更多是供参考之用。

与此同时，相对在家的父辈来说，由于年轻人被认为是受过一定的学校教育，在外边打拼过，见过世面，有一定的见识，并且掌握了很多在家老人不掌握的信息的人，因此在子女教育方面，年轻父母的意见处于支配地位。也就是说，在家庭生活中，年轻人如何培养自己的孩子，如何安排自己孩子

① 阎云翔：《中国社会的个体化》，陆洋等译，上海译文出版社，2012；Yunxiang Yan，*Chinese Families Upside Down*：*Intergenerational Dynamics and Neo - Familism in the Early 21st Century*，Brill Academic Pub，2021。

上学的事情，基本是以他们自身想法为主，老人更多只是帮助年轻人在生活方面照顾一下孙辈而已。

（三）入学中的性别差异逐渐淡化，女性获得平等的受教育机会

从 20 世纪 90 年代中期开始，联增村人纷纷到广东、浙江等沿海城市打工。最初，打工的主要是男性，慢慢地，也有相当一部分女性随自己的丈夫或兄弟姐妹外出打工。无论是男性还是女性，他们在外地打工时都有这样一些感受或收获。大体上，一是无论男性女性，在外打工都需要文化，接受过学校教育与否、受教育程度的高低，直接关系到找工作的难易、工资待遇的高低以及换工作时是主动还是被动等一系列重要事情；二是有了知识与技术，男性能干的很多事，女性一样能干，而且干得一样好，挣的钱一样多。

或许正是有着由乡入城并深受冲击的经历和感受，这些打工群体在对待子女上学，尤其是女孩上学问题时，在观念和行动上都发生了革命性的变化。他们认为，无论是男孩还是女孩，都需要上学学习一些基本的知识与技能，以后外出打工和在家发展才有基础，才不会吃亏。所以，从那以后，联增村人在供孩子读书时，一改 20 世纪 90 年代前，特别是 1980 年前的做法，即或是不重视孩子的教育，或是只注重男孩的教育，女孩的教育则长期被忽略。

令人高兴的是，这种做法在联增村人纷纷外出务工后以悄然无声的方式改变，并取得很大进步。调查发现，21 世纪初，联增村人在送孩子上学时，已经不再考虑性别差异问题，他们常常说的一句话是“男娃娃女娃娃都是一样的，都一样供读书”。再到 2021 年课题组进行补充调查时，我们发现联增村乜篾组目前至少有三个布依族女孩考上武汉大学、南京师范大学、安徽农业大学等学校的本科或即将攻读硕士学位。这三个女孩都是从小一块长大的，其中有两个是亲姐妹，而她们的妈妈是 70 年代生人，如同本村在那个时期出生的很多同龄女孩一样，由于各种原因，此前不曾上过学。从这个意义上来说，联增村的男孩和女孩，今天在接受学校教育的机会方面，已经不存在明显的性别差异。可以说，女性获得了平等的受教育机会与权利。这在相当程度上可以说与联增村人外出打工时在观念和行动上的改变有很大的关联性。

二　教育对家户现代化的促进

（一）教育帮助一部分人实现社会流动，提升家户发展的社会资本和实力

从20世纪90年代末期开始，伴随着当地办学水平的逐渐提升，大中专院校招生数量的迅速增加，以及家庭对子女上学的大力支持，联增村里越来越多的孩子考上大专院校接受高等教育。据不完全统计，20世纪80年代以来，联增村考出的91个大学生，有74人是2000年以后考上的，约占总数的81%。这74位大学生，目前在行政单位、事业单位、国有企业工作的有19位，约占2000年以后考出大学生总数的26%。这一部分在体制内工作的人，从社会流动的角度来看，显然是实现了向上流动。如果加上那些在沿海地区企业中有着较为稳定收入和拥有一定职位的人员，则有数量更多一些、比例更大一些的村里孩子通过教育实现了社会流动。

这些实现社会流动的大学生，影响的不仅是个人的发展前景，同时使得他所在的家庭在今后的社会生活和经济活动中，获得更多的机会和资源，从而增加家户的社会资本和实力。

WX，1999年考入贵州民族学院，毕业后回到家乡新马场乡从事教学，成为家里的第一个大学生，同时也是第一个进入体制内工作的人。工作后，WX除了安排好自己的工作与生活之外，还尽可能地帮助家人。在他的帮助下，弟弟WB考上了中专，毕业后一度在外省打工并做起了小老板。现在，WB是村里小学的工勤人员，并利用空余时间在附近做生意。也是在WX的鼓励和支持下，自己大哥家的两个儿子先后考上大学并完成学业，一个在兴仁市从事新闻工作，一个在部队做士官。

LQ，2012年考入贵州师范学院，大学毕业后又考入中南民族大学攻读硕士学位。2020年硕士毕业后，考上了安龙县机关的公务员，实现了从农民到政府机关工作人员的身份转变。由于他是当地较少的少数民族高层次人才之一，加上工作认真负责，勤奋好学，所以其发展前景被很多人看好。伴随着他本人的进一步发展，他所在家户将获得相应的社会资本。

WX和LQ是近年来村里通过教育改变自身命运继而带动家户甚至家族发展的典型代表。在他们身上，的确反映了一部分人依靠教育实现向上的社

会流动，同时也影响着家户朝现代化方向转变。

（二）教育让人们的素质得到提高，为外出打工或在家发展生产提供支持，丰富了家户的就业方式并提高了家户的收入

近年来，随着义务教育的普及和大中专院校扩招，联增村人的受教育程度明显在逐年提高。目前，村里 90 年代出生的人，绝大多数接受了 7～9 年的教育；2000 年后出生的人，绝大多数接受了 9 年以上的教育，相当一部分人接受了 12 年甚至以上的教育。在此过程中，对应受教育年限延长的变化是人们的综合素质提高了。这些人中，除了一小部分继续升学接受更高层次的教育之外，绝大部分离开学校后加入外出打工的队伍开始打工。相对于村里第一代打工的人来说，这些年轻人大多数接受了中学及以上的教育，并且成长在网络技术迅猛发展的时代，掌握基本的互联网技术，在打工的过程中，懂得将传统的社会资源和网络资源结合起来加以运用，实现自己的就业。

这些受过一定教育的青年群体，由于自身的就业方式、机会和收入相对村里第一代外出打工的人有了新的变化，扩展到家户层面，自然使得自己所在的家户，在生计上从从事传统的种植业为主附带部分外出打工，演变为今日的外出打工为主附带部分从事种植业养殖业；收入上，由过去农业收入为主体、部分打工收入为补充，演变为当下的打工收入为主体、农业收入为补充，并在数量上大大增加。

其实，在联增村也有少部分受过教育的人，在经历了短暂的外出打工后，选择回家乡从事生产经营，因为他们有一定的见识，对市场有一定的了解，并且掌握一些现代技术，所以在生产经营过程中，在思维、观念和行动方面与父辈有着很大的不同。但他们所做的事情，无疑使得自己家户的生计、就业方式和收入出现了积极的变化。

因此，不难发现，在城乡互动的过程中，近年来乡村教育对当地产生了较为广泛而深刻的影响，特别是家户的生产经营方式及其结构，正在朝着现代化的方向转型。

三　城乡差异下的教育问题

在这一阶段，城乡互动提高了人们对教育的重视，提升了他们对教育的需求。但在城乡之间经济发展和教育资源配置存在巨大差异的背景下，乡村教育也出现了一些新的问题。

（一）教育分层

所谓教育分层，主要是指人们根据家庭的收入情况，结合自己对于教育的认知与理解，对子女接受不同品质的学校教育所采取的不同行为，以及在此基础上所形成的分化与层级。通俗讲，就是人们让自己家孩子接受什么品质与类型的学校教育所形成的差异。在联增村，教育分层的出现主要发生在人们外出打工后，由经济收入方面出现的分化所导致。当然，这里还涉及城乡之间、地区之间教育资源分配不均衡的现实。具体情况如下。

第一，一小部分家户让孩子进城读优质私立学校。在联增村，这些年来在国家的大力扶持下，乡村教育的资源相对过去已经发生了显著的变化。但是，与城里的优质资源相比，联增村与城市的教育资源在规模、层次和品质方面都有较大的距离。联增村人为了让孩子获得城里的优质资源，小部分人将孩子送到城里的私立中小学上学，或者带着孩子在外省打工所在地上学。

联增村人进城读书主要是近十来年的事情。一开始，村里人进城读书主要是在高中阶段，而小学阶段主要是在村里就近入学，初中则是就读于附近的百德镇中学。一方面是距离较近，百德距联增村只有大约 4 公里的路程；另一方面是百德中学本身是比较不错的学校，因此联增村的孩子多数会选择在那里上学，包括村里的第一个女研究生 LH、第一个考上 985 大学的女大学生 ZL、第一个考上重点师范大学的女大学生 ZZY 等人都是在这里读完初中后考进兴仁或兴义的高中的。

然而，从 2010 年以后，村里有些家户开始把孩子送到兴仁或兴义的民办中小学读书。C 某、W 某等人算是比较早把孩子送到兴仁去读小学的那批人的代表。C、W 二人，上过初中，长期在广东、浙江等地打工，干过不同的工作，吃过很多苦，深知上学的重要性。加上当时他们两家手里都有一些积蓄，孩子带在身边又不方便打工挣钱，放在老家联增村读书，一方面担心老人管不好，另一方面不愿意让自己的孩子在村里上学，认为在村里学到的知识有限。于是，经过反复商量后，就把自己孩子送进兴仁的民办学校，为此，他们每年多支付 1 万 ~2 万元的费用。随后，越来越多的家户把孩子送到兴仁读书，甚至到兴义上更好一些的中小学，当然，为此承担的费用就更多了。据 WX 老师的初步统计，到目前为止，整个联增村在兴仁或兴义读书的孩子，义务教育阶段约 40 人，高中阶段近 20 人。①

为了获取更好一些的教育资源，一些在外打工的联增村人还把孩子安排在打工所在地上学或入园。据估算，目前随父母在外省打工所在地上学或入园的孩子至少有 100 人，主要集中在浙江、广东等省份。尽管这些年，国家对农民工子女在打工所在地上学有一些政策支持，比如要求公立学校要接纳一部分孩子入学或入园，但田野调查发现，联增村在外打工人家子女，在打工所在地上的都是普通的民办学校，几乎没有上当地的公立学校的；费用方面，每个孩子每年上学需两万元左右，约占家庭年收入的 15%。虽然，这些为农民工子女开办的学校，办学水平并不是很好，属于“边缘化的基础教育”② 类型，但联增村人经过比较，发现比起老家村子里的乡村教育还是要好不少，并且孩子在身边，可以进行适当的照顾和教育，所以选择了多花一定的费用来支持孩子接受好一点的教育。

第二，村小的“兜底式”办学，绝大部分人家让孩子在村小就近接受教育。联增乡村教育的办学状况，在相当程度上带有“社会兜底”的意味，解决的主要是村子里孩子教育可及性的问题，而与城镇上的学校，特别是城市里的那些所谓的实验学校或示范性学校在教育差距方面的问题也是比较多的。具体表现为以下几点。

其一，乡村学校的师资力量。在联增小学，近十年来，通过教育均衡发展工作和脱贫攻坚战的大力投入，该校硬件设施方面存在的短板已经得到有效弥补，基本上可以满足当前的教育教学需求。2015 年，课题组对联增小学进行调查时，设备短缺的情况比较突出，学生的住宿条件也很简陋，80 多名学生分别挤在两个由教室改成的宿舍里，教师宿舍的问题也没有解决。2021 年，课题组进行补充调查时，以上问题都得到相对较好的解决。然而，师资方面的困难则不容易解决。这些年，国家在政策方面对乡村教师的倾斜

① 2021 年 7 月 28 日，雷勇访谈联增村教师 WX。

② 赵树凯：《农民的新命》，商务印书馆，2012，第 194 页。

力度已经有所体现，乡村小学与城镇小学的教师的收入差距没有之前那么大了，但师资差距，还是比较大的。比如，在联增小学，现在要吸引更加优秀的音体美等专业的年轻老师来任教，坦白地说，吸引力十分有限。

其二，乡村教育的办学目标。在相当一段时间里，联增村的乡村教育的办学目标比较简单、比较明确，即依靠国家和社会有限的投入，让当地学龄儿童就近接受最基本的教育，从而满足人们在当地生产生活中对知识和技能的需要。应当说，到了20世纪90年代“普六”完成时，这个目标已经实现。然而，也就是在这个时候，随着打工潮、升学潮和新农村建设的到来，以前的办学目标面临重新思考，甚至重新定位的问题。

其三，乡村教育的内容。因为是基础教育，乡村教育在开展的过程中，必须严格按照国家统一制定的教学计划与教学内容进行，这是基本的工作要求。联增村，如同千千万万个普通村庄一样，乡村教育是受到以城市为中心的教育思想和行为的很大影响的。对联增小学而言，即使这些年来取得了很大发展，在教学上也仅能勉强完成“规定动作”，对于孩子学习兴趣的激发、学习能力的培养、科学思维的训练，虽然有所关注但尚有很大的改进和提升空间。至于对孩子的成长和长远发展具有重要意义的人文、乡土、生活等方面的教育活动，由于方方面面的原因，则没有真正开展起来。举个例子，近年来，黔西南州比较重视乡土教育的开展，专门组织人员编写了相关教学资料，并要求州内学校开展这门课程的相关教学。联增小学也开展了，然而，所谓的开展也只是在形式上开展罢了。正如一名当地教师说，“乡土教材上有一些关于黔西南州的历史、文化、习俗等基本情况的介绍。开展时实际上是一种摆设”。[①]

联增村的乡村教育发展中出现分层现象的原因，可以归纳为以下几点，首先需要承认这是在当地社会经济发展过程中，不同人群在就业与收入方面出现分化后所导致的。其次是分层的背后隐藏的是教育资源在不同地区、不同人群之间分配不均衡的现实。再次是当前乡村教育的发展水平，亟待进一步加强和提升，否则，既不能满足经济条件相对好一些家户的教育需求，也

① 2015年4月27日，孙兆霞访谈联增村教师ZY。

不能满足当地进行乡村振兴的现实需求。

（二）留守儿童的教育问题

近年来，“国家为快速‘普九’而采取的‘撤点并校’政策……导致城区的大规模、大班额学校，乡镇的寄宿学校和乡镇以下的‘小规模学校’（村小、教学点）并存，后两类学校集中了最多的留守儿童，成为农村教育最薄弱的底部。”[①]

联增村是典型的西部地区农民外出打工村，据不完全估计，村里常年在外地打工的人数为940余人，约占全村总人口的38%。随之而来的一个问题就是，村里具有相当数量的留守儿童。留守儿童处于义务教育阶段，很大一部分是在家乡的学校接受教育。因此，在考察乡村教育时，留守儿童的教育自然是绕不开的重要论题。联增村属于留守儿童较多的村落，所以在观察当地的乡村教育时，我们自然会关注留守儿童的教育。当然，已有的研究提醒我们，讨论留守儿童教育时，要防止以偏概全，要警惕将留守儿童“问题化”[②]。

留守儿童及其教育，这是随着打工大潮到来之后，才正式与联增村人发生关系的事情。留守儿童及其教育方面的问题，也就是在此过程中慢慢出现，并越来越明显、越来越引人关注。

由于留守儿童是一个差异性、变动性很大的群体，涉及留守儿童教育的事情又极其复杂，常常跟很多事情交织在一起，形成“你中有我，我中有你”的局面。概括起来，大体有以下几点。

首先是情感交流。近十多年，随着外出打工的人越来越多，联增村留守儿童也越来越多。因为父母常年在外地打工，孩子与家长的沟通很少，在移动电话没有普及的时候，很多孩子差不多要一年，甚至几年，才能见家长一次。在这种情况下，孩子与家长的情感沟通是不够的。现在已经大学毕业、曾经是留守儿童的WL说：“当时爸爸妈妈在外面打工，一去就是好几年，

---

① 杨东平：《探索农村教育的未来模式》，载肖诗坚：《大山里的未来学校》，人民日报出版社，2021，序二。

② 陈曦：《社会资本与农村留守儿童偏差行为研究》，《浙江社会科学》2012年第5期。

面都见不着。那时候，要听到爸爸妈妈的声音，只有赶场天跟爷爷奶奶去百德，在那里等爸爸妈妈打电话，在电话里听到他们的声音。所以，后面爸爸妈妈回来时，自己和他们又熟悉又不熟悉，一开始没啥话可以说的，过了好一段时间才改变过来的。"①

当然，现在通信条件大大改善了，家长与孩子在情感交流方面比过去更为便利。联增村外出打工的家长与留在老家的孩子的沟通更便捷更频繁更密切了。但是，必须承认，依靠电话、视频的方式所进行的沟通和联系，也是不得已而为之，与现实中面对面的沟通，还是有区别的。

事实上，留守儿童不仅需要和家长在情感上进行交流，更需要得到家长的呵护与关爱。在我们田野调查中，发生了这样一件真实的事情。在联增小学，有一对也是留守儿童的小姐妹，父亲常年在外打工，母亲因故离家出走。两姐妹不大说话，有一点胆怯。我们的一位女调查员在学校调查时注意到她们，便主动多和她们交流了一下。接下来的几天，只要这位女调查员一去学校，两个小女孩就主动跑过来找她说话，并关切地问她什么时候离开联增，会不会再来，什么时候才来等。同时，还把她们的心里话写在纸上，交到她的手里，并紧紧拉着她的手，一副渴望被呵护和被关爱的样子。

其次是学习陪伴及其成长。留守儿童的学业问题一直是研究的热点，留守儿童与非留守儿童的学习成绩到底有无差异，有多大的差异，这一直存在很大的争议。但是，在我们的田野调查中，有一个案例很有意思。联增村乜篾组的 ZHQ，70 年代后期出生，初中毕业，现在主要是在附近做泥水工。ZHQ 在 2000 年左右曾经到云南、浙江打工，但是两次时间都很短。促使他最后没有外出打工的是，当时他从浙江回来，看到自己的三个孩子跟着爷爷奶奶，"生活实在是太可怜了，作业写得实在是不成样子"。于是，他和爱人就商量，为了三个孩子读书，不再外出打工了，而是在家好好管一下他们。就这样，他从那以后一直在附近做泥水工，爱人就在家种早熟蔬菜、种稻谷，共同照顾和培养三个孩子。后来，他们的大女儿、二女儿皆考上了双一流大学。小儿子虽然没有考上大学，但长得阳光、开朗，很健谈，现在在

① 2021 年 5 月 3 日，雷勇访谈联增村村民 WL。

广东做技术工人，收入还不错。

ZHQ 的案例或许比较特殊，不具普遍意义。但是，不可否认，在孩子成长的过程中，父母的陪伴具有积极性和重要性。在课题组进行补充调查时，我们又发现了一个值得关注的案例。案例的主人公是一个 12 岁的小男孩，也是留守儿童，之前随父母在浙江上学，后来父母忙不过来，就把他送到家乡兴仁城里上民办学校。小男孩非常聪明、机灵，特别喜欢计算机，是网游的资深玩家，经常在网上帮朋友解决各种计算机应用方面的难题。但是，我们在与他的交流中，发现小男孩过于早熟，言谈举止完全不像一个儿童，倒像一个成年人，很善于察言观色，非常老到，甚至有一点“世故”。对此，我们在想，如果有父母的陪伴，小男孩会不会这样早熟，或者说成长得更优秀更健康？

其实，在我们对当地教师的访谈中发现，老师们几乎都肯定了家长陪伴孩子的重要性。有老师说，留守儿童在学校有什么情况，他们通常缺乏家长的有力配合，仅仅靠他们这几个老师，一是管不过来，二是老师也无法替代家长，毕竟各有分工。自然，在这种情况下，乡村教育的效果可想而知。

再次就是日常生活习惯。留守儿童主要是由爷爷奶奶或外公外婆来照顾，在教育方面属于隔代教育。当然，这种教育肯定有它的好处，比如孩子可以从长辈那里得到很多关爱，可以学到很多生活知识与经验等。但是，不可否认，在联增村，由于一些老人受教育程度偏低，年龄偏高，且农活繁重，所以老人们在对孙子孙女的照顾和教育方面，有诸多不方便的地方。并且，由于隔代教育，对于儿童在日常生活中的一些不良习惯，未必能够及时发现和予以纠正。比如，在村里，很多留守儿童喜欢玩手机游戏，爷爷奶奶要么没意识到过度玩游戏的负面影响，要么意识到了但根本管不了，特别是对一些 10 岁以上的孩子更是如此。至于作业辅导，更是棘手的问题。课题组在 2014 年田野调查时发现，老人们直言对于小学低年级的作业辅导还勉强可以，到了高年级，他们根本无能为力。甚至有相当一部分老人连辅导孩子完成作业的意识都没有，以至于常常出现“视而不见听而不闻”的情况。即“小孩回家后不做作业，长时间看电视，他们也没有什么办法，只要小孩不闹腾，他们就满足了”①。

留守儿童教育是社会发展与转型过程中出现的值得深入研究的重要论题。它涉及的内容较多，关联到方方面面的因素，并且很多因素存在相互牵扯、叠加、交织、影响的关系，它的解决自然也是非常复杂的事情。但无论如何，从联增村的调查情况来看，留守儿童教育作为一个现象或论题，是在城乡互动中产生的，直接关涉到城市与乡村的进一步发展，其解决路径理应放在城乡互动的视野和过程中来思考和探索。

第三节　乡村教育与乡村振兴

乡村要振兴，教育是根本。教育问题事关乡村发展的前途。当下，乡村发展进入新的历史时期，乡村现代化成为重要的目标，为此，对乡村教育更应该予以更高的重视和更多的投入。

一　教育与乡村现代化

（一）传授知识与技能

乡村教育属于国民教育的重要组成部分，教学活动主要在乡村学校里开展，师生的很多时间是在学校里度过的。所以，这里开展的教育活动便是名副其实的学校教育。作为一种常见的学校教育，教师以教学的方式向学生传授知识和技能是最基本的任务和要求。当然，需要指出的是，这里所说的知识更多的是指那些主要通过教学活动和书面阅读等途径获得的知识，而技能则是学生在实践中掌握的基本技艺与能力。

如同很多村庄的乡村教育一样，联增村的乡村教育属于基础教育阶段的教育，教师在教学过程中主要是向学生传授基本的文化知识和技能，打下基本的文化基础，培养他们热爱学习的兴趣，在其幼小的心里播下热爱学习的种子，为其今后的学习、工作和生活提供必要的支持。

---

① 孙兆霞、张建、曾芸、王春光等：《贵州党建扶贫 30 年——基于 X 县的调查研究》，社会科学文献出版社，2016，第 315 页。

改革开放前，由于办学条件、家庭经济和家长观念等，联增村的很多孩子接受的教育极为有限。但是，老师在课堂上教给他们的文化知识，特别是学习的兴趣，使得他们即使在当时的条件下，未能在完成基础教育后升学学习，但在今后的生产生活实践中，尽量把学习和工作结合起来，慢慢摸索，逐步提升，尽可能地把工作做好，把生活安排好。田野报道人 CYW，20 世纪 70 年代时，在村里小学上到了五年级。受当时家里经济的影响，他未能继续上学，而是回家先跟随大人务农，后来慢慢地学做木工、泥水工，是当地较早的一批建筑包工头。他说，当年在学校所学的东西的确很有限，但因为有着最基本的教育基础，掌握了最基本的学习方法和技能，后面在做木工、泥水工时，少走了很多弯路。与那些没有上过学的人比起来，他学技术时，一是上手快，二是考虑问题尽量周全一些，受益也多一些。所以，这些年做建筑时，一遇到不懂的地方，他就会通过各种学习途径来解决问题。而这个基础，主要是在上学的过程中慢慢奠定的。[①]

改革开放后，随着联增小学发展壮大，越来越多的人拥有了入学接受教育的机会，上学的年限也一再延长，学会的知识和技能也相比过去多得多，强得多。但是，这一切基础是依靠乡村教育来奠定的。近年来，在国家、社会、家庭的共同努力下，联增村的孩子们除了一小部分或是跟随父母在打工所在地接受教育，或由父母送进城里接受更优质的教育，绝大多数孩子仍然在村子里接受基础教育，为他们今后的发展做相应的准备。

（二）传播现代文明理念

相对于中国传统的私塾和书院教育来说，学校教育属于一个现代范畴的概念。研究表明，中国现代学校的出现和开始被构型其实是 20 世纪初的事情。[②] 从那时起学校教育的整个发展过程，自然包含了现代国家建构、社会转型和现代文明演进等多重因素。也正是在这个意义上，我们可以把乡村教育理解为现代文明在乡村社会里的一种表征，进而，乡村教育的兴起与发展就成为现代文明在当地社会的延伸与扩展。事实上，联增村的乡村教育在过

① 2021 年 8 月 25 日，雷勇访谈联增村村民 CYW。

② 应星：《新教育场域的兴起 1895－1926》，生活 · 读书 · 新知 三联书店，2017，第 91 页。

去几十年的发展实践，已经很清晰地说明了这一点。

自从联增小学开办以来，学校始终以一个代表科学、进步的形象出现在当地人眼前。由于地处闭塞、边远的山区，早在20世纪80年代以前，当地很多人尚无早晚刷牙的卫生习惯。由于小学里有些老师是从外边经济条件稍微好一些的地方过来工作的，他们的现代卫生观念比当地人要“先进”一点。一个50多岁的田野报道人说，一开始他们看到老师们刷牙也觉得新鲜，不晓得为什么他们要那样做。时间久了，每天都看到老师们坚持刷牙，心里想，老师们从外边来的，有文化，这样做肯定是有道理的，于是村里一些人慢慢地跟着学刷牙，更加注重个人卫生了。[①]

在过去相当长的时间里，当地一些人家在教育孩子时，特别是一些男孩因为调皮惹事闯祸时，家长本着棍棒底下出孝子的朴素愿望，常常采取简单粗暴的方式，或打或骂。有时候，一些喝酒的父亲打骂孩子时出手不注意轻重，可能会给孩子在心里造成一定的负面影响。看到这种情景，老师们出于爱护学生的考虑，一般会好言劝阻家长的进一步打骂，而且会善意地讲一讲如何培养孩子的一些方法与建议。一般来说，或是出于对老师们的尊重，或是真心认可老师们的观念，绝大多数家长会听取老师们的意见或建议。经过大家长期的努力，当地人现在教育孩子时很少采用过去那种过于严格、过于简单的方式了。

再有，近年来，有一些爷爷奶奶辈带孙子孙女时，出于疼爱，时不时会给孩子几块零花钱，孩子喜欢吃零食，通常会带钱去村里的小超市买一些廉价的重盐食品或三无食品食用。由于知晓这些食品对身体的危害性，当老师们看到这种情况时，几乎都会建议老人最好不要这样做。事实上，购买这些食品的行为虽然不能完全杜绝，但在老师们说过后，很多老人还是会听取其建议的，所以取得了一定效果，现在购买这类食品的孩子人数明显减少了。

以上几个案例，从不同的层面揭示了乡村教育不仅是在课堂上教会孩子们一些知识与技能，老师们还时时刻刻通过自己的生活细节和言语交流引导当地人在观念和行为方面做出改变。这也是乡村教育为国家、社会、家庭看

---

① 2021年5月2日，雷勇访谈联增村村民CYW。

重的重要缘由之一。

（三）协同培育良好社会风习

在中国乡村里，从事教育的乡村教师，是一个特殊群体，也是一个对当地社会发展有着重要影响的群体。一方面是他们在某种程度上继承了中国传统社会里绅士的文化精神，另一方面是因为现代社会中乡村教师肩负的社会责任。换言之，在乡村教育开展的过程中，教师除了兢兢业业地履行教书育人的职责外，还在运用他们自己的知识和行动力所能及地对乡村建设、乡村现代化发挥积极作用。其间，协同其他力量，塑造和培育健康的、良好的社会风习便是主要内容之一。

在联增村的乡村教育实践中，教师在教书的同时，十分注重育人方面的工作。事实上，这也是中国教育的共同点之一，因为道德修养是中国学习与教育传统的终极目标，培养学生使其成为有道德的人是教师的重要任务与使命。[①]

为了实现这一目标，教师们需要在具体教学的过程中向学生讲清楚什么叫作道德和如何去做一个有道德的人，更重要的是通过自己的一言一行来让学生真正理解、认同，继而去学习，即所谓的内化于心。为此，田野报道人 CYW 为我们讲述一个关于“节约”的故事。

> 20 世纪 70 年代他在大队读小学时，我们的语文老师是从百德来的，一个和和气气但威严的老师。那时候，大家都很穷，很多人家的孩子读书时连买作业本的钱都是家长想办法凑的。有时看到有些调皮的孩子浪费纸张时，老师就会板着脸进行批评教育。每年开学时，老师会要求我们把上学期的作业本没有写完的那部分拆下，或是作为草稿本，或是几页几页地攒起来，用线装订成一本，再当作新的作业本使用。老师的教育让我受益至今，懂得什么叫节约，什么叫不浪费。30 多年来，我多半时间是在做泥水工。他每一次给别人修建房屋时，该用的建材当然必须

① 许晶：《培养好孩子：道德与儿童发展》，祝宇清译，华东师范大学出版社，2021，第 259 ~ 260 页。

用，不该用的绝不乱用，哪怕是一颗钉子，一铲灰浆，绝不能浪费，即使现在条件好了也不能浪费。(20210502，雷勇访谈联增村村民 CYW)

小 W，这个毕业于凯里学院、现供职于兴仁融媒体中心的小伙子，也为我们讲述了一个关于“敬老”的感人故事。

现在我们这里的经济条件比过去好多了，越来越多的人开始买面包车，买摩托车、电瓶车的就更多了。可是，我们这里路窄，弯道多，所以大家开车的时候都尽量慢一点，特别是看到有老人家在路边，或者赶着牲口通过的时候，很少有开得飞快的，或者高声摁喇叭的，以免吓着老人家或者牲口。这样做，一方面可能跟我们这个地方风气好有关系，因为大人们反复说过很多次了；另一方面可能跟老师们说的和做的有关系。上学时，老师们也给我们讲过了，生活中他们也是像讲的那样做的。我记得，大约十年前，学校的老师有的买摩托车来用。我们好几次亲眼看到，老师见到老人在路上走的时候，要么把速度降低，要么直接停下来，等老人家安全通过后自己再走。可以说，这是老师在给我们做示范。(20210503，雷勇访谈联增村村民 WL)

除了以具体行动来参与学生道德情感的塑造、培育之外，联增小学的老师们还利用自身的便利在培育良好风习方面发挥建设性的作用。

联增村是汉族、布依族共同居住的村落，生活在这里的人们勤劳、淳朴、善良，重亲情，重交往，热情好客，礼尚往来，特别是在婚丧嫁娶、乔迁、老人过寿、小孩满月、子女升学的时候常常会举办各种仪式来加以庆贺。这原本是地方社会中人们交往的主要方式，有着重要的社会文化意义。但是，近年来，随着收入的增加，观念的变迁，人们举办这些仪式越来越频繁，排场越来越大，往来的礼金越来越厚重，铺张浪费的现象越来越明显，事实上慢慢成了一个当地人在社会交往中面临的烦心问题。为此，从 2015 年开始，地方政府就专门出台文件，整顿以借各种名头乱办、大办酒席的不良风气。文件提出，包括教师在内的财政供养人员要率先执行。在联增村，老师们除了认真地按照文件的要求去做，同时利用他们和村里人比较熟悉、容易沟通的优势，协同乡里的干部向老百姓摆事实讲道理，把正确对待传统文化、人际交往和乱办、大办各种酒席区别开来。由于关系密切，沟通方式合适，这一做法得到了老百姓的认可和称赞。因此，几年下来，在联增村，一度令人头疼的乱办、大办酒席现象明显减少了，人们逐渐从“不是在吃酒席就是准备去吃酒席”的烦恼、无奈、疲惫中解脱出来，社会风气大为好转。

（四）参与乡村社会秩序构建

乡村教育与乡村社会有着十分密切的关系。“许多农村学校已经成为当地社区整体社会生活的一部分。”① 这是因为教师的教育对象是村里的孩子，日常生活中打交道最多的人群之一是当地村民，关注和知晓村庄里发生的很多事情，熟悉村里各种社会关系，并且时不时以各种身份参与村里的一些重要事务甚至在某种程度上影响了事务的发展及其结果。换言之，一方面乡村教育以现代文明的形式嵌入乡村社会并成为乡村事务的其中一个重要构成部分或领域，另一方面又以特定的方式来参与乡村生活及其秩序的构建，并发挥一定的作用。

在田野调查中，我们发现联增村的乡村教育在过去几十年的实践中，对所在村庄的影响，除了上述几个方面之外，还通过相应的平台和路径对当地的社会秩序建构起到积极的作用。

首先，利用学校的平台或资源，促进村庄的团结与合作。如前文所述，在 20 世纪 70 年代中期，国家便将联增小学列为公办性质的村级小学。在当时，所谓的公办，主要是国家出一部分资金，然后由学校所在地组织力量参与修建。人们还记得，当时修建联增小学的两栋小瓦房时，生产队是做了不少事情的，从集体山林采伐所有木材到平整地基、烧制瓦片、制作部分课桌到最后盖成房子，生产大队从几个小队里安排社员全程参与。也就是说，当时的学校是国家和地方共同修建、开办的。一个田野报道人说，听老人们

① 丹尼尔·U. 莱文、瑞伊娜·F. 莱文：《教育社会学》，郭锋、黄雯、郭菲译，中国人民大学出版社，2010，第 354 页。

讲，当时听说要在这里修建学校，大家都很高兴，都愿意出一把力帮着把学校修起来，让孩子们读书方便一些。当生产大队安排各个小队出人力、出物资时，大家都愿意支持。因为这是事关大家的好事，大家在做的过程中能做什么就做什么，尽心尽力地去做，没有任何怨言，并且互相学习，互相帮助，共同把学校修建起来。①

其次，教师利用自身的知识、声望和人脉，参与村庄内部纷争的调解。费孝通先生用“无讼”来描述中国乡村内部的关系状况，并指出“无讼”出现的一个原因是乡土社会有一套完整的方法和机制可以用来解决所谓的矛盾和纷争。这些方法和机制，就包括了深谙礼治的读书人参与的所谓调解。费先生认为，“在乡村里所谓的调解，其实是一种教育过程”。他还用自己的亲身经历加以说明。他说：“我曾在乡下参加过这类调解的集会。我之所以被邀，在乡民看来是极自然的，因为我是在学校里教书的，读书知礼，是权威。”②

在联增村，村小学的 C 校长和教师 YXJ、WB 就参与了一次类似的调解。原来，好几年前，村里五组、六组之间因为村小学使用自来水及其施工的问题，引起了一些不愉快。由于多少与学校有一点牵连，老师们本身又是当地人，平时和大家相处得也好，加上属于有知识、讲道理、有声望的人，所以就主动跟两个组的代表性人物做了一些沟通，算是非正式的“调解”。据当事人 YXJ 和 WB 说，调解的情况其实很简单，就是他们给两边的人简单地解释了一下。大体是：首先这个自来水的水源地不管在哪个组，都属于联增村的，是大家共有的；其次，这个水主要是学校在用，五组、六组的孩子都在学校读书，需要在学校吃午餐，也要用到这个从六组出水、引水经过五组地盘的自来水，大家都在受益；最后，大家都是祖祖辈辈在这里打交道的，子孙后代还要在这里生活下去，不要为这点小事情相互较劲，没有必要，也没意思，毕竟都是关系到孩子们读书的事情嘛。③ 就这样几句话，加

① 2021 年 7 月 10 日，雷勇访谈联增村村民 CYW。

② 费孝通：《乡土中国　生育制度》，北京大学出版社，1998，第 56 页。

③ 2015 年 4 月 27 日，孙兆霞访谈联增村教师 YXJ；2021 年 7 月 22 日，雷勇访谈联增村教师 WB。

上村干部也在场说了一些劝和的话，这个事情得到了圆满的解决。

（五）提升乡村的发展能力

教育是培养人的社会活动，并通过培养的产品即受教育的人来影响社会。在中国，乡村教育有着一定特殊性和重要性，既要为城市发展源源不断地输送各类优秀人才，又要为乡村自身的发展培养更多有用的人才，并通过这些对乡村有情感、能扎根、可依靠的人才队伍共同努力，从而把乡村建设搞上去。因此，乡村教育的发展，体现的不仅是教育本身的发展，更重要的是对乡村的发展能力的不断影响和有力提升。事实上，最近一些年来，联增村的乡村教育在实践中也体现了这样的功能与意义。

首先，当地人的文化素质水平得到了全面提高，为村庄发展创造了必要的条件。改革开放后，尤其是最近 20 年，联增村的孩子的受教育年限得到延长。据估算，当地人受教育年限，在 20 世纪 80 年代，约为 5 年，目前已经延长到近 9 年。对应这一显著变化的，是前述的人们对教育的认识在观念方面的深刻改变，在此不再赘述。在二者的共同作用下，当地人的整体素质水平特别是教育文化素质水平相对之前产生了较大的提高，有力地支持年轻人继续上学、外出打工、就近就业或兼业等，从而为乡村建设和乡村现代化发挥了积极的作用。

其次，具有一定规模和层次的教育产出，为村庄可持续发展提供重要资源。需要指出的是，到目前为止，联增的办学层次是小学，因此讨论其教育产出时需要从更宽泛的角度以更长远的眼光来理解，也就是那些曾经在村里学校接受了基础教育，后面又到乡镇、县城、州府，最后再到省内外各大专业院校接受高等教育的人们的基本情况。据不完全统计，截至 2021 年 7 月，自 1997 年恢复高考以来，整个联增村至少有 91 人接受过大专以上的高等教育，其中专科 42 人，本科 46 人，硕士研究生 3 人。这些学生中，有 8 人在 985、211 院校完成高等教育，83 人在非 985、211 大学（或学院、职院）完成高等教育（见图 7 – 1）。这些大学生，除了在读的 43 人之外，4 人退休，剩下的 44 人在省内外的各类单位工作。这些大学生，无论是已经工作的，还是在读的，都是这些年联增村社会经济和文化教育发展的主要成果之一，同时是该村进一步发展过程中重要的社会资本和文化资本。

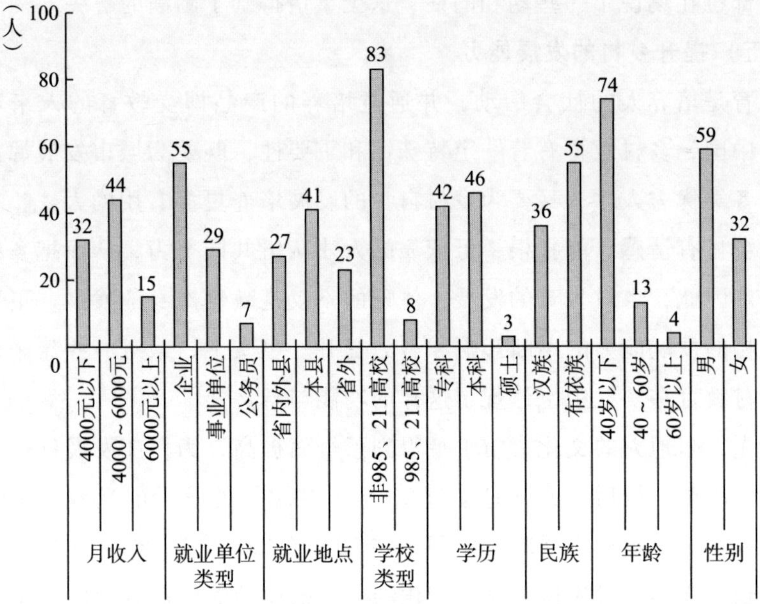

图 7-1　联增村大学毕业人员基本情况统计

再次，实现了教育扶贫政策的有效落地和施行，为村庄发展补齐短板。

2013 年，脱贫攻坚战正式打响。在联增村，为了让国家的扶贫政策真正落地并发挥作用，教育扶贫是一项十分重要的惠民工作。经过政府、学校、社会多方面的共同努力，采取了控辍保学、教育资助、均衡发展等措施，从而实现了义务教育阶段 100% 的入学率，建档立卡贫困家庭孩子免费入学或受资助，以及完善村小的校园环境升级或改造等。通过这些措施，使得联增村的乡村教育此前在发展时面临的短板得到了补齐，同时也为村庄未来的发展提供了相应的支持。

二　国家投入与乡村教育发展

（一）国家教育资源的投入

近年来，国家高度重视乡村教育工作，先后出台一系列的政策举措，强有力地支持乡村教育的进一步发展。在联增村，乡村教育在“两基”工作、义务教育均衡发展计划和脱贫攻坚战的直接支持和推动下，取得了明显的成效。义务教育得到全面普及，办学条件得到大幅度改善，学校规模和学段得到适当发展，教育水平得到一定程度的提升。

20 世纪 90 年代末，经过“普六”工作的推动，联增村的孩子基本都获得了入学接受教育的机会。但是，由于当时孩子上学，家庭需承担相应的费用，一些多子女的贫困家庭，有时也会出现极个别的孩子因贫失学、辍学的现象。2003 年国家实施了“两基”工程。因为这项工程的大力支持，包括联增村在内的许多西部地区的义务教育得到了全面普及。

从那以后，也是在国家的大力投入下，联增村的办学条件有了实质性的改善。2004 年，由国家出资，联增小学将 1976 年修建的那栋两层小楼拆了，在原址上新建了一栋两层砖混结构的教学楼，并将校园进行扩建。2005 年，国家又在第一栋楼的旁边新建了一栋教学楼，并随即投入使用。至此，联增小学焕然一新。校园占地面积约 4500 平方米，校舍面积约为 650 平方米，其余属于相关教学附属设施。学校以购置或修缮的方式，基本解决了学生的课桌和教师的办公桌问题。学校配备了 5 台电脑。教学楼共有两层，14 个标准教室和 2 个小型办公室，实际用于教学的教室有 8 间，另外 6 间用作学生寄宿的相关用房和外地教师的临时住房。同时，学校还修建了运动场，绿化了校园环境。至此，联增小学在硬件设施建设方面已经有了质的提升，整体上达到了“两基”验收的水平。

2012 年，随着义务教育均衡发展计划的实施，教育主管部门又拨出经费，在校园里修建学生宿舍和食堂，以解决部分学生因家庭相对较远而需要寄宿的实际问题。2013 年，伴随着脱贫攻坚战的打响，为了更好地开展教育扶贫，地方政府通过整合各种资源的方式来补齐乡村教育领域的短板。通过添置电脑、开通宽带、修建教师宿舍、升级改造和美化校园环境等措施来开展工作，让学校的硬件设施条件实现了跨越式发展。目前，学校所有教室皆使用多媒体教学，拥有电脑 56 台，配备打印机、复印机，宽带全覆盖，20 套约 1200 平方米的教师周转房于 2021 年 9 月正式投入使用，很好地满足了当前教育工作开展的实际需要。

伴随办学条件的改善，联增村的乡村教育的规模在稳定中向前发展。改革开放前，在联增小学接受教育的学生不到 200 人，授课教师只有 5 ~ 6 人。20 世纪最后 20 年，当地的人口增长速度虽然相对“一胎化”生育政策实施之前有着明显的下降趋势，但总生育率还是保持在较高水平。得益于此，联增小学在“普六”时，入学人数在260～280人，有教师6～8人。在实施“两基”工程时，入学人数达到最高峰，约310人，有教师11人。目前，在校学生为286人，教师14人。倘若加上前来支教的4人和工勤人员2人，在联增小学实际开展教育教学工作的人数达20人，从而有力地支持了当地教育教学工作的开展。

近年来，在国家的支持和社会的参与下，联增村的乡村教育的学段扩展至学前教育，基本上满足了当地幼儿入园的实际需求。2014年，兴仁县出台了一个支持农村地区学前教育发展的政策，即在接受教育主管部门指导和监督的前提下，允许社会力量借用乡村学校暂时闲置的教室和场地，依法依规开办幼儿园。在这样的背景下，本村人LHB开办了当地第一所幼儿园。该幼儿园占地100平方米左右，属于典型的乡村幼儿园，筹办当年便招生80人，分大中两个班，由3名教师负责教学和保育。联增幼儿园的开办，使得村里的幼儿可以在当地接受学前教育。这也是联增村的乡村教育发展中具有积极意义的事情。

（二）尚未摆脱的困境

如上所述，这些年来，国家一直在不遗余力地实施各种政策举措支持乡村教育的发展，并以此来推动乡村现代化。依靠国家的大力投入，社会的广泛参与，家庭的积极配合，近年来乡村教育的确取得了一些值得肯定的进步与发展。但是，由于方方面面的原因，相当一段时间以来，乡村教育在发展的过程中也遭遇了一些困境。面对这些困境，国家、社会、学校一直在探索化解的办法与路径，并积累了一定的经验。但是，坦白地讲，乡村教育目前尚未完全摆脱这些困境。

第一，乡村教育中优质资源的匮乏。相对城市地区的教育而言，乡村地区的教育在资源配置上面临诸多的欠缺，特别是师资方面。众所周知，办好教育，师资配置是关键，特别是优秀教师的培养、使用和稳定，更是直接关系到教育的发展水平与前景。正如庞丽娟等指出的那样，“教师是乡村教育发展的第一资源，发展乡村教育事业，必须把乡村教师队伍建设放在重要位置"①。和很多经济欠发达的乡村一样，联增村的乡村教育在发展过程中，尽管经过这些年的不懈努力，师资建设方面出现了积极的变化，但总体上仍需要进一步提升与完善。

目前，联增小学共有学生 280 余人，专任教师 14 人，师生比约为 1∶20，已达到国家要求的农村学校的师生比的相关规定。其中，男教师 12 人，女教师 2 人；12 人是汉族，2 人是布依族。这些教师具有中师中专、专科或本科的学历，所学专业大类包括语文、数学、美术、体育、英语、幼儿师范等（见表 7－1）。大体上，联增小学的师资能满足当地目前教育教学的基本需要。但是，在乡村振兴的过程中，要让乡村教育更好地发挥积极作用，需要进一步调整和提高目前的师资结构和水平。

表 7－1　联增小学专任教师师资基本情况

序号	性别	民族	出生时间（年）	学历	所学专业	毕业学校	毕业时间（年）	入职时间（年）	所任学科
1	男	汉	1982	专科	语文教育	兴义师专	2009	2002	语文
2	男	布依	1970	专科	汉语言文学	贵州教育学院	1998	1991	语文
3	男	布依	1984	中专	普通师范	安龙师范	2003	2003	语文
4	男	汉	1987	中师	美术教育	安龙师范	2005	2005	数学
5	男	汉	1984	专科	数学教育	兴义师专	2008	2012	数学
6	男	汉	1985	专科	初等教育	贵州师范大学	2011	2004	数学
7	男	汉	1987	专科	初等教育	兴义师专	2007	2010	数学
8	男	汉	1992	中师	美术教育	兴义师范	2009	2012	数学
9	女	汉	1992	中师	幼儿师范	兴义师范	2010	2011	语文
10	男	汉	1990	专科	初等教育	兴义学院	2011	2012	语文
11	男	汉	1986	本科	美术学	贵州师范大学	2011	2012	语文
12	男	汉	1986	本科	体育教育	贵州师范大学	2010	2012	数学
13	男	汉	1987	本科	教育学	贵州师范大学	2013	2006	数学
14	女	汉	1985	专科	英语教育	云南师范大学	2010	2012	英语

注：部分教师为继续教育或在职教育获得学历。

通过对表 7－1 所提供的数据进行分析，不难发现当地的乡村教育在师资结构方面的确存在诸多需要改善的地方。具体如下。

① 庞丽娟、金志峰、杨小敏、王红蕾：《完善教师队伍建设 助力乡村振兴战略——制度思考和政策建议》，《北京师范大学学报》（社会科学版）2020 年第 6 期。

一是教师在性别、民族和所学专业上存在较大的不平衡性。性别上，联增小学的男女教师比例为6∶1。民族上，汉族教师和布依族教师比例为6∶1。所学专业上，教师的所学专业涵盖了汉语言文学、数学教育、英语教育、美术教育、体育教育、初等教育、教育学等学科和方向，但以汉语言文学、初等教育、美术教育居多，英语教育、体育教育、教育学等较少，音乐专业、心理学专业则没有。现在，小学高年级已经开设了英语课程，全校的英语课程全由一名教师来负责，任务较重。此外，当地留守儿童较多，心灵陪护和心理辅导其实更需要专业人员来开展。

二是教师的学历提升渠道少，有相当一部分是依靠在职进修的方式来实现学历提升。学历结构上，中师中专、专科、本科的比例为4∶6∶4。但是，如果考虑从获得现有学历的时间看，至少有3名教师由原来的中师中专学历提升为现在的专科学历，1名教师由原来的专科学历提升为现在的本科学历。教师以在职进修方式实现学历提升，好处是能保证正常的教学进度，不足是专业学习的系统性和完整性需要加强。

三是教师教授的课程主要是围绕语文、数学、英语几门学科进行。这种状况，反映了乡村教育中主要课程开展和工作安排情况，即紧扣基础知识的教学和基本技能的传授。但是，在人文、美育、体育、地理、科学等方面的教学则明显不够。

以上的分析显示，目前联增村的乡村教育，主要还是停留在为完成义务教育任务的层面，距离为学生提供优质教育有着较大距离。在教育资源供给方面，目前所能提供的资源在数量、层级和品质方面是很有限的。在乡村振兴中，这种资源匮乏的问题是需要认真解决的。

第二，“离农”教育的影响。所谓“离农”教育，即常说的“跳农门”的教育，农村孩子通过接受教育，走出农村走进城市，实现由农民到市民的身份转变和社会流动。“从我国农村学校教育的发展历程来看，它其实一直都是一种‘离农’的教育”。[①] 在相当一部分人的眼里，“跳农门”不仅是理

① 单丽卿、王春光：《离农：农村教育发展的趋势与问题——兼论“离农”和“为农”之争》，《社会科学研究》2015年第1期。

想，更是行动。“离农”教育的形成是一个非常复杂的问题，这里头牵涉了传统文化的观念、城乡二元体制下城市高地和农村洼地之差别以及关联的社会流动等多种因素，有合理的成分，有积极的作用，但同时裹挟着对农村社会的较大冲击。

在“离农”教育的影响下，联增村的乡村教育在不断发展壮大的过程中，教师、家长、学生通过不懈努力，把90余名孩子送进大中专院校，其中相当一部人进入了国家体制内，“成为有工作的人”，还有更少的进入了城市并扎下根。这对于国家、社会、家庭来说，都是很有意义的事情。

然而，当我们在注意到这种“离农”观念下的乡村教育发展所表现出来的相对合理性和积极性时，也应该看到它本身所面临的局限性，特别是在大学教育已经发展成为大众教育的当下，那种通过从乡村学校一路考到大学并试图进入体制内或成为城市人的现实困难可谓不小。简单来讲，首先乡村地区的孩子很难在高考的激烈竞争中胜出，其次是少数所谓的“胜出者”，在就业、城市生存和发展方面的困难也不小。著名教育公益组织田字格学校的研究发现，该校过去 8 年资助的 1700 人次农村贫困中学生里，每年参加高考的人数约为 100 人，但真正能考上大专院校的学生人数尚不足 10%。并且，“严重的问题还在于，即便上了大学，很多农村娃的命运并没有因此而改变，仍将面临就业难、在城市生存难的困境。他们已经对乡土没有依恋，也回不去农村，对未来生活充满迷茫和困惑”。①

这些问题在联增村的大学生的身上体现得很明显。一方面，老师、家长、学生铆足劲地进城上大学，他们为此支付了很高的教育成本；另一方面，当学生在城里的生存状况、生活质量和发展空间等方面面临诸多困难时，他们感到有些迷茫，甚至存在一定的挫折感。田野调查时，我们专门访谈了几位节衣缩食培养孩子上大学的家长，还有两位备考行政单位或事业单位的大学生。他们或是有一些失望，或是有一点焦虑，对大学毕业后在城里的生活、工作及发展前景充满疑惑和担忧。然而，他们又表示，即使考不了

---

① 杨东平：《探索农村教育的未来模式》，载肖诗坚：《大山里的未来学校》，人民日报出版社，2021，序二。

体制内的工作岗位，他们也不可能回到农村去，因为去农村的话，自己在大学所学的专业知识与技术用不上，农村发展需要的专业知识与技术，他们或是不掌握，或是掌握有限，更重要的是，他们一直想的是留在城市里，从未想过回农村去发展。

事实上，乡村教育，在目标与使命上，除了要向城市发展输送一部分人才外，更重要也更应该的是得扎根乡村，为农业农村发展提供更多的人才支持。然而，这种“离农”教育，在高等教育大众化的当下，除了让一小部分人能够通过考试进入城市、进入体制内得到很好的发展，相当一大部分人则未必能够顺利进入城市、进入体制内，他们可能更多是游离于城市之外或徘徊于城市与乡村之间，自身发展受到影响的同时，对乡村现代化的贡献也很有限。

因此，这种“离农”观念下的乡村教育模式，显然已经到了需要严肃反思和审慎对待的时候。

三　乡村振兴下的乡村教育

乡村教育是乡村里的重要事务，也是乡村生活中的重要活动。事实表明，乡村教育无论是对于乡村自身的发展还是对于乡村以外更宽广的社会的发展，都起着十分重要的作用。联增村的乡村教育发展，从多个方面印证了这种判断。可是，我们也要看到，受到历史和现实的影响，这里的乡村教育取得很大发展的同时，也面临一些亟待解决的问题。那么，这些问题应该怎么解决呢？基于调查，我们认为，不妨从以下几个方面进行探索。

（一）重新认识乡村教育的价值，采取差异化办学方式来办好乡村教育

乡村教育需要扎根乡土社会，为乡村振兴培养更多的人才，这是摆在眼前的乡村教育的迫切任务，同时也是乡村教育的价值体现。在发展乡村教育时，需要从乡村的角度出发，直面当下乡村社会经济发展中的现实问题，着眼未来乡村的永续发展。为此，我们需要认真思考乡村教育的重要性，并在此基础上采取有别于发展城市教育的措施，切实发展好乡村教育。

对于乡村教育而言，在城乡互动的视野下，“它的价值可能是多方面的，远远超出了教育本身。哺育了中华民族丰富多彩的乡村文明需要继承、滋养

和更新，为新农村和小城镇建设提供文化、价值和生命意义，从而构建城乡居民得以共享的、有别于都市文明的精神家园”。①

教育是分类型的，不同类型的教育，所秉承的教育理念是不同的，办学的方式也可能不太一样。从类型上来说，乡村教育和城市教育是两种有着很大差异的教育。因此，发展乡村教育时，不能简单地挪用、移植城市教育发展的理念和做法。

长期以来，由于我们没有正确对待乡村教育与城市教育之间的差异性，在同质化、标准化的教育理念的支配下，采取了一刀切的做法，把发展城市教育的方法和措施不加区别地套用在乡村教育身上，虽然下了很大力气，但效果很有限。

实践表明，站在发展城市教育的角度思考问题并制定政策，重城轻乡是基本的取向，乡村价值被忽视和被遮蔽，以至于乡村教育培养出来的人，对于乡村缺乏归属感和认同感。因此，以都市为中心、为导向，忽视乡村、否定乡村的教育理念及其做法，显然是亟待改变的。

然而，倘若能够正确认识乡村教育的价值，采取差异化的办学方式，乡村教育是大有希望的。正如著名教育公益组织田字格学校在最近十多年的教育实践证明，解决乡村教育的问题，需要的不是走城乡一体化的道路，而是走城乡教育差异化的道路。② 田字格学校通过承认城乡差异，将差异转变为优势，围绕乡村特点开展乡土教育、山水教育、人本教育，经过数年的实践，将一度举步维艰的乡村小学发展成朝气蓬勃的乡村学校，为乡村教育的进一步发展进行有益的探索。

田字格学校实施差异化办学的方式，不仅在贵州正安兴隆有效，其实在联增，也是完全适用的。这是因为，首先，兴隆小学与联增小学都属于边远山区、民族地区、经济欠发达地区的乡村小学。今日联增小学存在的问题，兴隆小学在田字格学校介入之前，一样存在，甚至更为严峻。其次，兴隆与

① 杨东平：《探索农村教育的未来模式》，载肖诗坚：《大山里的未来学校》，人民日报出版社，2021，序二。

② 肖诗坚：《大山里的未来学校》，人民日报出版社，2021，第 214 页。

联增两个村，都是打工村，人们的生计方式或就业方式高度相似，经济发展水平也处在同一层次。再次，兴隆小学和联增小学都是大山里的乡村学校，如果采取与城市教育相同的办学方式，路子只会越来越窄，前景只会越来越不乐观，然而，如果采取差异化、在地化的办学方式，当地的地理、历史、风俗、民族文化等都可以作为开展人文教育、生活教育、乡土教育、情感教育的资源和素材，并且丰富、鲜活、厚重、有质感。因此，兴隆田字格学校的办学方式，联增是可以引进的，至少其中一些有价值的做法是可以借鉴的。

（二）以生计或就业为抓手，从城乡互动的角度积极探索乡村教育的发展路径

近年来，随着城乡经济的密切联系，交通出行的快捷便利，通信技术的迅猛发展和大量人员的频繁流动，以及国家的相关社会政策的推动，城市与乡村的分割虽尚未完全消弭，但已经出现很大的变迁，城市与乡村的联系越来越紧密，城乡互动越来越明显、深入、全面。这是分析当下乡村教育所面临的问题的重要背景，同时也是探索解决路径的理论视角。

的确，今天联增村的乡村教育所面临的诸多问题，有的与办学方式和资源配置方式有关，有的与社会转型有关，有的与自身的社会经济发展程度有关，等等。这些问题产生的根源各不相同，发生的作用也体现在不同层面，产生的影响也有所区别，但是，其中都涉及城乡关系。换句话说，要解决这些问题，就不能不考虑城乡之间的关系，特别是城乡互动关系。比如，本章前面提到的教育分层问题和留守儿童教育问题，都是近年来城乡互动中出现的突出问题。而造成或加剧这些问题的重要原因之一是人们生计方式或就业方式的改变。因此，从城乡互动的视角出发，关注当下以及今后一段时间联增村人主要的生计方式或就业方式，将成为我们探索乡村教育发展时的主要抓手之一。

联增村人的生计方式或就业方式，大体分为：相当一部分人主要在省外打工，其中以中年人、青年人为主；一部分人在家从事传统农业种植，其中又以中老年人为主；一小部分中年人从事兼业，一边在家务农，一边在周边村寨集镇从事建筑业；此外，还有一小部分中年人从事特色种植和养殖。从发展趋势来看，预计未来一段时间，联增村人的生计方式或就业方式大体上还是围绕以上的类型和途径展开。这也就意味着，联增村的乡村教育的发展，将围绕他们多种方式的生计或多种类型的就业来开展。简单来说，就是联增村的乡村教育的发展，既要满足少部分人正常升学的要求，又要满足一部分人外出打工的正常需求，还要积极创造条件以便满足乡村实现高质量发展的需求。

在制度设计上，第一是高中、中职院校放在县市一级办学，采取切实可行的办法，实现各中学的均衡发展，以及职业院校的高质量发展。第二是初中放在城区、乡镇一级办学，优化对乡镇中学的资源配置，特别是优秀教师的培养、引进和使用，以及加强教学管理，大力提升学校的教学水平和质量，大幅度缩小乡镇中学与城区中学之间的差距。第三是村小学需要下大力气来办好。通过进一步优化师资配置和提升师资力量，让乡村学校和城市学校在教学水平方面的差距显著缩小。同时，改革和完善教学内容。紧紧围绕乡村教育主要为乡村振兴服务的这个中心任务，除了认真完成基础教育的基本内容之外，要将人文、乡土、生活等内容嵌入其中。

（三）抓住发展契机，将乡村教育与乡村振兴战略结合起来实施

现在，国家正在实施乡村振兴战略，一系列支农惠农政策举措纷纷落地，一些重大的行动正在开展。这对于农业农村发展来说，的确是一个非常难得的机遇。同样，对于乡村教育的发展来说，也是一个重要的契机。这是因为以下几点。

乡村振兴战略的实施是当下以及未来一段时间乡村教育如何更好发展的大背景。目前，乡村振兴战略已经如火如荼地实施起来，这是一项意义深远的战略，同时也是包括乡村教育在内的许多事业进一步开展与推进的大背景。这个背景，规定了当下以及未来一段时间的乡村教育发展的目标和任务。以联增村的乡村教育为例，当前这种乡村教育发展的水平和方式，以及培养的人才，显然是很难满足当地乡村振兴的需求。这就使得我们必须改变现有的办学方式，提升目前的办学水平，真正打好基础教育基础，为培养在家会生活、在外能发展，并且有担当、有情怀、有情趣的各类现代人才打下坚实的基础。只有真正理解了这个大背景，明确了乡村教育的办学任务与使

命，相关工作开展起来才有意义。

乡村振兴战略在实施的过程中涉及乡村教育进一步发展的问题。乡村振兴的内容，包括产业兴旺、生态宜居、乡风文明、治理有效、生活富裕。表面上，没有直接提到乡村教育。事实上，以上五个方面，基本都涉及了教育。比如，产业上，很难想象没有受过系统教育、熟练掌握产业发展专业知识与技能、具备市场风险意识的农民，能够实现产业兴旺的目标。在联增村，近年来产业发展中出现的各种问题，深入地看，与当地人受教育程度较低及综合素质有待提高有所关联。至于乡风文明和社会治理，更是离不开教育的参与。因此，在乡村振兴战略的实施过程中，联增村的乡村教育亟待进一步发展和提升。

乡村教育的高质量发展，能够促进乡村振兴战略的深入实施。乡村教育如果没有真正发展起来，乡村振兴将缺乏坚实的基础和重要的力量。理论和事实一再表明，没有乡村教育的乡村是凋敝、缺乏生机、没有希望的乡村，没有优质乡村教育的乡村，是不完整、没品质、增长乏力的乡村。比如当前的联增村，在很大程度上就是如此。反之，乡村教育发展好了，可以在很多方面促进乡村振兴战略的有效实施，能够有力推进乡村现代化的进程。这是摆在联增村眼前的重要任务，也是联增村人的希望所在。

结语　迈向城乡融合的乡村振兴

一百年来，中国一直在探索迈向现代化的道路。[①] 党的十九届五中全会提出“全面建设社会主义现代化国家”，并进一步提出了到2035年基本实现社会主义现代化的远景目标。从2020年到2035年，在全面建成小康社会的基础上，再奋斗十五年，基本实现社会主义现代化。而中国实现现代化的短板之一，就是农村发展的相对落后。工农、城乡之间的发展不平衡问题是中国现代化必须要认真面对的问题。因此，党的十九大提出，要坚持农业农村优先发展，按照产业兴旺、生态宜居、乡风文明、治理有效、生活富裕的总要求，建立健全城乡融合发展体制机制和政策体系，加快推进农业农村现代化。

第一节　城乡关系下的农村现代化

中华人民共和国成立以来，在对现代化目标的追求过程中始终伴随着对城乡关系的多次认识和实践的调适。

一　城乡关系的演变

城乡关系格局是一个国家现代化水平的重要指示。城乡关系问题是中国经济社会发展的关键问题之一。不论是在西方还是在中国，都经历了从早期

① 罗荣渠：《现代化新论：世界与中国的现代化进程》，商务印书馆，2009。

城市偏向带来的城乡关系失衡到城乡协调的认知和实践过程。城乡关系经历了长时段多阶段的"分离—对立—互动—融合—统一"。[①]

孔祥智把新中国成立之后的城乡关系划分为四大阶段：第一个阶段为新中国成立至改革开放前，农业不仅通过农业税为工业化积累资金，还通过工农产品价格"剪刀差"为工业化积累更多的资金，造成了城乡关系的严重偏斜和农业农村自我发展能力的丧失；第二阶段为改革开放至20世纪末期，改革开放初期土地制度改革使得农民收入大幅度提高，从而使城乡居民收入差距一度缩小，城乡关系"恢复性缓和"，城镇居民人均可支配收入和农村居民人均可支配收入之比从1978年的2.57∶1下降到1983年的1.82∶1，但1986年后这一比率一直呈上升趋势，到1999年达到2.65∶1，城乡关系呈现恶化趋势；第三阶段为21世纪初至党的十九大，一系列农业支持保护政策的出台，调整了国家财政支出的结构，不断加大了财政对农业投入的力度，初步建立了财政支农稳定增长机制，改变了国民收入分配的格局，农村居民人均可支配收入（纯收入）增幅连续8年超过城镇居民人均可支配收入增幅，农村社会事业方面也在有序推进，为农业可持续发展和城乡关系改善奠定了坚实的基础；第四阶段为党的十九大至今，其特征为走向融合的城乡关系。[②] 任路从生产要素的角度把70年来工农城乡关系的变迁大致分为四个不同阶段：新中国成立后以"要素汲取型"为主要目的的工农城乡分割与制度化阶段；改革开放后以"放权让利型"为主要手段的工农城乡关系缓和与农村体制改革阶段；21世纪以来以"资源赋予型"为主要内容的工农城乡关系转型和政策支持阶段；新时代以来以"还权赋能型"为主要方式的工农城乡融合与要素市场化阶段。[③]

可以说，在20世纪90年代以前，中国的现代化都是以城市为中心，用汲取农村资源的方式支持城市的发展，城乡之间的发展差距越拉越大，而且

---

① 李斌：《新型城镇化背景下的城乡关系》，社会科学文献出版社，2020，第61页。

② 孔祥智：《推进农业农村现代化 实现城乡融合发展——新中国城乡关系的演变及发展趋势》，《农民日报》2021年5月8日，第03版。

③ 任路：《新中国成立以来工农城乡关系的变迁》，《西北农林科技大学学报》（社会科学版）2019年第6期。

人为地形成了若干鸿沟，造成了诸多的社会矛盾；90 年代以后，随着我国工业化水平的不断提高，城市的发展带动了国家整体的经济实力提升，国家才开始建构和调整真正的城乡关系，农村的发展才逐渐被置于一个正确的位置。特别是进入 21 世纪以后，随着国家综合实力的增强，农业在国民经济中所占比重急剧下降，城市反哺农村，工业反哺农业成为可能，国家解决三农问题与城乡关系问题的能力和基础也在不断增强和强化。

像联增村这样的村庄，只是广大西部农村的一个缩影。改革开放以前，通过国家体制的安排，它们几乎被隔离于城市之外，村民都在从事农业生产，被束缚于土地之上，村庄之中，集体之内，只能通过一些极其有限的渠道与城市产生少量的交换，如联增村种植的黄果，依靠人力跋山涉水长途运输到北盘江对岸的花江镇中心集镇去卖。农民在人民公社的组织形式下从事生产劳动，即使在联增村这样的自然地理条件相对较好的地区，人们也难以解决温饱问题。改革开放以后，由于土地制度的调整，联增村的农户普遍不再缺粮，温饱问题逐渐得到解决。进入 20 世纪 90 年代，随着体制的藩篱被撕开一些口子，城市对农村的大门也开始一点一点地打开，到 1996 年，中国的城市化率从 1949 年的 10.64% 上升到 30.48%，对外开放的政策也使得城市对劳动力的需求迅速提高。也正是在这样的背景下，联增村的农民才开始走出村庄，到城市去寻找新的生存机会。随后的 20 多年时间里，一批又一批的农民年复一年地往返于城乡之间，并伴随着交通基础设施的改善，使得这样一个偏僻的村庄有了更多的机会接触农村之外的世界，地区内以及地区间的城乡互动程度超越了历史上任何一个时期。进入 21 世纪，联增村的发展越来越深刻地受到城市的影响，并被嵌入城市的分工体系。无论是劳动力普遍外出打工，还是国家扶贫政策的扶持，都是城市力量对乡村发展产生作用的表现，在这种力量的作用下，联增村摆脱了贫困。

二　农村现代化的道路

农村现代化是国家现代化的组成部分。从 20 世纪 30 年代开始，中国的知识分子就开始寻求乡村现代化的道路。但是，早期的乡村现代化是以否定农村价值，在实践路径上以改造农村为取向的。农村要实现现代化是学术界的共识，也是国家建设的目标追求。中华人民共和国成立之后，农村的发展走过了较为曲折的道路。自 20 世纪 90 年代起，学术界开始讨论农村现代化问题，陆学艺先生较早提出了关于中国农村现代化发展道路问题[①]，并提出了中国农村现代化要经历的四个阶段：普遍实行家庭联产承包责任制、农村工业化、小城镇建设、城乡一体化和区域现代化。[②]

近年来，随着乡村现代化成为国家发展战略的目标之一，学术界对这一问题的讨论也越发丰富和深入。一个比较一致的观点是，在中国，由于特殊的历史和国情，现代化的实现不可能走西方资本主义国家的老路，用牺牲农民、使农民无产化的方式来实现工业化和城市化。相反，农村人口的大量存在，是中国现代化方式选择的前提和需要认真对待的问题。因此，农村的现代化，是这个国家实现现代化的基础。

在中国现代化的过程中，如何对待传统经济（以农民家庭经营为代表），如何处理好传统与现代化的关系，应该是最重要的核心问题。我国的基本国情，对工业化、城市化进行了基本制约和限制，决定了中国的现代化过程中城乡 - 工农业关系的重要性。中国的人口、资源状况对城市与农村的规模即工业、农业两大部门的比例关系设定了刚性制约。相当多农村人口的就业问题，不可能依靠城市和传统工业扩大外延的固有方式解决，不能通过农民变为市民的方式解决，而只能在现代科学技术的帮助下，通过城市、工商业与农村、农业的融合发展，发展新型的包括家庭经营在内的农工一体化产业和多种经营来解决。努力实现大量农村劳动力就地消化和现代化。[③]

中国既要大力发展劳动密集型产业，扩大非农就业机会，在促进城市发展的同时，也不能忽视中国农村的现代化。[④] 这就意味着，中国农村的现代化既是农村问题，又必须跳出农村来解决问题，需要在城乡关系的良性运行下真正解决问题。进入 21 世纪以来，国家的一系列政策安排也体现了这样的意图。2002 年中央提出城乡统筹发展，2005 年提出社会主义新农村建设，

---

① 陆学艺：《关于中国农村现代化发展道路问题》，《社会科学战线》1995 年第 6 期。

② 陆学艺、王春光、张其仔：《中国农村现代化道路研究》，广西人民出版社，1998，第 8 ~ 24 页。

③ 林刚：《国情、传统与现代化：以农户经济为中心》，社会科学文献出版社，2020。

④ 林毅夫：《中国的城市发展与农村现代化》，《北京大学学报》（哲学社会科学版）2002 年第 4 期。

2007 年提出城乡经济社会发展一体化，2012 年提出工业反哺农业、城市支持乡村、生态文明建设，2013 年提出美丽乡村建设，2015 年提出农村一二三产业融合发展，2017 年提出乡村振兴战略。可以看出中央对农村发展的认识和部署在逐渐深化。

按照党的十九大的部署，我们必须把建立健全城乡融合发展体制机制和政策体系、推进城乡融合发展作为实现农业农村现代化的根本性方法和手段。这符合城乡关系发展的规律，也符合中国的国情。

党的十九大第一次提出农业农村现代化。在城乡关系的视野下，农业与农村发展应该统筹起来。但是由于缺乏将农业现代化传导到农村现代化的条件和能力，尤其是体制和政策方面的严重缺失导致农业现代化往往难以传导给农村现代化，目前乡村发展仅靠提高农业现代化水平是不能解决农村现代化问题的。①

而联增村的现代农业发展，无论是市场引导的早熟蔬菜与其他产业，还是地方政府引导和扶持的各种产业扶贫项目，都没有形成规模化、专业化、市场化。尤其是早熟蔬菜，可以说是最能体现联增村优势的产业，独特的自然地理条件，使其难以被复制被替代，也曾经对当地村民的收入增长起到重要的作用，并且深刻地提升和改变了种植蔬菜的布依族人的生计能力与商品经济观念。但是还是没有形成产业突破，最终走向没落，这与二十多年来联增村发展形成的对打工的“路径依赖”密不可分。换句话说，在联增村，通常意义上的农业现代化还远未实现，农村现代化的水平却在大幅度提高，这与当地的打工经济直接相关。

三　打工经济与农村现代化

现代化具有阶段性和部分性。阶段性是指现代化的时间过程，包括初期和中后期；而部分性是指现代化的空间构成性，包括城市现代化、农村现代化两个部分。现代化进程中不同阶段产生不同的城乡关系，现代化初期，城

① 王春光：《迈向共同富裕——农业农村现代化实践行动和路径的社会学思考》，《社会学研究》2021 年第 2 期。

市的现代化优先于农村的现代化。进入现代化中后期，国家现代化重点由城市部分转向农村部分，通过建构“城乡合治”这种新型城乡关系，促进城乡融合和农村现代化。①

农村现代化在物质条件方面，尤其是在基础设施方面与国家的投入有着很大的关系。进入 21 世纪以来，特别是在脱贫攻坚期间，国家对农村的水、电、路、通信、村容村貌改造等方面的投入比历史上任何一个时期都要多得多。在联增村，从 2003 年起，在贵州省人大的帮扶下，基础设施建设就是重点，脱贫攻坚期间帮扶范围则得到进一步拓展，道路从通村路到通组路和串户路，全部是硬化的水泥路；饮水的便捷性和安全性都有了高度的保障；通信和网络都能高速入户。基础设施条件的改善为联增村的村庄现代化和农户融入现代生活提供了条件。

但是对于联增村而言，现代化的最大推动力应该是村庄中走出去的人在城市工作和生活受到的影响。在城乡二元体制下，人口在城乡之间的自由流动被限制，从而造成了国家主导下的城乡差别。而允许农村劳动力进城打工是突破城乡二元体制的一个重要举措。农村劳动力通过进城打工，获得了远高于从事农业生产的经济收入，把在城市获取的非农经济收益带到了农村，在一定程度上缩小了城乡收入差距。

第二节　家户现代化与农村现代化

小农户是中国两千多年的历史持续形塑的结果，并以此形成的家户是中国社会的基本单位，也是中国人行动的微观结构基础。我们今天在讨论农村现代化问题时，不得不面对这一基本国情，并做出符合国情的选择。

一　家户现代化的意义认识

我们认为，家户现代化是农民以结构动态变化的家户为基本行动单位。

① 李华胤、侣传振：《从分治到合治：现代化进程中的城乡关系转变与走向》，《河南师范大学学报》（哲学社会科学版）2019 年第 5 期。

在急剧的社会变迁中，面对城乡关系的深刻变革，农民并非完全处于被动地位，而是利用自身的资源积极应对，以合理的家庭策略，发挥家庭本身的主体性、能动性和其应对复杂多元化社会中的调整与适应力，对家庭的运行和发展，做出合理的安排。[①] 以追求经济收入的稳定提高和社会地位的向上流动为表征的"美好生活"为目的，统筹配置家户拥有的人力、关系、资金、资产等家户资本，通过教育、打工、务农或兼业经营等生计方式，实现家庭成员工作、居住、生活自由的变迁过程。当然，家户现代化并不是对个体现代化的否定。相反，家户现代化最终必须通过家庭成员的个体现代化得以实现，家庭成员的个体现代化的水平越高，家户现代化的实现才越有保障。我们所强调的家户现代化，主要是基于对中国国情的认识，我们认为现代化的基本单位是家户，而不是个体，家户中个体的现代化也是以家户整体利益为目标的。对家户的研究应该成为中国农村社会研究的一个重要研究单位。

家户现代化具有多元性，包括主体多元、路径多元和目标多元。家户中的成员，尤其是不同代的成员，采取了不同的现代化路径。年老者有过外出打工的经历，或者被年轻一代涵化而具有现代化的属性，但是更多是在为子辈或孙辈的现代化提供支持。而中年一代更加普遍的是通过打工、创业、在企事业单位工作等途径，既实现自身的现代化，又为年轻一代的现代化提供支持，他们的愿望是年轻一代能够多读书，通过教育改变命运，能够进入水平更高的现代化。家户现代化的最终目的是追求美好的生活，每一个家庭成员的幸福是整个家庭幸福的条件和表现。

家户现代化具有渐进性。家庭成员的代际与代内分工是这种渐进性的主要条件。这也就意味着同一个家庭的不同成员，处于现代化的不同层次上，他们获得现代性的能力也具有差异，而且对不同成员有着不同的预期。同时家户现代化的过程还具有反复性，打工者从城市返回农村、年轻一代没有能够如其父辈预期的那样通过教育走向更高的阶层而是早早地进入打工队伍等，都是这种反复性的表现。

家户现代化具有家庭伦理性。以家户现代化为目标，家庭成员有时就

① 麻国庆：《家庭策略研究与社会转型》，《思想战线》2016 年第 3 期。

会做出牺牲，这在代际和代内都存在。这就使得家庭成员在一种高度的家庭责任感的驱使之下去选择个人的行动，并保持了对家的精神和意义的认同。

联增村村民生计决策与行动始终受到整个家户的影响，特别是代内与代际的家庭责任道德伦理，构成中国乡村“家户现代化”道路的基本特征。这也是我们认识中国现代化尤其是农村现代化的重要前提。

二　家户理性与家户韧性

关于农民理性，舒尔茨认为传统农业中的农民就像企业家一样，在特定的资源和技术约束条件下从事农业生产，追求利润的最大化，并根据利益调整生产以实现要素配置的最优化，也就是说农民也具有理性经济人的特征。[①]斯科特指出农民具有“安全第一”的生存理性，[②]社会学的理性选择理论源于经济学的理性思想并对其做了修正。文军把人的理性行为分为三个层次，即生存理性、经济理性和社会理性，中国农民外出就业的行为一般遵循着生存理性选择→经济理性选择→社会理性选择的逻辑顺序。[③]徐勇提出农民的“理性扩张”，农民理性的优质因素与现代工商业社会的优质因素的有机结合，会释放出传统农业社会和现代工商业社会都没有的巨大能量，产生“叠加优势”，由生存理性扩展为发展理性，从而成就了“中国奇迹”[④]。

我们认为，理解农民理性需要从家户这一视角出发。农民的行为遵循家户理性，以家户利益为行动目标。正如王春光所指出，中国广大民众参与工业化、市场化和城镇化，参与竞争、参加劳动、节俭勤奋，背后的一个巨大动力就是费孝通所说的“家庭”：父母累死累活、辛苦劳动、省吃俭用，为的是让子女有更好的经济和生活条件，让家庭成员能够享受更好的生活品

① 西奥多·W. 舒尔茨：《改造传统农业》，梁小民译，商务印书馆，2006。

② 詹姆斯·C. 斯科特：《农民的道义经济学：东南亚的反叛与生存》，程立显、刘建译，译林出版社，2001。

③ 文军：《从生存理性到社会理性选择：当代中国农民外出就业动因的社会学分析》，《社会学研究》2001年第6期。

④ 徐勇：《农民理性的扩张：“中国奇迹”的创造主体分析——对既有理论的挑战及新的分析进路的提出》，《中国社会科学》2010年第1期。

质。只要有政策和制度条件让中国老百姓去实现其“家”的责任和面子，那么他们就会有勤奋的动力和冲动，就能积极地迎接和拥抱工业化、城镇化和市场化。[①]

从城乡关系的角度看，农民在城乡间流动，甚至在城乡两栖，他们进城是其家庭生计选择过程的一部分[②]，因此，他们的家也在城乡间“撑开”[③]，乡村与城市也不再是传统和现代的两端，农民在其间做出合理的生计安排。

联增村的农民，正是在家户理性的支配下，形成了家户内部的代际和代内的分工，根据家户的实际情况合理配置家户资源，这种分工使得家户承受了很大的压力，比如跨地域家庭所产生的婚姻维持、留守儿童与留守老人问题所造成的家庭照料困难等。但是我们看到，面对这些困难，农民在流动的过程中不断加以调适，始终以家户利益为重，表现出了家户韧性。这种韧性对于克服当下一些地方已经出现的农村家庭个体化、村庄原子化起到了关键作用。

但是我们也应当看到，家户理性背后具有“社会性”和“文化性”的支持力量。[④] 当代农村家户结构呈现小规模、多核心并存的形态，家庭结构也发生了巨大的变化，出现大量的隔代或常年残缺的家庭结构。[⑤] 因此，联增村这样的民族村寨，依托于其社会文化而得以延续的家户理性，其价值更应该得到重视。国家在对乡村的扶持政策中，应当注重对于家户韧性的保护。如果任由家庭这一细胞进一步破裂，村庄社会的基础也必将受到威胁。在联增村，如果能够做好留守儿童与留守老人的照料工作，进一步提升学前教育和义务教育的教学质量，将有利于家户韧性的维持。

---

① 王春光：《中国社会发展中的社会文化主体性——以 40 年农村发展和减贫为例》，《中国社会科学》2019 年第 11 期。

② 杰华：《理解“留守者”境遇的一个替代框架》，载叶敬忠主编《农政与发展当代思潮》（第二卷），社会科学文献出版社，2016。

③ 白美妃：《撑开在城乡之间的家——基础设施、时空经验与县域城乡关系再认识》，《社会学研究》2021 年第 6 期。

④ 王春光：《中国社会发展中的社会文化主体性——以 40 年农村发展和减贫为例》，《中国社会科学》2019 年第 11 期。

⑤ 孙宏伟、唐京华：《中国农村家户制的时代特征与社会影响分析》，《青海社会科学》2016 年第 4 期。

三 小农户发展与农户现代化

大规模的小农户长期存在，既是中国的历史特征，也是当前中国的基本国情，农业和农村的发展道路选择要充分认清这一前提。长期以来，中国农业都表现出“大国小农”的特征，时至今日，小农户仍然是中国农户的主体。目前，我国有2.6亿多户农户，其中2.3亿户是承包户。

中国实现农业现代化面临两方面的约束：一是微观主体方面农户属于典型的东亚小农类型；二是资源禀赋方面“人多地少水更少”的现实情况。[①]中国要在小农户的基础上实现农业现代化，走以土地租赁为主的土地流转型规模经营的道路是行不通的。把农民组织起来，进一步健全农业社会化服务体系才是中国发展现代农业的唯一出路。[②]

党和国家深刻地认识到了小农户在中国农业农村发展中的地位。中共中央办公厅、国务院办公厅印发的《关于促进小农户和现代农业发展有机衔接的意见》指出，坚持小农户家庭经营为基础与多种形式适度规模经营为引领相协调，坚持农业生产经营规模宜大则大、宜小则小，充分发挥小农户在乡村振兴中的作用。

小农户的现代化是农户现代化的重点。像联增村这样的村庄，虽然有大量的劳动力外出打工，但是依然无法改变其小农户的基本特征。一方面大量的打工者要回到乡村，另一方面，联增村还有近三分之一的劳动力在从事农业生产。而联增村受其自身自然地理条件的制约，山地多，土地资源有限，而且细碎化特征突出，决定了其农业发展道路选择的有限性。因此，对于联增村的小农户发展，尤其是与现代农业相衔接的路径，就应该有更多的探索。

首先，联增村大量的劳动力进入城市打工，大大地减轻了村庄原有的人地关系紧张的压力，使得农业的去过密化有了可能。村庄的现有农业资源有可能为留在村庄中的人产出更大的效益，这为农业向专业化和适度规模化发

① 杜鹰：《小农生产与农业现代化》，《中国农村经济》2018年第10期。

② 孔祥智、穆娜娜：《实现小农户与现代农业发展的有机衔接》，《农村经济》2018年第2期。

展提供了条件。如联增村已有的养殖猪、牛、养等产业，就在朝着这个方向发展。因此，乡村振兴工作的重点之一就是要以社会化服务助力小农户，促使其更好地融入分工经济。并将其发展融入超越村庄层面的更大区域内，以获取更多的发展资源和市场资源。

其次，以土地流转推动的大规模集中经营要审慎对待，特别是地方政府主导下强力推进的土地流转更应当谨慎，要尊重市场规律和社会规律。联增村先后经历了几轮土地流转的规模化集中经营，既有私人业主与农户协商的，也有地方政府以“坝区产业”革命之名强力推动的，但是结果都殊途同归，不论是经营者还是农户，最终都成为利益受损者。在小农户现代化问题上，地方政府应该立足于做服务，做基础，为小农户与现代农业的衔接创造条件，而不是代替他们去做选择。地方政府首先要做好农业发展的基础设施建设服务，如联增村的生产路、排洪沟等；其次是要做好技术和市场的服务，提升农户的技术能力、信息能力和市场能力。

最后，乡村对于那些外出打工的劳动者而言，既是精神和文化的家园，也是他们中相当一部分人最终的归宿。因此要考虑由城返乡回到土地上的这些劳动者及其家庭的发展问题。这也是本书所强调的农户不仅是中国农村现代化的“稳定器”与“蓄水池”，同时是中国农业现代化的基础力量。对于那些回归者，乡村要为他们预留发展的空间和机会。因此像联增村这样的劳动力大规模外出，且离城镇较远，交通不太发达的村庄，其乡村振兴不能局限于本地农业产业大规模发展的思路。

第三节　跨区域城乡融合

在新的历史条件下，实现乡村振兴要走城乡融合的道路，这也是党的十九大报告所提出的方向。但是城乡融合又该如何实现？显然，对于中国这样一个地域辽阔的国家来说，各地的情况有着很大的差异，在推动城乡融合实现乡村振兴的路径选择上也必须考虑当地的实际情况。

一　城乡融合的内容

城乡融合强调城乡平等互动和共建共享。城市与乡村是一个相互依存、相互融合、互促共荣的生命共同体。在这个共同体中，城市与乡村作为两个平等的主体，必须赋予其平等的地位、平等的发展机会和权利以及平等甚至乡村优先的待遇。[①] 在现代化的过程中，城市和乡村两个文明应该共存，互为需要，各有特点。

城乡融合主要包括以下内容。

一是城乡要素的自由流动。城乡要素的自由流动是市场经济发展的必要条件和必然要求。土地、资本、劳动力、技术、信息等要素在城乡间的配置方式不同，效率也存在很大差异，容易引起城乡经济水平的差异。要素的自由流动要求进一步打破城乡二元结构，将城乡作为一个相互依存、有机联系的统一体，统一谋划城乡发展、配置城乡资源。既要激活乡村发展的内生动力，让乡村汇聚人力、土地、资本、技术各项要素，建立城市人才入乡激励机制、工商资本入乡促进机制和科技成果入乡转化机制，使农村的业态活起来，也要把城市的"门"打开，健全农业转移人口市民化机制，保障进城农民群体的教育、居住、就业等权利。

二是城乡基本公共服务均等化。重点是提高农村教育、医疗、文化、社会保障等基本公共服务供给水平、效率和质量，加快推进城乡基本公共服务均等化进程。要优先发展农村教育事业，建立以城带乡、整体推进、城乡一体、均衡发展的义务教育发展机制，推动教师资源向乡村倾斜，通过稳步提高待遇等措施增强乡村教师岗位吸引力。要建立和完善相关政策制度，提升基层医务人员岗位吸引力，加强乡村医疗卫生人才队伍建设，改善乡镇卫生院和村卫生室条件，健全网络化服务运行机制。完善城乡统一的社会保险制度，统筹城乡社会救助体系。

三是城乡基础设施一体化。要建立城乡基础设施一体化规划的机制，畅通城乡交通运输连接，实现县乡村（户）的道路连接。要统筹规划重要的

---

① 魏后凯：《深刻把握城乡融合发展的本质内涵》，《中国农村经济》2020 年第 6 期。

市政公用设施，推动向城市郊区的乡村和规模比较大的中心镇延伸。大力提升乡村基础设施水平，不断缩小其与城市的差异。以便捷的交通系统提高城乡互动的效率，并形成良好的城市圈－城镇－乡村的格局；以供水、供电、通信、网络等设施的城乡一体化提升乡村的吸引力。

四是城乡产业融合。党的十九大报告提出“促进农村一二三产业融合发展”，乡村振兴中的产业兴旺要以农业为基本依托和核心，但又不能局限于农业产业。城乡产业融合意味着，农村要以现代农业为基础，以农村一二三产业融合发展、乡村文化旅游等新产业新业态为重要补充。实现乡村经济多元化和农业全产业链发展，要以生产和加工环节的纵向一体化推动产业融合发展，提升农业在产业价值链上的位置。使用科技来提升农业效率，利用工业延长乡村的农业产业链条，利用互联网产业等服务业来丰富农村的产业业态。

五是观念的融合。要克服长期以来在城乡二元体制下形成的“农村意味着落后”的观念，树立城乡居民生活质量等值化的观念，实现城乡居民在不同空间中观念的平等和权利的平等。尽管乡村与城市在功能景观、社会形态、生产和生活方式等方面不同，但农村居民在收入和消费水平、就业机会、居住条件、公共安全和社会保障等方面，应该享受与城市居民大体等值的生活质量和权利。缩小城乡差距，促进城乡均衡发展，实现城乡居民生活质量等值，是乡村振兴和城乡融合发展的重要目标。①

二　城乡融合的差异性

人口与资源分布的不均衡性以及地区之间发展的不平衡性使得中国不可能形成一个整体性的城乡关系。事实上，城乡关系具有区域性。虽然我们可以对城乡融合的内容形成较为一致的看法，但是具体到每个区域每个村庄，城乡如何实现融合，则必然存在差异性。

在经历了70年的工业化和市场化之后，特别是近25年来，中国形成了

① 何仁伟：《城乡融合与乡村振兴：理论探讨、机理阐释与实现路径》，《地理研究》2018年第11期。

三类基本城乡关系：城乡一体、城乡相辅、城嵌入乡。在东部发达地区，“城”把“乡”融入其中，尤其是在长三角和珠三角地区，乡村变成了城市的点缀；在中部地区，“城”与“乡”保留着各自的吸引力，如城市的工作机会多和生活便利，乡村生活的悠闲与田园气息；在西部地区，资源的劣势、工作机会的匮乏、人口稀少与居住的分散，依然让在城市的生计相对更加容易，也使得“乡”还是人们争相离开的所在，“城”还是人们生活与工作的梦想之地。①

虽然上述三大分类对应东中西的三大区域有简单化之嫌，但是三种类型的城乡关系还是可以作为理解现有城乡关系格局的一个参考视角。在这些不同类型的城乡关系中，城乡一体格局中的乡村其实已经融入城市了，被城市所吸纳，即使村庄还存在，也已经成为城市工商业分工体系中的一环，成为没有农业的农村。而城乡相辅型的格局下，城乡各自保留其特征，并具有对对方的吸引力，或许这才是城乡融合的理性类型，能够实现城乡“各美其美”的目标。而在城嵌入乡的格局下，农村本身缺乏发展的资源，乡村中的人想逃离农村，更谈不上对城市的吸引力。同时，这些乡村所在区域的城市化水平也不够高，难以吸纳乡村人口就近就地城市化，其产业发展也难以带动所在区域乡村的发展。

就联增村的情况看，联增村基本上属于上述第三种类型城乡关系下的村庄。从区域内看，联增村所在兴仁市（县级市）现有的发展水平不具备吸纳联增村劳动力的条件，不论是联增村所在的马马崖镇还是离联增村更近的百德镇，其小城镇建设也刚起步，而且资源禀赋相对较弱，在目前难以完成就地就近城市化。联增村拥有一定的自然地理资源、文化资源以及旅游观光资源，但是由于距离城市较远，难以吸引城市资源和人员进入村庄。相反，村庄中有能力的劳动力人口都外出寻找发展机会。目前，联增村表现出了村-镇-县城三级城乡互动的一些特征，但是离城乡融合发展仍然有较远的距离。因此，既要为其城乡融合创造条件，也要拓展思路，开拓新的视野。

---

① 邱泽奇：《乡村振兴与城乡关系再探索：人口生计何以可转换?》，《社会发展研究》2020年第4期。

三　跨区域城乡融合：一个新的视角

如前所述，联增村在城乡格局中处于不利地位，类似这样的村庄在数量上也应该较为庞大。这些村庄如何才能在城乡融合的基础上实现振兴呢？

要讨论这一问题，其实就是要讨论以什么方式实现城乡资源的互动。我们在考虑城乡融合时，更多的是在讨论区域内的城乡资源互动和互补，比如以县域为单位，实现生产要素自由流动、产业融合、基础设施融合和公共服务均等等融合目标。但是问题在于，如果县域本身的发展水平就偏低，上述融合就算实现了也是处于较低水平。现阶段的城乡融合也好，乡村振兴也好，有一个重要的前提，那就是乡村发展的高度在一定程度上是由城市发展的高度决定的。所以如果我们局限于在区域内看待城乡融合的话，那么由于已经存在的区域间的差距问题，城乡融合就难以突破这种差距，也就更难以解决发展的不平衡问题。

因此我们认为，需要用跨区域的思维来看待城乡融合。也就是说，西部地区可以通过分享东部地区发展成果的方式实现城乡融合。这样的城乡融合有两层含义。第一层含义是东部地区的城和西部地区的乡融合。当然这里的融合是经济层面上的。西部地区的农民通过打工等方式，参与到东部产业发展中去。虽然东部地区的资源并没有直接流向这些西部村庄，但是通过打工获得的收入、能力、现代化观念等乡村发展需要的资源通过打工者的流动被带回了村庄，并通过这样的融合缩小了区域、城乡间的差距，也为乡村现代化提供了重要动力。从更广的视角看，西部地区还可以通过积极抓住国内大循环、统一大市场、东西部协作、新西部开发等国家战略机遇，在区域协调发展的格局下，充分发挥自身优势，与东部发达地区不断深化互动与合作，从而使西部的农村地区融入更大的发展空间，共享发展成果，以达到跨区域城乡融合这一目标。第二层含义是西部地区内部的城乡融合。跨区域的城乡融合能够促进区域内的城乡融合。从东部地区回流的劳动力，能力较强的那部分，往往不会回到农村中从事农业生产，而是选择在家乡附近的城镇创业，还有一部分人也会选择在城镇获得就业机会，但是他们可能没有完全离开农村。这些回乡的人口，能够大大地减少城乡融合的阻力。

对于西部地区来说，虽然经济发展水平暂时相对较低，但是可以在继续推动以县域为核心的城镇化的基础上，保持历史耐心，把基础设施、公共服务等城乡融合的事项先做起来，推动城乡生活的等值化，逐步消除区域内城乡间的地位差，为外出打工的劳动力人口创造好的家乡，增强他们回乡的动力。同时为返乡的、愿意进入城市的劳动力提供实现城市化的条件，为留村发展的劳动力提供基础。而由于乡村条件的改善，对城市资源的吸引力也必定加强，乡村外来资源和本村劳动力一道，推动乡村产业与城市的融合。当然，这对于西部地区来说，会有一个过程，不可能一蹴而就。

联增村本身经过多年的建设与发展，特别是脱贫攻坚以来的巨大投入，改善了农村居民的生产生活条件，也使村庄的面貌发生了很大的改变。但是就目前的状况看，联增村无论是与当地的城镇，还是与村里的劳动力打工地的城镇相比，都存在较大的差距。联增村的振兴仍任重道远。我们认为，地方政府可以在巩固拓展脱贫攻坚成果的基础上，进一步做好教育、医疗等公共服务的城乡均等化，特别是要重点提升农村基础教育水平，以人的现代化为载体，让无论是走出去还是留下来的农民都有能力创造出更大的发展空间，并逐渐做强区域产业，使县城－乡镇－乡村真正成为一个市场共同体、服务共同体与生活公共体，在城乡融合的基础上真正实现乡村振兴。

参考文献

一 史志类

（清）爱必达：《黔南识略》，载杜文铎等点校《黔南识略·黔南职方纪略》卷二十七《兴义府》，贵州人民出版社，1992。

《布依族简史》编写组：《布依族简史》，贵州人民出版社，2008。

方回：《续古今考》，载《景印文渊阁四库全书》（第853册），台北：商务印书馆，1986。

（清）顾炎武：《天下郡国利病书》第三十一册《旅途志》，上海科学技术文献出版社，2002。

关岭布依族苗族自治县地方志编纂委员会编《关岭布依族苗族自治县志》，贵州人民出版社，2002。

贵州省编辑组、《中国少数民族社会历史调查资料丛刊》修订编辑委员会：《布依族社会历史调查》，民族出版社，2009。

贵州省民族事务委员会、贵州省民族研究所编《贵州“六山六水”民族调查资料选编》（布依族卷），贵州民族出版社，2008。

贵州省晴隆县志编纂委员会编《晴隆县志》，贵州人民出版社，1993。

贵州省区域地理信息项目领导小组编《贵州省地理信息数据集》，贵州人民出版社，1996。

贵州省兴仁县编史修志委员会编《兴仁县志》，贵州人民出版社，1991。

（清）黄培杰编纂，（清）沈毓兰重刊《永宁州志》（未刊），政协关岭自治县委员会校勘，2009。

刘灿文：《北盘江下游航运的回顾》，载中国人民政治协商会议黔西南州委员会、文史资料研究委员会编《黔西南州文史资料选辑》（第5辑），1985。

罗甸县史志编纂委员会编《罗甸县志·民族志》，贵州民族出版社，1989。

（清）王粤麟修，曾维祺纂《普安直隶厅志》卷二四《物产志》，成文出版社，1974。

（清）俞渭修，陈瑜纂《（光绪）黎平府志》卷三下《食货志》，光绪十八年黎平府志局刻本。

曾敬孚：《民国三十一年壬午初秋敬孚识贞丰竹枝词》，载中国人民政治协商会议贞丰县委员会、文史资料研究委员会编《贞丰文史资料选辑》（第6辑），1994。

（清）张锳纂修《兴义府志》，贵州省安龙县史志办公室校注，贵州人民出版社，2009。

贞丰县史志征集编纂委员会编《贞丰县志》，贵州人民出版社，1994。

政协册亨县委员会编《册亨风物志》，贵州民族出版社，2016，第230页。

政协关岭自治县委员会、文史资料研究委员会编《关岭文史资料选辑》（第1辑），1988。

中国人民政治协商会议贞丰县委员会文史资料研究委员会编《贞丰文史资料选辑》（第五辑）。

二　外文文献

阿比吉特·班纳吉、埃斯特·迪弗格：《贫穷的本质——我们为什么摆脱不了贫穷》，景芳译，中信出版社，2013。

阿尔夫雷德·赫特纳：《地理学——它的历史、性质和方法》，王兰生译，商务印书馆，1983。

阿列克斯·英克尔斯、戴维·H. 史密斯：《从传统人到现代人——六个发展中国家中的个人变化》，顾昕译，中国人民大学出版社，1992。

安东尼·吉登斯：《现代性的后果》，田禾译，译林出版社，2011。

包尔丹：《宗教的七种理论》，陶飞亚、刘义、钮圣妮译，上海古籍出版社，2005。

丹尼尔 · U. 莱文、瑞伊娜 · F. 莱文：《教育社会学》，郭锋、黄雯、郭菲译，中国人民大学出版社，2010。

丹尼斯 · 舍曼、A · 汤姆 · 格伦费尔德、杰拉尔德 · 马科维茨、戴维 · 罗斯纳、琳达 · 海伍德：《世界文明史》，李义天、黄慧、阮淑俊、王娜译，中国人民大学出版社，2012 。

段义孚：《空间与地方：经验的视角》，王志标译，中国人民大学出版社，2017。

段义孚：《神州——历史眼光下的中国地理》，赵世玲译，北京大学出版社，2019。

范芝芬：《流动中国：迁移、国家和家庭》，邱幼云、黄河译，社会科学文献出版社，2013。

费正清：《美国与中国》，张理京译，世界知识出版社，1999 。

赫伯特 · 金迪斯等：《人类的趋社会性及其研究：一个超越经济学的经济分析》，浙江大学跨学科社会科学研究中心译，上海人民出版社，2006。

黄宗智：《长江三角洲小农家庭与乡村发展》，中华书局，2000。

黄宗智：《华北的小农经济与社会变迁》，中华书局，2000。

黄宗智：《中国的隐性农业革命》，法律出版社，2010。

卡尔 · 波兰尼：《大转型：我们时代的政治与经济起落》，冯钢、刘阳译，当代世界出版社，2020。

马克斯 · 韦伯：《新教伦理与资本主义精神》，彭强、黄晓京译，四川人民出版社，1986。

玛丽 · 道格拉斯：《洁净与危险》，黄剑波、卢忱、柳博赟译，民族出版社，2008。

莫里斯 · 弗里德曼：《中国东南的宗族组织》，刘晓春译，上海人民出版社，2000。

普雷斯顿 · 詹姆斯、杰弗雷 · 马丁：《地理学思想史》，李旭旦译，商务印书馆，1989。

齐格蒙特 · 鲍曼：《流动的时代：生活于充满不确定性的年代》，谷蕾、武媛媛译，江苏人民出版社，2012。

齐格蒙特·鲍曼：《流动的现代性》，欧阳景根译，上海三联书店，2002。

A. 恰亚诺夫：《农民经济组织》，萧正洪译，中央编译出版社，1996。

施坚雅：《中国农村的市场和社会结构》，史建云、徐秀丽译，中国社会科学出版社，1998。

司马少林（马歇尔·萨林斯）：《亲属关系是什么，不是什么》，陈波译，商务印书馆，2018。

尾形勇：《中国古代的"家"与国》，张鹤泉译，中华书局，2010。

西奥多·W. 舒尔茨：《改造传统农业》，梁小民译，商务印书馆，2006。

许晶：《培养好孩子：道德与儿童发展》，祝宇清译，华东师范大学出版社，2021。

阎云翔：《私人生活的变革：一个中国村庄里的爱情、家庭与亲密关系（1949－1999）》，龚小夏译，上海书店出版社，2009。

阎云翔：《中国社会的个体化》，陆洋等译，上海译文出版社，2012。

殷陆君编译《人的现代化——心理·思想·态度·行为》，四川人民出版社，1985。

詹姆斯·C. 斯科特：《农民的道义经济学：东南亚的反叛与生存》，程立显、刘建等译，译林出版社，2001。

Coleman, J. S., "Social Capital in the Creation of Human Capital," *American Journal of Sociology* 94 (1988).

Myerson, R., Hou, Y., Tang, H., Ying, C., & Ye, Z., "Home and Away: Chinese Migrant Workers between Two Worlds", *Sociological Review* 1 (2010): 26－44.

Popkin, Samuel L., *The Rational Peasant: The Political Economy of Rural Society in Vietnam*, University of California Press, 1979.

三　中文文献

1. 著作类

曹端波、杨元丽、刘倩倩：《布依族的亲属制度与社会组织》，中国社会科学出版社，2019。
陈斌、张定贵、吕燕平等：《屯堡村社教育》，社会科学文献出版社，2019。
陈明：《家户主义的行为逻辑及其公共治理》，中国社会科学出版社，2018。
崔传义：《中国农民流动就业与现代化》，山西经济出版社，2017。
邓伟志、徐新：《家庭社会学导论》，上海大学出版社，2006。
丁静：《新生代农民工“半市民化”问题研究》，河北人民出版社，2015。
费孝通：《江村经济》，上海世纪出版集团，2011。
费孝通：《乡土中国》，上海人民出版社，2007。
费孝通：《乡土中国　生育制度》，北京大学出版社，1998。
费孝通：《兄弟民族在贵州》，生活·读书·新知三联书店，1951。
付伟：《城乡融合进程中的乡村产业——历史、实践与思考》，社会科学文献出版社，2021。
贵阳市布依学会编，罗大林主编《中国·贵阳布依族文化》，贵州民族出版社，2017。
（汉）许慎撰，（清）段玉裁注《说文解字注》，上海古籍出版社，1988。
何传启主编《中国现代化报告2011——现代化科学概论》，北京大学出版社，2011。
贺雪峰：《小农立场》，中国政法大学出版社，2013。
黄义仁：《布依族宗教信仰与文化》，中央民族大学出版社，2002。
李斌：《新型城镇化背景下的城乡关系》，社会科学文献出版社，2020。
李诫撰《营造法式》，邹其昌点校，人民出版社，2006。
李强：《农民工与中国社会分层》，社会科学文献出版社，2012。
李旭旦主编《人文地理学论丛》，人民教育出版社，1985。
梁漱溟：《中国文化要义》，上海人民出版社，2005。
林刚：《国情、传统与现代化：以农户经济为中心》，社会科学文献出版社，2020。
林耀华：《义序的宗族研究》，生活·读书·新知三联书店，2000。
刘保中：《家庭教育投入：期望、投资与参与》，社会科学文献出版社，2021。

刘成斌：《农民工的终结——基于社会成本与城镇化背景的考察》，社会科学文献出版社，2017。

陆世宏：《中国农业现代化道路的探索》，社会科学文献出版社，2006。

陆学艺、王春光、张其仔：《中国农村现代化道路研究》，广西人民出版社，1998。

陆学艺主编《内发的村庄》，社会科学文献出版社，2001。

陆益龙：《制度、市场与中国农村发展》，中国人民大学出版社，2013。

罗荣渠：《现代化新论：世界与中国的现代化进程》，商务印书馆，2009。

罗小锋：《流动农民工的婚姻维系》，社会科学文献出版社，2021。

麻国庆：《家与中国社会结构》，文物出版社，1999。

潘毅：《中国女工——新兴打工者主体的形成》，任焰译，九州出版社，2011。

钱理群、戴明贤、封孝伦主编《贵州读本》，贵州教育出版社，2003。

黔西南州民族和宗教委员会、黔西南州布依学会编《黔西南布依学研究》（第三集），华夏文化出版社，2010。

孙兆霞等：《屯堡乡民社会》，社会科学文献出版社，2005。

孙兆霞、毛刚强、王春光等：《玉龙县域贫困治理创新》，研究出版社，2021。

孙兆霞、张建、曹端波、毛刚强：《政治制度优势与贫困治理》，湖南人民出版社，2018。

孙兆霞、张建、曾芸、王春光等：《贵州党建扶贫30年——基于X县的调查研究》，社会科学文献出版社，2016。

王春光、孙兆霞等：《脱贫攻坚的可持续性探索——贵州的实践与经验》，社会科学文献出版社，2019。

韦政通：《中国文化概论》，吉林出版集团有限责任公司，2008。

王春光、孙兆霞、曾芸等：《社会建设与扶贫开发新模式的探求》，社会科学文献出版社，2014。

肖诗坚：《大山里的未来学校》，人民日报出版社，2021。

邢成举：《精英俘获：扶贫资源分配的乡村叙事》，社会科学文献出版社，2017。

叶敬忠主编《农政与发展当代思潮》第一卷，社会科学文献出版社，2016。

应星：《新教育场域的兴起 1895 - 1926》，生活 · 读书 · 新知三联书店，2017。

袁道先主编《中国岩溶学》，地质出版社，1994。

翟学伟：《人情、面子与权力的再生产》，北京大学出版社，2013。

赵冈、陈钟毅：《中国棉纺织史》，中国农业出版社，1997。

赵树凯：《农民的新命》，商务印书馆，2012。

郑永廷等：《人的现代化理论与实践》，人民出版社，2006。

周大鸣：《渴望生存——农民工流动的人类学考察》，中山大学出版社，2005。

周其仁：《城乡中国》（上、下），中信出版社，2013。

周振：《迁徙与回流：城镇化进程中的农民工》，社会科学文献出版社，2020。

朱启臻：《把根留住：基于乡村价值的乡村振兴》，中国农业大学出版社，2019。

2. 期刊类

安裕伦：《喀斯特人地关系地域系统的结构与功能刍议——以贵州民族地区为例》，《中国岩溶》1994 年第 2 期。

白美妃：《撑开在城乡之间的家——基础设施、时空经验与县域城乡关系再认识》，《社会学研究》2021 年第 6 期。

北京天则经济研究所《中国土地问题》课题组、张曙光：《土地流转与农业现代化》，《管理世界》2010 年第 7 期。

蔡宛平：《官亭名称与职能初探》，《山西档案》2018 年第 3 期。

陈曦：《社会资本与农村留守儿童偏差行为研究》，《浙江社会科学》2012 年第 5 期。

邓志华：《房与家：房屋与家庭的意义生产》，《现代人类学》2019 年第 2 期。

杜鹰：《小农生产与农业现代化》，《中国农村经济》2018 年第 10 期。

方创琳：《中国人地关系研究的新进展与展望》，《地理学报》2004 年第 S1 期。

付伟：《城镇化进程中的乡村产业与家庭经营——以 S 市域调研为例》，《社会发展研究》2018 年第 1 期。

甘满堂：《城市农民工与转型期中国社会的三元结构》，《福州大学学报》

（哲学社会科学版）2001年第4期。
顾焕章、王培志：《论农业现代化的涵义及其发展》，《江苏社会科学》1997年第1期。
郭于华：《“道义经济”还是“理性小农”重读农民学经典论题》，《读书》2002年第5期。
何仁伟：《城乡融合与乡村振兴：理论探讨、机理阐释与实现路径》，《地理研究》2018年第11期。
贺雪峰：《关于“中国式小农经济”的几点认识》，《南京农业大学学报》（社会科学版）2013年第6期。
贺雪峰：《论中坚农民》，《南京农业大学学报》（社会科学版）2015年第4期。
贺雪峰、印子：《“小农经济”与农业现代化的路径选择——兼评农业现代化激进主义》，《政治经济学评论》2015年第2期。
黄宗智：《制度化了的“半工半耕”过密型农业》，《读书》2006年第2、3期。
金一虹：《农业女性化：影响及前景》，《中国社会科学报》2010年7月6日，第011版。
靳相木、薛兴利：《农业产业化——纵向一体化与横向一体化之比较》，《农业经济》1998年第5期。
柯炳生：《对推进我国基本实现农业现代化的几点认识》，《中国农村经济》2000年第9期。
孔祥智、穆娜娜：《实现小农户与现代农业发展的有机衔接》，《农村经济》2018年第2期。
孔祥智：《推进农业农村现代化 实现城乡融合发展——新中国城乡关系的演变及发展趋势》，《农民日报》2021年5月8日，第03版。
兰安军、张百平、熊康宁、安裕伦：《黔西南脆弱喀斯特生态环境空间格局分析》，《地理研究》2003年第6期。
李安定、喻理飞、韦小丽：《花江喀斯特典型峡谷区顶坛花椒林地生态需水量的初步估算》，《土壤》2008年第3期。

李翠玲：《家园认同：社区治理的台湾经验——以一个台北社区为例》，《台湾研究集刊》2018 年第 3 期。

李国栋：《稻作文化在贵州——基于传播途径的实证研究》，《贵州师范学院学报》2013 年第 10 期。

李华胤、侣传振：《从分治到合治：现代化进程中的城乡关系转变与走向》，《河南师范大学学报》（哲学社会科学版）2019 年第 5 期。

李培林：《另一只看不见的手：社会结构转型》，《中国社会科学》1992 年第 5 期。

李培林：《流动民工的社会网络和社会地位》，《社会学研究》1996 年第 4 期。

李强：《当前我国社会分层结构变化的新趋势》，《江苏社会科学》2004 年第 6 期。

李晓非、朱晓阳：《作为社会学/人类学概念的“家园”》，《兰州学刊》2015 年第 1 期。

李燕琼：《我国传统农业现代化的困境与路径突破》，《经济学家》2007 年第 5 期。

梁晨：《产业扶贫项目的运作机制与地方政府的角色》，《北京工业大学学报》（社会科学版）2015 年第 5 期。

林斐：《对 90 年代回流农村劳动力创业行为的实证研究》，《人口与经济》2004 年第 2 期。

林万龙、华中昱、徐娜：《产业扶贫的主要模式、实践困境与解决对策——基于河南、湖南、湖北、广西四省区若干贫困县的调研总结》，《经济纵横》2018 年第 7 期。

林毅夫：《中国的城市发展与农村现代化》，《北京大学学报》（哲学社会科学版）2002 年第 4 期。

刘国华、傅伯杰、陈利顶、郭旭东：《中国生态退化的主要类型、特征及分布》，《生态学报》2000 年第 1 期。

刘守英、王一鸽：《从乡土中国到城乡中国——中国转型的乡村变迁视角》，《管理世界》2018 年第 10 期。

刘铁梁：《"标志性文化统领式"民俗志的理论与实践》，《北京师范大学学报》（社会科学版）2005年第6期。

龙健、江新荣、邓启琼、刘方：《贵州喀斯特地区土壤石漠化的本质特征研究》，《土壤学报》2005年第3期。

陆铭：《从分散到集聚：农村城镇化的理论、误区与改革》，《农业经济问题》2021年第9期。

陆学艺：《关于中国农村现代化发展道路问题》，《社会科学战线》1995年第6期。

罗芳：《基于推—拉理论的农民工回流的实证分析》，《经济师》2007年第2期。

麻国庆：《家庭策略研究与社会转型》，《思想战线》2016年第3期。

马启忠：《布依族的婚俗调查》，《中央民族大学学报》（哲学社会科学版）1983年第1期。

毛刚强：《论发展社区福利与农村减贫》，《贵州民族大学学报》（哲学社会科学版）2016年第2期。

牛若峰：《中国农业现代化走什么道路》，《中国农村经济》2001年第1期。

庞丽娟、金志峰、杨小敏、王红蕾：《完善教师队伍建设 助力乡村振兴战略——制度思考和政策建议》，《北京师范大学学报》（社会科学版）2020年第6期。

齐格蒙·鲍曼：《对秩序的追求》，《南京大学学报》（哲学·人文科学·社会科学版）1999年第3期。

邱泽奇：《乡村振兴与城乡关系再探索：人口生计何以可转换?》，《社会发展研究》2020年第4期。

秋浦：《论禁忌》，《思想战线》1987年第1期。

渠敬东：《项目制：一种新的国家治理体制》，《中国社会科学》2012年第5期。

任路：《新中国成立以来工农城乡关系的变迁》，《西北农林科技大学学报》（社会科学版）2019年第6期。

盛洪：《论家庭主义》，《新政治经济学评论》2008年第2期。

孙宏伟、唐京华：《中国农村家户制的时代特征与社会影响分析》，《青海社会科学》2016 年第 4 期。

孙兆霞：《脱嵌的产业扶贫——以贵州为案例》，《中共福建省委党校学报》2015 年第 3 期。

单丽卿、王春光：《离农：农村教育发展的趋势与问题——兼论“离农”和“为农”之争》，《社会科学研究》2015 年第 1 期。

唐斌：《“双重边缘人”：城市农民工自我认同的形成及社会影响》，《中南民族学院学报》（人文社会科学版）2002 年第 S1 期。

唐灿：《家庭现代化理论及其发展的回顾与评述》，《社会学研究》2010 年第 3 期。

王春光：《第三条城镇化之路：“城乡两栖”》，《四川大学学报》（哲学社会科学版）2019 年第 6 期。

王春光：《迈向共同富裕——农业农村现代化实践行动和路径的社会学思考》，《社会学研究》2021 年第 2 期。

王春光：《农村流动人口的“半城市化”问题研究》，《社会学研究》2006 年第 5 期。

王春光：《外来农村流动人口本地化的体制性困境》，《学海》2017 年第 2 期。

王春光：《新生代农村流动人口的社会认同与城乡融合的关系》，《社会学研究》2001 年第 3 期。

王春光、赵玉峰、王玉琪：《当代中国农民社会分层的新动向》，《社会学研究》2018 年第 1 期。

王春光：《中国社会发展中的社会文化主体性——以 40 年农村发展和减贫为例》，《中国社会科学》2019 年第 11 期。

王德福：《弹性城市化与接力式进城——理解中国特色城市化模式及其社会机制的一个视角》，《社会科学》2017 年第 3 期。

王建民：《社会转型中的象征二元结构 以农民工群体为中心的微观权力分析》，《社会》2008 年第 2 期。

王德炉、朱守谦、黄宝龙：《喀斯特石漠化的形成过程及阶段划分》，《南京林业大学学报》(自然科学版) 2005 年第 3 期。

王绍琛、周飞舟:《打工家庭与城镇化——一项内蒙古赤峰市的实地研究》,《学术研究》2016 年第 1 期。

王世杰、张信宝、白晓永:《中国南方喀斯特地貌分区纲要》,《山地学报》2015 年第 6 期。

魏后凯:《深刻把握城乡融合发展的本质内涵》,《中国农村经济》2020 年第 6 期。

文军:《从生存理性到社会理性选择:当代中国农民外出就业动因的社会学分析》,《社会学研究》2001 年第 6 期。

吴嵘:《贵州少数民族山区庭院经济发展问题思考》,《贵州民族研究》2000 年第 1 期。

伍振军、郑力文、崔传义、孔祥智:《中国农村劳动力返乡:基于人力资本回报的理论和实证分析》,《经济理论与经济管理》2011 年第 11 期。

夏鹤鸣:《贵州古代远航考》,《贵州文史丛刊》1983 年第 1 期。

夏柱智、贺雪峰:《半工半耕与中国渐进城镇化模式》,《中国社会科学》2017 年第 12 期。

辛岭、蒋和平:《我国农业现代化发展水平评价指标体系的构建和测算》,《农业现代化研究》2010 年第 6 期。

徐勇:《农民理性的扩张:“中国奇迹”的创造主体分析——对既有理论的挑战及新的分析进路的提出》,《中国社会科学》2010 年第 1 期。

徐勇:《中国家户制传统与农村发展道路——以俄国、印度的村社传统为参照》,《中国社会科学》2013 年第 8 期。

许汉泽、李小云:《精准扶贫背景下农村产业扶贫的实践困境——对华北李村产业扶贫项目的考察》,《西北农林科技大学学报》(社会科学版) 2017 年第 1 期。

闫俊华、周传艳、文安邦、刘兴诏、褚国伟、李坤:《贵州喀斯特石漠化过程中的土壤有机碳与容重关系》,《热带亚热带植物学报》2011 年第 3 期。

杨青山、梅林:《人地关系、人地关系系统与人地关系地域系统》,《经济地理》2001 年第 5 期。

尹莎、杨新军、陈佳:《人地系统适应性研究进展:概念、理论框架与方法》,《地理科学进展》2021 年第 2 期。

张冬青、林昌虎、何腾兵:《贵州喀斯特环境特征与石漠化的形成》,《水土保持研究》2006 年第 1 期。

张红宇、张海阳、李伟毅、李冠佑:《中国特色农业现代化:目标定位与改革创新》,《中国农村经济》2015 年第 1 期。

张建雷:《接力式进城:代际支持与农民城镇化的成本分担机制研究——基于皖东溪水镇的调查》,《南京农业大学学报》(社会科学版)2017 年第 5 期。

张建、孙兆霞:《农户土地经营权实现方式与减贫发展——G 省 P 市“三变”实践张力试析》《南京农业大学学报》(社会科学版)2018 年第 3 期。

张晓辉:《论傣族原始禁忌的起源及社会功能》,《云南民族学院学报》(哲学社会科学版)1994 年第 1 期。

张亚辉、赵希言:《功能与法权:论费孝通的亲属制度研究》,《西北民族研究》2020 年第 4 期。

张养才、李伟光:《北半球亚热带地区农业气候资源特征及其评价》,《自然资源》1985 年第 3 期。

张宗益、周勇、卢顺霞、陈义华:《西部地区农村外出劳动力回流:动因及其对策》,《统计研究》2007 年第 12 期。

章铮:《进城定居还是回乡发展?——民工迁移决策的生命周期分析》,《中国农村经济》2006 年第 7 期。

赵思诚、高桂英、东梅:《农村劳动力转移动因实证研究——以宁夏为例》,《农业科学研究》2014 年第 3 期。

周大鸣:《中国农民工的流动——农民工输入地与输出地比较》,《广东青年干部学院学报》1999 年第 4 期。

周飞舟:《财政资金的专项化及其问题 兼论“项目治国”》,《社会》2012 年第 1 期。

周国富:《贵州喀斯特石漠化分布的空间差异与防治区划探讨》,《中国岩溶》2006 年第 1 期。

朱国宏:《人地关系论》,《人口与经济》1995 年第 1 期。

竺可桢:《中国的亚热带》,《科学通报》1958 年第 17 期。

3. 学位论文类

陈斌:《人文多样性内生活力与社会治理共生秩序研究——云贵高原盘江流域案例及其意义阐释》,博士学位论文,中央民族大学,2021。

陈辉《"过日子":农民的生活哲学——关于黄炎村日常生活中的家庭主义》,博士学位论文,华东理工大学,2013。

后　记

2010 年，时任中国百村调查总负责人的陆学艺先生到安顺参加《吉昌契约文书汇编》首发式，经过深入了解之后，鼓励孙兆霞教授继续组织人员在贵州做百村调查课题研究。2012 年底，中国百村调查被国家社科基金批准为国家“十二五”重大课题的滚动课题。2013 年，“中国百村经济社会调查”总课题组批准“中国百村经济社会调查·贵州项目”立项，在贵州省五个村持续展开专项调研工作。五个村的课题组形成课题群，由贵州民族大学孙兆霞教授总负责和总协调。由共同的团队按照同一套方案进村调查，根据各村实际情况提炼出研究主题。五个村的课题组之间相互沟通、互相支持，力图在组织形式和学术运作上做出新的有益探索。

“中国百村调查·联增村”课题由贵州民族大学为主组建研究团队。其中张建担任课题负责人，宗世法、陈斌、雷勇等为主要成员。贵州民族大学社会建设与反贫困研究团队是一支不断壮大的队伍。本课题组的成员先后加入这一队伍，其中张建、雷勇于 2011 年团队成立之初便加入进来，宗世法在攻读博士学位期间便多次来贵州，参与团队的调研工作，2015 年正式加入团队。陈斌在 2012 年加入团队。几位成员近些年来共同参与了多项扶贫领域的研究，因此，在本课题的研究上，各位成员都能够发挥自己的优势，共同合作。在研究工作开展期间，虽然几位成员各自在不同的工作岗位上，忙于各自的工作、学习和家庭，承受着各种压力，如张建与陈斌面临博士毕业的压力，宗世法面临若干繁重的科研和教学任务，雷勇则在身体上承受着病痛的折磨，但是大家都克服了困难，以对课题负责的态度和对学术的热情完成了研究工作。

还需要特别指出的是，贵州民族大学孙兆霞教授和中国社会科学院社会学所王春光副所长在课题的研究和本书的写作过程中发挥了特殊的作用，虽然他们的名字没有出现在作者名单上。王春光研究员是百村课题的总负责人，同时也与贵州同人结下了深厚的情谊，21 年来，他几乎每年都要来贵州开展调查研究工作。正是在他的亲切关怀下，我们的研究才能顺利地开展。王春光老师对本课题同样做出了重要贡献。他亲自到田野点，参加了调研，在课题研究期间，他每次来贵州时都召集课题组成员开会，要求课题组向他汇报课题研究进展，并且帮助课题组分析问题。在本书的写作形成初稿阶段，他便召集课题组召开线上会议，指出我们存在的问题。王老师给我们最大的支持是学术观点和思路指导，在本书写作之初，针对我们思路不够清晰、主题不够明确的问题，他帮助我们迅速理清了研究思路，提供了多个重要的理论视角。孙兆霞教授是我们所在的贵州民族大学社会建设与反贫困研究团队的学术带头人，也是贵州五个百村子课题的总负责人和协调人。她不仅负责协调与地方政府的关系以及各课题组内部及课题组之间的分工协作，更重要的是她不但参加了每一次实地调查，而且对每一个课题的研究方向和研究内容都严格把关，参与课题写作方案的讨论，并提出重要的观点和意见，本书的每一章都由具体的作者负责，但是每一位作者在写作过程中都得到了她的指导，她与我们每一个人都有非常深入的讨论，给每个人都提出了很好的思路和观点，如本书的主题“家户现代化”就是由她先提出来的。在写作的过程中，在她的指导下，每位作者所负责的部分都经历了若干次或大或小的修改，最终才能以现在这样的面貌呈现在读者眼前。

在此，我们还要对诸多单位、集体和个人表达诚挚谢意！

首先我们要感谢中国社会科学院社会学所和中国百村调查总课题组，敬谢为我们所不舍的已仙逝的陆学艺先生，恭谢中国社会科学院社会学研究所副所长、博士生导师王春光研究员，为中国百村调查付出辛勤劳动的高鸽老师，社会科学文献出版社原社长谢寿光，等等，正是这些机构和专家学者多年的关心，使我们在百村研究的路上能够不断前行。

要感谢贵州民族大学的校领导及社会建设与反贫困研究院对课题调研过

程的支持。要特别深谢原贵州省人大常委会副主任陈华祥先生，原贵州省人大刘莹女士的大力支持，使我们的调研工作得以顺利开展。

最后还要感谢马马崖镇党委、政府的领导和相关工作人员，联增村全体村民和村两委班子成员，正是在他们的带领和帮助下，我们的调查进展顺利。

参照当初陆学艺先生对百村成果“资料性学术著作”的定位，我们此次也是努力想接近这一要求。当然，至于最终成果是否达标，读者诸君心中自会权衡，也望提出宝贵意见。

“中国百村调查 · 联增村”课题组

2021 年 12 月

图书在版编目（CIP）数据

城乡互动与农村家户现代化 / 张建等著. -- 北京：社会科学文献出版社，2022.7
（中国百村调查丛书）
ISBN 978 -7 -5228 -0195 -7

Ⅰ.①城… Ⅱ.①张… Ⅲ.①乡村 - 社会调查 - 调查报告 - 西南地区 Ⅳ.①D668

中国版本图书馆 CIP 数据核字（2022）第 099252 号

·中国百村调查丛书·
城乡互动与农村家户现代化

著　　者 / 张　建　宗世法　陈　斌　雷　勇等

出 版 人 / 王利民
责任编辑 / 胡庆英
文稿编辑 / 杨言妮

出　　版 / 社会科学文献出版社·群学出版分社（010）59366453
地址：北京市北三环中路甲 29 号院华龙大厦　邮编：100029
网址：www.ssap.com.cn
发　　行 / 社会科学文献出版社（010）59367028
印　　装 / 三河市尚艺印装有限公司

规　　格 / 开　本：787mm × 1092mm　1/16
印　张：22.25　插　页：0.5　字　数：344 千字
版　　次 / 2022 年 7 月第 1 版　2022 年 7 月第 1 次印刷
书　　号 / ISBN 978 -7 -5228 -0195 -7
定　　价 / 168.00 元

读者服务电话：4008918866